中国自主知识体系研究文库

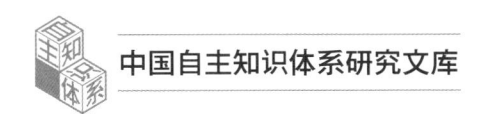

早期道教史

（增订本）

汤一介 著

中国人民大学出版社
·北京·

"中国自主知识体系研究文库"编委会

编委会主任
张东刚　林尚立

编委（按姓氏笔画排序）

王　轶	王化成	王利明	冯仕政	刘　伟	刘　俏	孙正聿
严金明	李　扬	李永强	李培林	杨凤城	杨光斌	杨慧林
吴晓求	应　星	陈　劲	陈力丹	陈兴良	陈振明	林毅夫
易靖韬	周　勇	赵世瑜	赵汀阳	赵振华	赵曙明	胡正荣
徐　勇	黄兴涛	韩庆祥	谢富胜	臧峰宇	谭跃进	薛　澜
魏　江						

总　序

张东刚

2022年4月25日，习近平总书记在中国人民大学考察调研时指出，"加快构建中国特色哲学社会科学，归根结底是建构中国自主的知识体系"。2024年全国教育大会对以党的创新理论引领哲学社会科学知识创新、理论创新、方法创新提出明确要求。《教育强国建设规划纲要（2024—2035年）》将"构建中国哲学社会科学自主知识体系"作为增强高等教育综合实力的战略引领力量，要求"聚焦中国式现代化建设重大理论和实践问题，以党的创新理论引领哲学社会科学知识创新、理论创新、方法创新，构建以各学科标识性概念、原创性理论为主干的自主知识体系"。这是以习近平同志为核心的党中央站在统筹中华民族伟大复兴战略全局和世界百年未有之大变局的高度，对推动我国哲学社会科学高质量发展、使中国特色哲学社会科学真正屹立于世界学术之林作出的科学判断和战略部署，为建构中国自主的知识体系指明了前进方向、明确了科学路径。

建构中国自主的知识体系，是习近平总书记关于加快构建中国特色哲学社会科学重要论述的核心内容；是中国特色社会主义进入新时代，更好回答中国之问、世界之问、人民之问、时代之问，服务以中国式现代化全面推进中华民族伟大复兴的应有之义；是深入贯彻落实习近平文化思想，推动中华文明创造性转化、创新性发展，坚定不移走中国特色社会主义道路，续写马克思主义中国化时代化新篇章的必由之路；是为解决人类面临的共同问题提供更多更好的中国智慧、中国方案、中国力量，为人类和平与发展崇高事业作出新的更大贡献的应尽之责。

一、文库的缘起

作为中国共产党创办的第一所新型正规大学，中国人民大学始终秉持着强烈的使命感和历史主动精神，深入践行习近平总书记来校考察调研时重要讲话精神和关于哲学社会科学的重要论述精神，深刻把握中国自主知识体系的科学内涵与民族性、原创性、学理性，持续强化思想引领、文化滋养、现实支撑和传播推广，努力当好构建中国特色哲学社会科学的引领者、排头兵、先锋队。

我们充分发挥在人文社会科学领域"独树一帜"的特色优势，围绕建构中国自主的知识体系进行系统性谋划、首创性改革、引领性探索，将"习近平新时代中国特色社会主义思想研究工程"作为"一号工程"，整体实施"哲学社会科学自主知识体系创新工程"；启动"文明史研究工程"，率先建设文明学一级学科，发起成立哲学、法学、经济学、新闻传播学等11个自主知识体系学科联盟，编写"中国系列"教材、学科手册、学科史丛书；建设中国特色哲学社会科学自主知识体系数字创新平台"学术世界"；联合60家成员单位组建"建构中国自主的知识体系大学联盟"，确立成果发布机制，定期组织成果发布会，发布了一大批重大成果和精品力作，展现了中国哲学社会科学自主知识体系的前沿探索，彰显着广大哲学社会科学工作者的信念追求和主动作为。

为进一步引领学界对建构中国自主的知识体系展开更深入的原创性研究，中国人民大学策划出版"中国自主知识体系研究文库"，矢志打造一套能够全方位展现中国自主知识体系建设成就的扛鼎之作，为我国哲学社会科学发展贡献标志性成果，助力中国特色哲学社会科学在世界学术之林傲然屹立。我们广泛动员校内各学科研究力量，同时积极与校外科研机构、高校及行业专家紧密协作，开展大规模的选题征集与研究激励活动，力求全面涵盖经济、政治、文化、社会、生态文明等各个关键领域，深度挖掘中国特色社会主义建设生动实践中的宝贵经验与理论创新成果。为了保证文库的质量,我们邀请来自全国哲学社会科学"五路大军"的知名专家学者组成编委会,负责选题征集、推荐和评审等工作。我们组织了专项工作团队,精心策划、深入研讨,从宏观架构到微观细节,全方位规划文库的建设蓝图。

二、文库的定位与特色

中国自主的知识体系,特色在"中国"、核心在"自主"、基础在"知识"、关键在"体系"。"中国"意味着以中国为观照,以时代为观照,把中国文化、中国实践、中国问题作为出发点和落脚点。"自主"意味着以我为主、独立自主,坚持认知上的独立性、自觉性,观点上的主体性、创新性,以独立的研究路径和自主的学术精神适应时代要求。"知识"意味着创造"新知",形成概念性、原创性的理论成果、思想成果、方法成果。"体系"意味着明确总问题、知识核心范畴、基础方法范式和基本逻辑框架,架构涵盖各学科各领域、包含全要素的理论体系。

文库旨在汇聚一流学者的智慧和力量,全面、深入、系统地研究相关理论与实践问题,为建构和发展中国自主的知识体系提供坚实的理论支撑,为政策制定者提供科学的决策依据,为广大读者提供权威的知识读本,推动中国自主的知识体系在社会各界的广泛传播与应用。我们秉持严谨、创新、务实的学术态度,系统梳理中国自主知识体系探索发展过程中已出版和建设中的代表性、标志性成果,其中既有学科发展不可或缺的奠基之作,又有建构自主知识体系探索过程中的优秀成果,也有发展创新阶段的最新成果,力求全面展示中国自主的知识体系的建设之路和累累硕果。文库具有以下几个鲜明特点。

一是知识性与体系性的统一。文库打破学科界限,整合了哲学、法学、历史学、经济学、社会学、新闻传播学、管理学等多学科领域知识,构建层次分明、逻辑严密的立体化知识架构，以学科体系、学术体系、话语体系建设为目标，以建构中国自主的知识体系为价值追求，实现中国自主的知识体系与"三大体系"有机统一、协同发展。

二是理论性与实践性的统一。文库立足中国式现代化的生动实践和中华民族伟大复兴之梦想，把马克思主义基本原理同中国具体实际相结合，提供中国方案、创新中国理论。在学术研究上独树一帜，既注重深耕理论研究，全力构建坚实稳固、逻辑严谨的知识体系大厦，又紧密围绕建构中国自主知识体系实践中的热点、难点与痛点问题精准发力，为解决中国现实问题和人类共同问题提供有力的思维工具与行动方案，彰显知识体系的实践生命力与应用价值。

三是继承性与发展性的统一。继承性是建构中国自主的知识体系的源头活水，发展性是建构中国自主的知识体系的不竭动力。建构中国自主的知识体系是一个不断创新发展的过程。文库坚持植根于中华优秀传统文化以及学科发展的历史传承，系统梳理中国自主知识体系探索发展过程中不可绕过的代表性成果；同时始终秉持与时俱进的创新精神，保持对学术前沿的精准洞察与引领态势，密切关注国内外中国自主知识体系领域的最新研究动向与实践前沿进展，呈现最前沿、最具时效性的研究成果。

我们希望，通过整合资源、整体规划、持续出版，打破学科壁垒，汇聚多领域、多学科的研究成果，构建一个全面且富有层次的学科体系，不断更新和丰富知识体系的内容，把文库建成中国自主知识体系研究优质成果集大成的重要出版工程。

三、文库的责任与使命

立时代之潮头、通古今之变化、发思想之先声。建构中国自主的知识体系的过程，其本质是以党的创新理论为引领，对中国现代性精髓的揭示，对中国式现代化发展道路的阐释，对人类文明新形态的表征，这必然是对西方现代性的批判继承和超越,也是对西方知识体系的批判继承和超越。

文库建设以党的创新理论为指导,牢牢把握习近平新时代中国特色社会主义思想在建构自主知识体系中的核心地位;持续推动马克思主义基本原理同中国具体实际、同中华优秀传统文化相结合,牢牢把握中华优秀传统文化在建构自主知识体系中的源头地位;以中国为观照、以时代为观照,立足中国实际解决中国问题,牢牢把握中国式现代化理论和实践在建构自主知识体系中的支撑地位;胸怀中华民族伟大复兴的战略全局和世界百年未有之大变局,牢牢把握传播能力建设在建构自主知识体系中的关键地位。将中国文化、中国实践、中国问题作为出发点和落脚点,提炼出具有中国特色、世界影响的标识性学术概念,系统梳理各学科知识脉络与逻辑关联,探究中国式现代化的生成逻辑、科学内涵和现实路径,广泛开展更具学理性、包容性的和平叙事、发展叙事、文化叙事,不断完善中国自主知识体系的整体理论架构,将制度优势、发展优势、文化优势转化为理论优势、学术优势和话语优势,不断开辟新时代中国特色哲学社会科学新境界。

中国自主知识体系的建构之路,宛如波澜壮阔、永无止境的学术长征,需要汇聚各界各方的智慧与力量,持之以恒、砥砺奋进。我们衷心期待,未来有更多优质院校、研究机构、出版单位和优秀学者积极参与,加入到文库建设中来。让我们共同努力,不断推出更多具有创新性、引领性的高水平研究成果,把文库建设成为中国自主知识体系研究的标志性工程,推动中国特色哲学社会科学高质量发展,为全面建设社会主义现代化国家贡献知识成果,为全人类文明进步贡献中国理论和中国智慧。

是为序。

自　序

1984年秋，中国文化书院成立，起初我们主要希望能把中国传统文化向社会传播，因此，办了各种各样的讲授"中国传统文化"的讲习班，并编写了相关的教材。其后，我们感到，既然中国文化书院集中了那么多的大学者，我们能不能对"中国文化"作些有意义的研究。当时计划编三套书：《东方文化丛书》、《神州文化集成丛书》和《魏晋南北朝思想文化史丛书》。前两种出版了不少成本，但后一种只出了两本——《魏晋南北朝时期的道教》和《魏晋玄学史》，其他几本列入《魏晋南北朝思想文化史丛书》的书因种种原因没有编著出版。

《魏晋南北朝时期的道教》1988年在大陆陕西师范大学出版社和台湾东大图书公司同时出版。由于这本书是由东汉道教创立写起，后来在昆仑出版社出版的《东方文化集成》中改名为《早期道教史》。这部《早期道教史》是我1983年和1985年两次在北大哲学系讲授《早期道教史专题研究》一课基础上写成的一本专著。如果这本书在20世纪80年代有点意义，首先是我肯定"宗教"对人类社会生活（特别是心理和精神上的需求）的意义，把"宗教"与"迷信"作某种必要的区分。其次，我论证"道教"成为一种完整意义上的宗教（如基督教、印度佛教）是经过长达两三百年才完成的，这是因为完整意义的宗教应该有其宗教理论、固定的教规教化、经典系统、超人的神仙谱系和传授的历史等等。因此，我从以上诸方面介绍了中国道教的产生和其早期的发展。第三，我注意到道教不仅与中国的道家（老子、庄子等）的思想有着密切的关系，而且和儒家社会政治理论（如"广嗣兴国"之术）有着不可分割的关系。同时它也大量吸收和整合印度佛教的思想和教规才得以成为一种有特色的有影响的宗教团体。特别是中国道教以后的发展，正是由于唐初成玄英等又吸收了佛教三论宗的学说而使之其哲学理论精细化、系统化，而开启了道教的"内丹学"，而使道教的"内丹学"与"外丹学"成为道教不可或缺的两个重要部分。第四，我注意到道教与中国民间信仰的不可分的关系。第五，我对道教特有的概念，如"道"、"气"（元气）等等作了多层次、多角度的分析，努力揭示其内涵，没有简单的扣上个帽子。读者也许可以注意到，我对"宗教"的态度是，不用什么"唯心主义"、"唯物主义"、"辩证法"、"形而上学"等等硬套在"宗教"上。这是因为，我虽不信任何"宗教"，但我对"宗教"却存有敬意。"宗教"作为一种文化，往往和信仰这种宗教的民族精神有着密切的关系。

汤一介

2012年11月29日

前　言

我这一生可以说是在读书、教书、写书、编书中度过的。年轻时我喜欢读中外文学著作。由于读了一些名著，我对人生、社会产生了许多问题，因此我常常向自己提出一些问题来思考。于是，我选择哲学系，希望能了解到中外哲学家思考的哲学问题及其思考哲学问题的方法。为了积累知识和教好课，我购买了不少书，有五万余册。当然，我认真读的书也就是几百册，其他翻翻而已。在开始写作时，我大体上就是从思考的问题展开的，但此后因环境的变化，思想被一条绳子束缚住了，走了三十年的弯路，把最可能有创造力的时光白白度过。我想，这不是我一个人遇到的问题，而是一两代学人遇到的问题。正如冯友兰先生所说，他在20世纪50年代之前的学术历程中是有"自我"的，但在50年代后则失去了"自我"，只是到80年代又找回了"自我"。因此，严格地说，我是80年代才走上学术研究的正轨。

在80年代后，我头脑中存在着一个矛盾：作为哲学家还是哲学史家两个虽有联系但却很不相同的方向，我是向哪个方向发展呢？这个问题一直到现在仍然是个问题。因此，在七十五岁以后，我一方面主持编纂《儒藏》，另一方面仍然在思考和研究一些哲学问题。当然，我也有自知之明，知道自己不可能创构一有重大意义的哲学体系。但思考哲学问题的习惯，使我还是在关注某些哲学问题，只要有时间我就把这些问题写作成文，作为我思想的记录，也希望得到同行的响应和批评指正。

本想为此文集写一"总序",但我近日有病在身,就写这一短短的"前言"吧!好在本文集每卷的卷首,我都写有"自序",读者或可对我写作的意图有所了解。

汤一介

2013 年 11 月 24 日

目　录

第一章　绪　论 /001

　　一、道教的产生是适应了东汉末期中国本民族（主要是汉族）
　　　　的社会、政治、经济、道德以及人们的心理的需要 /002

　　二、道教发展成一种完整意义的有重大影响的宗教的过程表明了
　　　　一种完整意义上的宗教团体发展的一般规律 /007

　　三、道教哲学作为一种宗教哲学有着它显明的特点，其特点
　　　　只能在和其他宗教对比中加以揭示 /011

第二章　《太平经》——道教产生的思想准备 /016

　　一、《太平经》的成书问题 /016

　　二、论《太平经》中的"气"与"道" /036

　　三、关于《太平经》若干问题的讨论 /054

第三章　道教的产生 /060

第四章　《老子想尔注》与《老子河上公注》/075

　　一、《老子想尔注》/076

　　二、《老子河上公注》/093

第五章　三国西晋时期对道教的限制 /105

第六章　道教在东晋南北朝的发展 /112

　　一、整顿和建立道教的教会组织 /113

二、为道教建立和完善其宗教教义的理论体系 /116

三、编纂道教经典 /122

四、制定和完善教规教仪 /124

五、编造神仙谱系和传授历史 /128

第七章　为道教建立理论体系的思想家葛洪 /133

一、生平与著作 /133

二、为道教建立理论体系 /137

三、《抱朴子内篇》、《外篇》所反映道教"治身"
　　与"治国"并重的特点 /157

四、在医药学和化学上的贡献 /165

第八章　为道教建立比较完备的教规教仪的思想家寇谦之 /170

一、生平与著作考证 /170

二、对道教的改革 /180

三、为道教建立教规教仪 /195

第九章　为道教首创经典目录的思想家陆修静 /203

一、对道教的经典进行分类、整理，编出《三洞经书
　　目录》/205

二、为整顿道教组织建立教规教仪 /210

三、提出建立独立的道教组织形式 /221

第十章　为道教创立神仙谱系和传授历史的思想家陶弘景 /225

一、生平与著作 /225

二、对早期道教神仙学说的总结和改造 /229

三、为道教建立神仙谱系和传授历史 /235

第十一章　为道教创立哲学理论的思想家成玄英 /241
　　一、成玄英的生平与著作 /242
　　二、魏晋玄学是先秦老庄思想的新发展 /244
　　三、重玄学的产生和完成 /254

附录一　敦煌本太平经残卷（斯·四二二六）/264

附录二　论早期道教的发展 /292

附录三　论《道德经》建立哲学体系的方法 /318

附录四　《道德经》导读 /331
　　一、老子和《道德经》/331
　　二、我们应如何了解《道德经》的"道" /334
　　三、我们应如何了解《道德经》的"德" /341
　　四、《道德经》中的"辩证法"思想 /347
　　五、《道德经》所包含的思想对我们今天有什么意义 /356

附录五　要重视《道德经》注疏的研究 /360

附录六　自我和无我 /366

增订本后记 /373

第一章 绪 论

宗教是一种社会意识形态。把宗教作为意识形态来研究它的发展历史，在今天不仅有其一般性的意义，而且有着某种特殊的意义。我们可以从国外大量的事实看到，科学技术在飞速发展，并没有使宗教意识衰退，反而加强了人们对宗教的追求；就国内情况看，也因种种原因信仰宗教的人有着一种发展的趋势。这样一种现象就向我们提出若干应该认真研究的有关宗教的理论问题，如"宗教的本质是什么"，"人类的心理特性是否需要有一种宗教性的信仰"，"宗教和宗教性的信仰是不是一回事"，"宗教信仰是否有益于社会生活"，"宗教与科学是矛盾的还是互补的"，"宗教能否现代化"，等等。上述这些问题当然不是本书应该研究的范围，本书不可能也不应该直接讨论这些问题。但是，为什么要研究宗教史，一部好的宗教史是不是应有强烈的时代感，它能不能使人们在读了之后而认真考虑当今世界存在的宗教问题，我想写宗教史的人是应该想到这些问题的。

在我国历史上曾经流行过的有佛教、道教、回教、天主教、基督教以及袄教等等，但其中只有道教是中国本民族的宗教，说得确切些，道教是中国本民族宗教的一种，因此它具有中国本民族的特色，它对中国的民族文化、民族心理、风俗习惯、科学技术、哲学思想、医药卫生甚至政治经济生活都有相当大的影响。我们研究作为中华民族本民族的一种有较大影响的宗教——道教的产生和发展的历史以及它的特点，能否加深我们对自己民族文化、民族心理以及思维方式的特征的了解？能否从一个侧面使我们更加认真地考虑当今世界的宗教理论和实际问题呢？我认为应是可能的。为此，本章将对下述几个问题作一些分析和探讨。

一、道教的产生是适应了东汉末期中国本民族（主要是汉族）的社会、政治、经济、道德以及人们的心理的需要

道教为什么到东汉末年才产生，而道教所崇信的某些思想如"长生不死"、"肉体成仙"等等在战国时期已经有了，到秦汉后更为流行，这是为什么呢？我们知道，并非任何迷信思想都可以称为宗教，当然宗教中总是包含着大量的迷信成分，也并不能说任何"有神论"都能成为宗教，虽然一般地说宗教也是"有神论"。宗教，特别是一种有影响的宗教，它的产生和发展必定有其社会生活、历史条件的原因。它的发展总也有着某种客观规律。道教在东汉末年产生是由以下几个条件促成的：

第一，东汉末年的现实社会生活为道教提供了有利的产生的土壤。恩格斯在《布鲁诺·鲍威尔和早期基督教》中说：

> 从中世纪的自由思想者到十八世纪的启蒙运动者，流行着这样一种观点，即认为一切宗教，包括基督教在内，都是骗子手的捏造。但是，自从黑格尔向哲学提出了说明世界史中的理性发展的任务之后，上述观点便再也不能令人满意了。……
>
> 对于一种征服罗马世界帝国、统治文明人类的绝大多数达一千八

百年之久的宗教，简单地说它是骗子手凑集而成的无稽之谈，是不能解决问题的。要根据宗教借以产生和取得统治地位的历史条件，去说明它的起源和发展，才能解决问题。……

正是在这经济、政治、智力和道德的总解体时期，出现了基督教。它和以前的一切宗教发生了尖锐的矛盾。

东汉自顺帝以后，社会政治日益腐败，外戚专政、宦官当权，"凡贪淫放纵，僭凌横恣，挠乱内外，蠹噬民化"，无恶不作，致使"农桑失业，兆民呼嗟于昊天，贫穷转死于沟壑"（仲长统：《昌言》）。由于当时政治统治者的残酷经济剥削和政治压迫，广大人民群众无法生存，破产、逃亡已成为当时普遍现象，所以当时广大人民群众与统治者的矛盾是十分尖锐的。据史书记载，自顺帝以后农民起义此起彼伏，一直不断。当时的起义农民除了阶级利益一致而使他们自然地联合在一起之外，已有农民起义的领导者们利用方术、迷信思想作为组织群众的纽带，故在史书中多称顺帝以后的起义农民为"妖贼"。从这里我们也许可以得出两点结论：一是在汉末这个经济、政治、精神和道德普遍瓦解的时代里，它为一种宗教的产生提供了客观条件；二是起义农民普遍利用某些方术迷信，这就说明他们已经意识到方术迷信思想可以作为他们组织群众的思想武器，因而为一种宗教的产生创造了广大的群众基础。恩格斯在《论原始基督教史》一书中说：

最初的基督徒是从哪些人中募集来的呢？主要是从属于人民最下层的、并合乎革命潮流的那些"受苦、受累"的人们中来的。

社会的危机给下层人民带来的苦难最为深重，在对现实的绝望中走向乞求超现实的神灵，自是古代人民最现实的可能。道教徒最初也是来源于广大下层人民。

第二，东汉末年为道教的产生准备了可以利用的思想材料。

也是在上述同一本书中，恩格斯在分析基督教产生时，除了充分注意研究当时罗马帝国的社会状况外，也十分认真地分析了基督教产生的思想渊源。他特别指出了基督教在思想渊源上和犹太教的关系。我们知道，《圣经》的《旧约》部分本来是犹太教的经典，而基督教却把它拿来作为自己的经典，再加上《新约》部分，就成为基督教的一部完整的圣典了。

自汉武帝以后，董仲舒提出"罢黜百家，独尊儒术"之后，儒家思想适应着封建大一统的需要而成为我国封建社会的统治思想。此后儒家思想沿着天人感应目的论而发展为神学意味越来越浓厚的谶纬迷信。宗教一般说总是有神论，但是否任何有神论都能成为一种完备意义的宗教呢？那却不一定。因为一种完备意义上的宗教（这里指的是阶级社会里的宗教），它不仅有对神灵的崇拜，而且应有一套教义的理论体系和较为固定的教会组织、教规教仪以及传授历史等等。一般地说，宗教总是要把世界二重化为现实世界和超现实世界，其教义认为人们只有在超现实世界里才能永远摆脱现实社会生活中存在的种种苦难，人们的美好的、幸福的生活最后只能在那超现实的彼岸世界中实现。我国的儒家思想特别是两汉的儒家思想尽管也承认"有神"，但它并不认为须在现实世界之外实现其理想，而是要求在现实世界之中实现其"治国平天下"的理想，虽然这仅仅只是幻想。在我国长期的封建社会中，宗教虽然有过很大影响，但始终没有能成为统治思想，并且常常居于次要地位，这一情况不能不说和作为正统思想的儒家思想有关，儒家思想到东汉以后，从发展上看也很可能成为一种宗教，因为从有神论、谶纬迷信发展成为一种宗教并不是很困难的。但儒家在汉朝始终也没有成为宗教，这和它要求在现实社会中实现其"治国平天下"的理想有着直接联系。因此，随着汉王朝的衰落，儒家思想本身既然不能成为一种宗教，而其统治地位又走了下坡路，儒家统治地位的削弱从而为一种宗教的产生提供了条件。历史的进程向我们表明，每当统治阶级的统治思想发生信仰危机的时候，也往往是宗教意识易于滋生和广泛发生影响的时候。

儒家思想到东汉末虽然衰落了，但它的思想中的某些部分却可以为宗教吸收和利用。这点我们可以从道教思想中找到它吸收某些儒家思想的事实加以证实。例如关于"天地人三合一致太平"的思想，它表现了儒家强烈的关心现实政治的倾向和《易传》中关于"三才"的思想，可以说直接来源于纬书的关于世界创化的模式以及阴阳五行思想等等，这些都和两汉流行的儒家思想有密切关系。我们应该看到，一般研究道教史的学者往往只注意它和道家的渊源关系，而忽视了道教和儒家在思想上的联系，这是一种偏见。

道教的另一思想来源可以说是逐渐与神仙家思想相结合的道家思想。先秦道家与神仙家虽然有着某种联系，但它们毕竟是两种不同的思想体系。到西汉初年，当时流行的黄老之学仍属道家，它所注重的往往是君人南面之术，成为一种治国经世的工具，所以司马迁在他的《自序》中言，汉初黄老之学的要点在于"无为自化，清净自正"。降至东汉，黄老道家之学为之一变，其一支走向祠祀求神而与神仙家合。桓帝祠祀老子，欲"存神养性，意在凌云"，故已见黄老道家之变化。而早在西汉末已有所谓"黄老道"，后又有"方仙道"等，实已是神仙家的流派。而神仙家的思想在于追求"长生不死"、"肉体成仙"。它一经与道家思想"清净无为，恬淡寡欲"的思想结合，更加为世人所重视，而在社会上发生影响。后来道教的基本信条"长生不死"、"肉体成仙"虽来自神仙家却和道家某些思想结成不解之缘了。所以道家思想的蜕变也是道教产生的一个重要原因。

从以上两方面看，道教作为一种宗教不同于作为一种学术流派的儒家和道家，但就其思想渊源说它却离不开儒道两家，因此它一开始就是以儒道互补为特征的宗教派别。这一以儒道互补为特征的宗教派别不能不在极大程度上表现着我们这个民族文化、心理和思维方式上的某些特色。

第三，佛教的传入大大地刺激了我国本民族宗教的建立。

佛教自西汉末传入中国，到东汉中叶以后它有了一定程度的流传。佛教如同催化剂，加快了道教建立的过程。本来，神仙家在西汉就很流行，而神仙家又往往托言黄老，例如原来就有所谓"黄老道"和"方仙道"等。前者把黄帝老子神化而礼拜祠祀；后者则言"长生不死"。《史记》载，河上丈人的老师乐臣公学黄帝老子，甚至在《封禅书》中记载着有所谓黄帝因封禅而得长生不死。道教经典《太平经》的编纂者于吉（或说应作"干吉"）托言此书得之于老君。汉明帝时，楚王英已对黄老和浮屠同样礼拜，"楚王英诵黄老之微言，尚浮屠之仁祠"，桓帝于宫中"立黄老浮屠之祠"。这种把黄老和浮屠同样礼拜，就说明当时把黄帝老子看成和佛一样的"神"。神仙家本来是一种方术，养生求成仙也只是个人修炼的事，并没有什么组织，特别是没有什么固定的组织形式，成为一种宗教团体。但佛教传入以后，佛教作为一种完整形态的宗教，它不仅有一套不同于中国传统思想的教义，而且是一个有教会组织的团体，还有一套教规教仪和礼拜祠祀的对象等等，这就给道教的创立提供了一个可以参考的样板。

佛教的传入对于道教的建立固然有着样板的作用，但更为重要的是，佛教作为一种外来文化进入中国传播和发生影响，必然引起华夏文化系统的反抗，这更是当时要求建立一种民族宗教的动力。一种民族文化在和传入的外来文化相遇时，往往同时产生吸收和排斥两种势力，这样一种情况对中华民族来说尤为明显。关于这点，我们可以从最早的道教经典《太平经》的内容所反映的情形得到证实。在《太平经》中，我们可以发现它一方面吸收了某些佛教思想，如"本起"、"三界"等即是采自佛教的名词；另一方面又批评了佛教，有所谓"四毁之行，共污辱皇天之神道"的说法。特别是道教一建立就提出"老子化胡"的故事，用以打击佛教，抬高道教，而表现了一种抗拒外来文化的民族心理。

从以上三方面看，在东汉末年出现一种为中华民族本民族所需要的宗教绝非偶然。而且出现的这种宗教又是来源于中国固有的神仙家、并以儒道互补为其思想基础的道教，则更非偶然了。这种宗教一经出现就表现了它的强烈的民族特色，而和外来的宗教——佛教相抗衡，这也正是中华民族的民族文化特性的一种表现。

二、道教发展成一种完整意义的有重大影响的宗教的过程表明了一种完整意义上的宗教团体发展的一般规律

宗教的本质是什么？大家都知道它有各种各样的定义，就是在马克思主义的经典著作中，在不同情况下对宗教也有不同的说法，马克思说"宗教是人民的鸦片"，这是就利用宗教对人民进行欺骗方面说的，而且这样的意思最早不是出自马克思，而是出自费尔巴哈，它的意思是说一些维护宗教的人说宗教可以安慰人是一种欺骗。列宁说"宗教是劳动者的呻吟"，则是就劳动者对自己命运的哀叹方面说的。普列汉诺夫说"什么是宗教？宗教有无数的定义。……把宗教理解为人用以实现其对超人的神秘力量——人认为自己就依赖于这些力量——的关系的形式"，普列汉诺夫这个定义也许比较切合实际。但是我们的问题是，有没有一种超人的神秘力量以及对此超人的神秘力量应如何理解？人们为什么要相信有一种超人的神秘力量？信仰一种超人的神秘力量是否即是迷信？在这里涉及一些有意义的哲学问题，即宗教与迷信同信仰的关系问题。

宗教是否就是迷信？我们是否可以这样说，"迷信"是已经被科学或可以被科学否定的；而信仰则是人为满足人们某种精神和心理上所需要，它不能为科学所否认，也不可能为科学所证实。而宗教是满足人们这种精

神和心理上需要的一种形式。当然这样说也不一定能解决问题。因此，这个问题将可能长期争论下去，到什么时候能说这个问题已经解决了，我想是不得而知的。但是我们可以相当肯定地说，虔诚的宗教徒都不可能接受"宗教即迷信"的论断。为什么呢？我认为，某些虔诚的宗教徒往往是用一种理想主义的观点把所谓"超人的神秘力量"看成超越性的"真、善、美"的化身，或者说他们往往把他们关于"真、善、美"的理想看成一种"超人的神秘力量"，他们真诚地相信是如此，并努力致力于把他们这种关于"真、善、美"的理想实现于社会生活中。信仰和依赖这种体现超越性的"真、善、美"的"超人的神秘力量"大概是人们在一定历史条件下的一种心理特性。然而信仰"超人的神秘力量"的虔诚的宗教徒认为，迷信和宗教不同，"迷信"只能是对缺乏科学知识者的愚弄，是没有"理想"的人精神贫乏的表现。虔诚地相信"超人的神秘力量"是"真、善、美"的化身的宗教徒也许可以接受"宗教是一种真诚的信仰"这个观点，而决不愿意接受"宗教即迷信"的论断。照他们看，人们总应该有个信仰，即使是最彻底的怀疑主义者，也信仰自己的"怀疑"。

宗教和信仰当然可以说有着必然的联系。宗教总是一种信仰，但是否信仰都是宗教，是否都属于古典意义上的宗教？那却并非如此。例如，我们可以说"我们信仰科学的无神论"，或者说"我们信仰儒家哲学"，这大概都是可以的。当然科学的无神论不是宗教，而是一种科学；就是儒家学说也最多只能说是带有某种宗教性的哲学思想体系，但它本身并非宗教。因此，我们不仅应把"信仰"和"宗教"区别开来，而且必须把带有某种宗教性的"学说"和"宗教"区别开来，否则几乎任何哲学学说都可以被说成宗教，这样也就等于取消了宗教。

我们是否能假设，就人类的心理特性看，人们确实要求有某种信仰。但问题在于是否要求有一种宗教信仰。如果说可以把信仰分成两大类，一类是理性主义的信仰（或者说是理性的信仰），一类是非理性主义的信仰（或者说是非理性的信仰），那么宗教从总体上说则是属于后一类。紧接着就会有这样的问题：人类的精神生活到底也是否必须从"非理性主义"方面得到某种自我满足，或者说在社会生活中对宗教的信仰也是人们的某种心理需要。这当然是个大问题，在这里我们不可能去讨论它。我们只想说明，非理性主义的信仰要想成为一种完备意义上的宗教信仰，必须用某种理论体系为它作论证，而其理论体系又必须是能反映当时时代精神的。如果没有一套对其宗教教义作论证的理论体系，这种非理性的信仰就不可能是一种完整意义上的宗教。不仅如此，作为一种完整意义上的、特别是对人类社会历史有着长期影响的宗教还必须有固定的教会组织、教规教仪、礼拜的对象和传授的历史等等。

在历史上创立的所谓"宗教教派"何止千百万个，但并不是都可以称得上严格意义上的"宗教团体"，许多这种组织只能称为"迷信组织"。那么一种完整意义上的宗教团体应该是怎样的呢？我们这里将通过分析道教的发展来揭示一种完整意义上的宗教团体发展的一般规律。

完整意义的宗教必须有其宗教教义的理论体系，这个体系要有它的哲学基础，因而它的宗教教义的思想体系决不能是纯粹的胡说白道，而总是有某种对人生理解的深刻思想内容，有成系统的哲学理论。印度佛教之所以成为影响很大的世界性宗教，正因为它有一套相当深刻的对人生理解的理论体系。道教的教义如果只是停留在如《太平经》那样一些杂乱无章的内容上，就很难成为在中国较有影响的宗教团体。因此，从汉末经三国西晋到东晋以后，才有一些道教徒如葛洪、陆修静、寇谦之、陶弘景等，根据时代的需要把道家老子的思想和儒家的某些学说又吸收了佛教的一些内容，结合在一起创造了道教的理论思想体系。

一种完整意义上的、有影响的宗教团体必然有其较为严密的教会组织。秦汉时的神仙家讲"长生不死"、"肉体成仙"的思想尽管为后来的道教所继承，但是神仙家均以个人修炼为目的，而没有建立固定的教会组织，因此也没有成为一种宗教。东汉末年，道教已形成为有教会组织的宗教团体，它有了固定的教徒和神职人员以及教会的领袖。三国和西晋政权对道教采取了取缔的政策，致使道教组织瓦解，至东晋才有杜子恭等把道教逐渐恢复和发展起来。

一种完整意义的宗教还必须有一套较为固定的教规教仪。在东汉末年，道教初创时虽也有一些教规教仪，但不仅简单，而且也不固定。自东晋以后，在佛教的影响下，经过陆修静、寇谦之等人的炮制，道教的教规教仪日趋完善。

一种完整意义的宗教必定有其阐发其宗教教义的经典，以便使信奉者的信仰有所依托。在魏晋以前，虽然已经有若干道教经典，但严格地说，这些书实是为以后的道教徒所推崇才成为道教的经典的，如《老子》、《庄子》等，这些书本来是先秦道家的著作，与道教无关，而道教徒为了从历史上和理论上找他们的根据，而把这类书推尊为经典。又如《太平经》，它本成书于道教正式成立之前，因此也只能说它为道教的建立作了若干思想上的准备。但到东晋南北朝时，由于道教理论体系的建立（葛洪：《抱朴子》）和道教教会组织的发展而出现了大量阐发道教教义的经典。这个时期出现了道教三个系统的经典，即《三皇经》系、《上清经》系、《灵宝经》系。这三个系列的道教经典以后就组成了"道藏"的"洞真"、"洞神"、"洞玄"的所谓"三洞"三大部。

一种完整意义的宗教必定有其固定的崇奉的神灵和其教派的传授史。道教初创时已承继神仙家的故技，说自己是神仙所传授，且多托言老君。至南北朝时，道教徒更根据当时门阀等级观念而创造了"真灵之阶位"。有陶弘景著《真灵位业图》把神仙分为七级，最高一级的三位神仙是居中的"元始天尊",其左右为"高上道君"和"元皇道君",自此以后在道观里大都以这三位尊神为最高崇拜对象。一种宗教必然要对其他宗教进行排斥,因而往往要创造自己的宗教历史,来抬高其地位。道教作为中华民族本民族创造的宗教,面对外来的佛教,除了利用"华夷之辨"等来打击外,还提出了所谓"老子化胡"的故事,把自己的教主老子抬高到佛教教主释迦牟尼的老师的地位,从而引起了佛道二教长期的争论。

道教成为一个完整意义上的宗教团体是在东晋南北朝时才最后完成的,它的发展完成过程大体如下:东晋以来,先是对已经涣散和不固定的道教组织进行重建和整顿,建立起了较为固定的教会组织;在此同时,为弥补其缺乏系统的宗教教义以及理论体系之不足,葛洪等创造了道教教义的理论体系;接着为巩固道教的教会组织而制定了一套教规教仪,为阐发其宗教教义而构造了相应的经典;最后为把道教建立成一个完备的宗教团体而编造了固定的神仙谱系和虚构的传授历史。道教这样一个发展过程或者可以说是一种完备意义上的宗教团体发展的一般情形。我们研究宗教史的目的之一就是要把它作为一种社会意识形态来揭示其发生发展的规律,以便我们更深刻地认识它在社会生活中的作用。

三、道教哲学作为一种宗教哲学有着它显明的特点,其特点只能在和其他宗教对比中加以揭示

一种完备意义的宗教必定有其不同于其他宗教的特点。它的特点除了表现在某些外在的形式上,如教会的组织形式、教规教仪以及尊崇的神灵等等之外,更深刻地则应表现于其理论体系的层面,这是属于宗教内容的方面。而其理论体系往往是由若干基本命题和一系列的概念范畴所表现的。如佛教的理论体系最终要论证的是"诸行无常"、"诸法无我"、"涅槃

寂静"等"三法印",说这是佛教和其他教派的根本区别的标志。中世纪的基督教有所谓"上帝存在"、"灵魂不死"和"意志自由"等三大命题,围绕着这三大命题而有基督教宗教哲学和它的范畴体系。那么道教哲学有没有某些不同于其他宗教派别的基本命题以及构成其哲学体系的基本范畴呢?我们认为是有的,特别在早期道教中表现得更为明显。几乎所有宗教提出的都是"关于人死后如何"的问题,然而道教所要讨论的则是"人如何不死"的问题。道教的理论体系就是围绕着这个问题,从两个方面表现了它与其他宗教派别不同的特点。早期道教说它自己的思想体系是"三一为宗",即"天、地、人三者合一以致太平"、"精、气、神三者混一而成神仙",并从这里演变出"长生不死"、"肉体飞升"、"气化三清"等观念,而构成了道教的思想体系。

要了解佛教哲学的究极问题,从根本上说必须了解"涅槃"这个概念的含义,所以俄国的佛教学专家彻尔巴斯基写了一本书专门分析"涅槃"这个概念的含义;而牟宗三则写了《般若和涅槃》一书,结合中国佛教的特点解剖了"涅槃"这一概念。研究基督教一般说应从分析"上帝"这一概念着手,奥古斯丁(Aurelius Augustinus,354—430)作《上帝之城》(City of God)论证所谓"上帝"的"神性";经院哲学的代表托马斯·阿奎那(Thomas Aquinas,约1225—1274)著《神学大全》对"上帝存在"这个命题作了五大论证,也就是所谓本体论的论证。道教哲学的基本概念可以说是"气",对此能从下列几个方面得到明证:第一,所谓"三一为宗",指的是"天、地、人三者合一",而"天"、"地"、"人"之所以能"合一",就在于它们同为不同性质的"气";"精、气、神三者混一",而"精"、"气"、"神"之所以能"混一",也在于它们同为不同性质的"气"。第二,所谓"一气化三清",即认为道教的三位最高真神是由"气"变化而成,或者认为三重最高最神圣的"天"是由"气"变化而成,这也是以"气"作为道教的基本概念。第三，在道教中虽也有以"道"为最高范畴，但在早期道教讲到"道"与"气"的关系大体有三种情况：一种情况是认为"道"比"气"更根本，但"道"不能离"气"；另一种情况是"气"比"道"更根本，因为道教以"气"作为宗主，如刘勰《灭惑论》引《三破论》谓："道以气为宗"；第三种情况是认为"道"即是"气"，如陶弘景《养生延命录》引《服气经》说："道者，气也。"研究道教教义的哲学基础，如果能把它关于"气"的概念含义以及由"气"这一概念演变出来的概念范畴体系作出认真的分析，将会对道教的特殊本质有深入的了解。

黑格尔在《哲学史演讲录》中说："文化上的区别一般地基于思想范畴的区别，则哲学上的区别更是基于思想范畴的区别。"如果我们把道教和其他宗教相比较，从道教所使用的概念范畴方面、由概念范畴形成的命题方面以及由一系列命题形成的思想体系方面进行比较，我们就可以比较清楚地看到道教的特点。道教是中华民族本民族的宗教，但它的产生确受到佛教传入的刺激，因此我们可以通过早期道教的历史发展中佛道之争来看道教作为一种宗教的特点何在。

道教最早的经典《太平经》一方面表现了它受佛教某些方面的影响，如其中讲到"守一"的问题，"守一"一词虽在中国传统思想里已经有了，但在《太平经》中讲得那么多，那么突出，显然是受到汉时传入的小乘佛教禅法"安般守意"的影响。另一方面也表现了它对佛教的批判和排斥，例如《太平经》中所谓"四毁之行"，显然是针对佛教而发的；又提出"承负"的学说和佛教的"来世报应"相对立。到东晋以后，道教逐渐发展成为完备意义上的宗教，有了它的理论体系，因而和佛教的分歧就越来越明显了。那时佛教和道教的不同大体表现在三个问题上：即生死、神形问题；因果报应问题；出世、入世问题等。对这些问题加以分析，我们就可以认识到道教作为一种宗教的特点。

在我们把道教和佛教作比较时，还会遇到一个问题，即为什么道教没有像佛教那样成为世界性的宗教，而只是中华民族本民族的一种宗教呢？从道教的历史看，道教在南北朝末期或者已经传到朝鲜地区，在《三国史记》中记载有唐初道教传入朝鲜的情形。但不久之后，佛教在朝鲜更为流行而战胜了道教，从此道教在朝鲜几乎灭迹。这一时期，道教也经过朝鲜传入日本，它对日本原有的"神道"或者有些影响，但日本的"神道"决不是因道教传入才有的。道教在日本也没有像佛教那样流传开来。道教在历史上对其他国家就更没有什么影响了。照我看，道教之所以没有能成为世界性的宗教，主要是由于它作为一种宗教，其理论和实践都有很大缺陷，且带有过于强烈的民族特色。道教作为一种宗教所追求的目标是"长生不死"和"肉体成仙"，这和其他宗教派别讲"灵魂不死"根本不同，而其宗教理论对"肉体成仙"、"长生不死"的论证，一方面说得太粗糙，很难令人相信，因此后来道教也不得不吸收佛教关于"形尽神不灭"和"三世轮回"等思想，这样道教的流传就大大受到限制，而佛教则可以在道教流传所到之处取而代之；另一方面，它又太接近科学，道教为了养生，要求"长生不死"、"肉体成仙"不得不注重身体的炼养，因而就把实质上是物质性的"气"抬到最高的地位，并加以神秘化，所以中国的科学技术特别是医药学的发展和道教结下了不解之缘，道教利用科学就必然限制它作为宗教可能发生的作用，因而在道教中"非科学"、"反科学"的成分和它中间的科学因素，就形成了一个极大的矛盾。宗教本应要求"出世"，而道教作为中华民族的一种民族的宗教却深深打上了"入世"的烙印，从每个道教徒个人说，他们要求"精、气、神"三者混一而成仙；但道教作为一个宗教团体说又提倡"天、地、人"三者合一而"致太平"，所以它有着强烈地干预政治的愿望。道教在虚构了超现实的神仙世界的同时，又希望把现实世界变成为理想世界，这也不能不是一个极大的矛盾。

研究道教的特点十分重要，它不仅可以使我们了解它和其他宗教派别的不同所在，而且通过对其特点的分析，可以使我们了解中华民族的民族文化、民族心理和思维方式的特色，了解我们这个民族科学技术、医药卫生发展的道路及其缺陷所在。一个民族要得到发展，不仅要了解它的今天和明天，而且要了解它的昨天；不仅要了解它现实的政治、经济等方面的状况，还应了解这个民族的传统文化、传统的宗教信仰和思维方式以及它对今天的影响。对中国本民族的宗教道教应该进行认真的研究，其原因也就在于此了。

第二章 《太平经》——道教产生的思想准备

恩格斯在《路德维希·费尔巴哈和德国古典哲学的终结》中说:"正像在十八世纪的法国一样,在十九世纪的德国,哲学变革也作了政治变革的前导。"有些宗教派别的建立往往也是有某些思想作为它的前导,中国的道教就是一例。《太平经》的成书是早于道教的正式建立的,但道教建立后立刻把这部书作为它的经典,从而使得《太平经》成为研究道教史必须首先研究的一部书。本章打算就以下三个问题在前人研究的基础上作进一步的讨论:(1)《太平经》的成书问题;(2)《太平经》中的"气"和"道";(3)关于《太平经》若干问题的讨论。

一、《太平经》的成书问题

关于《太平经》的成书问题,中外学者有诸多讨论,问题的焦点集中在今本这部书是否成书于东汉末年。关于这个问题,王明先生《论〈太平经〉的成书时代和作者》(载《世界宗教研究》,1982(1))一文对汤用彤先生关于这一问题的考证作了非常有意义的发挥和有说服力的论证，因而本书不需要再作更多的讨论。但是，根据史料对《太平经》成书的过程作一综合性考察，似乎仍有必要。这样，不仅可以说明《太平经》在东汉末年成书的必然性，而且可以了解这部书在当时的社会意义。

（一）《太平经》和《包元太平经》

最早记载《太平经》的书可以说是牟子的《理惑论》，在这篇文章中说：

> 问曰：王乔赤松，八仙之箓，神书百七十卷，长生之书，与佛经岂同乎？

牟子汉末灵帝时人，所言"神书百七十卷"当即指的是《太平经》，并且已把它视为讲"长生"的道教著作。而范晔《后汉书》虽较《理惑论》晚出，但在《襄楷传》中所载的襄楷上疏则早于《理惑论》。《襄楷传》中说：

> （桓帝延熹九年，襄楷上疏曰：）臣前上琅邪宫崇受干吉神书，不合明听。
>
> 复上书曰：……前者宫崇所献神书，专以奉天地、顺五行为本，亦有兴国广嗣之术，其文易晓，参同经典，而顺帝不行，故国胤不兴。

《襄楷传》又说：

> 初，顺帝时，琅邪宫崇诣阙，上其师干吉于曲阳泉水上所得神书百七十卷，皆缥白素、朱介、青首、朱目，号《太平清领书》。其言以阴阳五行为家，而多巫觋杂语。有司奏崇所上妖妄不经，乃收藏之。后张角颇有其书焉。

唐章怀太子李贤注说：

> 神书，即今道家《太平经》也。其经以甲乙丙丁戊己庚辛壬癸为部，每部一十七卷也。

这些记载和今本《太平经》（或《太平经钞》）本身关于此书的说明可以印证，《经钞》丁部中说：

> 吾书中善者，使青为下而丹字（按《襄楷传》注引《太平经》作"使青下而丹目"），何乎？吾道乃丹青之信也，青者生仁而有心；赤者太阳，天之正色。

这部"神书"取青赤之色，是由于这两样颜色表现了天的"仁爱"和天的正色。这样用颜色来表明事物的（自然界的和社会的）善恶吉凶，正是汉朝五行学说的特点之一。《经钞》壬部对《太平经》为什么是一百七十卷作了说明：

> 问：《太平经》何以百七十卷为意？曰：夫一者，乃数之始起。故天地未分之时，积气都为一。……故数起于一，而止十二。干之本，五行之根也。故一以成十，百而备也。……阴阳建破，以七往来，还复其故。随天斗所指以明事，故斗有七星，以明阴阳之终始。故作《太平经》一百七十卷，象天地为数，应阴阳为法，顺四时五行以为行，不敢失铢分也。

对《太平经》之所以为一百七十卷的解释，也是用的汉朝阴阳五行学说，这些说法当然都是一些牵强附会之辞，没有必要去多作分析。但这两段引文却说明史书上记载的《太平经》和《太平经》本身的记载是相符的，并说明它的主要内容确实是一部讲阴阳五行、兴国广嗣之术的巫觋杂语之书。这样一类的书在东汉出现并不是偶然的，前此不仅已有作为《太平经》主要内容的思想广泛流行,而且西汉末已有一种《太平经》出世,这就是甘忠可所造的《天官历》、《包元太平经》。《汉书》卷七十五《李寻传》中载:

> 成帝时,齐人甘忠可诈造《天官历》、《包元太平经》十二卷,以言"汉家逢天地之大终,当更受命于天,天帝使真人赤精子下教我此道"。忠可以教重平夏贺良、容丘丁广世、东郡郭昌等。中垒校尉刘向奏忠可假鬼神罔上惑众,下狱治服,未断病死。贺良等坐挟学忠可书,以不敬论。后贺良等复私以相教。哀帝初立,司隶校尉解光亦以明经通灾异得幸,白贺良等所挟忠可书,事下奉车都尉刘歆。歆以为不合五经,不可施行。而李寻亦好之,光曰:"前歆父向奏忠可下狱,歆安肯通此道?"时郭昌为长安令,劝寻宜助贺良等,寻遂白。贺良等皆待诏黄门,数召见,陈说"汉历中衰,当更受命。成帝不应天命,故绝嗣。今陛下久疾,变异屡数,天所以谴告人也。宜急改元易号,乃得延年益寿,皇子生,灾异息矣。得道不得行,咎殃且亡。不有洪水将出,灾火且起,涤荡民人"。哀帝久寝疾,几其有益,遂从贺良等议。……以建平二年为太初(元将)元年,号曰陈圣刘太平皇帝。……贺良等复欲妄变政事,大臣争以为不可许。……贺良等反道惑众……执左道乱朝政,倾覆国家,诬罔主上,不道,贺良等皆伏诛。

根据以上所引史料,可注意者有以下几点:

第一,甘忠可为齐人;"重平",服虔注谓为"渤海县";"容丘",晋灼谓为"东海县",甘忠可、夏贺良、丁广世等皆为山东沿海一带的人。而燕齐一带自战国后期以来是阴阳五行、神仙方术最为流行的地方。得神书(《太平经》)的于吉也是山东近渤海地方的人,他得神书的地点"曲阳"汉时属东海郡,也在齐地。我们虽不能据此就断定《太平经》是直接由《包元太平经》演变而成,但《太平经》成于燕齐神仙方术、阴阳五行流行的地域当非偶然。

第二，《包元太平经》内容虽不可详考，但据上引材料也可知个大概。《包元太平经》据五行相生相克的思想提出"汉家逢天地之大终，当更受命"；这类思想在汉朝本甚流行，其来源当自邹衍。《史记·封禅书》说："邹衍以阴阳主运，显于诸侯，而燕齐海上之方士传其术，不能通。然则怪迂阿谀苟合之徒自此兴，不可胜数也。"而《太平经》，据《襄楷传》言"专以奉天地、顺五行为本"、"其言以阴阳五行为家"，亦为传邹衍之说者。又夏贺良等据《包元太平经》所陈于哀帝者除"汉历中衰，当更受命"外，尚有"成帝不应天命，故绝嗣。今陛下久疾，变异屡数"，故当"改元易号，乃得延年益寿，皇子生"，这也和《襄楷传》所说《太平经》"亦有兴国广嗣之术"相一致。

第三，《包元太平经》和《太平经》（或《太平清领书》）之所以都叫《太平经》者，盖均以"致太平"为目的。按《李寻传》谓哀帝从夏贺良等议下诏改元，并自号为"陈圣刘太平皇帝"，其欲"致太平"之意可想而知。哀帝改元之诏书中有"夫受天之元命，必与天下自新"之语。何谓"元命"，或与《春秋纬元命包》之名称有关。《后汉书·郅辉传》谓，辉曾上书王莽，书中有"含元包一，甄陶品类"一句，李贤注说："前书志曰：'太极元气，合三为一。'谓三才未分，包而为一。""三才"即天、地、人之谓，天、地、人包而为一，则可致太平也。宋张君房《云笈七签》卷六谓"第二太平者，三一为宗"，并引《太平经钞》甲部说"学士习用其书，寻得其根，根之本宗，三一为主"、"澄清大乱，功高德正，故号太平，若此法流行，即是太平之时"。《太平经》以三一为宗，其一意义就是使天、地、人三者合为一，而据上引李贤注"包元"的意思也正是说"三才未分，包而为一"，天、地、人三者合一就是太平之时了。

第四，《太平经》和养生成仙的神仙家思想有关（详后），而《包元太平经》是否也和神仙家思想有关呢？甘忠可齐人，是燕齐神仙家流行的地方的人。《史记·封禅书》谓，燕齐地方流行"方仙道"，"形解销化，依于鬼神之事"。《李寻传》谓"刘向奏忠可假鬼神罔上惑众"，忠可或与方仙道有关。又《李寻传》中说"甘忠可……言……天帝使真人赤精子下教我此道"云云。"赤精子"或即"赤松子"一类传说中的仙人。"真人赤精子"所教授之"道"为何？或即"方仙道"。又据《理惑论》言百七十卷神书似与"赤松子"有关。故今本《太平经》中之"真人纯"或即由"真人赤精子"演变而来？盖"赤精"者"纯"之谓也，重火德。按葛洪《神仙传》谓老子"颛顼时为赤精子"，此或最早以老子为赤精子者，但想来葛洪亦应有所本。故此处之"真人赤精子"或即指老子，而"真人赤精子下教我此道"的故事，与老子授于吉《太平经》的故事不无关系。《三天内解经》亦谓老子"颛顼时号为赤精子"。此经题名"三天弟子徐氏撰"，而徐氏为何时人，不详，但据文中所言或成于刘宋时。[①]

第五，《包元太平经》和《太平经》虽均言"奉天地，顺五行"、"兴国广嗣之术"，以"致太平"为主要内容，但为什么最高统治者开始都没有接受呢？这是否也说明两者之间的关系？成帝时刘向奏"忠可假鬼神罔上惑众"；哀帝谓贺良等言论"背经谊，违圣制"；顺帝时宫崇上《太平经》，"有司奏崇所上妖妄不经"；襄楷上《太平经》，尚书承旨谓"楷不正辞理，指陈要务而析言破律，违背经艺，假借星宿，伪托神灵，造合私意，诬上罔事"。可见这两部书都有些与汉朝当时统治思想不合之处，均罪以"罔上惑众"、"诬上罔事"、"假鬼神"、"托神灵"、"背经谊"、"违背经艺"等等。盖汉朝以儒家思想为正统，而此时之儒家思想虽已杂阴阳家之学说，但毕竟要以五经为依据。刘歆反对《包元太平经》即以其说"不

[①] 《三天内解经》中说："宋帝刘氏是汉之苗胄，恒使与道结缘，宋国有道多矣。"按此书构造道教历史，至刘宋而止。

合五经"，而《太平经》确也有"违背经艺"之处，所以二者最初都未被采用。

从以上五点看，可以说明《太平经》和《包元太平经》之间确有相当密切之关系。

（二）《太平经》和《太平洞极经》

《太平经》这样一百多卷的大书是如何形成的呢？看来是经过相当一段时间才形成，并非最初就有一百七十卷。据《襄楷传》言，顺帝时琅邪宫崇上其师于吉于曲阳泉水上所得之神书一百七十卷，而于吉的这部书又是谁授的呢？葛洪《神仙传》说：

> 宫崇者，琅琊人也。有文才，著书百余卷。师事仙人于吉。汉元帝时，崇随吉于曲阳泉上遇天仙，授吉青缣朱字《太平经》十部。吉行之得道，以付崇。

这个说法当然是不可信的，但以后的很多书根据这个说法而言于吉所遇之"天仙"是"老君"或"太上"（太上老君）。《太平经》托"老君"所授，显然是以便使道教和道家联系起来，以提高道教的地位。这样做一方面可以和儒家、佛教相对抗，另一方面也是要使道教多少有点哲理的色彩。《太平经》是老君所授的说法虽不可信，但由此道教就和道家结上了不可解之缘。奇怪的是唐王悬河《三洞珠囊》卷一也引有葛洪《神仙传》，却与今本《神仙传》不同：

> 帛和以素书二卷授于吉，且诫之曰：卿归更写此书，使成百五十卷。

王松年《仙苑编珠》则说得更具体：

> 于吉……见市中有卖药公，姓帛名和，因往告之，乃授以素书二

卷，谓曰：此书不但愈疾，当得长生。吉受之，乃《太平经》也。行之疾愈，乃于上虞钓台乡高峰之上，演此经成一百七十卷。

而敦煌《太平经》残卷序引《百八十戒序》谓：

老子至琅玡，授与于君。于君得道，拜为真人，作《太平经》。……帛君笃病，从于君受道，拜为真人。

这一说法和上面两段引文的说法又不同，不是帛和为于君师，而是于君为帛和师。上引《太平经》的传授编撰史当然不会是真实的，不过是否也可以从这些材料推测出这部书的成书过程呢？很可能《太平经》最初只有很少几卷（也许就只有"二卷"），到顺帝时由于吉把它扩充，由于吉传授给宫崇。顺帝时，宫崇曾向顺帝献过这部书。桓帝时，襄楷得到这部书，又向皇帝上此书，桓帝也没有接受。襄楷由何处得此书，史书虽无明确的说明，但据其上疏推测，也很可能得自宫崇。楷疏中说"臣前上琅邪宫崇所受神书"云云，按宫崇在顺帝时曾上此书，顺帝后冲帝、质帝均在位一年，后即为桓帝，故襄楷后宫崇未久，很可能是直接从宫崇手中得到《太平经》。到灵帝时，据《理惑论》载，《太平经》大概已有百七十卷了。据以上材料，我们是否大体可以得到这样一个结论：《太平经》原来只有很少几卷，帛和（？）传于吉，于吉传宫崇，襄楷又得自宫崇，不断扩充，成一百七十卷。

由顺帝到灵、献之世百余年间，《太平经》经过于吉、宫崇、襄楷等人之手，由于是不断扩充的，因此，以后就可能流传不同卷数的《太平经》本。葛洪《抱朴子》中既著录有五十卷的《太平经》，又著录有一百七十卷的《甲乙经》；《太平御览》卷六百七十三《像天地品》说《太平经》"一百卷"；《三洞珠囊》引《神仙传》作"一百五十卷"；唐法琳《辩正论》作"一百七十篇"；唐玄嶷《甄正论》作"一百八十卷"；陈马枢

《道学传》作"二百卷",当然说为"一百七十卷"的记载最多。这里需要特别提出的是自梁陈到隋唐之际又出现了一种一百四十四卷的《太平洞极经》,这一《太平洞极经》和《太平经》是什么关系,近年来中外学者多有研究。已故道教协会会长陈撄宁在一篇文章中说:

> 张道陵的《太平洞极经》、于吉的《太平清领书》,都说是老君所授,而且都在东汉顺帝时代出现,这两种书的名称和卷数虽不一致,内容大概是相同的。

> 这两种书的名称虽然不同,卷数虽有多有少,实际上无甚区别,既有卷数多的一种行世,那个卷数少的一种就渐渐地归于自然淘汰了。

陈撄宁会长的这个看法是很深刻的,我们这里将对这个问题作进一步的讨论。

最早著录《太平洞极经》的是孟安排的《道教义枢》。据唐杜光庭《道德真经广圣义序》,谓孟安排为梁道士,号大孟。但今本《道教义枢》序中引了《隋书·经籍志》中的话,故不可能是梁道士孟安排撰写的。据1911年刊《湖北通志》卷九十六唐圣历(武则天年号)二年陈子昂《荆州大崇福观记碑》载武则天时有道士孟安排,因此这部书很可能是唐初的作品。《道教义枢·七部义》中说:

> 按《正一经》云:有《太平洞极之经》一百四十四卷,此经并盛明治道,证果修因,禁恶众术也。其《洞极经》者,按《正一经》,汉安元年(顺帝年号),太上亲授天师(按:指张道陵),流传兹日。

说这部《太平洞极经》是由老君授天师张道陵的当然是不可靠的,但是不是在南北朝末期至隋唐之际除了一百七十卷的《太平经》外尚有一种百四十四卷的《太平洞极经》呢?我看是很可能有这样一部一百四十四卷的《太平洞极经》的。但这部《太平洞极经》并不是一部不同于《太平经》

第二章 《太平经》——道教产生的思想准备

的著作,而是在东汉末年经过长期编撰的《太平经》的一种。这部经一直流传到宋朝后才消失,所以张君房说:"今此经流亡,殆将欲尽。"(《云笈七签》卷六)作为单独存在的《太平洞极经》虽已散失,由于它本来就是在梁陈至隋唐之际发现的《太平经》的一种本子,所以实际上已经包含在一百七十卷的《太平经》中了。陈樱宁会长说:"既有卷数多的一种行世,那个卷数少的一种就渐渐地归于自然淘汰了",是很合理的。

为什么会出现这样一种和《太平经》没有什么区别的《太平洞极经》呢?这个问题可以从今本《太平经》中找到答案,《太平经》卷四十一《件古文名书诀》(按:敦煌遗书《太平经》目录作《救古文名书诀》)中说:

> ……实过在先生贤圣,各长于一,而俱有不达,俱有所失。天知其不具足,故时出河洛文图及其他神书,亦复不同辞也。夫大贤圣异世而出,各作一事,亦复不同辞,是故各有不及,各有长短也。是也明其俱不能尽悉知究洞极之意。……然大者,大也,行此者,其治最优大无上。洞者,其道德善恶,洞洽天地阴阳,表里六方,莫不响应也。皆为慎善,凡物莫不各得其所者。其为道乃拘校天地开辟以来,天文地文人文神文皆撰简得其善者,以为洞极之经,帝王案用之,使众贤共乃力行之,四海四境之内,灾害都扫地除去,其治洞清明,状与天地神灵相似,故名为大洞极天之政事也。

这段引文说得很明白,它的意思是说,其他各种书都各有长短,而《洞极之经》才是把天地开辟以来的"天文"、"地文"、"人文"、"神文"中最好的部分挑选出来编在一起,而且所谓《洞极之经》又可以名为《皇天洞极政事之文》(见卷九十一),此恰合《襄楷传》所说《太平经》的性质,亦恰合今本《太平经》"三一为主"之宗旨。今本《太平经》中有这样的话,当然不会是说在《太平经》之外另有一种比《太平经》更好的《太平洞极经》了。所以把《太平经》称为《太平洞极经》本也是可以的。同时,今本《太平经》中有一段话说明《洞极经》编撰的过程，这点和我们提出的《太平经》编撰的过程也是一致的，也可以从一个侧面说明所谓《太平洞极经》就是今本《太平经》的一个本子，卷八十八中说：

> 然，子已觉矣，于其宅中文太多者，主者更开其宅户，收其中书文，持入与长吏众贤共次，其中善者，以类相从，除其恶者，去其复重，因事前后，赍而上付帝王；帝王复使众贤共次，去其中复重及恶不正者，以类相从，而置一闲处，复令须四方书来，前后次之，复以类相从，复令须后书至也；其四方来善宅，已出中奇文殊方善策者，复善闭之。于其畜积多者复出次之，复赍上之，于四方辞旦日少毕竟也。所上略同，使众贤明共集次之，编以为洞极之经。因以大觉贤者，乃以下付归民间，百姓万民，一旦俱化为善，不复知为恶之数也。

这段话正说明，《太平经》是一次又一次不断扩充又删去其重复不必要部分而编撰出来的，不过这段话把这一过程神秘化一番，以惑世欺人。至于这部书为什么可以称为《太平洞极经》呢，在今本《太平经》中也有解释，卷七十一《真道九首得失文诀》中说：

> 今天师为太平之气出授道德，以兴无上之皇，上有好道德之君，乃下及愚贱小民，其为恩乃洞于六合，洽于八极，无不包裹。

这段话的意思是说，太平气出，就可以有好的道德君主使愚贱的人民蒙受其恩，因为太平之气能"洞（按："洞"即"通"义）于六合，洽于八极"，"故施洞极之经，名曰太平，能行者得其福"（《太平经》卷一百十二）。在今本《太平经》中，"洞极"是"洞于六合，洽于八极"的意思，即是说"无不包裹"。"六合"者，天地四方也；"八极"者，八方远极之处，《后汉书·明帝纪》注引《淮南子》曰："九州之外有八寅，八寅之外有八纮，八纮之外有八极。"而所谓"太平"本也有此意。《太平经钞》癸

部解释《太平经》时说:

> 太者,大也;大者,天也,天能覆育万物,其功最大。平者,地也,地平,然能养育万物。经者,常也,天以日月五星为经,地以岳渎山川为经。

"太平"是"天地",无所不覆、无所不载,故广大无边,无不包裹也。又《太平经》称为《太平洞极经》当和人君"致太平"的思想有关,如《经钞》辛部中说:"故教人拘校古今文,集善者以为《洞极之经》……故教训人君贤者而敕戒之,欲令勤行致太平也。"《经》卷九十八《为道成败戒》中也说:"故念吾为真人作道,其大也则洞至无表,其小也则洞达无里,尊则极其上,卑则极其下……然吾乃为太平之君作经。"这和卷三十五《分别贫富法》所言《太平经》相同,其文谓"今天师为王者开辟太平之阶路,太平之真经出"云云。故可说《太平经》或为《太平洞极经》之简称,如其为《太平清领书》之简称一样。因此,《太平经》的作者把这部书看成"精一不离,实守本根,与阴阳合,与神明同"的"神道书"。

《太平经》为什么是一百七十卷,在书中也有说明,《经钞》壬部中说:"问:《太平经》何以百七十卷为意? 曰:……数起于一,而止十二,干之本,五行之根也,故一以成十,百而备也,故天生物,春响百日欲毕终。故天斗建辰,破于戌。建者,立也,万物毕生于辰。破者,败也,万物毕死于戌。故数者,从天下地八方,十而备;阴阳建破,以七往来,还复其故。随天斗所指以明事,故斗有七星,以明阴阳之终始。故作《太平经》一百七十卷,象天地之数,应阴阳为法,顺四时五行以为行,不敢失铢分也。"一为数之始,可成十,成百,故有一百;天地八方而有十;北斗七星而有七,故《太平经》为一百七十卷。《襄楷传》中说"神书百七十卷","神书"是"神道书"的简称。在《太平经》中也往往把"神道书"简称为"神书"或"道书"。卷四十一中说:"此道道(按:后一"道"字应为"书"字之误）者，名为洞极天地阴阳之经，万万世不可复易也。"最高的"道书"是《洞极之经》。同卷又说："时出河洛及其他神书……其为道乃拘校天地开辟以来，天文地文人文神文皆撰简得其善者，以为洞极之经"，而所谓最善的"神书"也是"洞极之经"，可见《太平经》的作者并没有把"道书"和"神书"加以区别，因此有"神道书"这个名称。

《太平经》自东汉顺帝后不断扩充为一百七十卷，以后史书、道书、佛书均有著录和引用。但这样一部一百七十卷的大书在漫长的历史中要完整地保存下来是很困难的，保存下来不经篡改也是很困难的，所以到明朝正统年间编《道藏》时只剩下五十七卷了，而且剩下的五十七卷也有不少是首尾不全的。另外有《太平经钞》十卷，是唐闾丘方远节抄自《太平经》的；《太平经圣君秘旨》据王明先生考证也可能出自闾丘方远之手，《太平经钞》甲部王明先生已证明其为伪作，而《太平经钞》癸部才是甲部之钞。至于残存的《太平经》中是否有后人篡改之处，不可详考，但可以说大体上保存了汉朝的原样。

（三）史书中和道书中的《太平经》

《太平经》是一内容十分庞杂的书，这是由于它是经过相当长的一个时期不断扩大而成所致，这种庞杂的情况在《太平经》本身中就可以找到说明，卷九十一中说：

> 天师之书，乃拘校天地开辟以来，前后贤圣之文，河洛图书神文之属，下及凡民之辞语，下及奴婢，远及夷狄，皆受其奇辞殊策，合以为一语，以明天道。

卷八十八中也说：

> 今四境之界外内，或去帝王万万里，或有善书，其文少不足，乃

远持往到京师；或有奇文殊方妙术，大儒穴处之士，义不远万里，往诣帝王，衒卖道德。……或有四境夷狄隐人胡貊之属，其善人深知秘道者，虽知中国有大明道德之君，不能远□□（疑有脱误）故赍其奇文善策殊方往也。

可见，《太平经》所包含的内容十分庞杂，有河洛图书之类，夷狄胡貊之语；有圣贤之辞，奴婢之文；善文奇策，殊方秘道，真可谓一大杂烩。但《太平经》这部一百七十卷的大杂烩是否也有一主旨呢？看来，它还是有个中心思想的。

秦汉以后，中国进入了一个封建社会发展的新时期，从那以后中国大一统的封建帝国的规模已经基本确立。这时有两件大事为最高统治者所要求，一是巩固其封建专制统治，即所谓"致太平"；二是如何延长自己的寿命和有子孙嗣续，以保证其统治的延续，所以秦始皇和汉武帝都希求长生不死。然而在西汉，巩固封建统治的三纲五常、君权神授等思想，并没有和求长生不死的神仙之术结合起来，虽然当时的许多皇帝对这两个方面都同时提倡，虽然董仲舒提倡的天人感应目的论和神仙方术都很流行。但到东汉顺帝以后，这两方面渐有结合的趋势，而这两者的结合最可能由一种宗教来实现，实现这种结合的就是原始道教，而集中地表现了这两个方面结合的又正是道教经典《太平经》。

关于《太平经》内容主旨的记载，从史书方面说最早的是包含在《后汉书·襄楷传》襄楷所上的疏里。襄楷认为，《太平经》是一部"奉天地，顺五行"以求"致太平"的书，又是一部"兴国广嗣"求长生有后嗣的书。稍后《理惑论》又说明这部书的性质是"长生之书"。再后有葛洪的《神仙传》。今本《神仙传》虽为人怀疑为后人所伪托，但也不失可作为参考。《神仙传》说《太平经》"多论阴阳否泰灾眚之事，有天道，有地道，有人道，云治国用之，可以长生，此其旨也"，这和《襄楷传》中所说的

《太平经》的主旨是一致的。对《太平经》的主旨最简明最概括的最早论述的则是《道教义枢》。《道教义枢》卷二中说"太平者,此经以三一为宗",接着引用了《太平经》甲部第一的话"学士习用其书,寻得其根,根之本宗,三一为主"以证明。又《云笈七签》卷六中亦引用了《太平经》甲部同样的话。《太平经》甲部已佚,今本《太平经钞》甲部又是伪作,而据敦煌本《太平经》目录可知今本《太平经钞》癸部恰是甲部之钞,而《太平经》甲部第一篇的基本内容又包含在敦煌本《太平经》前面的序中。据日本学者考证敦煌本《太平经》残卷(斯·四二二六)是六朝末的写本,前有残缺的序,后有后记(引《经》及《纬》),中为《太平经》一百七十卷三百六十六篇的目录,其目录和今本《太平经》及《钞》的篇目基本相同。现抄敦煌本前序中所包含的甲部第一的全文于下,以便展开说明《太平经》内容主旨的问题:

□(按:当为"甲"字)第一云:诵读吾书者之灾害不得复起,此上古圣贤所以候得失之本也。书有三等,一曰神道书,二曰核事文,三曰浮华记。神道书者,不离实,守本根,与阴阳合,与神同门。核事文者,考核异同,疑误不实。浮华记者,离本已远,错乱不可常用,时时可记,故名浮华记。然则精学之士,务存神道,习用其书,守得其根。根之本宗,三一为主。一以化三,左无上,右玄老,中太上。太上统和,无上摄阳,玄老总阴。阴合地,阳合天,和均人。人、天及地,号为三才。各有五德,五德伦分。修事毕(按:疑"修"字前脱一字),三才后一。得一者生,失一者死。能遵上古之道,则到太平之辰,故曰三老相应。三五气和,和生生气,气行无死名也。和则温清调适,适则日月光明。人功既建,天地顺之,故曰先安中五,乃选仙士,贤者心贤,必到圣治。

所谓"三一为宗"是说:天、地、人三者合一以致太平;神、气、精三者混一而长生。"天"、"地"、"人"者即"阳（太阳）"、"阴（太阴）"、"和（中和）"；"神"、"气"、"精"者亦即"阳"、"阴"、"和"，所以这两个"三合一"实际上是一致的。关于"天、地、人"三者合一的思想，本来在《周易·系辞传》中就有类似的观点，《周易·系辞传下》中说：

> 《易》之为书也，广大悉备，有天道焉，有人道焉，有地道焉，兼三才而两之，故六，六者非它也，三才之道也。

《说卦传》中也说：

> 昔者圣人之作《易》也，将以顺性命之理，是以立天之道，曰阴与阳；立地之道，曰柔曰刚；立人之道，曰仁曰义，兼三才而两之，故《易》六画而成卦。分阴分阳，迭用柔刚，故《易》六位而成章。

这样把"天"、"地"、"人"称为三才，并要求统一起来对中国传统哲学有着很大影响，到汉朝这一观点则服务于天人感应目的论。董仲舒《春秋繁露·天地阴阳》中说：

> ……人之超然万物之上，而最为天下贵也。人下长万物，上参天地，故其治乱之故，动静顺逆之气，乃损益阴阳之化，而摇荡四海之内。……是故人言既曰王者参天地矣。苟参天地，则是化矣，岂独天地之精哉？王者亦参而渀之。

圣人参天地，赞化育，而能致太平者也，其所以然之故，即在于与天地相通而为参。而《太平经》就是沿着这种思想发展而有"三一为宗"的思想。《太平经钞》乙部（《襄楷传》注引同）中说：

> 大顺天地，不失铢分，立致太平，瑞应并兴。元气有三名，太阳、太阴、中和；形体有三名，天、地、人……此三者常当腹心，不失铢分，使同一忧，合成一家，立致太平，延年不疑矣。

《襄楷传》注谓这段话出自《太平经·典帝王》(按："典"当为"兴"字之误),《经钞》篇目题为《和三气兴帝王法》,敦煌本作"和三五与帝王法"(按："与"当为"兴"字之误)。据篇目题及所引内容看,帝王所要求的恰是"致太平"和"延年长生"。而"致太平"和"延年长生"的方法就是要使"天、地、人三者合一","神、气、精三者混一",或者说"致太平"之所以可能在于"天、地、人三者合一","延年长生"之所以可能在于"神、气、精三者混一"。

盖"气"或"元气"这一概念在《太平经》中至关重要,它构成天地万物。汉朝关于宇宙构成的学说,一般均以为宇宙是由元气构成,如《孝经纬·钩命诀》中说:

> 天地未分之前,有太易,有太初,有太始,有太素,有太极,是为五运。形象未分,谓之太易。元气始萌,谓之太初。气形之端,谓之太始。形变有质,谓之太素。质形已具,谓之太极。五气渐变,谓之五运。

所谓"五运"者,是说"元气"变化的五个阶段,所以"天、地、人"都是由"元气"构成,"元气无形,匈匈隆隆,偃者为地,伏者为天"(《河图括地象》),"正气为帝"、"间气为臣"、"秀气为人"(《春秋演孔图》)。要使天、地、人相通就得找出一种东西能把它们联系起来,而"气"这种东西无形无象、不可捉摸,在当时条件下是最理想的把天、地、人三者统一起来的东西。如果天、地、人统一起来,这样自然界和社会就成一和谐无矛盾的统一体,亦即国泰民安的太平世了。而"天、地、人"之所以为三气,照《太平经》看是由于"天"为"阳气"("太阳"),"地"为"阴气"("太阴"),"人"为"中和之气",所以《太平经》说:

> ……三气合并为太和也。太和即出太平之气。断绝此三气,一气

> 绝不达，太和不至，太平不出。阴阳者，要在中和。中和气得，万物滋生，人民和调，王治太平。

天、地、人三者能否合一，主要在"中和之气"方面，即在人的方面，所以"人"（这里主要指的是"人君"）如果能"以道德化万物，令各得其所"则"民气上达"，"天人一体矣"。

天、地、人的合一是就自然和社会的合一说的，如果实现了这三者的合一则太平气至，"太平气至，阳德君治，当得长久"，这样封建的专制统治就得到巩固了。但对帝王本身说，他不仅要求国泰民安的太平世，而且要求自己可以永远统治这个所谓的"太平世"的社会，因此也要追求长生不死。我们可以看到，在《太平经》中包含了大量关于个人如何长生不死、成仙度世的内容。个人长生不死如何可能？这就要求创造一种可能"长生不死"的"理论"，亦即要找到一种"成仙度世"的"解释"。本来在汉朝对人的生命现象的了解，一般都认为"神"现于人间社会，或者说把"神"和"形"结合在一起就是"生"，"神"和"形"分离则是"死"。并且认为，不仅"形"是由"气"构成，"精神"也是由"气"构成，《淮南子·精神训》高诱注："精者，人之气"；《白虎通·性情》："精神者何谓也？精者，太阴施化之气也；神者，恍惚太阳之气也"；《大戴礼·曾子天圆》："阳之精气曰神"；《礼记·聘义》郑玄注："精神亦谓精气"。《太平经》也是这样认为，不仅"形"是"气"，而且"神"、"精"都是"气"，如果三气结合则人能长生久视。照《太平经》看，"致太平"和"成神仙"二者又是相辅相成的，其所以然之故也在于精、气、神三者合一，故《太平经圣君秘旨》说：

> 夫人本生混沌之气，气生精，精生神，神生明，本于阴阳之气，气转为精，精转为神，神转为明。欲寿者当守气而合神，精不去其形，念此三合以为一，久即彬彬自见，身中形渐轻，精益明，光益

精，心中大安，欣然若喜，太平气应矣。修其内，反应于外。内以致寿，外以致理，非用筋力，自然而致太平。(《合校》七三九页)

又《太平经钞》癸部中说：

三气共一，为神根也，一为精，一为神，一为气。此三者，共一位也。本天地人之气，神者受于天，精者受于地，气者受之于中和（按：同卷有"神者主生，精者主养，形者主成"，此处之"气"即是"形气"），相与共为一道。故神者乘气而行，精者居其中也。三者相助为治，故人欲寿者，乃当爱气尊神重精也。①

"神者受之于天"，即受之于"阳气"；"精者受之于地"，即受之于"阴气"。"阳气"、"阴气"、"中和之气"三者混一名为"守一"。"守一"者守"气"也，"一者，其元气纯纯之时也"。

"古今要道，皆言守一，可长存而不死。"由于人的"神"、"精"、"气"本为"阳"、"阴"、"和"，而"天"、"地"、"人"亦为"阳"、"阴"、"和"，所以这两种三合一是统一的。《太平经圣君秘旨》中说：

夫守一者，可以度世，可以消灾，可以事君，可以不死，可以理家，可以事神明，可以不穷困，可以理病，可以长生，可以久视。……子知一，万事毕矣。

能做到"守一"当然就是无所不能的神仙了。《太平经》内容主旨中的所谓"三一为宗"，当然是荒诞的无稽之谈，但是这种荒诞的无稽之谈正是适应汉王朝最高统治者的需要的。自汉武帝以后，董仲舒提出"罢黜百

---

① 按《道藏》满字帙有《玄洞灵宝太上六斋十直圣纪经》中说："夫修身之道，乃国之宝也。不可不爱，不可不贵也。然一身之根有三，一为神，二为精，三为气也。此三者本天地之气也。神者受于天，精者受于地，气者受于中和也。相与共为一道也。故神者形乃乘也，气者神之舆也，精者居其中也，三者相助为理，夫人欲寿者，乃当爱气尊神重精也。"此段显系录自《太平经》，而改"三者相助为治"为"相助为理"，避唐高宗讳也，可知此书应为唐朝的作品。

家，独尊儒术"，此后沿着董仲舒天人感应目的论的神学发展，而有神学意味越来越浓厚的谶纬迷信之类。宗教必定是有神论，但是否任何有神论都能成为宗教呢？那却不一定。因为一种完整意义上的宗教（这是指阶级社会中的宗教），它不仅有对神灵的崇拜，而且还应有固定的教会组织和一整套教规教仪以及教会传授历史等等。一般地说，宗教总是要把世界二重化为现实世界和超现实世界，其教义认为人们只有在超现实的世界里才能永远地摆脱现实社会中存在的种种苦难，人们的美好的、幸福的生活最后只能在那超现实的彼岸世界中实现。中国的儒家思想特别是两汉的儒家思想尽管也承认有神，但它并不认为必须在现实世界之外去实现其理想，而是力图在现实社会中实现其"治国平天下"的理想，虽然这只是幻想和欺骗。在我国宗教虽然有过很大影响，但始终没有能成为独占的统治思想，并且常常居于次要地位，这和作为正统思想的儒家思想这一特点有关。儒家思想到东汉以后，从发展上看也很有可能成为一种宗教，因为从有神论、谶纬迷信发展成一种宗教并非很困难。但儒家在汉朝终究也没有成为一种宗教，这和它只要求在现实社会中实现其"治国平天下"的理想，而并不要求在超现实世界中去实现有着直接联系。因此随着汉王朝衰落，在这个经济、政治、精神和道德普遍瓦解的时代，儒家思想既然不能成为一种宗教，而其统治地位又走了下坡路，于是儒家思想的衰落，就为一种宗教的产生提供了条件。道教正是这种我国本民族适应当时社会的需要，表现了我国古代本民族思想文化的某些特点的一种宗教。它作为一种宗教虚构了一个神仙世界，告诉人们可以通过道德的修养、身心的修炼而得以成神成仙，在那超现实的世界里永远摆脱现实社会中的种种苦难。另一方面，它又有强烈的干预政治的愿望，说帝王可以通过"奉天地、顺五行"而"致太平"，把天上的千年王国实现于现实社会中，又把现实社会变成理想的超现实世界，使现实世界和虚幻的神仙世界合二为一，而这两个方面的结合构成了中国道教的特色。然而，成神成仙固然是虚妄的，就是"致太平"在过去的社会里也从未实现。宗教包括道教并未给人们带来任何幸福，只能给人们以精神上的某种安慰和麻醉。

二、论《太平经》中的"气"与"道"

《太平经》中的一些基本概念及其含义对道教有着重要的影响，甚至可以说道教的基本概念大都是直接从《太平经》中来的。在《太平经》中有许多特殊的为其宗教神学所要求的概念，其中最重要的是"气"和"道"这两个概念，此外尚有"守一"、"承负"、"太平"、"洞极"等。分析这些概念的含义，对了解道教作为一种宗教的特点是非常重要的，这些概念在以后道教的经典中常常被使用并加以发挥，它们成为道教理论体系的支柱。

据《道教义枢》和《云笈七签》中所说《太平经》的主旨是"三一为宗"，即要求精、气、神三者结合而成神仙，天、地、人三者合一而致太平，这两方面都是由"气"构成的，而使精、气、神能结合，天、地、人能结合则是"道"的作用。因此，我们可以先分析《太平经》中"气"这一概念的含义和它的作用，进而分析"道"的含义及其作用，最后讨论"气"和"道"的关系，这不仅可以使我们了解《太平经》作为一种宗教理论的特点，而且也对整个道教的宗教理论的了解有所帮助。

（一）《太平经》中"气"的概念的分析

自先秦以来，对于宇宙万物的构成有着种种的学说，《易经》这个系统以为宇宙万物的构成是由"太极"而"两仪"而"四象"而"八卦"的这样一个系列，而"太极"本可了解为"气"，郑玄释"太极"谓："极中道淳和未分之气也。"(《文选注》引)"气"本身包含着阴阳两种性质,也有解释为阴阳二气者。《洪范》系统则有"五行",以为一切事物皆由金、木、水、火、土等五行构成。《管子》书中既有以"水"为天地万物之本源者,也有以"气"为构成天地万物之初基者。天地万物构成问题的另一方面是它有一个什么样的架构,《易经》系统认为一切都以阴阳分为两类而有秩序地存在着,或认为宇宙中最重要者为"天"、"地"、"人",而这三者之所以重要也是因其具有对立统一的特点,"在天为阴与阳,在地为刚与柔,在人为仁与义"。《洪范》的"九畴"均可纳入"五行"的系统,从而把自然与社会的一切方面都归于"五行"的架构之中。《管子》中《白心》、《心术》、《内业》等篇则把自然界的变化,社会的兴衰,人们的休咎祸福之因统统都归之于"气"的有规律的变化的架构之中。在天地万物构成问题上还有一发展系列问题,《易经》有一"太极生两仪,两仪生四象,四象生八卦"的系列。邹衍用"五行"而有"五德转移"之系列(见《吕氏春秋·应同》)。

这一关于宇宙构成的元素架构和系列问题到汉朝更有发展。《淮南子·天文训》中说:

> 太始生虚霩,虚霩生宇宙,宇宙生元气,元气有涯垠,清阳者薄靡而为天,重浊者凝滞而为地。

这是说,宇宙开始时是一无所有的"太始","虚霩"是时空未分的原始状态;"宇宙"是指没有任何事物的时空;在时空中有了未分化成天地万物的"元气",而后由"元气"分化为阴阳二气,即是天地,而万物生焉。《天文训》并以阴阳四时之配合而说明自然界和社会存在之构架与系统,这样就把先秦关于"气"、"阴阳"、"五行"的说法结合起来以解释天地万物的构成问题。董仲舒更进一步用"阴阳五行"说把宇宙构成问题神秘化。他虽然仍以为"天"是宇宙的最高主宰,但"天"主宰万物是通过

"气"来实现的，所以他说：

> 天地之气，合而为一，分为阴阳，判为四时，列为五行。

阴阳五行都是"气"。董仲舒把一切自然现象和人类社会生活都配置在阴阳五行的机械和神秘的系列架构之中。阴阳五行不仅是构成天地万物的材料，而且是有能动性、有意志、有道德性的神秘力量，它可以支配自然界和人类社会的变化。因而，董仲舒的天人感应目的论实际上是通过阴阳五行之气的学说来表现的。至于纬书则使这种机械的和神秘的宇宙构成理论更加系统化了。《乾坤凿度》用阴阳五行来建构了一种宇宙系统论的形式，其中说：

> 昔者圣人因阴阳，定消息，立乾坤，以统天地也。夫有形生于无形。乾坤安从生？故曰：有太易，有太初，有太始，有太素也。太易者，未见气也；太初者，气之始也；太始者，形之始也；太素者，质之始也；气，形质具而未离，故曰浑沦。浑沦者，言万物相浑成而未相离，视之不见，听之不闻，循之不得；故曰易也。

纬书这一段话说明，"圣人"构造了一个关于宇宙构成的系统论学说，它表达了汉朝学者对宇宙构成的系统观点的各个方面：第一，宇宙的发生有一个系列，这个系列是由"无"而"有"，但这个"无"并不是"虚无"，而是说一切都存在于潜藏的无形无声的混沌状态，所以"易"是"万物相混成而未离"的状态。《乾坤凿度》也说："太易始著，太极成。太极成，乾坤行。……乾坤既行，太极大成。"这是说"太极"已包含着"乾坤行"了，这是宇宙发展到开始显露的阶段，而"太易"则不过是"乾坤"还没有显露，并不是根本没有乾坤。第二，从万物构成的材料说，万物都是由"元气"构成，因为有"气"，然后才有"形"有"质"，而任何事物都是有形质的。《孝经纬·钩命诀》中对这点说得更明确，谓：

> 天地未分之前，有太易，有太初，有太始，有太素，有太极，是为五运。形象未分，谓之太易。元气始萌，谓之太初。气形之端，谓之太始。形变有质，谓之太素。质形已具，谓之太极。五气渐变，谓之五运。

可见宇宙万物都是由"气"而成，而且是"气"由无形而有形有质的演化过程。第三，这一由"元气"构成的宇宙万物的一切方面都可以纳入一阴阳五行的架构之中。"天"是"上元"之"气"，"地"是"下元"之"气"，"人"是"中元"之"气"。就自然现象说，太极二分为阴阳，生天生地；天地有四时，即春夏秋冬；四时各又有阴阳刚柔之分而有八卦，则为天地风山水火雷泽等。时间之十二月，空间之四正四维均依一阴阳五行的世界图式而存在。就社会生活方面说，因阴阳而有三纲六纪，五气变形以为五常，则有仁义礼智信；五德相生相克，故有朝仪之更替。

汉朝的这种宇宙构成论学说直接影响着《太平经》。

"气"在《太平经》中是一最重要的概念，宇宙中的一切都是由"气"构成。《夷狄自伏法》中说：

> 一气为天，一气为地，一气为人，余气散备万物。

最根本的"气"叫"元气"，"天地开辟贵根本，乃气之元也"（《太平经钞》乙部）。所谓"气之元"，即是说"气"的初始状态，故称"元气"。从《分解本末法》所说的"人"修道的次第看，达到最高的阶段也是"与元气比其德"，这是比"与天比其德"更高一个等级的。为什么"元气"为最根本的"气"？就在于"元气乃包裹天地八方，莫不受其气而生"（《太平经钞》乙部）。因此，"元气"是宇宙未分之状态，所以说："元气与自然太和之气相通。"（《三气相通诀》）"自然太和之气"系为"气"之未分化之时也。照《太平经》看，宇宙最初为天地未分化之状态，因此一切都是混沌冥冥没有分别的，但是一切分别已包含在其中，随着时间的推移，事物的分别就逐渐显现了，所以《三者为一家阳火数五诀》中说：

> 天地未分，初起之时，乃无有上下日月三光，上下洞冥，洞冥无有分理，虽无分理，其中内自有上下左右表里阴阳，具俱相持，而不分别。若阴阳相持始共生，其施洞洞，亦不分别。已生出，然后头足具。

"元气"虽无具体形状，但它可以做成一切有形状的事物，"元气无形，以制有形"（《太平经钞》乙部）。《太平经》这一关于"元气"的观点是汉朝所通常流行的观点，如《九象易》说："元者，气之始也。"《河图纬》说："元气无形，汹汹隆隆，偃者为地，伏者为天。"《太平经》以为"元气"分而有天、地、人，《经钞》戊部中说：

> 元气恍惚自然共凝成一，名为天也；分而生阴而成地，名为二也；因为上天下地，阴阳相合施生人，名为三也。

"元气"是天地人未分的统一状态，故"元气"又可名为"一"，"一者，元气纯纯之时"（《国不可胜数诀》）。"天地人同本一元气，分为三体"（《三五优劣诀》），"元气"分为天地人三体，就其性质说则是"太阳气"、"太阴气"和"中和之气"。由"元气"分化出来的整个自然界和人类社会都可依"太阳"、"太阴"、"中和"三种性质的气分别构成，在《和三气兴帝王法》中对这一问题作了集中的描述：

> 元气有三名，太阳、太阴、中和。形体有三名，天、地、人。天有三名，日、月、星，北极为中也。地有三名，为山、川、平土。人有三名，父、母、子。治有三名，君、臣、民。欲太平也，此三者常当腹心，不失铢分，使同一忧，合成一家，立致太平，延年不疑矣。

按：《后汉书·襄楷传》注引此段。在《经钞》壬部更以"道"、"德"、

"仁"、"生"、"养"、"施"等配合"太阳"、"太阴"、"中和"三气。《太平经》把自然界和社会的一切方面都纳入以"元气"为根本的系列之中，而构成了一种宇宙的架构系统，可以如下：

太阳＝道＝父＝天＝生＝君……

太阴＝德＝母＝地＝养＝臣……

中和＝仁＝子＝人＝施＝民……

这种把宇宙万物三分的方法可能来源很古，但与《太平经》较为切近的则是纬书的《乐纬动声仪》，其文说：

> 上元者，天气也，居中调礼乐教化流行，总五行气为一。下元者，地气也，为万物始质也，为万物之容范，生育长养，盖藏之主也。中元者，人气也，其气以定万物，通于四时，象天心，理礼乐，通上下四时之气，和合人之情，以慎天地者也。

"元气"分为"天气"、"地气"、"人气"。"人气"主"和合"，此或为汉时之通论。刘歆《三统历》说："太极元气，含三为一"，谓"天"、"地"、"人"混为"一元"，"一元"指"元气"。《春秋》说"元者，端也，气泉也"，徐彦《公羊传疏》引何休《公羊传·隐公三年》注："元者，气也，无形以起，有形以分，造起天地，天地之始也。"照《太平经》看，天地人三者合一则可致太平，《和三气兴帝王法》中说：

> 三气合并为太和也，太和即出太平之气。……阴阳者，要在中和。中和气得，万物滋生，人民和调，王治太平。

天下太平是要由中和之气来调和阴阳二气以致"太和"而有"太平之气"。"太平气"的出现是祥瑞的征兆，这是君王所追求的。"今行太平气至，阳德君治，当得长久。"（《不用大言无效诀》）"太平气"就其性质说应当是三气的结合，但也并不是三种气都起同样的作用，而是阳气兴盛，故说：

"太平气至，阳气大兴。"（《太平经钞》辛部）或者是阴阳二气之调和，又有说："太平气垂到，调和阴阳者。"（《斋戒思神救死诀》）或是中和气起调和阴阳二气之结果。总之，"太平气"到来，天下就可以得到治理，则万民无不归之。帝王当知"理乱之本，太平之基"的九事，《经钞》辛部中说：

> 上天诸神言，好行道者，天地道气出助之；好行德者，德气助之；行仁者，天与义仁气助之；行义者，天与义气助之；行礼者，天与礼气助之；行文者，天与文气助之；行辩者，亦辩气助之；行法律者，亦法律气助之。

帝王行此"九事"，则"天将助之，神灵趋之，深思其要义，则太平气立可至矣"，所以"太平气"可以包罗各种美好的气。

"元气"所表现的另一方面，即是它又分为"精"、"气"、"神"三气，而此三气的结合，则人可以长生不死而成神仙。所以在《和三气兴帝王法》中说："此三者（按：指太阳、太阴、中和三气）……合成一家，立致太平，延年不疑矣。"帝王不仅要求天下太平，而且要求"延年益寿"，乃至"长生不死"。《经钞》癸部中说："三气共一，为神根也，一为精，一为神，一为气。"《太平经》中这样把生命现象看成"精"、"气"、"神"三者的结合，也是汉朝已有的思想，如《淮南子·原道训》中说：

> 夫形者，生之舍也；气者，生之充也；神者，生之制也。一失位则三者伤矣。是故圣人使人各处其位，守其职，而不得相干也。故夫形者，非其所安也而处之，则废；气不当其所充而用之，则泄；神非其所宜而行之，则昧。此三者不可不慎守也。

这里的"形"是指"形气"，即是"精、气、神"中之"气"，这在《太平经》也有同样的用法（见前）。而"气"则是指"精气"，它是在身体内部流通的一种细微的"气",《太平经》中有所谓"内气",或即"精气"之另一名称。"神"即是"神气"。在西方古代哲学中同样也有把"精神"或"灵魂"看成由物质性的"气"或者某种其他物质性的东西所构成。如恩格斯在《自然辩证法》中说:"在阿那克西米尼那里,灵魂是空气(正像在《创世纪》中一样)。"《圣经·旧约·创世记》记载着上帝创造世界的过程,它说:"天地万物都造齐了,到第七日神造物的工已经完毕……耶和华神用地上的尘土造人,将生气吹在他鼻孔里,他就成了有灵的活人,名叫亚当。"把"精神"或"灵魂"看成一种物质,在伊斯兰哲学中也有,如拉齐(923年卒)说:"灵魂是简单的光的物质。"金坚选(生活在9世纪)也认为:"人类的灵魂是单纯的不灭的物质。"更有名的伊斯兰哲学家伊本·西那(980—1037)认为:"每个灵魂自始就是单独的物质,灵魂存在于肉体的期间,这种单独性继续增加。"《淮南子》把人的精神也看成一种气,照《淮南子》的看法,如果"精气内守形骸而不外越,则望于往世之前,而视于来身之后","夫惟能无以生为者,则所以修得生也"(俞樾注谓:当作"得修生")。《太平经》中也说,如果人能"爱气尊神重精"就可以"长生"。而"精"、"气"、"神"都是"气",所以把"气"养好是"长生不死"的关键。《还神邪自消法》中说"养生之道"在于"安生养气"。《包天裹地守气不绝诀》中也说:"然天地之道所以能长且久者,以其守气而不绝也。"《太平经圣君秘旨》也说:"欲寿者当守气而合神,精不去其形,念此三合以为一。"又说:

  夫守一者,可以度世,可以消灾,可以事君,可以不死,可以理家……可以长生,可以久视,元气之首,万物枢机。

"守一"就是守住"元气",所以《经钞》乙部中说:"夫一者,乃道之根也,气之始也。""道"是支配天地万物者(详后),而"一"是"道"支配天地万物的本根,无此"一"则"道"无所支配,"一"又是"气之始",而"气之始"即是"元气","天地开辟贵本根,乃气之元也"(《经钞》乙部)。"元气"分为精、气、神三气,如果守住"元气"则可使精、气、神三者常合一,故曰"三一"。所以《太平经》又把"一"称为"元气纯纯之时",就是说"一"是气最纯粹的统一状态。因此,在《太平经》中把"守一"看成"长生不死"、"得道成仙"的根本途径。《经钞》壬部中说:

> 古今要道,皆言守一,可以长存而不老。人知守一,名为无极之道。人有一身,与精神常合并也。形者乃主死,精神者乃主生。常合即吉,去则凶。无精神则死,有精神则生。常合即为一,可以长存也。常患精神离散,不聚于身中,反令使随人念而游行也。故圣人教其守一,言当守一身也。

"守一"是要使"精"、"气"、"神"合而为一,"形气"如无"精气"和"神气"则死,但"精"和"神"也必须有可聚之处,这个所聚之处就是"形"。因此,"守一"这种方法就成为以后道教求得所谓"长生不死"的"大法"了。"天"、"地"、"人"合一而致太平,是由于太平气至;"精"、"气"、"神"合一而成神仙,是由于"守一"。所以"精"、"气"、"神"的三者合一和"天"、"地"、"人"的三者合一同样是《太平经》所要阐明的主要宗旨。

在《太平经》中,"气"可以说是一最普遍的概念,我们可以看到,事物有什么样的性质就有什么样性质的"气",事物之间的一切感应关系都是由"气"的作用而形成。"气"除了有"阴"、"阳"之别,尚有"正"与"邪"、"善"与"恶"、"刑"与"德"、"凶"与"吉"之分,如说"邪气止休,正气遂行","善气蔽藏,恶气行也","置其德气阳气,乃万物得遂生;如中有凶气辄伤","不欲见刑恶凶气,俱欲得见乐气"。"气"有春、夏、秋、冬之别,有水、火、木、金、土之异,即有所谓"四时五行之气",如说:"……有木行,有春气。……有火行,有夏气。……有土行,有四季中央之气。……有金行,有秋气。……有水行,有冬气。""金气断,则木气得王,火气大明,无衰时也。……火不明则土气日兴……金囚则水气休。""气"有喜、怒、哀、乐之情,如说:"悦乐气至,急怒气去。""气"有帝、王、相、侯、微之等级,如说:"常先动其帝气,其次动王气,其次动相气,其次动侯气,其次动微气。""气"可以行赏罚,如说:"元气自然乐,则合共生天地;悦则阴阳和合,风雨调。……元气自然不乐分争……天气不调……反致凶,故刑气日兴,乐者绝亡。""气"可以致太平,如说:"今行太平气至,阳德君治,当得长久","太平气至,万物皆理矣","中和气得,万物滋生,人民和调,王治太平"。此外尚有"生气"和"死气","内气"和"外气","上气"、"中气"和"下气",以及"五常之气","洞极之气"等等。这就是说,一切事物及其属性都是"气"的存在的不同状态,每种"气"有每种"气"的作用,如"王相之气"主"太平","囚废之气"主"凶年"。所以《太平经》对"气"所下的定义是:"夫气者,所以通天地万物之命也。"(《来善集三道文书诀》)

关于事物之间存在着感应关系的问题,在先秦时已为一些思想家所注意。《吕氏春秋·应同》中说:"类同相召,气同则合,声比则应。"在音乐理论中有"共鸣"、"共振"的理论,有所谓"鼓其宫而他宫应之,鼓其商而他商应之",在医学中注意到了自然环境的变化对人身体的影响,有所谓"天将阴雨,人之病故为之先动,是阴相应而起也",在天文学中也注意到天象的变化与作物生长之间的关系,所有这些都可以说是一种"机械感应论"。但是同时也有一些思想家据此以论证"天"与"人"之间的某种神秘的感应关系。战国末有邹衍从物类相感推出天人相感,他从"类同相召,气同则和"推出"帝者同气,王者同义,霸者同力",再推出"凡帝王者之将兴也,天必先见祥乎下民"(均见《吕氏春秋·应同》)。汉时董仲舒也和邹衍一样，从物类的机械感应推出天人感应。在《春秋繁露》的《同类相动》中，他说：

> 琴瑟报弹其宫，他宫自鸣而应之，此物之以类动也。其动以声而无形……则谓之自然，其实非自然也，有使之然者矣。物固有实使之者，其使之无形。

在这里董仲舒讲的是物类相应，认为这种感应关系不是没有原因的，是有一"无形"者"使之然"的，据此他得出"帝王之将兴也，其美祥亦先见，其将亡也，妖孽亦先见"，这是"天"使之然的。《太平经》中关于事物之间的感应关系也大体上是继承着秦汉以来的这种学说，不过它以为一切事物之间的感应关系都是"气"的作用，在《天文记诀》中说：

> 天地有常法，不失铢分也。远近悉以同象，气类相应，万不失一。

事物无论远近，只要是相同性质的气类都可以有感应关系，这是天地间的常规，不会有半点差错。在《经钞》庚部中说，帝王治理政事要顺天地之心意，这是因为要"同和其气"，在春天应主东方，夏天应主南方，秋天应主西方，冬天应主北方，这是因为要和"天"相应，"气同则相迎也"。"气"有正有邪，人亦有正有邪，因为同类可以感应，"君子理以公正，神亦理以公正；小人理以邪伪，鬼物亦理以邪伪，明于同气类也"（《经钞》辛部）。在天有王气、相气、微气、休气、废气、刑死囚气等等，因此在人间就有帝王、宰辅、小吏、后宫、民、狱罪人与之相应，这是"以类遥相感应"的缘故。从"人"的一方面说，如果君主能行德政，则太平气可以到来，天下可得而太平，"德君以治，太平之气立来也"。从"天"的一方面说，太平气的到来，天下之恶事悉可尽去，善事悉可以兴起，太平盛世就实现了。"天"和"人"虽然"相去远"，但"应之近"，盖"天人一体"同为气类也。

(二)《太平经》中"道"的概念的分析

"道"作为一最高哲学范畴无疑是由《老子》开始的,而道教的"道"的概念也是从《老子》中来的。在《老子》书中"道"就有种种不同含义。分析起来至少有下列四层相互联系的含义。

(1)"道"是构成天地万物的材料。在《老子》中有"朴"这样一个概念,第三十二章说:"道常无名,朴,虽小,天下莫能臣。"《司马光注》说:"朴,道之质。"《河上公注》说:"无名之朴,道也。"这就是说,可以把"道"看成"无名之朴",也可以把"朴"看成"道"的本质属性。而《老子》第二十八章说:"朴,散则为器。""朴"本来是最细小的东西,它虽然细小,但是它是构成天地万物的材料,所以散布为各种各样的器物。既然"道"就是"朴",因此,"道"在《老子》中有构成天地万物材料的意思。就这个意义上说,老子的"道"的含义属于宇宙构成论的问题。

(2)"道"是规范万物的法则。《老子》第二十五章中说:"道法自然。"又说"道"是"独立而不改,周行而不殆"。这就是说,"道"是自然而然地不断运行着的法则,因而事物都应按照它来运行,"人法地,地法天,天法道,道法自然"。作为统治者也应按照"道"的规律来行事,"道常无为而无不为,侯王若能守之,万物将自化"。就这个意义上说,老子的"道"的含义应属于自然论的问题。

(3)"道"是支持天地万物的本体。《老子》第四章中说:"道冲而用之,或不盈,渊兮似万物之宗。"第六十二章说:"道者万物之奥。""宗"是"宗主"义,"奥"也是"宗主"义。而此处"宗主"非"主宰"义,而为"支持"义、"根据"义,道之体空虚而其用无穷,是万物得以存在的根据。就这个意义上说,老子的"道"的含义属于形而上学本体论方面的问题。

(4)"道"是产生天地万物的主宰。老子认为,"道"是先于天地万物而存在,"有物混成,先天地生","象帝之先";而且它有能动性可以支配和产生天地万物,"道生一,一生二,二生三,三生万物","天下万物生于有,有生于无","孔德之容,唯道是从"。就这个意义上说,老子的"道"又有某种精神性实体的意义。

老子的"道"之所以有多种含义,这是由于他在两千多年前想回答世界本源的问题,但这样一个带有根本性的问题,对于古代哲学家限于当时的客观条件和认识水平是非常困难的,因此在《老子》书中作为世界本源的"道"就相当含混,也不那么确定了。汉朝末年建立的道教对"道"的种种说明也深受《老子》的影响,是多重含义的、含混不清的。

《太平经》中"道"的含义有多种,而其各种含义大都可以从《老子》书关于"道"的含义中找到来源,不过《太平经》中的"道"更富有神秘主义色彩。在《老子》书中,"道"有构成天地万物之材料的意义,如说"道常无名,朴,虽小,天下莫能臣","朴,散则为器",在《太平经》中"道"似乎无这一含义。分析起来,在《太平经》中"道"或有以下六种相互联系的含义:(1)生成义;(2)主宰义,因"道"生成万物,故可主宰;(3)本根义,因其为主宰,故可为天地万物之本;(4)准则义,因其为本根,故可为一切事物之准则;(5)至高义,准则有各种层次,为天地万物之本根义之"道"为最高层次之准则,故有至高无上义;(6)至善义,至高者则至善矣。

(1)生成义之"道"。《太平经》中认为,"道"生成天地万物,如说:"夫道之生天,天之有道也,乃以为凡事之师长。"(《天咎四人辱道诫》)"道"产生"天","道"就在"天",因而"天"可以为万物之师长(主宰)。又如说:"道之生人,本皆精气也,皆有神也,假相名为人,愚人不知还全其神气,故失道也。"(《分别形容邪自消清身行法》)"道"是用

"精气"使"人"成为人，人有了"精气"才可以有"神"（指精神、神明），故"精气"为"神明"之承担者；人养好其"神"使之完好无缺，则可得道，故此处之"道"虽为"生成义"，实已有"主宰义"了。

（2）主宰义之"道"。《经钞》乙部中给"道"下了一个定义说："夫道何等也？万物之元首，不可得名者。六极之中无道不能变化。元气行道，以生万物，天地大小，无不由道而生者也。故元气无形，以制有形，以舒元气，不缘道而生。（按："不"字前当有"无"字）自然者，乃万物之自然也。不行道，不能包裹天地，各得其所，能使高者不知危。天行道，昼夜不懈，疾于风雨，尚恐失道意，况王者乎？"这段话说明了"道"的多种含义，但其最根本的意思是说"道"是天地万物的主宰。在六极之中天地万物之所以能有变化是由于"道"，"元气"能生成万物也是由于"道"。"道"是一切事物生成变化的主使者，因此"道"简直成了主宰一切的天神了。所以《戒六子诀》中说："夫道乃洞，无上无下，无表无里，守其和气，名为神。"宋曾慥《道枢》卷三十引《太平经》谓："神者，道也。"在自然界中，一切事物都根据"道"而各得其所，各行其是，天的高，地的卑，天有昼夜风雨，地有山河大地，都是道有意安排的，人（君王）也只能按"道"的意志行事，不得有违，因而"道"又有准则义。

（3）本根义之"道"。《太平经》中已有"反本"的说法，所谓"反本"者，即反回于"道"也。在《四行本末诀》中说：人由于迷乱而失去"道"，"当反本"。《分别本末法》中也说：人世之治乱是由于"太多端"（太多事），而"不得天之心"，故应"反还其本根"，"本根"者"道"也。故《天咎四人辱道诫》中说："夫道者，乃大化之根，大化之师长也。"

（4）准则义之"道"。唐史崇《一切道经音义妙门由起》中引《太平经》说："道者，乃天地所常行，万物所受命而生也。""道"是天地经常所遵行的准则，是万物据之以生存的命令。所以《太平经》的《分别富贫法》中说"道者,乃天所案行也",《道祐三人诀》中说"夫道者,乃正人之符也",《知盛衰还年寿法》中说"夫道乃深远不可测商矣,失之者败,得之者昌"。"道"的这一含义当本于《老子》。

(5)至高义之"道"。"道"为天地万物之根本,故当为至高至上者。秦汉以来多以为"天"为至高至上者,如董仲舒说"天者,百神之大君也","群物之祖也"。而《太平经》则以为"道"更高于"天",它说:"天乃无上,道复尚之。道乃天皇之师法,乃高尚天。"(《天咎四人辱道诫》)"天"有天道,"地"有地道,"人"有人道,一切事物皆有其"道",故"道"是最普遍的,也是最高上的。

(6)至善义之"道"。"道"既为一切事物之准则,"道乃万物之师也,得之者明,失之者迷"(《胞胎阴阳规矩正行消恶图》),它当兴善除恶,"正道者,所以兴善,主除恶也"(《天咎四人辱道诫》)。所以"道"本身的性质当为至善者,"善者,乃绝洞无上,与道同称"(《急学真法》),"夫有真道,乃上善之名字"(《急学真法》)。然而所谓"善"者,在《太平经》仍不外是"忠君孝父"等封建的三纲六纪之类。

至高至善的"道"是天地万物之根源和主宰,是一切事物应遵行的准则,是人们崇敬的神圣对象,因此人"得道"可以成神仙,可以致太平。照《太平经》看,在人没有"得道"时,"人"只是一般的人,"得道"的人就不是一般的凡俗之人了,而是神仙,在《真道九首得失文诀》中说:"人无道之时,但人耳;得道则变易成神仙。"《包天裹地守气不绝诀》中也说:"得道者,则当飞上天。"《太平经》认为,从原则上说任何人只要坚持学道都可以成为神仙,在《贤不肖自知法》中说:"夫人愚学道而成贤,贤学不止成圣,圣学不止成道,道学不止成仙,仙学不止成真,真学不止成神,皆积学不止所致也。"这里把人神的等级分为七等,但在《太平经》中通常分为九等,有时也分为十等。如《经钞》丁部中说:"神人、真人、仙人、道人、圣人、贤人、民人、奴、婢皆何象乎?"此分为九等,《守一入室知神戒》所列同。而在《九天消先王灾法》中,在"大神人"前又多一等级叫"无形委气之神人",所谓"委气"即"乘气"也,而合奴、婢为一等,乃为九等。在《分解本末法》中则更列为十等级,且谓下一等级要达到上一等级都是由于行善事而成,文中说:"今善师学人也,乃使下愚贱之人成善人;善而不止,更得成贤;贤而不止,乃得次圣;圣而不止,乃得深知真道;守道而不止,乃得仙不死;仙而不止,乃得成真;真而不止,乃得成神;神而不止,乃得与天比其德;天比不止,乃得与元气比其德。"此中"与元气比其德"者当即"无形委气之神人"也。在《经钞》壬部中特别提出"上古第一神人、第二真人、第三仙人、第四道人,皆象天得真道意",这就是说:"道人"以下各等级还是"凡人"之各等级而没有"得道",只有"道人"以上才是"得道"的神仙等级。这样的分法有点像佛教"四圣六凡"①的分法。

在《通神度世厄法》中又把"学道"者分为三种,而最上者的"学道"是为了"辅佐帝王",其文说:"上士学道,辅佐帝王,当好生积功乃长久;中士学道,欲度其家;下士学道,才脱其躯。"此处"学道"的目的最高是为"国",其次为"家",再次才是为自身之解脱。在《令人寿治平法》中的高低有所不同:"上士用之以平国,中士用之以延年,下士用之以治家。"看来,《太平经》的"学道",对"治国平天下"较之"延年益寿"更为重视。所以它认为,帝王得道不仅可以"长生不死",而且更为重要的是使国泰民安,以致太平,如说"古圣贤帝王将兴,皆得师道","君王善为政者……真能用道,治自得矣"。在《经钞》癸部最后说:

大道变化无常……守之即吉,不守即伤……善人得之以为福德,

---

① 所谓"六凡"即地狱、饿鬼、畜生、修罗、人间、天上,"四圣"即声闻、缘觉、菩萨、佛。

> 尊者得之驾乘，卑者得以步足，圣贤得以度世，小人得之不相克贼，此皆道也。教不重见，时不再来。急教帝王，令行太平之道。道行，身得度世，功济六方，含生之类矣。

这一段结束语正如《后汉书·襄楷传》所说，《太平经》乃是一部"兴国广嗣"之书也。道教作为一种宗教其劝世救世目的即在于此。它企图利用一种神秘的宗教信仰，来"劝善戒恶"，以巩固封建帝王的统治，这一特点又反映了道教的强烈干预政治的愿望。"学道"不仅可以"长生不死"，更为重要的是用宗教的道德教化来巩固封建统治。所以在中国"道教"本有两种含义：一为"道德教化"义①，一指"宗教团体"义。而《太平经》作为道教这一宗教团体的经典其所说的"道教"（如"太平道"、"天师道"）亦含有"道德教化"的意义。如在《乐生得天生法》中说"敬受天师之教"，又说"愿得天师道传弟子"，此"天师道"是说"天师之道"亦即"天师之教也"。《道祐三人诀》中说的"天师道"也是说的"天师之道"。至于"太平道"也常是说"太平之道"，《经钞》辛部中说"太平道，其文约，其国富"云云。在《经钞》壬部中说："行太平之道，乞请皆应；不行太平之道，乞请不应。"因此，"太平道"实是说的"太平之道"。

在分析《太平经》的"气"和"道"的含义时，必然会遇到这两个概念的关系问题。在这部书中"气"和"道"都是十分重要的概念，但哪一个更根本呢？照道理说"道"应比"气"更根本，或者说"道"是高于"气"的一根本概念。但我们从全部《太平经》的内容看，并非如此，其间的关系大体上说有以下三种情况：

---

① 《中论序》谓："曾无闻弘大义，敷散道教。"（《全三国文》卷五十五）苟颉《上疏请增置博士》说："申命儒术，恢崇道教。"（《全晋文》卷三十一）《资治通鉴》卷五十八中说："光和六年……郡县不解其意，反言（张）角以善道教化，为民所归。"又陶弘景《登真隐·诀序》"自非闲炼经书，精涉道教者"云云。均为"道德教化"义。

（1）从"气"是构成天地万物的材料方面看，"道"比"气"更根本。《经钞》乙部中说："夫道者何？万物之元首……六极之中，无道不能变化。元气行道，以生万物。"这里的"道"必是有能动性的，是天地万物生成变化的主使者，"元气"必须根据它而生成为天地万物，一切事物变化之因在于"道"。就这个意义上说，"元气"只是构成天地万物的材料，"道"是使"气"构成天地万物者。"道"既然是天地万物的主使者，"道者"乃"大化之根"，故"气"的变化发展也是由"道"使之然，"道无所不能化，故元气守道，乃行其气，乃生天地"（《安乐王者法》）。"道"的这种性质是《老子》书中也有的。

（2）从"气"有能动性方面看，"气"和"道"有同等意义。在《太平经》中，"气"有各种各样的性质，而且事物之间的感应关系是由"气"的作用而成，这就是说"气"也有能动性。就这一方面看，在《太平经》中用了同样的说法来说明"元气"和"道"的性质和作用。如《经钞》丁部中说"道者，天也，阳也，主生"，又说"元气"，"阳也，主生"。"道"作为天地万物的主使者，当然是可以"主生"的，那么"气"是构成天地万物的材料为什么也能"主生"呢？这就有点像西方哲学中的"物活论"了，"气"作为构成万物的材料本身也可以有某种能动性，甚至可以说是有意志力的，如在《来善集三道文书诀》中说："夫气者，所以通天地万物之命也。"这里对"气"的能动作用的说明和《妙门由起》所引《太平经》对"道"的说明基本上是相同的："道者，乃天地所常行，万物所受命而生也。"

（3）从"气"无所不包方面看，"道"是"气"的"道"，"气"高于"道"。在《分解本末法》中，列举了人修道的次第，其第五等为"得深知真道"，其最高境界则是"与元气比其德"，而"与元气比其德"之所以为最高等级，乃在于"元气乃包裹天地八方，莫不受其气而生"。在《六罪十治诀》中所列"十治"以"元气治"为最高，而"道治"排在第五。当然我们也可以说上引两处所说之"道"并非主宰意义之"道"，而是道德（至善）意义上之"道"。但我们知道，在《太平经》中主宰意义的"道"和道德（至善）意义的"道"并无分别，是一而二、二而一的，所以仍可以认为在《太平经》中"气"在某种情况下比"道"更根本。在一本一百七十卷且是不断完成的有宗教性的大书中存在着一些理论上的矛盾，看来是必不可免的。

《太平经》中的这类关于"气"和"道"的关系问题在理论上的矛盾，在以后的道教著作中也是普遍存在的。如《老子想尔注》认为"道"散落而为"气"，"一者，道也……一散形为气"。《河上公注》和《抱朴子》都有同样的看法，又如刘勰《灭惑论》引齐道士的《三破论》说："道以气为宗。"这似乎说"气"又是"道"的宗主。而说"道"即"气"的也不少，如陶弘景《养生延命录》引《服气经》说："道者，气也。"像道教这样一种宗教其思想来源本来就很庞杂，又加之以其宗教神秘主义的需求，因此其所用"概念"不严谨，甚至自相矛盾，是可以想见的。对这些也用不着去多作分析了。

三、关于《太平经》若干问题的讨论

近世以来国内外学者对《太平经》作过很多方面的研究，著作和论文有上千种，有些问题可以说大体已经解决，但也还有不少问题存在着不同看法，我们这里只就几个较重要的问题加以讨论。

本章前面已讨论了《太平经》的成书问题，这里再作若干补充。《太平经》这样一部一百七十卷的大书在汉朝，不是一个人所能完成的，它是经过相当长的时间逐渐编纂而成的。《太平经》大体上是由帛和经于吉、

宫崇至襄楷而成一百七十卷。因此，这部书从一个方面看有点像基督教的《圣经》。《圣经》分《旧约》和《新约》两个部分，《旧约》是犹太教的经典，它在耶稣基督以前就有了，是谁作的，成于多少人之手已难搞清，而且据考证它也决不是成于一时。《新约》是耶稣以后的作品，有所谓"四福音书"等，说是耶稣弟子记录耶稣的言行，但据考证说这也不是事实，它并非一个时期的作品，且其中思想也有矛盾，可见"四福音书"也有前后之不同。例如，耶稣"山上垂训"一事，在《路加福音》中说"贫穷的人有福了"，"富足的人有祸了"，"富人入上帝之国怎样的困难呀，一只骆驼穿过针眼，比之一个富人进入天国，还更容易哩"。但在比《路加福音》迟几十年的《马太福音》中就删去了对"富人"的非难，把"山上垂训"改为：

> 心中贫乏的人有福了（另有译作"虚心的人有福了"，英文为"Blessed are the poor in Spirit：for their is the kingdom of Heaven"，或应译为"精神上要求不多的人有福了"），因为天国是他们的……饥饿慕义的人有福了，因为他们必得饱足。

《太平经》不是成于一时，前面已经讨论过，从形式上看，不仅每节长短不一，而且文体也不一，有的为对话体，有的为叙述体，有的为韵文，有的为非韵文。对话体中，有"真人"与"天师"的问答，有"神人"与"真人"的问答，有"大神"与"圣人"的对话，有"天君"与"大神"的对话，还有"大神"与"生"的对话等等。而且内容上看，也颇有一些矛盾之处。因此，对《太平经》的性质也就有了不同看法，有的人认为它基本上仍属于儒家思想体系，有的人则认为它反映劳动农民的要求，或者说它有"民本"思想，当然更多的学者还是认为它是最早的道教经典，而且从总体上说是反映了当时统治者的某些要求。

有些学者说《太平经》中有许多汉朝的儒家思想，如天人感应、阴阳五行、三纲六纪、谶纬迷信等，并以《后汉书·襄楷传》所说的《太平经》"专以奉天地、顺五行为本，亦有兴国广嗣之术"，"其言阴阳五行为家"，和唐玄嶷《甄正论》所说"多说帝王理国之法，阴阳生化之事"为根据，说明《太平经》基本上属儒家。我们看今本《太平经》确实有大量上述思想内容，但问题是，这部书除上述内容外，还有大量"长生久视"、"养生成仙"等内容，而这些思想不是儒家思想的特点，是属秦汉以来神仙家的思想，也正是道教的基本思想，如《太平经》中说：

> 古今要道，皆言守一，可长存而不老。（卷一百三十七至卷一百五十三《太平经钞》壬部）

> 凡万物自有神，千八百息人为尊，故可不死而长仙。（卷一百三《虚无无为自然图道毕成诫》）

> 久久有岁数，次上为白日升天者。（卷一百十一《善仁人自贵年在寿曹诀》）

> 三皇五帝多得道上天，或有尸解，或有形去。（卷一百十七《天咎四人辱道诫》）

在《太平经》中像这类的话比比皆是。至于说到其中有大量儒家思想，则是并不奇怪的，这是因为：第一，儒家思想在东汉末虽有所削弱，但在当时仍是统治阶级的统治思想，因而《太平经》如欲流行，自不能不包含若干儒家思想。第二，汉朝的儒家思想已与阴阳五行思想相混合，而神仙家思想本来就和战国阴阳家思想相通，《史记·封禅书》和《汉书·郊祀志》都说：

> 邹衍以阴阳主运，显于诸侯，而燕齐海上之方士传其术，不能通。

这说明燕齐地区的神仙家继承着阴阳五行的学说，至西汉末编造《包元太平经》的甘忠可仍继邹衍的五德终始立说。《太平经》和《包元太平经》是一脉相承的。第三，道教的显著特点之一是把"治身"与"治国"结合起来，道教的著作大都表现了这一特点。例如葛洪的《抱朴子》"其内篇言神仙方药鬼怪变化养生延年禳邪却祸之事，属道家；其外篇言人间得失，世事臧否，属儒家"。后于葛洪的寇谦之也是把儒家思想吸收入道教之中，并以此作为反对"三张伪法"的一重要步骤。《魏书·释老志》说：寇谦之的道教"专以礼度为首，而加之以服食闭炼"。所以在他的《老君音诵诫经》中说："谦之，汝就系天师正位，并教生民，佐国扶命"，使道教徒"不得叛逆君王，谋害国家"。以后的道教领袖几乎无不讲儒家的"礼教"，所以《道教义枢》和《云笈七签》都说《太平经》是以"三一为宗"。这一情况正是道教作为我国封建社会的本民族宗教的特点。在我国封建社会中各种意识形态无不打上儒家"礼教"的烙印，甚至印度佛教传入中国后也不得不逐渐受到儒家思想的影响，而成为维护封建礼教、讲"三纲五常"的中国式的佛教。据以上三点，我们可以说《太平经》中虽有大量儒家思想内容，但此书的性质仍应属道教的著作。

有一些学者认为，《太平经》既然能为领导黄巾起义的张角所利用，就其性质说应是反映了劳动农民的要求，并说《太平经》中包含着"民本"思想，它有反对剥削、要求人人参加劳动的观点，因此它是一种农民的乌托邦思想。这个看法也是值得我们讨论的。

《太平经》中有没有一些看起来是为劳动人民说话的词句呢？看似有一些，但分析起来则很难说它是为劳动人民说话。而且"民本"思想并非劳动人民的思想，如孟子讲"民为贵"，都是说统治者应重视劳动人民，所以"民为邦本"的思想和农民的乌托邦思想并不是一回事。说《太平经》中有反对剥削和提倡人人劳动的思想大都引用卷六十七《六罪十治诀》中的一段：

或积财亿万，不肯救穷周急，使人饥寒而死，罪不除。

天生人，幸使其人人自有筋力，可以自衣食者，而不肯力为之，反致饥寒，负其先人之体，而轻休其力；不为力可得衣食，反常自言愁苦饥寒，但常仰多财家，须而后生，罪不除也。

从这里引用的两段话得出《太平经》反对剥削、提倡劳动的结论，至少有两个问题可以讨论：（1）所引的前面一句话只是说统治者要注意救济老百姓，使得他们"不饥不寒"，这本是儒家常有的思想，如孟子说行王道，就是要使"民不饥不寒"。在帝王的诏书中也常有类似的话，如汉光武帝的《给廪诏》中说"往岁水旱蝗虫为灾，谷价腾跃，人用困乏，朕惟百姓无以自赡，恻然愍之，其命郡国有谷者给廪"云云。汉章帝《廪给幼孤诏》说："盖君人者视民如父母，有惨怛之忧，有忠和之教，匍匐之救，其婴儿无父母亲属，及有子不能养食者，廪给如律。"就是《太平经》上引文，同卷本节对这个问题也有明确说明："周穷救急"的目的在于"助帝王存良谨之民"。（2）而后一句批评"轻休其力"者，更是站在统治者立场认为"仰多财家"而"不肯为力"者"罪不除也"。同卷本节后面还有一段说："君子有力不息，因为委积财物之长，家遂富而无不有。先祖则得善食，子孙得肥泽，举家共利。"这不过是说"有力不息"者可得富贵而已。更就本节全文内容看，它是以"劝善戒恶"求长生为宗旨，而所谓善恶的标准仍是三纲五常、忠孝之类。如中说："古者圣贤，悉以敕学人为大忧，助天地生成，助帝王理乱，此天地之间，善人之称也。……为子则欺其父母，为臣则欺其君，为下则欺其上，名为欺天，罪过不除也。"本节末尾也说："夫要道乃所以安君，以治则得天心。夫要德所以养君，以治则得地意。""夫为子乃不孝，为民臣乃不忠信，其罪过不可名字也。"《太平经》的"要道"除长生久视之术外，就是"三纲六纪"了。所以《太平经钞》乙部中说："三纲六纪"所以能长吉者，"以其守道也，不失其治故长吉"。

由此可见，《太平经》从总体上说并不是反映劳动农民的要求的，而是一部"应帝王"的书,这一点在《太平经》中也说得明明白白的,它说"帝王能力用吾书,灾害悉已一旦除矣,天下咸乐,皆欲为道德之士"云云。

从《太平经》的思想渊源看,有神仙家、阴阳家、儒家、道家、墨家以及两汉的各种方术,其所包含的内容颇为杂乱,但都有一个中心就是"长生久视"及"兴国广嗣"之术。其中所包含的某些似乎为劳动人民说话的内容,也是为了巩固统治,使得社会安定的措施罢了。从这里我们就可以看出一个问题,道教作为一种宗教本应是"出世"的,可是它一建立就有着强烈干预政治的愿望,这究竟是什么原因?这一情况应该归之于中国本民族宗教所要求者。宗教作为一种意识形态其不同于其他意识形态之处应是把世界二重化为现实世界(此岸世界)与超现实世界(彼岸世界),并希望可以在超现实世界中得到解脱,得到幸福的生活。道教作为一种宗教,它也为自己构造了一个超现实的神仙世界,以便"得道成仙"者可以在那享受种种幸福生活。可是,中国的道教并不满足于此,它同时希望得道的人在现实生活中也能享受各种荣华富贵,所以就必须把现实社会也治理好,建造一个"太平世"。这样一种"致太平"的"入世"思想正是中国儒家所提倡的。盖两汉以来儒家思想成为统治思想已达数百年,它已深深地植根于中国民族文化之中,根深蒂固地凝聚在中华民族的人们的心理之中,道教如欲在中国生根并得到发展,就不能不受到这一传统的影响,而把"出世"思想与"入世"思想结合起来。所以"道教"之称为"道教"并不仅仅因为它和"道家"有着密切的联系,同时也因为它是一种"道德教化"以"致太平"、深受儒家思想影响的宗教。道教是中国传统儒道两家思想相结合的宗教。正是道教的这一特点,它也说明在中国封建社会中,一切意识形态领域内都不能不受到儒家思想的影响,中国本民族的宗教道教既然深受儒家传统思想影响,它就没有可能取代儒家思想取得独占的统治地位,并且可以说一直是属于一种辅助儒家统治的地位。

第三章　道教的产生

道教作为一种宗教是产生在东汉末期，在顺帝时（126—132）有张陵创"五斗米道"，灵帝时（168—172）有张角创"太平道"。而前此在战国末燕齐地区之神仙家实为道教之前身。《汉书·艺文志》中有"神仙家"，文中说："神仙者，所以保性命之真而游求于其外者也，聊以荡意平心，同死生之域，而无怵惕于胸中。"据此可知，神仙家虽亦求长生不死，但纯属个人的身心修炼，以至羽化而登仙，而并非一有宗教组织之教会团体。战国末已有所谓"方仙道"。《史记·封禅书》中说：

> 自齐威、宣之时，邹子之徒，论著终始五德之运。及秦帝而齐人奏之，故始皇采用之。而宋毋忌、正伯侨、充尚、羡门子高最后皆燕人，为方仙道，形解销化，依于鬼神之事。

盖战国末世有"方术"出，行"方术"的人叫"方士"，行"方术"的人也可以叫"道士"。《后汉书·方术传》的《许曼传》中说："许曼……祖父峻……行遇道士张巨君授以方术，所著《易林》，至今行于世。""方术"

亦可称"道术",《庄子·天下》中说"天下之治方术者多矣,皆以其有,为不可加矣。古之所谓道术者果恶乎在"云云。故所谓"方仙道"者,是用各种各样方法来求得成仙的道术,因此它只是当时"方术"或"道术"的一种,和老庄道家并无直接关系。《汉书·郊祀志》中有谷永上成帝言,即谓"有仙人服食不终之药,遥兴轻举,登遐倒景,览观县圃,浮游蓬莱"者,即属"方术之士"。《后汉书·方术传》中费长房、甘始、东郭延年、封君达等亦属"神仙家"人,属"方术"。传中说:"长房曰:我神仙之人。"又说:"甘始、东郭延年、封君达,三人者皆方士也。……爱啬精气……凡此数人皆百余岁及二百岁也。"秦始皇和汉武帝都信"方术",而其所信之"方术"多为"神仙家"人。汉初,黄老思想流行,而此时之黄老思想主要是讲"清静无为"的君人南面之术,主治国经世。至东汉初则黄老之学为之一变而与神仙养生学说结合,《后汉书·光武纪》中说:

> (光武帝(25—57))每旦视朝,日侧乃罢……承间谏曰:陛下有禹汤之明,而失黄老养性之福。

可见此时已把"黄老"与"养性"联合起来。至明帝时,明帝(58—75)之弟楚王英"诵黄老之微言,尚浮屠之仁祠",把"黄老"看成与"浮屠"同样的"神"。桓帝(147—167)更是好"神仙"之事,延熹八年九月七日祠祀黄帝老子于濯龙宫。又多次派人至苦县祠老子,"存神养性,意在凌云"。《后汉书·王涣传》中说:

> 延熹中,桓帝事黄老道,悉毁诸房祀。

"黄老道"之名称或初见于此。又,魏愔尝与陈敬王羡共祭黄玄君,求长生福。又有矫慎者,少学黄老,隐遁山谷,仰慕松乔导引之术,年七十余卒,而"后人有见慎于敦煌者,故前世异之,或云神仙焉"(《后汉书·矫慎传》)。可见于桓灵之世,祭祀黄老目的在于求长生,成神仙。至此,帝王及士大夫等信黄老道，仍为个人修养的事，虽也有明显的宗教性，而并无宗教组织。但在顺帝以后，则有一宗教组织产生，这就是道教。道教产生的原因前已论及，此处仅论述道教产生之历史。最早产生道教或有两支，一支为顺帝时张陵之"五斗米道"，一支为稍后灵帝时张角之"太平道"，前者或多与"方仙道"有关，而后者则是"黄老道"之发展。盖张陵原为"沛国丰人"（在今江苏丰县），地近东海，后迁蜀，创道教。而东海乃各方仙道流行之地也，故而"五斗米道"或与"方仙道"有若干渊源关系。《后汉书·皇甫嵩传》谓："初巨鹿张角自称大贤良师，奉事黄老道。""太平道"或由"黄老道"发展而成。"五斗米道"和"太平道"虽同为早期道教之两派，而"太平道"稍后于"五斗米道"，而受到"五斗米道"的若干影响，但亦有若干不同。恩格斯的《论原始基督教史》中有这样一段话：

> 最初的基督徒是从哪些人中募集来的呢？主要是从属于人民最下层的、并合乎革命潮流的那些"受苦、受累"的人们中来的。这些人是由什么样的人构成的呢？在城市中，由那些沦落的自由人，像南方奴隶制诸州的下层白人，或欧洲的流浪人，或殖民地口岸和中国口岸的冒险分子那样形形色色的人们，并也由被解放的人们，而主要由奴隶；在意大利、西西里、非洲的大地产中，由奴隶；在各省农业地区，由日益沦为负债奴隶的小农。把所有这些人引向解放的任何共同道路，是绝对没有的。……出路在哪里？被奴役、受压迫、弄得赤贫的人们在哪里可以获得拯救？这些彼此利益各不相干、或甚至互相冲突的一切不同的人群所共有的出路在哪里？……这样的一种出路找到了。但不是在这个世界上。就当时的情况来说，这出路也只能在宗教的领域内。

恩格斯的这段话所说的原始基督教产生的情况虽然和我国原始道教产生的

情况很不相同，但他分析问题的方法对我们仍有启发。在本书《绪论》中曾引用过上文的开头几句，并说在顺帝以后的农民起义多利用当时的方术、迷信思想作为组织群众的思想武器，故被称为"妖贼"。据史书记载顺帝在位二十年间农民起义有十余起之多，其中较大规模的有"妖贼"章河领导的起义。《资治通鉴》卷五十一记载：

> 阳嘉元年……三月扬州六郡妖贼章河等寇四十九县，杀伤长吏。

其他还有不少起义的农民领导被称为"妖贼"，如在《后汉书·桓帝纪》中有：

> 建初元年……冬十月长平陈景自号黄帝子，署置官属，又南顿管伯亦称真人，并图举兵。悉伏诛。

按："黄帝子"或因汉为赤帝，故陈景自号"黄帝子"，意以代汉；亦或因陈景本神仙家人，为黄老道派，故称"黄帝子"，而管伯自称"真人"，当亦为黄老道之神仙家人。

> 和平二年……二月，扶风妖贼裴优自称皇帝。
> 延熹八年……渤海妖贼盖登等称太上皇帝。

《资治通鉴》卷五十三中有：

> 建和元年……十一月，清河刘文与南郡妖贼刘鲔交通……。

卷五十七中有：

> 熹平元年……十一月，会稽妖贼许生起句章，自称阳明皇帝，众以万数。

这些起义农民被称为"妖贼"，他们所利用的思想武器不一定是"道教"，但至少可以肯定这些起义的农民领袖都利用了当时流行的"方术"和迷信思想。而"太平道"的张角和"五斗米道"的张修在史书上也被称为"妖贼",这就不是偶然的了。《三国志·魏志·张鲁传》注引《典略》中说:

> 熹平中妖贼大起,三辅有骆曜;光和中东方有张角,汉中有张修。骆曜教民缅匿法,角为太平道,修为五斗米道。

由此可见,原始道教的两支和当时的农民起义有着密切关系。信奉原始道教的人大多是从广大贫苦的农民中募集起来的。不过"五斗米道"并不是由张修创立的,而是由张陵创立的。《三国志·魏志·张鲁传》说:

> 张鲁字公祺,沛国丰人也。祖父陵客蜀,学道鹄鸣山中,造作道书,以惑百姓。从受道者出五斗米,故世号米贼。陵死,子衡行其道;衡死,鲁复行之。益州牧刘焉以鲁为督义司马,与别部司马张修将兵击汉中太守苏固,鲁遂袭修,杀之,夺其众。焉死,子璋代立,以鲁不顺,尽杀鲁母家室。鲁遂据汉中,以鬼道教民,自号师君。其来学道者,初皆名鬼卒,受本道已信,号祭酒。各领部众,多者为治头大祭酒。皆教以诚信不欺诈,有病自首其过。大都与黄巾相似。诸祭酒皆作义舍,如今之亭传。又置义米肉悬于义舍,行路者量腹取足;若过多,鬼道辄病之。犯法者,三原,然后乃行刑,不置长吏,皆以祭酒为治,民夷便乐之。

《后汉书·刘焉传》与《三国志·魏志·张鲁传》所载相同,但说明张陵于顺帝时由江苏到蜀地学道鹄鸣山中,又据宋贾善翔《犹龙传》谓:张道陵死于桓帝永寿三年(157),故知张道陵当为顺帝、桓帝时人,而此时正是《太平经》成书及宫崇、襄楷献书于皇帝之时。道教成立于顺帝、桓帝之时当无可疑。《三国志·魏志·张鲁传》及《后汉书·刘焉传》注均引《典略》,其中又说到"五斗米道"张修:

> 角为太平道,修为五斗米道。太平道者,师持九节杖为符祝,教

病人叩头思过，因以符水饮之。得病或日浅而愈者，则云此人信道；其或不愈，则为不信道。修法略与角同。加施静室，使病者处其中思过。又使人为奸令祭酒，祭酒主以《老子》五千文，使都习，号为奸令。为鬼吏，主为病者请祷。请祷之法，书病人姓名，说服罪之意，作三通：其一上之天，着山上；其一埋之地；其一沉之水，谓之三官手书。使病者家出米五斗以为常，故号五斗米师，实无益于治病，但为淫妄。然小人昏愚，竞共事之，后角被诛，修亦亡。及鲁在汉中，因其民信行修业，遂增饰之。教使作义舍，以米肉置其中，以止行人。又教使自隐，有小过者，当治道百步，则罪除。又依月令，春夏禁杀；又禁酒。流移寄在其地者不敢不奉。

又，《后汉书·灵帝纪》章怀注引《刘艾纪》（按：刘艾为汉侍中）说：

> 时巴郡巫人张修疗病愈者，雇以米五斗，号为五斗米师。

根据以上材料，我们可以得出以下几个结论：

第一，张道陵在顺帝时从神仙方术流行地区的东方江淮地区到四川巴蜀地区创立了道教，因此可以说道教是在顺帝时建立的，它是江淮沿海地区神仙家思想与巴蜀地区少数民族风俗相结合的产物。（参见蒙文通：《道教史琐谈》，载《中国哲学》第四辑）

第二，张道陵创立道教，开始影响并不大，后为农民起义者张修利用，始壮大而有影响。而张鲁是在杀了张修后，把原跟随张修的徒众夺归于己，并在汉中地区建立了割据政权。而张鲁的政权是利用道教所建立的政教合一的政权组织。从这里看，早期道教所参加的人确实大多是贫苦百姓，所以清潘眉《三国志考证》中说："是时从受道者，类皆兵民胁从无知名之士，至晋世则沿及士大夫矣。"

第三，信奉道教的信徒中有不少为西南少数民族，由于道教吸收了某些少数民族的风俗，因而"民夷便乐之"。

第四，自张道陵起经张修至张鲁已逐步建立了道教的教会组织，它已立有类似教主的"师君"，有教会的神职人员"祭酒"、"治头大祭酒"、"奸令祭酒"等，又有大批信仰其教的徒众。而这时教徒大都为受压迫的老百姓，他们入教的原因，除有信仰的因素之外，也是因为张修靠道教来组织群众和张鲁靠其政权力量推行道教。从史料记载看，张鲁的政权、官吏和神职人员是合一的，所以是"不置长吏，皆以祭酒为治"。

第五，自张道陵后，"五斗米道"就逐步建立和完善其教规教仪，其教规如"有病自首其过"、置静室"使病者处其中思过"，此甚似基督教的忏悔仪式；又有"春秋禁杀，又禁酒"等等；其教仪有如请祷之法，有师君持九节杖为符咒的仪式。又于行路处置义舍，此亦有某种宗教意义，如佛教之施舍也。但看来，此时的道教仪式尚不完备，并不固定，时有变化。某些规仪似是受巴蜀地区少数民族风俗之影响。

第六，此时道教已有其宗教之教义。据史料知早期道教把《老子》五千文作为他们的宗教经典。在敦煌遗书中有《老子道德经想尔注》一种，唐玄宗《道德真经疏外传》谓为"三天法师张道陵所注"，唐杜光庭《道德真经广圣义》亦谓"三天法师张道陵所注"，但近人考证多谓为"张鲁所注"（详后）。按刘大彬《茅山志》卷九中《道山册》谓：

> 按《登真隐诀》隐居云：《老子道德经》有玄师杨真人手书张镇南古本。镇南即汉天师第三代系师鲁，魏武表为镇南将军者也。

据此可知魏晋南北朝时曾有张道陵一系的古本《老子》，此种《老子》当即《想尔注》本也。《想尔注》的主旨在论证"长生久视"之术，如说"但归志于道，唯愿长生"，"能法道，故能自生而长久也"。并且认为天地万物皆由"气"构成，"道气常上下，经营天地内外"，而"人行道奉诫，微气归之"，"所以精者，道之别气也，入人身中为根本"，则能"成仙士"。道教的最高神仙也是由"气"聚而成的，故谓："聚形为太上老君，常治昆仑，或言虚无，或言自然，或言无名，皆同一耳。"

可见自张道陵始，道教不仅有了教会组织，教规教仪，而且也有了一套"养生成仙"的宗教教义和理论。虽然这些方面都还是初步的不完善的，而且还表现了宗教和政治力量、政权组织没有分家的状态，但它确实已是一种宗教了，而和前此的一些"方术"大不相同了。张道陵这支道教"五斗米道"又称"天师道"，到东晋以后有了很大发展，不少世家大族都信奉了道教（详下）。而据传说张鲁的儿子张盛后由巴蜀迁到江西龙虎山，建立了道教的"正一派"，这一派从张道陵算起到现在已六十几代，子孙相传没有中断。是否张盛确在江西创"正一派"不可详考，但根据史料看张道陵这一支是道教最早的宗教团体，可以说是没有什么问题的。

早期道教的另一支是张角的"太平道"。史书所载张角"太平道"事虽不多，但大体可以使我们了解到其时"太平道"的情形。《后汉书·灵帝纪》：

> 中平元年，春二月，巨鹿人张角自称黄天，其部师有三十六方，皆著黄巾，同日反叛。

按《后汉书·五行志》也说："张角兄弟起兵冀州，自号黄天。"《三国志·吴志·孙坚传》说："中平元年，黄巾贼师张角起于魏郡，托有神灵，遣人使以善道教化天下，而潜相连结，自号黄天泰平。"《三国志·魏志·武帝纪》初平三年注引黄巾军给曹操的檄文中说："昔在济南，毁坏神坛，其道乃与中黄太乙同，似若知道，今更迷惑。汉行已尽，黄家当立。天之大运，非君才力所能存也。"《后汉书·皇甫嵩传》所说大体相同而较详：

> 巨鹿张角自称大贤良师，奉事黄老道。畜养弟子，跪拜首过、符水咒说以疗病，病者颇愈，百姓信向之。角因遣弟子八人，使于四

方，以善道教化天下，转相诳惑，十余年间，众徒数十万，连结郡国，自青、徐、幽、冀、荆、扬、兖、豫八州之人莫不毕应。遂置三十六方。方犹将军号也。大方万余人，小方六七千，各立渠帅。讹言：苍天已死，黄天当立，岁在甲子，天下大吉。以白土书京城寺门及州郡官府。

唐释法琳《对傅奕废佛僧事》中引《后汉书·皇甫嵩传》则作："巨鹿张鲁自称大贤良师，奉事黄老道"云云。《三国志·魏志·张鲁传》注引《典略》言及张角太平道者，已见前引。

《后汉书·襄楷传》中说：

> 初，顺帝时，琅邪宫崇诣阙，上其师干吉于曲阳泉水上所得神书百七十卷，皆缥白素、朱介、青首、朱目，号《太平清领书》。其言以阴阳五行为家，而多巫觋杂语。有司奏崇上所妖妄不经，乃收藏之。后张角颇有其书焉。

张角利用"太平道"作为他组织农民起义的工具，一时声势很大，各地响应者甚众，如《华阳国志》所说："中元（当为"中平"之误）二年，琼州黄巾逆贼马相、赵祗等聚众绵竹，募疲之民，一二日得数千人。"（《后汉书·刘焉传》作"益州贼马相亦自号黄巾"云云）《三国志·魏志·公孙渊传》所说："张燕常山真定人也，本姓褚。黄巾起，燕合聚少年为群盗，在山泽间转攻，还真定，众万余人。博陵张牛角亦起众，自号将兵从事，与燕合。"这些参加农民起义信奉"太平道"的自然都是贫苦农民。因此，有一种看法认为，道教在初创立时是劳动人民的宗教，只是到东晋以后才成为统治阶级的、贵族的道教。还有一种看法认为，宗教既然是"麻醉人民的鸦片"，那么就它的性质说只能是为统治阶级服务的。这两种看法虽然都有一些道理，但是片面的，它们不能全面地反映原始道教的真实情况。据史料看，在东晋以前士大夫信奉道教不能说没有，但确实很少，而且三国和西晋的统治者对道教是采取限制的政策，到东晋以后许多士大夫都信奉了道教，如当时的名门大族琅邪王氏就世奉"五斗米道"。当时的情况如此，但却也不能说道教的性质有一个由劳动人民的宗教变为统治阶级的道教的质变过程。这里不仅有历史事实的问题，而且也有一个如何分析宗教的理论问题。道教作为一种宗教从东汉末到东晋时并没有一个质变过程，而只有一个发展和完善的过程，而这一发展完善的过程使得道教越来越适应士大夫的需要了。无论是哪一种史料的记载，都说道教最初是由张道陵建立的，而张道陵创立道教比张角利用道教早得多，而且据释法琳引用的《后汉书·皇甫嵩传》又说张角"行张鲁之术"。不仅张角利用道教，而且张修也利用道教。这就说明，在张角之前道教已有一定影响，各地的起义农民都曾加以利用。前面我们已经讨论过原始道教的经典《太平经》的性质问题，就这方面看也很难说原始道教的性质是劳动人民的宗教。如果再看早期"五斗米道"的《老子想尔注》就更加难以说明原始道教的性质是劳动人民的宗教了（详后）。所以说，利用道教是一回事，道教作为一种宗教的性质又是一回事；参加早期道教的徒众的成分是一回事，道教的阶级实质又是一回事。下面我们先来分析一下张角利用道教的具体情况：

（1）张角发动农民起义的口号是"苍天已死，黄天当立，岁在甲子，天下大吉"。这本是由阴阳家的五德终始说演变而来。当时道教经典《太平经》就包含着大量类似思想。在《太平经》中虽有歌颂木德和火德，推崇青帝与赤帝者，但亦有所谓"五帝更迭治，可皆致太平"（《敬事神十五年太平诀》）。按"五帝"为青帝、赤帝、黄帝、白帝、黑帝，又有所谓"人大兴武部者，木绝元气，土得王"云云。按"青帝"即"苍帝"为"木德"，故张角等或可利用《太平经》中之类似思想，提出"苍天已死，黄天当立"的口号。张角之所以提倡"黄天",除如杨泉《物理论》所说"黄巾被服纯黄,不将尺兵,肩长衣,翔行舒步,所至郡县无不从,是日天大黄也"(《后汉书·五行志》注引)之外,或亦因"黄天"为"土德",主管稼穑,而为农民所推尊者也。而"黄天泰平"之类亦见于《太平经》,如《敬事神十五年太平诀》中有"黄帝神气太平","黄帝太平"等。至于"中黄太乙"显系将当时的五行相生说和"太一神"的思想结合起来,为黄巾起义造舆论。黄为土德,居木、火、金、水中央,故称"中黄",以象征居中的地位,而"太一神"亦居五帝之中央。《史记·封禅书》谓:"天神贵者太一,太一佐曰五帝。"又《汉书·律历志》中说:"太极中央元气,故为黄钟。""黄钟"为音律,其所以称"黄钟"者,如《淮南子·天文训》所谓:"黄者土德之色,钟者气之所种也。日冬至,德气为土,土色黄。""中黄"或即由"黄钟"所演变。而在《太平经》中也有"太一"居中之说,卷九十八《包天裹地守气不绝诀》中说:"子欲不绝穷,宜与气为玄牝,象天为之,安得死也……乃上从天太一也,朝于中极,受符而行,周流洞达六方八远,无穷时也。"《太平经钞》甲部为伪书,则更有"太平真正太一妙气皇天上清金阙后圣九玄帝君"者有其他五位神仙为左辅右弼。《太平经钞》戊部亦以"太一"为尊神。由此可见,张角"太平道"利用《太平经》为其代替汉王朝提出"苍天已死,黄天当立"的革命口号当无疑义也。

(2)张角之道教之所以称"太平道",也是从《太平经》中来。《太平经钞》辛部中有:"太平道,其文约,其国富,天之命,身之宝。"又《经钞》壬部中有:"行太平之道,乞请皆应;不行太平之道,乞请不应。明天道至在太平也。"农民起义所求常为一太平世界,而黄巾所求亦即是"岁在甲子,天下大吉"之"太平世界"也。照张角"太平道"看,灵帝中平元年正为甲子年,故汉家气数已尽,而他们正当"天之大道",行太平之道，故可得以代汉王朝。而"天下大吉"这一思想也可以从《太平经》中引出，如卷六十九有《天谶支干相配法》即言"天道之十干"与"地道之十二支"相配之法。又如卷三十六中之《三象吉凶法》说："古者圣人守三宝，治致太平，得天心而长吉。"所谓"三宝"，即"天"、"地"、"人"也。"甲子"似不仅因是中平元年为黄巾起义之年，且在《太平经》中"甲子"尚有一解，卷三十九之《解师策书诀》中说："甲，天也、纲也、阳也；欹者，子也、水也、阴也、纪也，故天与地常合，其纲纪于玄，甲子初出，此可为有德上君治纲纪也。"以此来谓甲子年当出有德之君也。

（3）张角之"太平道"置三十六方，"方犹将军号"，而"角称天公将军，角弟宝称地公将军，角弟梁称人公将军"。据《道教义枢》等书说，《太平经》以"三一为言"，治国以"天"、"地"、"人"三者合一而致太平。张角"太平道"取"天"、"地"、"人"三将军之称当来自《太平经》关于"天"、"地"、"人"本同出共治之思想（见《太平经》卷六十六《三五优劣诀》及《太平经钞》癸部《救四知优劣法》）。

（4）据《后汉书·皇甫嵩传》谓："张角……奉事黄老道。畜养弟子，跪拜首过、符水咒说以疗病，病者颇愈，百姓信向之。"而行张陵之"五斗米道"者亦有"为病者请祷"之法。即"书病人姓名说服罪之意"之"三官手书"，此与张角所行的"符水咒说"的疗病法当大体是一类。又李膺《益州记》中说："张陵避兵疟，于丘社中得咒鬼术书，遂解使鬼法。"所谓"使鬼法"当不可信，但道教以咒语治病或由张道陵始。故释法琳《对傅奕废佛僧事》引《后汉书·皇甫嵩传》中有"行张陵之术"，当为事实也。关于"符水咒说"的疗病法也和《太平经》有关，《后汉书·襄楷传》注引《太平经》说："天上有常，神圣要语，时下授人以言，用使神吏，应气而往来也。人众得之谓神咒也。咒百中百，十中十，其咒有可使神为除灾疾用之，所向无不愈也。"这就是所谓以"咒说治病法"。又《太平经》卷一百八中《要诀十九条》说："欲除疾病而大开道者，取决于丹书吞字也。"此即为以"符水"疗病法。可见张角之术多来源于《太平经》。

（5）《后汉书·襄楷传》说到《太平清领书》并谓"张角颇有其书焉"。此已可由上述之第一、第二、第三得到证明；不仅如此，《太平经》中尚有其他可为张角所利用者。虽然张角利用《太平经》中哪些内容，史书并无记载，但推测起来关于"积财亿万，不肯救穷周急"、"轻休其力；不为力可得衣食"等等，均可为起义农民所利用。

总之，张角之"太平道"利用了《太平经》和"张陵之术"，可无疑义也。现在我们可以回答本章前面所提出的问题：早期道教是否有一从劳动人民的宗教发展成士大夫的贵族宗教的质变过程？据史料和上述分析，道教是由张道陵创立的，道教最早的经典是《太平经》和《老子》五千言。而张角和张修两支利用道教发动和组织农民起义的队伍都是张道陵建立道教以后来利用道教的。张修一支后为张道陵的孙子张鲁所编收；张角一支在他失败以后逐渐就消失了，"太平道"在史书中就没有什么记载了。根据这些情况，对于早期道教可以得出以下看法：

（1）道教作为一种宗教意识形态说，它一开始就是为统治阶级所提倡的。道教的前身"方仙道"和"黄老道"都和统治者的提倡有关。虽然道教建立在东汉末年经济、政治、精神和道德普遍瓦解的时代，当时参加道教的又是广大劳动人民，且有劳动人民利用它作为为自身利益而斗争的武器，但从道教的性质说，它仍然不能说是劳动人民的宗教。从《太平经》的内容即可看出，它十分明显地是为了拯救统治者所面临的政治、经济、道德的危机，从而提倡一套"奉天地、顺五行"、"兴国广嗣"之术，希求用这套宗教教条使国家太平和统治延续。尽管《太平经》中间或有对统治者批评之处，无非是小骂大帮忙而已。

（2）道教虽然从根本上说是有利于统治阶级的，这并不妨碍在一定条件下劳动人民可以利用它作为组织群众和团结群众的武器。在封建社会中广大农民不大可能有一种代表其阶级利益的系统理论，正像恩格斯所说那样，在宗教盛行的中世纪，"任何社会运动和政治运动都不得不采取神学的形式；对于完全受宗教影响的群众的感情说来，要掀起巨大的风暴，就必须让群众的切身利益披上宗教的外衣出现"（《路德维希·费尔巴哈和德国古典哲学的终结》）。中国的中世纪封建社会的具体情况虽然和西欧不同，但农民起义要利用宗教这一点则是有共同性的。而且我们知道，农民作为封建社会的小生产者，他们的思想体系仍然是属于封建的意识形态；他们反对当权的封建统治阶级的残暴、腐朽统治对历史的发展虽有积极意义，但他们不可能建立起新的生产关系，所以他们的思想体系仍然是封建的一套，这就是为什么张角等能把《太平经》作为他们斗争武器的原因了。

（3）宗教的发展有一个逐渐完备的过程，道教也是这样。从道教的发展看，它是在原有的神仙家、方仙道、黄老道和东汉流行的阴阳五行谶纬迷信的基础上形成的，最早的道教经典为《太平经》，与此同时张道陵从江淮地区到巴蜀建立了道教组织，之后张角与张修都利用了道教作为农民起义的工具，再后张道陵的孙子张鲁又依靠它在汉中地区建立了割据政权，这时道教也有了初步的教规教仪和教会组织系统。但在这一阶段，道教的组织并不固定，其教规教仪也不完备，而且其教会组织往往和政治势力没有分开，没有成为独立的教会组织，张角利用的"太平道"的教会组织和农民起义的组织是合二为一的，张鲁的"五斗米道"的教会组织和其割据的政权组织是合二为一的。

（4）道教和其他宗教派别相比，从一开始就有其十分显著的特点：其一，其他宗教大都要解释"人死后如何"的问题，而道教所要求解决的却是"人如何不死"（长生不死）；其二，道教一开始就有十分强烈干预政治的愿望，这点和印度佛教很不相同。佛教在释迦牟尼的时期并不直接要求干预政治，也没有一套"致太平"之术，而只是为了个人解脱。但道教却不同，它一开始就把"治身"与"治国"结合起来，在《太平经》中就表现为"天、地、人三者结合而致太平"与"精、气、神三者合一而永生"；"太平道"和"五斗米道"也都是要求把这两方面结合起来。

第四章 《老子想尔注》与《老子河上公注》

　　《老子》一书本为先秦道家著作，战国末有韩非的《解老》、《喻老》等解释《老子》的篇章；秦有《吕氏春秋》，汉初有《淮南子》等发挥了《老子》的某些思想；西汉末有严遵作《老子指归》等等，均以阐发《老子》思想为宗旨。于汉时研究《老子》的人可考者有五六十家（参见杨树达《增补老子古义》中所附之《汉代老学者考》），惜书均不可得见。汉魏之际注《老子》者，多以玄理解《老子》，除王弼、何晏最为著称，尚有钟会、夏侯玄等。汉末道教建立，为给自己的教派找寻理论上的根据，很自然就找到这部"玄之又玄"有"长生久视"思想的《老子》。且在道教建立之前，汉时已把老子神化，并为方术之士所利用，而有"黄老道"与"方仙道"等方术派别。东汉之初，已神化老子为礼拜祠祀之对象，明帝之弟楚王英曾把老子和浮屠同样当作神加以礼拜；桓帝于宫中立黄老浮屠之祠，并于延熹八年、九年三次于苦县祠祀老子，欲"存神养性，志在凌云"也。由此可知桓帝之世，祭祀黄老，求长生，为帝王所希。灵帝之世，东海地区张角之太平道与巴蜀汉中地区张修、张鲁之五斗米道兴起，均奉黄老，而五斗米道又以"五千文为教"。由于要利用《老子道德经》五千文，因而出现了站在道教立场来注解《老子》的书，今日可见之最早道教的《老子道德经》注当推《老子河上公注》与《老子想尔注》。前者与后来东吴时葛玄一系有关，而后者则为西蜀汉中之张鲁一派所述。《河上公注》当早于《想尔注》，但为叙述方便，先述《想尔注》而后论《河上公注》。

一、《老子想尔注》

（一）关于《老子想尔注》的考证

伦敦大英博物馆所藏敦煌写本《老子注》一种，斯氏编目六八二五号，卷末题《老子道经上》，下注横排"想尔"二字，起于《老子》之第三章"不尚贤，使民不争；不贵难得之货，使民不为盗"的注"则民不争和不盗"，止于卷终，共五百八十行，注和经文连书，无章句之分，字体大小同。此卷1948年之《北京大学五十周年纪念敦煌考古工作展览概要》曾述及，谓为六朝前之经卷。后为香港饶宗颐先生所注意，1956年4月出版《敦煌六朝写本张天师道陵著老子想尔注校笺》，同年9月台湾《清华学报》刊陈世骧《〈想尔〉老子道经敦煌残卷论证》，后日本学者大渊忍尔等均撰文论及此书之成书年及性质。又有严灵峰撰《读〈老子想尔注校笺〉书后》与《〈老子想尔注〉写本残卷质疑》等文与饶宗颐多方辩难。现据上述论著加以己意，对《老子想尔注》作若干考证。

1. 关于《老子想尔注》的作者

据陈世骧考证《想尔注》之经文是传行于汉代的一种不分章句的《老子道德经》。今存伦敦、巴黎之唐写本《老子》五千文，如伦敦所藏的斯字六四五三，巴黎所藏之二五九九及二六一七等，以《想尔注》经文与之相较，除字体与少数明为笔误者外，字句皆同。因此，可以说《想尔注》经文保存了汉代的一种较古老的《老子道德经》版本。据上述论者谓，根据字体、纸质等均可断定此《想尔注》残卷当是六朝北朝的写本，这点似已成定论，故可无复多论。关于《老子想尔注》之著录，最早见于陆德明的《经典释文叙录》，原文谓："《想余注》二卷，注曰：'不详何人，一云张鲁，一云刘表。'""余"字当为"尔"字之误。然《经典释文》中并没有引用《想尔注》文。按刘表不大可能注《老子》，据记载，表"博求儒术，以綦母闿、宋忠撰五经章句"；蔡邕《刘镇南碑》又盛赞刘表之儒雅，故知刘表为儒家学者，或由于刘表封"镇南将军"，而张鲁亦曾封"镇南将军"，致使后人分不清是哪一个"镇南"，而有"不详何人，一云张鲁，一云刘表"之说（参见陈世骧：《〈想尔〉老子道经敦煌残卷论证》第二节《〈想尔〉经注之流传及湮没》）。又《道藏阙经目录》中有"《想尔注老子道德经》二卷"，但未说明作者。关于张鲁与《老子想尔注》的关系，有以下几条材料：

《三国志·魏志·张鲁传》注引《典略》中说：

> （张）角为太平道，（张）修为五斗米道。……修法略与角同，加施静室，使病者处其中思过。又使人为奸令祭酒，祭酒主以《老子》五千文，使都习，号为奸令……后角被诛，修亦亡。及（张）鲁在汉中，因其民信行修业，遂增饰之。

刘大彬《茅山志》卷九中《道山册》中谓：

> 按《登真隐诀》隐居云：《老子道德经》有玄师杨真人手书张镇南古本。镇南即汉天师第三代系师鲁，魏武表为镇南将军者也。其所谓《五千文》者有五千字也。数系师内经有四千九百九十九字，由来阙一。是作三十辐应作卅辐，盖从省易文耳，非正体矣。宗门真迹不

存。今传《五千文》为正本上下二篇，不分章。

然上引文一段不见于今本《登真隐诀》。又查《道藏》鼓字帙《传授经戒仪注诀》中《序次经法》说：

> 系师得道，化道西蜀，蜀风浅末，未晓深言。托遘想尔，以训初回，初回之伦，多同蜀浅，辞说切近，因物赋通。

又《道藏》左字帙《洞真太上太霄琅书》卷四《为师诀》第十说：

> ……志行此道，存文五千……今之所遵，十天大字，神仙人鬼，共所归宗，文同数等，无有一异，但感者未齐，应者微革。河上《章句》，系师《想尔》。转字会时，立题标议，始殊终同，随因趣果，洞明之师，谛宜宣诰。其《大字》以数入道，故先言五千而后云经；《想尔》以道统数，故先云经而后言五千。《河上》道数相涉，故分经以及文品，章为第句，各有应焉。

据以上四段引文，可知以下数事：（1）张鲁继承张修于汉中所推行的道教而有所增饰，可知张鲁亦颇重视老子《五千文》，以之作为道教的经典。（2）虽《传授经戒仪注诀》和《洞真太上太霄琅书》未明言"系师"为张鲁，而《茅山志》引《登真隐诀》则明言汉第三代系师为张鲁。按佛教著作多谓张道陵之子张衡为系师，如《广弘明集》中甄鸾之《笑道论》，释玄光之《辩惑论》等均是。但在道教的著作中则以张鲁为"系师"，如《清徽仙谱》、《历代真仙传道通鉴》、《汉天师世家》等，故知从道教看"系师"当为张鲁。（3）张鲁所用的《老子道德经》为不分章的《五千文》本，此正与敦煌本《想尔注》同。此种不分章的《五千文》本当为杨羲所手书。（4）张鲁在西蜀汉中传道教，"蜀风浅末，未晓深言"，故为《老子》作注，"托遘想尔"。（5）《想尔注》与《河上公注》同为老子《五千文》本作注，但《河上公注》由于"道"（经）和"数"（学数）相关联，所以把"经"分成若干文品及章句；而《想尔注》是"以道统数"，因此经文在前，而最后才言明"五千文"字数。

上述材料本来已经可以说明《老子想尔注》为张鲁所出，但是唐朝有些注解《老子》的书中又说《想尔注》为张道陵所撰，致使《想尔注》的作者又发生了问题。《广弘明集》卷十三载唐释法琳《辩正论》谓"道士张道陵……注《五千文》"云云，但并未言明张道陵所注《老子》名为《想尔》。至唐玄宗所撰《道德真经疏本外传》中著录有《想尔注》二卷，注谓"三天法师张道陵所注"，唐末有道士杜光庭撰《道德真经广圣义》，《序》中著录有《想尔注》二卷，注谓"三天法师张道陵所注"。在释法琳《辩正论》中还引用了一段所谓张道陵关于《道德经》第一章的注文，说："道可道者，朝食美也；非常道者，谓暮成屎也。两者同出而异名，谓人根出溺，溺出精也。玄之又玄，谓鼻与口也。"如果张道陵果真注有《道德经》，这段文字也不大可能是这位天师的注文，而为释法琳所伪造。退一步说，即使是张道陵的注，它也和《想尔注》无关。因为证之敦煌本《想尔注》没有对整章加以总的注解的情况。因此，我们可以说：（1）张道陵或本注过《道德经》但并非《想尔注》；（2）《想尔注》为张鲁的注；（3）后来道教徒为抬高《想尔注》的地位，而说它是第一代天师张道陵的注；（4）张鲁的《老子想尔注》是西蜀汉中地区"五斗米道"所用的一种《老子注》本。

2. 关于"想尔"的释义

"想尔"应如何解？从道教的著作中看，有以"想尔"为书名，也有以为"想尔"为人名，如《正一法文天师教戒科经》中说：

  道使末嗣，分气治民汉中，四十余年。道禁真正之元，神仙之说，道所施行，何以想尔（中空四字），妙真、三灵七言，复不真正，而故谓道欺人，哀哉可伤！

此处"妙真"为《妙真经》,"三灵七言"指《黄庭经》,《黄庭经》文字为七言,因此"想尔"亦当为书名。(详见杨联陞:《老君音诵诫经校释》,见《历史语言研究所集刊》第二十八本;饶宗颐:《老子想尔注考略》,见《选堂集林·史林》)然《云笈七签》卷三十三引孙思邈《摄养枕中方》云:"想尔曰:勿与人争曲直。"原文"想尔"二字下自注谓:"想尔盖仙人名。"(按《道藏》临字帙有《枕中记》一卷,题晋葛洪撰,亦引"想尔曰:勿与人争曲直"等语)又杜光庭《道德真经广圣义》的《序》中也说:"述修身,则松灵、想尔,逸轨难追。"据"松灵"为人名,"想尔"与之对举,当亦应为人名。此外引用《想尔注》的书尚有多种,例如,李荣《道德真经注疏》卷二:

　　《想尔》曰:豫,犹豫,行止之貌,常当畏敬也。冬涉川者,恐惧也;畏四邻,不敢为非,恐邻里知之,此遵道奉戒之人谦谨如此也。

敦煌本《太平经》残卷前语中有:

　　相(想)尔云:世多耶(邪)巧,托称道云。

据上述材料,或"想尔"本为书名,后因系师张鲁用"想尔"、"道化西蜀",故而"想尔"或为张鲁之代名,而成人名。又"想尔"又或为道教中之一职位,《道教义枢》谓:"道民三戒,录生五戒,祭酒八戒,想尔九戒。"然而"想尔"无论做书名或人名,应如何解释,则众家多以为与道教的所谓"存思"有关。饶宗颐《老子想尔注考略》中举出《云笈七签》卷四十三引《老君有异图》十八篇中之《坐朝存思》第十证之。《坐朝存思》第十云:

　　凡(按:"凡"字当作"九"字)行者,亦存想尔注;三业在盟威经后。凡存思者,急宜忆之,故标出如左。

　　上最三行:行无为,行柔弱,行守雌勿先动。

> 中最三行：行无名，行清静，行诸善。
>
> 下最三行：行无欲，行知止足，行推让。
>
> 一者不杀，二者不盗，三者不淫。此三事属身业。
>
> 一者不妄言，二者不绮语，三者不两舌，四者不恶口。此四事属口业。
>
> 一者不嫉妒，二者不瞋恚，三者不邪疑。此三事属心业。
>
> 右九行、三业、十事，存念惊恐。人思想干，皆速思之，危即安也。

《道藏》夙字帙《太上老君大存思注诀》中之《坐朝存思》亦列九行及三业十常，与《云笈七签》所引同，唯开头一段为"九行在《想尔注》前，三业在《盟威经》后，存思者急宜忆之夕"云云。这就是说，九行之《想尔戒》在《想尔注》前（详后）。所谓"存思"者，即存思上述九行。要求奉道者小心谨慎地想着"行无为，行柔弱……"等等，这样就可以转危为安也。这种所谓"存思"就是想着某种观念，故而道教中"存思"亦可作"存想"。《崇文总目》有《道德经存想图》一书，当即《老君存思图》。又《道藏目录详注》中《洞神部》谓：

> 《太上老君大存思图注诀》一卷，有图，乃存想五脏五星，常存九行三业，坐卧登堂，存想图像。

"存想"一词在边韶的《老子铭》也有：

> 规矩三光，四灵在旁，存想丹田，太一紫房。

这些材料都说明"存思"的对象为"五脏"、"五星"、"丹田"等具体物或某种图像，而不是九行等观念，这应如何解释？我想是否可以作如下的解释：道教徒在修养时（即"坐朝存思"时），按《太上老君大存思图注诀》谓"坐朝者端坐而修礼也"，"凡有思时，皆闭目内视"，要心存观想，如佛教之"安般守意",专注一心,使意念不生。而观想的对象可以是具体的,如五脏、丹田之类,这种"存想"的结果,也是可以达到"意念不生"、"常存九行三业"。陈世骧《〈想尔〉老子道经敦煌残卷论证》中提出:"《登真隐诀》(卷下第六页)言及'入静户'之法,及《真诰》(卷十八)言有'静室法',俱谓'闭气存想'或'存想入室'则'功曹使者,龙虎真君,可与见语',且并云是'汉中法',则原出张修所传'静室'明甚。而'存想',在此法中有特殊意义。若然则或张鲁托言入静室'存想'见神,以注《老子》,而名其注曰'想尔'也。"按《三国志·魏志·张鲁传》引《典略》谓张修"加施静室,使病者处其中思过",接着说:"又使人为奸令祭酒,祭酒主以《老子》五千文,使都习,号为奸令。"以"静室"思过和"以五千文使都习"是否有关?据推想,很可能有关系。使病者于静室中"思过",用什么标准来判断是非,当以"五千文",奸令祭酒的责任之一就是让"病者"入静室习"五千文"以思其过,而这一过程即是病者的"存想"("存思")的过程,因此所修习的对《老子》五千文的解释就是《老子想尔注》了。想来,《老子想尔注》不仅和张鲁有关,也可以说和张修有关。因为这种《老子》五千文的本子是"五斗米道"所采用的一种《老子道德经》文本。

又《太上经戒》于《思微定志经十戒》中有如下一段:

> 一人曰:余戒悉易,淫最难断。所以尔者,我曾履斯事。数随兄中食,当中食时,自云一日精进,无不过理,亦谓身后当得此斋戒之福。至是夕夜,是我所悯,辄来狡狯。虽苦加抑迮,不觉已尔,每每如此,是知最难。化人曰:色者是想尔,想悉是空,何有色邪?但先自观身,知身无寄,便知无色,何可不忍。

《太上经戒》成于何时,难以确,或与寇谦之有关(详后),而寇谦之的《老君音诵诫经》即已引入佛教的"轮回"观念。而此处对"色"用"想尔"

释。且认为，不仅"色即是空"，而且"想悉是空"。而如"想悉是空"，如何可"存想"？而我们知道，寇谦之的新道教旨在"破除三张伪法"，故张鲁的"存想"当亦应在破除之列。此或不仅可反证"存想"为张鲁之主张，且可证"想悉是空"正是寇谦之利用佛教学说反对"三张伪法"之一例也。

3.《想尔注》与《想尔戒》

在《道藏》力字帙中有《太上老君经戒律》一种，前有目录包括四种，即《道德尊经戒》、《老君百八十戒》、《大清阳戒》和《女青律戒》，后两种"阙失"，并注谓"已上女官受"；前两种并注谓"以上男官同受"，于《道德尊戒经》下注有"九行二十七诫"，而本文中又有题为《道德尊经想尔戒》和《道德尊经戒》两种，前者即为"九行"，后者即为"二十七戒"，后者当为前者之展开，现将《道德尊经想尔戒》抄录于下：

> 《道德尊经想尔戒》
> 行无为，行柔弱，行守雌勿先动（此上最三行）；
> 行无名，行清静，行诸善（此中最三行）；
> 行无欲，行知止足，行推让（此下最三行）。
> 此九行二篇八十一章，集合为道舍，尊卑同科，备上行者神仙，六行者倍寿，三行者增年不横夭。

而题为《道德尊经戒》的二十七戒，其中"上最九戒"："戒勿喜邪与喜怒"等九戒实为《道德尊经想尔戒》之"上最三行"之展开，或"上最三行"为"上最九行"之根据；而"中最九戒"则为"中最三行"之展开，或"中最三行"为"中最九戒"之根据；"下最九戒"为"下最三行"之展开，或"下最三行"为"下最九戒"之根据。因此，《道德尊经想尔戒》应包括《想尔九戒》和《想尔二十七戒》。故《太上经戒》中最后有《老君二十七戒》则不仅包括有《太上老君经律》中之"二十七戒"，而且《想尔九戒》也一并于其中。可见"九戒"与"二十七戒"本为一体，孟安排《道教义枢》卷二中讲到道教的戒律时说：

> 戒律者，戒，止也，法善也，止者，止恶心口，为誓不作恶也。戒之为义，又有详略。……略者，道民三戒，录生五戒，祭酒八戒，想尔九戒。……

《想尔九戒》为道教戒律之略者，而其"二十七戒"则为较详者也。

早期道教于张鲁时并无戒律之形式，仅有尚未形成系统的若干要求道民遵守的规则，如张修所立的"犯法三原"、"静室思过"等。而道教完整之戒律当产生在东晋佛教大盛之后。东晋以降佛教的"十诵律"、"四分律"、"僧祇律"等都有了译本，道教为巩固其教会组织，并与佛教相抗衡，就必须建立一套完备的戒律，因而可以推想《想尔戒》应成于东晋之时，据《想尔注》而构成。原在《想尔注》中已屡言"奉道诫"、"守道诫"、"勿违道诫"、"行道奉诫"等等，可见其对"诫"之重视。《想尔九戒》中之"无为"、"无名"、"无欲"本诸《老子》自不待言，而"二十七戒"中之"行知止足"则为《想尔注》中之常用语，如"诸知止足，终不危殆"、"既有名，当知止足"、"诫知止足"、"夫亦将知止"、"奉道诫道，可长处吉不凶，不能止足，相返不灵也"等等。其他如"勿伤王气"、"勿为伪彼（按：当作'技'），指形名道"、"勿学邪文"、"勿以贫贱强求富贵"、"勿与人争曲直，得诤先避之"、"勿称吾名大"等均见于《想尔注》中。

《想尔九戒》后有"此九行二篇八十一章，集会（按："会"当作"合"，据《太上经戒》）为道舍，尊卑同科"云云，可看作此《想尔九戒》本与"二篇八十一章"之《老子道德经》合在一起。但这里有一问题，盖《老子想尔注》五千言不分章，如何又分为"八十一章"？此或更可证明《想尔注》是后于《河上公注》而出。又按《混元圣经》卷三十记有：

> 魏太和中道士寇谦之得河上丈人本。

据此推想，把《想尔注》与八十一章之《老子道德经》合在一起或为寇谦之所为，盖《老子河上公注》分八十一章。《太上老君经律》中之"二十七戒"后有"此二十七戒上篇共合为道渊，尊卑通行"云云，而《太上经戒》作"此二十七戒二篇合为道渊"，当以《太上经戒》为是。因此，也许"二十七戒"更为原始，只是与《道德》二篇合在一起，而《想尔注》只分《道经》和《德经》二篇，不分章也。但从内容看，"二十七戒"则更多与《想尔注》相近，而"九戒"中除"行知止足"外多取自《老子》本文。

（二）《老子想尔注》内容分析

《想尔注》既为《老子》之注，必依道教之立场来改造《老子》的思想，使之适合道教的需要。《老子》书中最重要的哲学范畴是"道"，提出"道"这个范畴在春秋战国时期具有和传统的"尊天"思想相抗衡的意义，它是企图从另一角度来回答宇宙本源的问题。而关于宇宙本源问题从来是中外哲学史上最难以回答的问题之一，因此在两千五百年前老子要回答这个具有形而上学意义的哲学问题，自然是很费力气的。从形而上学的要求说，宇宙本源应是超言绝象的，但又得要人们能了解，故老子给"道"以各种各样不确定的形容和说明，如他说"吾不知其名，强字之曰道，强为之名曰大"，"道常无名，朴，虽小，天下莫能臣"。又说"道"是"寂兮寥兮"，"恍兮惚兮"，"窈兮冥兮"等等。正是由于老子对宇宙本源并不能清楚明白地说明，所以"道"这个概念在他的哲学体系里有着不同的含义。分析起来"道"大体有四层相互联系的含义：

（1）"道"本来是"人们行道的道路"的意思，从而引申有"规则"、"法则"（或"规律"）的意思。《老子》中说"道法自然"，"道"是效法自然的，也就是说"道"的运动是自然而然的。又说："道常无为而无不为，侯王若守之，万物将自化。"这是说：按照"道"办事，一切将自然而然地发生着，变化着，事物的运动将是合乎规律的。

（2）"道"是宇宙存在的最初状态，如《老子》中说"有物混成，先天地生"，在天地万物存在之前，宇宙的存在是混沌的状态，这种混沌的未分的存在状态叫做"道"。黑格尔认为："把物质当作本来就存在着的并且自身是没有形式的这个观点，是很古老的，在希腊人那里我们就碰到过，它最初是以浑沌的神话形式出现，而浑沌是被设想为现存世界的没有形式的基础。"（转引自恩格斯：《自然辩证法》）

（3）"道"是先于天地万物存在的某种精神性实体。如《老子》中说："道生一，一生二，二生三，三生万物。"如果把"一"了解为构成天地万物的物质性"元气"，则"道"就可能是不同于"物质性的元气"的精神性东西。而这点《老子》第四十二章所说的"天下万物生于有，有生于无"更可得到证明。

（4）"道"是无所不存构成天地万物的材料。《老子》中说："道常无名，朴，虽小，天下莫能臣。"司马光注说："朴，道之质也。"《老子》第二十八章又说"朴，散则为器"，这就是说，"道"作为一种材料是最微细的，但一切都是由它构成，因此它是无所不在的。

《老子》书中这四点关于"道"的含义是相互联系的。"道"作为宇宙存在的"法则"（"自然而然"的存在状态），这"法则"只是由最初宇宙存在的混沌状态表现出来；这"道"作为宇宙最初存在的不可分的状态如何变化成后来的有分别的天地万物，而这一变化过程的主使者却是"道"。天地万物由"道"使之变化而成，因而"道"又可以成为构成天地万物的材料而无所不存。《老子》书中关于"道"的种种含义，其中任何一点都可以为道教的宗教性教义所利用，使具有形而上学意义的哲学转化为宗教神秘主义的理论。

我们从《想尔注》中可以看到，首先它把"道"的精神性实体的意义转化为"人格神"。《老子》第四章中说："道冲而用之或不盈……吾不知谁之子，象帝之先。"此处"吾"并非指"道"而是老子本人之自称，本意是说，"道"是宇宙的根本，在"天帝"之前已经存在了。而《想尔注》说："吾，道也；帝先，亦道也。"用"吾"来说"道"，这就把"道"人格神化了。《老子》第十三章："吾所以有大患，为我有身。"此处之"吾"和"我"都不是指"道"，而《想尔注》谓"吾，道也，我者吾同，道至尊，常畏患不敢求荣，思欲损身"云云，此处的注"道"亦成为有意去活动的主体。《老子》第三十七章"道常无为而无不为"，本来是说明"道"的性质，《想尔注》则谓："道性不为恶事，故能神，无所不作，道人当法之。"这样"道"就成为有意志有能动性的人格神了。对"无欲以静，天地自正"的注说："道常无欲，乐清静，故令天地常正。天地，道臣也。王者法道行诫，臣下悉皆自正矣。""无欲以静"本来是说"道"是没有意志的、是清静无为的，但注谓"道"乐清静，则"道"成为一有意志之主体了。又如注说"道不喜强求富贵"，"道设生以赏善，设死以威恶"等等，"道"都有人格神的意义。特别是对《老子》第十章"载营魄抱一，能无离"的注解更可见《想尔注》把"道"人格化了。《想尔注》说：

> 魄，白也，故精白，与无（炁）同色。身为精车，精落故当载营之。神成气来，载营人身，欲全此功无离一。一者，道也。今在人身何许？守之云何？一，不在人身也。诸附身者，悉世间常伪伎，非真道也。一，在天地外，入在天地间，但往来人身中耳，都皮里悉是，非独一处。一散形为气，聚形为太上老君，常治昆仑，或言虚无，或言自然，或言无名，皆同一耳。今布道诚教，人守诚不违，即为守一矣，不行其诚，即为失一也。世间常伪伎指五藏（脏）以名一，瞑目思想，欲从求福，非也，去生遂远矣。

这段注解很费解，大体包含以下几层意思：（1）批评当时的"世间伪伎"以为"一"是人身体的某些器官而在人身，如"五脏"为"一"在人身中。《太平御览》卷六百六十八所引《太上太真科》中说：

> 一在人身，镇定三处，能守三一，动止不忘，三尸自去，九虫自消。

《想尔注》与此相反，认为"一不在人身"，并责问"一在人身何许"（"一"在人身何处）。它认为，主张"一"在"人身"的某一器官是"世间伪伎"。（2）为什么说"一不在人身"？照《想尔注》看，"一"是"道"。"道"如何能是"人身"的某一器官或部位呢？"一"即是"道"，则即"在天地外"，又"入在天地间"，而无所不在，可以出入往来于人身之中，不是限于人身体中的哪一处，它能往来于人身体中的各处。（3）由于"一不在人身"，就要求奉道教的人能"守诫不违"（按："诫"即"道诫"），如果能"守诫不违"就是"守一"。（按："守一"即是"守道"，一者，道也）（4）"魄"是"精白"，即"精气"，故与"元气同色"。人的身体是"精气"的居住处，"精气"在人身体中应得到保养，如果能保存住"精气"（精神现象的承担者），那么"元气"（此处"神成气来"之"气"当指"元气"）就自然来到身体之中而使身体得到保存。（5）那么如何使"元气"来到身体之中而又保存住呢？这就是注中所说的"守一"了，即"无离一"。（6）"一者，道也"，它散开可以成为"气"，说明它"在天地外，入天地间"。它聚起来就成为"太上老君"，即成为道教中的最高神仙，说明它可以成为人格神。这不能不说，《想尔注》把老子道家的思想加以宗教化和神秘化了，这本和《老子》原有的"道"的"自然无为"的思想大不相同了。

从上述分析，我们可以看到，在《想尔注》中"道"、"一"、"气"这三者是有着密切联系的。在《想尔注》中，我们常常可以看到"道气"这一概念，那么"道气"和"道"是什么关系呢？从《想尔注》中可以看

出,"道气"和"道"并无分别,这可以由以下材料得到证明:

(1)《想尔注》常用"不可见知"、"清微"、"无状无象"等来说明"道气",如"其上不皦,其下不忽"的注说:"道炁常上下,经营天地内外,所以不见,清微故也;上则不皦,下则不忽,忽有声也。"又"天地之间,其犹橐籥"注说:"道气在间,清微不见,含血之类,莫不钦仰。"而对"道"的说明也大体相同,如对"是无状之状,无象之象"的注说:"道至尊,微而隐,无状貌形像也;但可从其诫,不可见知也。"对"是谓恍惚,迎之不见其首,随之不见其后。"注说:"道明不可见知,无形象也。""绳绳不可名,复归于无物"注说:"道如是,不可见名,如无所有也。"

(2)《想尔注》又常用"清静"来说明"道气",如"归根曰静"注谓:"道气归根,愈当清静矣。"而对"道"也有同样的说明,如"无欲以静,天地自正"注说:"道常无欲,乐清静,故令天地常正。"

由以上两点可见,《想尔注》从原则上对"道气"和"道"并未作出分别。这点可能和《老子》书认为"道"是"无名之朴"有关系。"复归于朴"《想尔注》说:"朴,道本气也,人行道归朴,与道合。""朴"指"最初最小者","道"本来都是"气",人能行道归朴,则可与"道气"合一。但是,也可以说《想尔注》从不同的方面来使用"道气"和"道"这两个概念,它使用"道"这一概念往往是从"主宰"天地万物方面来说的,或者是就宇宙无所不包的统一状态来说的,如说:"吾,道也,所以知古今终始共此一道。"而使用"道气"则往往是从"构成"天地万物方面说的,而且"道气"是最根本的"气",因此天地万物,人的精神(内)和形体(外)均由它经营而成,所以又可以叫"元气"。而这两种含义在《老子》原书里也都可以找到某些根据。《想尔注》对"视之不见名曰夷,听之不闻名曰希,搏之不得名曰微"的注说:"夷者,平且广;希者,大度形；微者，道炁清。此三事欲叹道之德美耳。"这里说："道气清"叫"微"，而"夷"、"希"、"微"都是说"道"的美德，这就更说明"道"和"道气"没有什么原则区别了。

为什么《想尔注》常常用"道气"来说"道"？这应和道教的基本思想"长生不死"、"肉体飞升"有关（详后）。所以在《想尔注》中还有"精"或"精气"、"微气"等概念，它认为"精气"（或"微气"）是人们的精神现象的承担者，此"精气"常出入于人的身体之中，如说"人之精气满藏中"、"微气归之"、"入人身为根本"。"精气"与"道气"的关系，似乎"精气"是"道气"的一种表现，所以《想尔注》中说："所以精者，道之别气也。"《想尔注》中又用"道精"这一概念，如说："有道精，分之为万物，万物精共一本。""道精"大体也是指"道气"，不过说它很"精细"，它是万物的根本。至于"道"和"一"的关系，在《想尔注》中已有明确的说明，《想尔注》用"一"说"道"，一方面说明"道"是宇宙的无所不包的统一状态；另一方面又说明"道"是天地万物统一的"本"，"道者天下万物之本……故还归一"（"此三者不可致诘，故混而为一"的注）。"一"又是"气"（"道气"），整个宇宙是由统一的状态向分散状态过渡，这是"气"的作用。

其次，我们知道道教作为一种宗教必须解决现实的人如何能成为超现实的神仙这个问题，因此《想尔注》也就不能不回答这个问题，在《想尔注》中说：

  道人……但归志于道，唯愿长生……。

这就是说，学道的人之所以立志向来学道，只是希望得到长生。要想得到"长生"就必须"奉道守诫"，《想尔注》中说：

  欲求仙寿天福，要在信道，守诫守信。

又对"故贵以身于天下"句注说:

> 人但当保身,不当爱身,何谓也?奉道诫,积善成功,积精成神,神成仙寿,以此为身宝矣。贪荣宠,劳精思以求财,美食以恣身,此为爱身者也,不合于道也。

人如何保存住身体使之长生不死?要在"奉道诫,积善成功",这样就可以把"精气"(按:人身体中之"精液"也是"精气")积结起来而成为"神"(这里的"神"是指"精神"),"精神"能长存于身体,则人可以成仙长寿。我们知道,早期道教以为"精、气、神三者结合永不分离"可以成神仙,此《太平经》残卷前有一段引《想尔注》说:《想尔》云:"世多耶(邪)巧,托称道云。千端万伎,朱紫磐礜。故记三合以别真,上下二篇法阴阳。"按:《想尔注》中多批评"伪伎",如"智慧出有大伪"注谓:

> 真道藏,邪文出,世间常伪伎称道教,皆为大伪,不可用。何谓邪文?其五经半入邪;其五经以外,众书传记,尸人所作,悉邪耳。

《想尔注》不仅认为儒家经典不是"真道",如对"孔德之容,唯道是从"注谓:"道甚大,教孔丘为知,后世不信道文,但上孔书,以为无上,道故明之,告后贤。"并认为其他方术都是"伪伎",如"揣而悦之,不可长宝"注谓:"道教人结精成神,今世间伪伎诈称道,托黄帝、玄女、龚子、容成之文相教,从女不施,思还精补脑,心神不一,失其所守,为揣悦不可长宝。"本来"道"教人应"结精成神",但是世间有一种房中术的伪伎,却教人御女之法,这样就使得"心神不一,失其所守",这是应该抛弃的方术之伎也。特别是《想尔注》中对道教中之一派认为"道"有形体进行了批评,它认为"指形名道"、"令有处所服色、长短、有分数"的均为"世间伪伎"。按《太平经》中说:"真神在内……长二尺五寸,随五行五脏服饰。"很可能《想尔注》是针对《太平经》中此类思想而发的。而后葛洪在《抱朴子内篇·地真》中更明言"一"有"性字服色"云云,故知早期道教至东晋初已分为数派。(这点在《抱朴子内篇·微旨》中已谈到道教中有若干派别)又按道教塑像或在陶弘景后,据唐初释法琳《辩正论》中说:"《陶隐居内传》云:在茅山中立佛道二堂,隔日朝拜,佛堂有像,道堂无像。"那么什么是"真道"呢?应该是主张"三合"的道教,但是早期道教大体主张"精、气、神"三者合一的"理论"。在《想尔注》所存部分,没有直接说到"精、气、神"三者结合的"三合义",但分析起来似乎仍然保存了早期道教"三合义"的思想。在《太平经》中,"精"为"阴气","神"为"阳气","气"为"中和之气",而《想尔注》中则认为:"神"为"阳气",如说"精结成神,阳炁有余,务当自爱,闭心绝念,不可骄欺阴也"。而"气"(即"形气")为"阴气",如说"太阴道积,结形之官"。"精"则当为"中和之气",因为《注》中有"所以精者,道之别气",而"道贵中和"。因此,从敦煌《太平经》残卷所引《想尔注》的说明看,《想尔注》之出的目的之一就是为了要破除"伪伎"、"邪文",所以它要阐明"三合义"以便分别真伪,作上下二篇的注释来"法阴阳",上篇就是《老子》的《道经》,下篇就是《老子》的《德经》,因此在敦煌《老子想尔注》残卷的最后有"老子道经上想尔"等字。

《想尔注》在魏晋南北朝曾一度流行,至唐似仍甚流行,除陆德明《经典释文》提及外,一些《道德经》的注释也常说到。巴黎敦煌卷伯希和二三三七《三洞奉道科诫仪范》卷五《法次仪品》列道教必读书目:"《老子道德经》二卷《河上真人注》上下二卷,《想尔注》二卷……"《道藏》鼓字帙《传授经戒仪注诀》所列道教必读书目依次为:《老君大字本道经上》、《老君大字本德经下》、《老君道经上道经河上公章句》、《老君德经上德经河上公章句下》、《老君道经上想尔训》、《老君德经下想尔训》等等。又唐张万福《传授三洞经戒法箓略说》(《道藏》肆字帙)亦依次列

《道德上下》、《河上公注上下》、《想尔注上下》等等。而唐以后《想尔注》似不传。元至元初辑《道藏阙经目录》叙历代经文佚失，《老子想尔注》已属阙经矣。

二、《老子河上公注》

《老子河上公注》成于何时向有争论，近有谷方《老子〈河上公章句〉考证——兼论其与〈抱朴子〉的关系》（载《中国哲学》第七辑）以为该注当出东晋以后，系葛洪一系门徒所作；而金春峰《也谈〈老子河上公章句〉之时代及其与〈抱朴子〉之关系》（载《中国哲学》第九辑）则认为"《河上注》产生于西汉而非东汉末期"。而王明先生早在1948年即撰有《〈老子河上公章句〉考》（见《国立北京大学五十周年纪念论文集》），此文对《老子河上公注》成书年代考证甚详，对此书主要思想的分析也很精要，本节多依据王明先生之论点，并作若干补充。

现在所见记载《老子河上公注》的最早著作为皇甫谧的《高士传》。按皇甫谧卒于晋武帝太康三年（282），年六十八，故应是生于东汉献帝建安十九年（214）。因此，《河上公注》最晚当成于魏晋之际。另外，我们也还可以从各种道书言及有关河上公注本的各种材料来推测《河上公注》的成书年代。《道藏》中有《传授经戒仪注诀》、《传授三洞经戒法箓略说》、《洞真太上太霄琅书》以及敦煌卷伯希和二三三七《三洞奉道科诫仪范》等均言及道教徒应修习的经典的先后次序，从这些书所排列的次序，我们可以看出《河上公注》应在《道德经》作成"五千言"后，而在《想尔注》前。现把上述材料抄列于下，再作分析。《传授经戒仪注诀·序次经法第一》中说：

隐注云：读《河上》一章，则彻太上玉京，诸天仙人，叉手称善，传声三界；魔王礼于空中，邺都执敬，稽首于法师。人生多滞，章句能通，故次于大字。系师得道，化道西蜀，蜀风浅末，未晓深言，托遘《想尔》，以训初回；初回之伦，多同蜀浅，辞说切近，因物赋通，三品要戒，济众大航，故次于《河上》。《河上》、《想尔》，注解已自有殊，大字文体，意况亦复有异。皆缘时所须，转训成义，舛文同归。

书中并列举读经次序，先读《老子》大字本，次读《河上公章句》，再读《老子想尔训》。张万福《传授三洞经戒法箓略说》与《注诀》所列相同，唯《想尔训》作《想尔注》。敦煌伯希和二三三七《三洞奉道科诫仪范》卷五《法次品仪》所列亦同。据以上材料，当可得以下结论：《河上公注》与《想尔注》或均成书于五千文本《老子道德经》后。《道德经》原并非恰为五千言，马王堆出土之帛书本《老子》甲本与乙本均非"五千言"，司马迁《史记》亦谓："老子乃著书上下篇言道德之意，五千余言。"王弼注本，据宋谢守灏说："有五千六百八十三字或五千六百一十六字。"现有浙江书局覆刻张之象本为五千二百八十字。但道教系统最早所用的《老子》本为"五千言"。《后汉书·张鲁传》注引《典略》谓："（张）修……又使人为奸令祭酒，祭酒主以《老子》五千文，使都习，号为奸令。"而后刘大彬《茅山志》中有："《登真隐诀》隐居云：《老子道德经》有玄师杨真人手书张镇南古本。镇南即汉天师第三代系师鲁，魏武表为镇南将军者也。其所谓五千文者有五千字也。"张鲁继承张修在汉中推行"五斗米道"，当亦令奉道教者修习"五千文"。又唐释法琳《辩正论》谓："汉安元年，岁在壬午，道士张陵……注五千文。"《注诀》中所说"大字本"当即早期道教所用的"五千文"本。这点可以从《洞真太上太霄琅书》中找到证明，文中有谓：

志行此道，存文五千。……今之所遵，十天大字，神仙人鬼，共所归宗，文同数等，无有一异，但感者未齐，应者微革。河上《章句》，系师《想尔》，转字会时，立题标议。始殊终同，随因趣果，洞明之师，谛宜宣诰。其《大字》以数入道，故先言五千而后云经；《想尔》以道统数，故先云经而后言五千。《河上》道数相涉，故分经以及文品，章为第句，各有应焉。妙思之俦，研期感应，勿互舛乱筌蹄也。

根据以上材料，我们大体可以说：（1）在汉末由于道教为了其宗教的需要，而删定《老子》成"五千文"，写成"大字本"，以神化这部书。（2）据上引材料的排列次序，也说明时间先后的次序。所引材料都把《想尔注》列于《河上公章句》之后，而且《注诀》和《洞真太上太霄琅书》还说明了两者之间的不同。因此，我们应可断定《河上公章句》成书于《想尔注》之前。敦煌卷有天宝十年系师定本《道德经》一卷，在卷末有"五千文上下二号，合八十一章四千九百九十九字，太极左仙公序，系师定《河上真人章句》"。这一段记载说明《河上公注》在张鲁时已有，因此也可证明它在《想尔注》前。同时又说明《河上公注》和葛玄这派道教有更密切的关系。后来葛洪作《抱朴子》，有些思想就来源于《河上公注》（详后）。葛玄是三国吴人，卒于吴大帝赤乌七年（244），《河上公注》或者是汉末和三国时流传于南方的一种《老子》注本。

如果把《河上公注》和《想尔注》相比，很可能《想尔注》曾吸取了《河上公注》部分思想，这个问题饶宗颐先生在《敦煌六朝写本张天师道陵著老子想尔注校笺》中作过考证，兹不赘述。但把两种注相比较，显然《想尔注》的宗教性、神秘性更强，且更荒诞，而《河上公注》仍有较多的哲学意味。例如，第四章"吾不知谁之子"句，《河上公注》谓"吾"是"老子自谓"，而《想尔注》则谓："吾，道也。"第二十一章"孔德之容，惟道是从"，《河上公注》谓："孔，大也。有大德之人，无所不容，能受垢浊，处谦卑也。唯，独也，大德之人，不随世俗所行，独从于道也。"而《想尔注》谓:"道甚大,教孔丘为知;后世不信道文,但上孔书,以为无上;道故明之,告后贤。"第三十七章"吾将镇之以无名之朴",《河上公注》谓:"吾,身也;无名之朴,道也。万物以化效于己也,复欲作巧伪者,侯王当身镇抚以道德。"《想尔注》谓:"……观其将变,道便镇制之,检以无名之朴,教诫见也。王者亦当法道镇制之,而不能制者,世俗悉变为邪矣,下古世是也。"以上所引可以看出,《河上公注》多以"吾"为"老子自谓"或"大德之人",而《想尔注》则以为"吾"为"道"本身,故而《河上公注》以为"改邪归正"是由王侯用道德的力量使之"得正",因此可见在《想尔注》中把"道"人格神化了,而《河上公注》尚无此意也。这也可能是《河上公注》得以流传,而《想尔注》则渐不流传的原因之一。不过无论如何《河上公注》已经成为道教的经典了,这点又与《王弼注》不同。

早期道教从《太平经》起有一基本思想,就是不仅要求"治身",而且要求"治国"。所以《太平经》的"三一为宗",既要求精、气、神三者合一而成神仙,又要求天、地、人三者合一而致太平。《河上公注》同样把"治身"与"治国"看成"道教"(或者说"道")的基本要求,如说:

  用道治国则国安民昌,治身则寿命延长,无有既尽时也。(第三十五章注)

  常道,当以无为养神,无事安民。(第一章注)

  法道无为,治身则有益于精神,治国则有益于万民。(第四十三章注)

因此,《河上公注》常把"治身"与"治国"并列,甚至认为老子对"治国"也非常关心,如第五十三章"使我介然有知,行于大道"注说:"老子疾时王不行大道,故设此言,使我介然有知于政事,我则行于大道,躬无为之化。"但《河上公注》虽以为用"道"就可"治身",又可"治国",

却以"治身"以求"长生不死"为根本,这点与《太平经》有所不同。《太平经钞》癸部《令人寿治平法》中说:

> 夫无事乃生无事,此天地常法,自然之术也,若影响。上士用之以平国,中士用之以延年,下士用之以治家。……大道坦坦,去身不远,内爱吾身,其治自反也。

《河上公注》第四十一章中说:"中士闻道,治身以长存,治国以太平。"第十一章又明确提出"经术政教之道"是"可道"之"道",非"常道";"常道"是"自然长生之道"。又认为"人学治世,圣人学治身,守道真也"(第六十四章注)。因此,可以说《河上公注》作为道教经典较之《太平经》又前进一步。

道教与道家相比主要之点在于它把论证"养生成神"、"长生不死"作为其主要目标,这点在《河上公注》中是充分体现了的。我们可以从如下几个方面来说明《河上公注》以为"学道"是为了"长生不死"。

(一) 养神可长生不死

"神"在中国古代哲学中有种种不同含义,在道教的经典中它的含义也不尽相同。在《太平经》中所谓"精、气、神"之"神"为"阳气";《老子想尔注》"谷神不死"句注谓:"谷者,欲也。精结为神,欲令神不死,当结精自守。"此处之"神"是说由"精气"集结成的而居于人身体之中的"精神"。《河上公注》"谷神不死"注说:

> 谷,养也。人能养神,则不死也。(按:明初建文刊六子本《纂图点注老子道德经》作:"人能养其神气,则长生不死。")神谓五脏之神也。肝藏魂,肺藏魄,心藏神,脾藏意,肾藏志,五脏尽伤,则五神去矣。

照中国传统医学看,"五脏"是人身体内部的重要器官,它们都和人的"精神"有关,《素问·宣明五气》中说:"五脏所藏,心藏神,肺藏魄,肝藏魂,脾藏意,肾藏志,是谓五脏所藏。"《河上公注》当来自《素问》。把五种精神现象与五个人体内部器官联系起来,并以为这些器官能不受到伤害,则"五神"就不会离去,这样人的"精神"就可以有一个永久依托之处,因之神形可得结合而长生不死,所以《河上公注》中说:

> 人能除情欲,节滋味,清五脏,则神明居之也。(第五章)

伤害五脏的是人的情欲,因此必须把情欲去掉,使五脏清净,虚无所藏,这样"五神"才能有所依归,"治身者,当除情去欲,使五脏空虚,神乃归之"(第十一章注)。这里我们可以看到,《河上公注》中所谓的"神"一般都是指"精神现象",所以它又可以叫做"神明"。"神"是由"精"("精气")集结而成的,因此"精"和"神"归根结底都是"气"了。

(二) 养"精"使不离身,则长存

照《河上公注》看,"精"即"精气",它和形体(形气)的关系是:如果身体中能保存好"精气",则身体可以柔顺而长生不死,故第十章注中说:

> 专守精气使不乱,则形体能应之而柔顺。
>
> 人能抱一,使不离于身则长存,一者道始所生,太和之精气也。

"精气"是贯通于身体内部而使之得到协调统一的,所以人必须守住"精气"使不离于身,则可得"长生不死","人能自节养,不失其所,受天之精气,则可以久"(第三十三章注)。"精气"即"太和之精气",故又可称为"和气",这点与《太平经》不同。照《太平经》看,"和气"组成肉体(形体),"神气"使人有生命。而《河上公注》认为,"和气"即"精气",

保有"精气"才能有生命,所以第七十六章注中说:

> 人生含和气,抱精神,故柔弱;人死则和气竭,精神亡,故坚强。

人如果能保存"精气"使不离身,不仅可以长生不死,而且可以与天地相通,第四十七章注说:

> 天道与人道同,天人相通,精气相贯。

"天"与"人"之所以能相通,是由于"精气"使之相贯通之故。就这点说,"精气"当是一种细微的有活力的"气",它充斥于天地之间,也充斥于人的身体内外,从而使身心内外得以联系着,如果能把充斥于身心内外的"精气"调节好,则不仅可长存,而且可以通于天地。

(三)"守一"不离于身则得长生久视

"一"在《河上公注》中一般是指"气",有时则指"太和之精气"。第二十一章注中说:

> 道唯恍惚,其中有一,经营主化,因气立质。

在"道"中有"一",它做成天地万物,并使事物由一种形态变为另一种形态,所以天地万物是"因气立质",这显然是说"一"就是"气",或称为"元气"。天地万物虽由它构成,但它本身并无固定的形质。"一"是未形成具体事物以前的宇宙统一状态,但它又能做成有形有质的天地万物,"一无形状而能为万物作形状","一无物质而能为万物设形象也"。所以第五十一章注中说:

> 道生万物,德,一也。一主布气而畜养。

"道"虽是产生万物的根据,但是由"一"来"布气畜养";"一"既"布气",则"气"当为"元气","元气"指最根本的气,最原始的"气",所以第二章注又说"元气生万物而不有"。"元气生万物"和"道生万物"不同,照《河上公注》看,天地万物之始为"元气",而后由"元气"演化而成为天地万物,但为什么如此演化,则由"道"支配。第二十一章注"以阅众甫"说:

　　阅,禀也;甫,始也。言道禀与,万物始生,从道受气。

此即言万物是根据"道"禀受"气"而成。"我何以知从道受气?以今万物皆得道、精气而生动起居,非道不然",所以"万物皆归道受气"。因此,天地万物之成为天地万物,一方面是根据"道",另一方面是禀受"气"。第一章注"有名万物之母"句说:"万物母者,天地含气生万物,长大成熟如母之养子。"万物由"气"而成有形有质之物,第十四章注:"物,质也",但在天地万物形成以前是由虚无的"道"来"吐气布化",所以"道"从原则上说比"气"更根本,"道"比统一的未有具体形状的"元气"更根本,《河上公注》有:"一,无为,道之子也。""道为天下万物之母;子,一也。既知道已,当复知一也。"(《纂图互注老子道德经》本第五十九章"有国之母可以长久"句注谓:"母,道也,元气之祖是矣。")当然,"得道"则可"知一",但"知一"也可以"得道",所以第十四章注中说:"人能知上古本始有一,是谓知道纲纪也。"人要求得长生不死,必须"守一",第十章注说:

　　人能抱一,使不离本身,则长存。一者,道始所生,太和之精气也。

"守气"即是"抱一"。"抱一"不仅可使人长生不死,而且可以使人具有种种"神通",第二十二章注说:"圣人守一,乃知万事,故能为天下法式也。"这类"守一"能长生不死和能知天下事的观点在早期道教的著作中是常见的,《太平经》中有,《抱朴子》中也有,兹不赘述。

(四) 与道合同,乃能长久

《河上公注》中对"道"有各种各样的说法,但大多因袭《老子》之原意,而其有不同于《老子》原意者,仍在于更多地论述"得道"可以"长生不死"的观点,就这点说,它表现了作为道教经典的《老子》和作为道家经典的《老子》之不同。照《河上公注》的看法,人"修道于身"才可以"爱气养神"成为"长生不死"的"真人",第五十四章"修道于身,其德乃真"句注说:

> 修道于身,爱气养神,益寿延年,其德如是,乃为真人。

所以无论"养神"、"养精气"和"守一"都是"修道"的一种手段,《河上公注》第十六章中说:"与道合同,乃能长久。"得"道"的人能把各种情欲去掉,使自己的五内清净,以"至于虚极"(第十六章注),所谓"五内"即"五脏"。口鼻是"气"出入之门户,五气从口鼻出入五脏,这样使人之五脏与天地之元气相通,从而五脏得以清净,而不为情欲所累。如果人得"道",与"道"合同,则虽有身体,亦可"肉体飞升",故第十三章注说:

> 使吾无有身体,得道自然,轻举升云,出入无间,与道通神,当有何患?

在《河上公注》中讲到"得道"可以"飞升"的地方很少,不像后来的一些道教经典讲得那么多,这点说明由于《河上公注》较近《老子》原意而后世得以保存而广为流传之因也。但是,无论如何,《河上公注》已把"肉体飞升"之观念引入《老子》之中,这又正是它成为道教的经典的原因了。

在《河上公注》中，"道"是它的最高范畴，因此必须了解它和其他重要范畴之间的关系。"道"无形无质，先天地生，它产生万物，并畜养之，"道生万物而畜养之"（第十章注）。在它产生天地万物之后，天地万物仍在其中，"道大者，包罗天地，无所不容也"（第二十五章注），"道为万物之藏，无所不容也"（第六十二章注）。所以"道"不仅是"天地之始"，而且是"万物之母"，"始者，道本也。吐气希化，出于虚无，为天地本始也"（第一章注），"道育养万物精气，如母之养子"（第二十五章注）。"道"之所以能无所不包，无所不容，在于其性"空虚"，"言虚空者，乃可用盛受万物，故曰虚无能制有形。道者，空也"（第十一章"无之以为用"句注）。言"道"为"天地之始"者，乃因"道自在天地之前"，而更无有前者；言"道"为"万物之母"者，盖因"母，道也，元气之祖是矣"（《纂图互注老子道德经》第五十九章注），"母，道也。人能保身中之道，使精气不劳，五神不苦，则可以长久"（第五十九章注）。一切事物皆由"元气"构成，而"道"为"元气之祖"。又《河上公注》也认为"气"根据"道"而构成天地万物，"万物归道受气"。由此可见，"道"和"气"的关系："道"既是产生"气"的，如母与子的关系，如说"道始所生者一"，"道为天下万物之母；子，一也"。都说明"道"比"气"更根本，它首先产生统一的无分别的"气"（即"元气"），然后"元气"构成天地万物，所以归根结底"气"和"万物"都是由"道"所产生，如母生子。这是一种宇宙构成论的理论，以为宇宙的演化是先有"道"，而后有"一"（即统一的"气"），而后有各种不同性质的"气"（精气、神气、形气等），天地万物则是由各种不同的"气"所构成。"道"又是"气"所根据的"原则"，"气"据"道"而构成天地万物。《纂图互注老子道德经》第一章开头有"夫道者一元之至理"一句，可见"道"已有"理"的含义。在《四部丛刊》影宋刊本虽无此句，但细察之，实亦有此意,如"道法自然"句注谓"道性自然无所法",这就是说"道"的本性是"自然而然";这种"自然而然"的本性是本有的,因此也是天地万物应效法的。又如,第三十七章注说"道以无为为常也",因而王侯守道,使万物自化;如万物不法"道"而作巧伪,则王侯应当用"道德"使他们改正。这显然也是把"道"看成一最高的法则,所以第六十五章谓:玄德之人顺天理,"顺天理"即顺"道"也。这样认为"道"是天地万物应效法的准则本来是《老子》书中"道"所具有的含义,从这点看《河上公注》仍然保留了《老子》书中原有的形而上学意义。

如果我们把《河上公注》与《想尔注》相比,除前面已经谈到的,《想尔注》赋予"道"人格神的意义外,还有一点重要的不同。这就是《想尔注》认为,"道"就是"一","一者,道也";而"一"是"气"。《想尔注》把"道"和"气"看成同一的,或者说他们是同一的两面,所以在《想尔注》中使用了"道气"这一概念。这样万物不仅可由道产生,而且可由"道"构成。但《河上公注》则认为"道始所生者一"。这就是说,虽然天地万物存在之前"道"已存在,故天地万物是由"道"产生的,但从"道"最初产生的是"一"("元气"),而后由"气"据"道"而构成天地万物。因此,《河上公注》较之《想尔注》仍更近于《老子》原意。葛洪的《抱朴子》则是继承了《河上公注》的"道起于一",并以"一"为"气"(详后)。《河上公注》的"道"为"母"、"一"为"子"的思想也是有来源的,严君平的《道德指归论》的《得一》谓:

> 一者,道之子。神明之母,太和之宗,天地之祖,于神为无,于道为有,于神为大,于道为小,故其为物也,虚而实,无而有……故能知一,千变不穷,万轮不失。

这里对"一"的说明是"虚而实,无而有",它正是"气"的特性。只有"气"才是无具体形状而似"虚",但却是实实在在的存在;只有"气"才无具体方所，但可变化为有形有象的天地万物。又严君平书《信言不美》有"约守真一"一句，《太平经》和《河上公注》均言"守一"，《抱朴子》更言"守真一"，或均与《道德指归论》有关也。

总之，《河上公注》是早期道教的一部重要经典，它既保存了《老子》书的某些原意，又把《老子》这部具有哲学意义的著作引向宗教，来论证道教"长生不死"的基本教义。因此，这部《老子》注在道教史上具有特别重要的意义。

第五章　三国西晋时期对道教的限制

汉献帝初平三年（192），曹操破黄巾，受降卒三十余万，号青州军，自此黄巾"太平道"遂告终。又，建安二十年（215），曹操攻汉中，张鲁避走巴中，不久投降，而"五斗米道"亦受沉重打击。曹操鉴于张角利用"太平道"举行农民起义，张鲁利用"五斗米道"进行地方割据，因此对道教一直采取限制的政策。

曹操像许多帝王一样，不仅希望巩固其统治，而且希求延长生命以至于长生不死。在他的《出气唱》、《精列》、《陌上桑》、《秋胡行》等四首游仙诗中描写了一个幻想的境界，驾龙乘风，遨游海外，以求长生。曹操甚至服食野葛，饮鸩酒，调息元气，以保养精神。但是，曹操作为一个有作为的统治者却看到，为农民起义和地方割据所利用的道教对于巩固其统治是一种威胁，因此对道士、方士等的活动加以控制。《后汉书·方术传》中说：

甘始、元放、延年，皆为操所录，问其术而行之。

> 孟节能含枣核，不食可至五年十年。又能结气不息，身不动摇，状若死人，可至百日半年。亦有室家，为人质谨不妄言，似士君子。曹操使领诸方士焉。

元放即左慈，延年为东郭延年，孟节郗姓。《方术传》所记"不食可至五年十年"等等，当然都是不实之词，而曹操收揽方术道士当为事实。曹植《辩道论》中说：

> 世有方士，吾王悉所招致，甘陵有甘始，庐江有左慈，阳城有郗俭。始能行气导引，慈晓房中之术，俭善辟谷，悉号三百岁，卒所以集之于魏国者，诚恐斯人之徒，挟奸宄以欺众，行妖慝以惑民，故聚而禁之也。岂复欲观神仙于瀛洲，求安期于海岛，释金辂而履云舆，弃六骥而羡飞龙哉？自家王与太子及余兄弟，咸以为调笑，不信之矣。

按曹丕之为太子在建安二十二年，曹植《辩道论》中有"太子及余兄弟"一句，故可知该文当成于建安二十二年之后，即在曹操破黄巾和张鲁降曹之后。曹植对曹操收揽这些道士的意图自然是很清楚的，这就是说，曹操为了防止道教和方术为人们所利用，因此"聚而禁之"，使他们无法在社会上进行活动。曹丕受禅，改汉为魏，立为文帝。他对道教采取了和曹操同样的政策，其《典论》除引用了上引曹植《辩道论》的一段外，还揭露了历史上神仙方术的虚妄性，用以说明道教之不可信，文中说：

> 刘德治淮南王狱，得《枕中鸿宝苑秘书》，及子向，咸共奇之，信黄白之术可成，谓神仙之道可致，卒亦无验，乃以罹罪也。

《枕中鸿宝苑秘书》已佚。葛洪《神仙传》谓："汉淮南王笃好儒术，兼占候方术，作内书二十二篇，又作中篇八章，言神仙黄白之事，名为《鸿宝万毕》，三章论变化之道，凡十万言。"今有叶德辉辑《淮南万毕术》上下两卷，多言方术，当为此类书。曹丕认为，这类"黄白之术"、"神仙之道"都是得不到验证的，由于无法实现而卒罹罪，故《典论》批评说："刘向惑于《鸿宝》之说，君游眩于子政之言，古今愚谬，岂唯一人哉。"道教神化老子，并用《老子》五千言教人，故曹魏政权对祠祀老子亦加禁止，曹丕黄初三年《敕豫州禁吏民往老子亭祷祝》说：

> 告豫州刺史，老聃贤人未宜先孔子，不知鲁郡为孔子立庙成未？汉桓帝不师圣法，正以婢臣而事老子，欲以永福，良足笑也。此祠之兴由桓帝，武皇帝以老子贤人，不毁其屋，朕亦以此亭当路，行来者辄往瞻视，而楼屋倾颓，傥能压人，故令修整，昨过视之，殊未整顿，恐小人谓此为神，妄往祷祝，违犯常禁，宜宣告吏民，咸使知闻。

道教以老子为神，并尊为"老君"，以为教主。曹丕批评汉桓帝把老子作为神来崇拜是"不师圣法"，而说曹操令修老子屋只是因为老子是贤人，因此不应对老子祠祀礼拜。就此也可见曹氏父子对道教的限制政策。

三曹中对道教的神仙方术批评最激烈者为曹植，在他的《辩道论》中除说明了曹操收揽道士的真实动机和曹氏父子对道教"咸以为调笑，不信之矣"的态度外，曹植还从以下三个方面批评了道教：

1. 揭露历史上神仙之书、道家之言的荒谬性

曹植《辩道论》中说：

> 夫神仙之书，道家之言乃云傅说上为辰尾宿，岁星降下为东方朔，淮南王安诛于淮南而谓之获道轻举，钩弋死于云阳而谓之尸逝柩空，其为虚妄甚矣哉！

据《庄子·大宗师》说，傅说得"道"做了殷帝武丁的宰相，掌管着天下，死后乘驾东维星，托龙尾，上升到天上成辰尾星。东方朔为汉武帝时人，传说至宣帝时避乱世，置帻宫舍，风飘而去，后见于会稽，卖药五湖，知者疑其为岁星精（参见《玄品录》卷一）。葛洪《神仙传》谓淮南王刘安随从八公而得仙道，竟致白日飞升成仙。汉武帝钩弋赵婕妤死后葬于云阳，而《列仙传》说更葬时"尸逝柩空"，剩余丝履。曹植说这些都是十分荒唐的虚妄之谈。进而曹植指出，所谓"神仙"也许不过是猿猴之类的东西，人得道变成这样一类的东西又有什么意思呢？

2. 揭露神仙方术之士的虚妄性

在《辩道论》中说，郗俭自称可以百日不食，但曹植对他加以考验，并没有发现有什么异于常人的能力，他也做不到延年益寿，最多不过可以用饥饿的办法治治病。而左慈说他善修房中术，但却又说必须"有志至精"才能灵验，曹植揭露说这不过"至诚则灵"一类的骗术而已。对甘始则说他"辞繁寡实"。曹植曾避开左右与之单独交谈，甘始说了一些离奇古怪的故事，当说到把一条浸过药的鱼和一条没有浸过药的鱼都放在油锅里炸，未浸过药的鱼炸透了可以吃，浸过药的鱼则"奋尾鼓鳃，游行沉浮，有若处渊"，曹植问甘始能否实验，甘始推托说，这种药生在万里之外，要他亲自去拿才可以得到。曹植评论说，这些都是无法取信于人的奇谈怪论。

3. 揭露相信神仙方术的危害性

曹植的《辩道论》还对秦始皇、汉武帝相信神仙方术的危害性作了说明，他说：

> 始若遭秦始皇、汉武帝，则复为徐市、栾大之徒也。桀纣殊世而齐恶，奸人异代而等伪，乃如此耶。

按《史记·秦始皇本纪》谓："齐人徐市等上书，言海中有三神山，名曰蓬莱、方丈、瀛洲，仙人居之，请得斋戒与童男女求之。于是遣徐市发童男女数千人，入海求仙人。"汉武帝相信栾大所谓不死之药可得、神仙可致之言，对之宠信倍加，给以"天道将军"等封号，并以长卫公主妻之。据《史记·封禅书》说：栾大"佩六印，贵震天下，而海上燕齐之间，莫不搤捥而自言有禁方，能神仙矣"。秦始皇、汉武帝都相信神仙方士之术，上当受骗，"经年累稔，终无一验，或殁于沙丘，或崩于五柞"（《辩道论》）。曹植说，现今的方士和秦始皇汉武帝时的方士一样可恶，都是一样的骗人，没有什么不同，并认为这些道士的招摇撞骗，使得社会不安宁，更可见其危害性。

曹植所批评的是否都是道教徒虽难以断定，但后世多视此等均为道教中人。即使这些人不是真正的道教徒而是一些方术之士，方术之士在当时和道教徒有着密切的关系，则是无可疑义的。

与此同一时期，也有东吴孙策斩道士于吉的故事，据《三国志·吴书·孙坚传》注引《江表传》中说：

> 时有道士琅邪于吉，先寓居东方，往来吴会，立精舍，烧香读道书，制作符水以治病，吴会人多事之。……策曰："此子妖妄，能幻惑众心，远使诸将不复相顾君臣之礼，尽委策下楼拜之，不可不除也。"……即催斩之，悬首于市。

此事当在孙权称帝之前。但孙权信方术，《三国志·吴书》卷九载，吕蒙病笃，"（孙）权自临视，命道士于星辰下为之请命"。又有东吴道士葛玄曾为《老子》作序，葛玄为东晋著名道教徒葛洪之叔祖，葛玄于后世之道教颇有影响。在江东地区对道教的限制大概不像北方曹魏统治地区那么严，因此到晋时南方地区道教势力发展得比北方快，兹不赘述。

由于曹魏政权对道教采取限制的政策，因此道教受到很大打击而势力大大削弱。史书不复有"太平道"的记载，或这一道派已瓦解。"五斗米道"，就张鲁个人及其家族虽说仍受曹魏优待，但汉中地区的道教似乎也没有什么活动，史书上对曹魏时期"五斗米道"的活动也很少记载。那么汉中地区的道教势力到何处去了呢？很可能向西南和西北两个方向转移了。据近来学者研究的成果看，云南地区的文化或颇受道教影响（参见刘尧汉：《中国文明源头新探——道家与彝族虎宇宙观》）。又，1982年我去甘肃酒泉、嘉峪关地区，在当地见到北凉时期墓葬十余座均有壁画，画面多为西王母、东王公、三足乌、九尾狐等道教内容，敦煌也发掘出有北凉纪年的小型墓葬群三十余座，有陶罐数十，每罐上均有"天柱地柱月柱日柱"等八柱和"急急如律令"等，显然这些都是道教的内容，这都说明在东晋北凉以前道教很可能传入西北地区了。这个问题由于目前材料不足，尚须进一步研究。

西晋初，司马政权对道教仍采取严格控制的政策，据《晋书·武帝纪》记载，泰始二年（266），武帝"遣兼侍中侯史光等持节四方，巡省风俗，除禳祝之不在祀典者"。次年十二月，又"禁星气、谶纬之学"。但在武帝以后，道教势力又渐有抬头之趋势，据陈寅恪先生《天师道与滨海地域之关系》说，西晋八王之乱其中心人物为赵王伦，赵王伦之主谋为孙秀，而孙秀为"天师道"徒。《晋书·孙恩传》说：

> 孙恩字灵秀，琅邪人，孙秀之族也，世奉五斗米道。

按"五斗米道"又称"天师道"，故孙秀、孙恩一族当为"天师道"也。而赵王伦或亦奉"天师道"，《晋书·赵王伦传》说：

> 伦、秀并惑巫鬼，听妖邪之说。……拜道士胡沃为太平将军，以招福佑。……又令近亲于嵩山着羽衣，诈称仙人王侨，作神仙书，述伦祚长久以惑众。

西晋末道教又渐活跃，并始有道教世家出现。至东晋则道教有大发展矣，详下章。

宗教作为一种社会意识形态，它决不是靠行政命令所能禁止的。社会需要宗教，虽可用行政命令使之暂时消沉，但一有气候，宗教势力就会更快地发展起来。因此到东晋南北朝，道教这种中国本民族的宗教迅速发展了，统治阶级中的许多大族都信奉了"天师道"，劳动人民也大量地信奉了道教，如东晋末孙恩领导的农民起义就是靠着广大天师教徒的支持。这一现象或者可以说是宗教发展的一般规律。

第六章　道教在东晋南北朝的发展

　　至东晋，道教有了很大的发展，而成为一完备意义上的有很大影响的宗教团体。道教到东晋之所以有很大发展决不是偶然的。晋王朝的当权统治者是以司马氏为首的门阀世族，这个统治集团从三国到西晋已经发展到顶点，而和任何事物一样，盛极必衰，支撑司马氏的门阀世族在西晋元康以后开始衰落下去了。而八王之乱，西北少数民族入主中原，晋王朝的南迁，又加速了这个衰落过程，因此到东晋这个统治集团的势力已大不如前了。他们的统治尽管还维持了相当一个时期，但政权更替之频繁，社会风气之败坏，都说明门阀世族的统治不过是苟延残喘而已。东晋的门阀世族虽然较之西晋的门阀世族更加强调他们在社会上、政治上的特殊地位，然而事情正是这样，越是着力强调就越说明他们的地位不巩固，越是说明这个集团已经成为社会的赘瘤。他们根本不知道自己的前途，对解决现实社会中存在的种种矛盾既无办法又无信心，因而他们就不得不把自己的命运寄托于超现实世界，把现实社会存在的矛盾，统统推到那个超现实的世界中去解决。他们所关心的主要不再是调和"名教"和"自然"这类社会政治问题，而是要求个人解脱的生死问题，于是佛教和道教到东晋以后就更加广泛地流行了。

如果说在东晋以前道教已具有宗教应有的某些特点，那么东晋以后的道教则应该说是发展得更加完备了和更加有影响了。从道教在东晋以后的发展看，我们可以看到它作为一种宗教的发展的某些规律性的现象，本章下面将对这个问题作些具体分析。在东晋南北朝期间，道教完成了以下五个方面的大事，这样才使它成为一完备的有影响的宗教团体。

一、整顿和建立道教的教会组织

汉末虽然已经建立了道教的组织，但当时或者是政教合一的如张鲁在汉中，或者是组织农民起义的如张角在东方各州，实际上也是政治组织，教会组织还没有独立出来。在曹魏和西晋时，道教受到统治者的限制不仅没有发展，而且相对地说大大削弱了，因而更加没有严密的组织了。到东晋，整顿和建立教会组织就成了道教的当务之急。最重要的整顿和建立道教组织的人物在东晋有杜子恭，在刘宋有陆修静，在北魏有寇谦之。《三洞珠囊》引《道学传》中说：

> 杜炅（按：又作"昺"），字子恭，为人善治病，人间善恶，皆能预睹。上虞龙稚，钱塘斯神，并为巫觋，嫉炅道王，常相诱毁。人以告炅。炅曰：非毁正法，寻招冥考。俄而稚妻暴卒，神抱隐疾，并思过归诚。炅为解谢，应时皆愈。神晚更病。炅语曰：汝藏鬼物，故气祟耳。神即首谢曰：实藏好衣一箱。登取于治烧之。豁然都差。

这段记载，其中当然有许多是无法令人相信的，但有一点似可注意：杜炅在整顿道教时把一般巫觋之术从道教中清除出去，使道教和一般迷信思想区别开来。本来原始道教的来源之一就有两汉的一些方术，如果道教要成为一种完备意义上的宗教，就不能全部容纳巫觋之术，而必取其中能适合道教教义所需要部分，而排除其不需要部分。

杜子恭整顿道教的另一件事就是恢复和建立道教的组织，本来在三张时已建立有所谓"治"的这样一种组织，然而至三国、西晋这种组织已经混乱了，甚至并不存在了，据《洞仙传》载：

> ……夜间有神人降云：我张镇南也，汝应传吾道法，故来相授诸秘要方，典阳平治。恭每入静烧香，能见百姓三五世祸福，说之了然，章书符水应手即验，远近道俗归化如云，十年之内操米户数万。

（《道教研究资料》第一辑）

"治"大体上就是"教区"，"阳平治"是"天师道"最高一级的"教区"。杜子恭重建的这种教会组织"治"看来和张鲁时的"治"已有很大不同，原来汉末"五斗米道"教会组织是依附于政治组织，而杜子恭所重建的组织已相对独立于政治组织之外了，它不仅把信教的人组织起来，而且可以自己向教徒征求租米。

陆修静（406—477）是刘宋时大力整顿道教组织的重要人物，在他的《道门科略》中首先论述了整顿和建立道教组织的必要，他说：

> 太上老君以下古委怼，淳浇朴散，三五失统……太上患其若此，故授天师正一盟威之道，禁戒律科，检示万民，逆顺祸福功过，令知好恶。……清约治民……使民内修慈孝，外行敬让，佐时理化，助国扶命……。

并提出建立道教自上而下的固定教会组织，"置二十四治，三十六靖庐，内外道士二千四百人，下千二百官"，"奉道者皆编户著籍，各有所属。令以正月七日、七月七日、十月五日一年三会，民各投集本治师，当改治录籍，落死上生，隐实口数"。陆修静还规定神职人员的升降制度："民有三勤为一功。三功为一德。民有三德则与凡异，听得署箓。受箓之后，须有功更迁，从十将军箓阶至百五十……能明炼道气，救济一切，消灭鬼气，使万姓归伏，便拜阳平、鹿堂、鹤鸣三气治职。"可见陆修静已为整顿道教提出了一套组织系统的规定，当然实际上能否完全做到则是另一问题（参见钟治国：《南朝道教改革及其由来》）。

稍早于陆修静的有北魏寇谦之（365—448），这位道教领袖不仅有宗教上的野心，而且有政治上的野心。他改革和整顿道教的宗旨是要使道教进一步完善化，既更适合宗教的要求，又适合当时统治者的要求。他假托所谓老君对他说的一段话表达其改革道教的方针：

> 汝宣吾《新科》，清整道教，除去三张伪法、租米钱税及男女合气之术。大道清虚，岂有斯事？专以礼度为首，而加之以服食闭炼。

从组织上说，寇谦之改原来神职人员的世袭制为选举制，并建立各级教会组织，规定了加入道教的种种要求，使教民有所归属。

从东晋以来，道教的整顿自然都是按照当时门阀世族的要求进行的。上述三位道教大师都是属于当时的大族。道教组织虽然相对的独立于政权之外，而却更能使当时的一些士大夫得到精神上的安慰，所以到东晋以后，信奉道教的人的阶级成分有了很大变化，据《隋书·地理志》载：汉之末世，"是时从受道者，类皆兵民，胁从无知名之士，至晋世则沿及士大夫矣"。

道教的长生不死，闲散放荡，游于名山大川，采药石炼金丹，海阔天空地幻想虚幻的神仙世界，这种生活自然很投合门阀世族的口味。门阀世族这个已开始衰落的统治集团不正是希望毫不费力就得到一种过着神仙般生活的方法吗？魏晋大族头等莫过于琅邪王氏，至东晋"王氏世奉五斗米道"；南方大族吴郡杜氏，"世传五斗米道，至京产及子栖"；吴兴沈氏，"沈警累世奉道"（参见陈寅恪：《天师道与滨海地域之关系》）。这种大族奉道的现象也是道教组织经过整顿所出现的一种结果。

二、为道教建立和完善其宗教教义的理论体系

汉末道教创立时虽已有其基本的教义，但无论是《太平经》，还是《老子想尔注》和《河上公注》等，都还不能说已经使道教的教义系统化。《老子河上公注》虽有若干可作为道教教义的哲学理论，但仍欠系统，且和道教教义还没有密切结合在一起。而后曹魏到西晋道教又无发展，至东晋它才得到大发展。因而为道教建立系统的宗教教义和理论体系就成为当时道教徒的迫切任务了。东晋初有葛洪著《抱朴子》，他不仅为道教构造了种种修炼以求成仙的方法，而且为它建立了一套理论。此后道教的教义和理论就在此基础上不断创造，如南朝有陆修静、顾欢、陶弘景，北朝有寇谦之等。

一种宗教总要有其最基本的信仰，即求得"超生死，得解脱"的理论和方法。佛教的解脱之道是靠戒、定、慧而达到涅槃，那么道教的解脱之道是什么呢？照道教说，它的解脱之道是靠身心的炼养而达到成仙。如果要人们信仰这种宗教，就必须回答"成仙是否可能？""如何才能成仙？"这类问题。"成仙"本来是虚幻的问题，是根本不可能做到的，但作为宗教必须回答这个问题，否则它就没有宗教作为一种意识形态的社会意义，不能起"宗教是人民的鸦片"的作用。

"成仙是否可能？"葛洪对这个问题的回答当然是肯定的。如果说人根本不能成仙，道教作为一种宗教则无意义。问题是，是否任何人都能成仙。东晋之末、刘宋之初，《涅槃经》开始流传，义熙十三年（417）六卷《泥洹经》译出，这部佛经中说明了"一切众生皆有佛性"，认为众生都有成佛达到涅槃境界的可能性。但是，对于"一阐提"（善根断尽的人），则

认为不能成佛。《泥洹经》中说："如一阐提，懈怠懒惰，尸卧终日，言当成佛。若成佛者，无有是处。"这时有和尚道生提出"一阐提人皆得成佛"，后来四十卷《涅槃经》译出，果然说一阐提悉有佛性，亦得成佛。

葛洪的《抱朴子》在"是否任何人都有可能成仙"这个问题上似乎有些矛盾，他一方面认为任何人都可以通过修炼服食而"成仙"，另一方面又认为"仙人有种"、"仙人禀异气"。这种矛盾可能是葛洪思想中实际存在的。从增加宗教的神秘性和超越性方面说，它要求"仙人有种"、"仙人禀异气"，不是人人都有可能成仙；从扩大其社会影响和争取信徒方面说，又得主张"天下悠悠，皆可长生"。但看来葛洪重视的是后一方面。

葛洪认为，所谓"仙人有种"、"仙人禀异气"也并不是说有的人生来就是"仙人"；而只是说这种人有成仙的可能性，要真正成仙也还得通过修炼服食，所以他说就是所谓"特禀异气"的人，"然其相传皆有师，奉服食，非生知耳"。甚至像道教中最高级的神仙"元君"也是积学所致的，"元君者，老子之师"，"大神仙人也"，"天下众仙皆隶焉，犹言亦本学道服丹之所致也，非自然也"，所以他说"亦有以校验，知长生之可得，仙人之无种"，"仙之可学致，如黍稷之播种得，甚炳然耳。然而未有不耕而获嘉禾，未有不勤而获长生度世"。

"如何才能成仙？"葛洪认为要从两个方面着手：一方面要靠炼得神药金丹服食，即借外物（外丹）而养生，使人身心不朽，如他说：

> 夫五谷犹能活人，人得之则生。绝之则死，又况于上品之神药，其益人岂不万倍于五谷耶？夫金丹之为物，烧之愈久，变化愈妙。黄金入火，百炼不消，埋之，毕天不朽。服此二物，炼人身体，故能令人不老不死。此盖假求于外物以自坚固，有如脂之养火而不可灭，铜青涂脚，入水不腐，此是借铜之劲以扞其肉也。金丹入身中，沾洽荣卫，非但铜青之外傅矣。

"荣卫"即"营卫",《灵枢经·荣卫生会》:"营卫者,精气也。"葛洪利用了一些当时不能正确解释的化学、物理现象,用比附的方法说明人如炼得"金丹"服食即可长生不死,这当然是非科学的。另一方面葛洪又说明"长生不死"要排除对人有害的种种内外影响,其方法是导引行气(内丹),如他说:

> 夫人所以死者,诸欲所损也,老也,百病所害也,毒恶所中也,邪气所伤也,风冷所犯也。今导引行气,还精补脑,食饮有度,兴居有节,将服药物,思神守一,柱天禁戒,带佩符印,伤生之徒,一切远之,如此则通,可以免此六害。

内欲和外因使人不能长生,如何办?要在"导引行气,还精补脑","精"即"精气",因为"人在气中,气在人中,自天地至万物,无不须气以生"。从当时的医学观点看,人的生命现象就在于"有气"、"无气","有气"则生,"无气"则死,因此把"气"养好,使"精气"永远存于身体之中,就可以长生不死。为什么"精气"(精神的承担者)可以永远存于身体之中,而使"精神"和"身体"不分离而成为超出个体限制的"仙人"呢?这就要对两个相互联系的根本性问题作出说明:一是神形关系问题;二是有限的个体和无限的宇宙的关系问题,即有限的个体如何具有超自然力而成神仙的问题。

道教(主要是早期道教)要求长生不死,而长生不死是说"肉体成仙",而不是说"灵魂不死"。"肉体成仙"必须以神形不离为条件,如果神离形去,则人死,就根本无所谓"成仙",为此道教必须解决神形关系问题。葛洪说:

> 夫有因无而生焉,形须神而立焉。有者,无之宫也;形者,神之宅也。故譬之于堤,堤坏则水不留矣。方之于烛,烛靡则火不居矣。

身劳则神散,气竭则命终。根竭枝繁,则青青去木矣。气疲欲胜,则精灵离身矣。夫逝者无反期,既朽无生理,达道之士,良所悲矣。

葛洪用"有"、"无"说明"神"、"形"关系,这显然是受魏晋玄学的影响。老子说:"有之以为利,无之以为用。""有"之所以对人们有"用",正因为有"无"才可以有此"利",所以"有"和"无"是一对矛盾,不能只有"有"而无"无"。神形关系也是一样,人的形体有了"精神"才成为有生命的人,但如何使"神"保存在形体之中,那首先就要这个形体是坚固的、永远不坏的形体,这样"神"才有一个永远留存的地方。那么应该怎么办呢?照葛洪看,这就靠"养生"。而形体由气构成,所以气存则身存,"气竭则身死","养其气,所以全其身","宝精爱气,最为急"。如何"养气",葛洪说:

夫吐故纳新者,因气以长气,而气大衰者则难长也。服食药物者,因血以益血,而血垂竭者则难益。

"吐故纳新"是为了补气,"服食草药"是为了益血,而"益血"实也是"养气",王充说:"能养精气者,血脉也。"能否长生不死关键在于"养生","养生以不伤(按:指"不伤生")为本,此要言也"。如果做到"正气不衰,形神相卫,莫能伤也",则长生可得。为什么"补养血气"就能长生成仙?这是因为"割嗜欲,所以固血气,然后真一存焉"。所谓"真一"即是精神现象的承担者"精气"。精气固守在形体中永不消散,这样神形就永远结合在一起而"永生"了。

"神仙"如果是能"长生不死",当然这也表现其超自然的神力,但是作为宗教这样的超自然力还毕竟有限,它只是限于"个体"而还不能超出"个体"。因此,就产生了"有限个体的人"和"无限宇宙"的关系问题,亦即"有限的个体"如何超出其"有限"而达于具有"无限的超自然力"

的问题。

葛洪的《抱朴子》中虽然批评了玄学这种风气，但他的思想仍不能不受到玄学的影响，所以他的这部书的第一篇叫《畅玄》。《畅玄》正是讨论宇宙本源的问题。因为只有说明了宇宙本源的问题，才可以进而讨论"宇宙"和"人"（指"仙"）的关系问题。如果"仙人"能和宇宙相通，那么神仙岂不超出了有限而达到无限了吗？葛洪说：

> 玄者，自然之始祖，而万殊之大宗也。

葛洪的"玄"又称"玄道"或称"道"，它是天地万物的总根源。"玄"（或"道"）无形无象，其高可"冠盖乎九霄"，其旷可"笼罩乎八隅"，"眇昧乎其深也，故称微焉；绵邈乎其远也，故称妙焉"。从"无"这个方面说，它比影子和回音还要更虚无，从"有"这个方面说，它比存在着的万物都实在，"论其无，则影响犹为有焉；论其有，则万物尚为无焉"。因为它无名无形，当然是最空虚的；因为它是产生天地万物的总根源，作为存在的总根源又是最实在的存在。作为天地万物存在的根据说它是"有"，"因兆类而为有"；就其没有任何规定性说它又是绝对的"无"，"托潜寂而为无"。照葛洪的看法，他也企图把"玄"（道）说成"有"、"无"的统一，作为实在的存在说它是"有"，作为天地万物的总根源说它又只能是无名无形的"无"。这就是说，葛洪的"玄"虽具有天地万物之本体的形式，却更具有产生天地万物的精神性实体的特色。因此，"玄"似乎具有无限的伟力，它"光乎日月，迅乎电驰"，"胞胎元一，范畴两仪，吐纳大始，鼓冶亿类，回旋四七，匠成草昧"。这样一来，"玄"实际上具备了造物主的地位，成了一种神秘的力量。"玄"既然是这样一种神秘的超自然的力量或存在，如果人能与"道"合一，或者说如果人能"体道"，那么有限的个体的人即可超出有限、超出个体而具有神秘的无限超自然力。有限的个体的人怎样才能与整个无限的宇宙（玄道）相通呢？葛洪认为，必须通过内外丹的修炼而达到"守真一"。所谓"一"就是"气",它是把"人"和"道"联系起来的纽带,是"人"成"仙"的桥梁,所以他说:"子欲长生,守一当明。思一至饥,一与之粮;思一至渴,一与之浆。""守一",就是守气,如得"真一之气"并能守之,"乃能神通",可"陆辟恶兽,水却蛟龙;不畏魍魉、挟毒之虫;鬼不敢近,刃不敢中"。人的形体和精神是由气构成,整个宇宙也是由气构成,气把天、地、人统一起来,在气和气之间有着感应关系。如果人能根据"道"的要求把"精气"养得很灵妙,那么和整个宇宙的感应就很灵敏,这样有限的个体的人就可以超出个体的限制,而和无限的宇宙合而为一体,具有超自然的伟力了,所以葛洪说:"余闻师云:人能知一,万事毕。知一者,无一不知也。"

　　道教的发展以后虽然分成若干派别,但葛洪这套成仙的理论,却对后来的道教大师有着深远的影响。这里可以提出一个问题,即宗教哲学和一般哲学所讨论的问题是不是表现形式应该有所不同?我想应该是这样的。如果用一般哲学史上的问题来要求宗教中的哲学问题,那就会抹杀宗教这样一种意识形态的特点。因此,研究道教的宗教哲学理论,应该抓住其足以代表道教的特点的某些问题来分析。上面把葛洪的思想作为一种宗教哲学来研究,提出了四个问题:成仙是否可能,如何才能成仙,神形关系和个体与整个宇宙的关系问题,这四个问题虽也是哲学问题,但不是一般的哲学问题,因此它是不是可以说正是道教作为一种宗教必须回答的理论问题,我想是这样的。

　　葛洪这套理论,尽管它吸取了某些玄学的观点,但如果用当时魏晋玄学那种思辨性很强的哲学标准来衡量,它无疑是很粗糙的,它所采用的证论方法不是思辨的而是经验的。可是它作为一种宗教哲学理论来说,不仅成为以后道教宗教理论的基础,而且在当时的条件下也确有其可以迷惑人的地方。在当时那种科学发展的水平下,人们就会问:"精神"到底是什么，如果真是一种"精气"，那么守住它使之不离散是否可能？宇宙的存在由什么使它成为一个统一体，如果是"气"，那么都是由"气"构成的东西能不能相通？有没有超自然的神力，如果没有，为什么宇宙万物得以形成，为什么会有"天以之高，地以之卑，云以之行，雨以之施"等等现象？所有这些问题，在当时不可能得到科学的说明，因而这样一些非科学、反科学的有神论思想就乘虚而入了。宗教就是利用人们对人自身和宇宙的无知，在社会上发生着巨大的迷惑人的作用。

三、编纂道教经典

佛经从东汉永平求法之后至西晋已大量译出，据《开元录》，这一时期二百五十年间共译经八百二十三部，一千四百二十卷。东晋渡江为南朝，一朝一百零三年共译经一百六十八部，四百六十八卷，与此同时北朝（后秦、西秦、前凉、北凉）译经二百五十一部，一千二百四十八卷，总此时期南北两地共译经四百一十九部，一千七百一十六卷，一百年间超过以前二百五十年所译经数。据梁僧祐《出三藏记集》载，佛经至梁时已达总数二千一百六十二部，四千三百二十八卷之多。佛经这样大量的译出，对道教当然是一个很大的威胁。道教是汉末才建立的，一建立就参与了政治斗争，对其宗教教义和理论的阐述并不十分注意。直至东晋初，葛洪为道教创造了一套理论体系，一些士大夫又信奉了道教，才转而更加注意其宗教教义和理论的阐述。一种宗教必定有其教义和理论，而教义和理论必定表现在它的经典之中。葛洪《抱朴子内篇·遐览》中载有道经目录，所著录道经凡六百七十卷，符箓五百余卷，总一千二百卷。而《神仙传》（传为葛洪撰）则云："老教所有度世消灾之法，凡九百三十卷，符书七十卷，总一千卷。"这两种说法不一致。而葛洪言，一千二百卷是他的老师郑隐的藏书,他自己只见到二百余卷。在葛洪时道教经典大概没有一千二百卷之多,葛洪假造了一些道经的名称。但葛洪死后,道教却真的掀起了一场大规模的造经运动。

据载葛洪的从孙葛巢甫构造了《灵宝》一系的道经。《道教义枢》卷二《三洞义》说《灵宝经》"至(葛洪)从孙葛巢甫以晋隆安(397—402)末,传道士任延庆、徐灵期之徒,相传于世,至今不绝"。在晋安帝至宋文帝之间(397—414)有王灵期者"见葛巢甫造构《灵宝》,风教大行,深所忿嫉。于是诣许丞求受上经"(《真诰·叙录》)。许丞即许黄民,于晋安帝元兴三年(404)奉《上清经》入剡(今浙江杭州市附近会稽山),王灵期到许黄民处所求之道经就是此《上清经》。据甄鸾《笑道论》中说,《上清经》类到陆修静时已有一百八十六卷之多。从这里可以看出,先是葛巢甫构造《灵宝经》,后来又有王灵期从许黄民处得到许构造的《上清经》,并把它加以扩充。与此同期《三皇经》等也构造出来。对于这样大量构造道经的活动,就连陶弘景也不得不承认它使道教经典真伪难辨了,他说:

> 自灵期已前,上经已往往舛杂。弘农杨洗隆安和四年(400)庚子岁于海陵再遇隐盟上经二十余篇,有数卷非真;其云寻经已来一十二年。此则杨君义去后,便以动作。故《灵宝经》中得取以相揉。非都是灵期造制,但所造制者自多耳。

陶弘景的《真诰》本来就是为了要证明一些道经是"真人"的话而被记录下来,但是他也不得不承认有许多道经是后人伪造的。可见东晋以后,道教为阐发教义,抵抗佛教,争取信徒,而大量构造了他们自己的经典,这也是当时道教得以发展的原因之一。陈国符先生《道藏源流考》中《三洞四辅经之渊源及传授》的最后结论说:

考《上清经》、《灵宝经》，系经之总称。各统经数种或数十种。最初不过数十卷。后人据先出道经，敷衍增修，仍题以原名，卷帙遂因而增多。又据所统经文，修撰斋仪，仍编入此经，种数亦因以孳乳。今之《洞真》、《洞玄》二经，实即《上清》、《灵宝》二经演绎而成。又《洞神经》最初仅有《三皇经》，后增入其他道经，又修斋仪，初亦不过十余卷。《四辅经》之孳乳亦类此。

由于道教徒大量造道经，到刘宋陆修静于泰始七年（471）修《三洞经目录》时，道教经典真的就有"一千二百二十八卷"了，他亲自看到的也有"一千零九十卷"，虽然还不如佛经那么多，但也相当可观了。

四、制定和完善教规教仪

佛教到晋，特别是到东晋，不仅翻译了大量的"经"，而且把佛教的"戒律"也翻译过来了。东晋以来，《十诵律》、《四分律》、《僧祇律》都有了译本，这就是说佛教的戒律大部分都被译出，而广为流传了。原来道教也有一些简单的教规教仪，但与佛教的戒律相比，就相差很远了。据载，在张角、张鲁时，有所谓为病者祈请之法，"书病人姓名，说服罪之意，作三通，其一上之天着于山，其一埋于地，其一沉之水，谓三官手书"；有所谓"置静室"，"令病者处其中思过"，"犯法三原，然后乃行刑"。看来，汉末道教已有一些规仪，但是不仅简单，而且多和政权或起义军法令并没有区别。在道教的组织经过重建和整顿之后，为巩固其教会组织就必须建立一套教规教仪。而且道教要与佛教相抗衡，成为一完备的、有影响的宗教团体，也必须建立自己的教规教仪。为道教建立起系统的教规教仪的在北朝是寇谦之，在南朝是陆修静。

从寇谦之的《云中音诵戒经》和陆修静的《道门科略》、《洞玄灵宝斋说光烛戒罚灯祝愿仪》等的内容看,这些道教领袖往往是把佛教的戒律和儒家的礼法都容纳在他们的戒律和规仪之中。但是,尽管寇谦之在教规教仪方面"专以礼度为首",陆修静以为"禁戒以关内寇,威仪以防外贼,礼诵役身口,乘动以反静",而如果他们的戒律、规仪全和世俗礼法一样,那也就不成其为宗教的戒律、规仪了,所以在他们制定的戒律、规仪中已确有一些是属于道教特有的东西。

在《洞神部·戒律类》中有《道德经想尔戒》和《道德尊经戒》二种,这两种"经戒"很可能是寇谦之的《云中音诵新科之诫》中的一部分,即或不是也是南北朝时期较早的作品。为什么叫《道德经想尔戒》可能和《老子想尔注》有关,其全文如下:

> 行无为,行柔弱,行守雌勿先动(此上最三行);
>
> 行无名,行清静,行诸善(此中最三行);
>
> 行无欲,行知止足,行推让(此下最三行)。
>
> 此九行二篇八十一章,集合为道舍,尊卑同科,备上行者神仙,六行者倍寿,三行者增年不横夭。

这里无非是把《老子道德经》中的内容抽出若干条作为戒律,这自然较多地表现了道教的特点,一是取自老子道家思想,二是均以长生久视为目的,它作为宗教戒律说仍较少受佛教影响。

《道德尊经戒》共二十七条,其中虽有儒家礼法内容,但也还看不出佛教较明显的影响,而且有几条作为道教的特有的戒律则很有代表性,如:"戒勿费精气","戒勿为伪彼指名道","戒勿忘道法"等等,这几条均列于"上最九戒"之中。

寇谦之不仅制定了教规,而且还说明了一种宗教需要戒律的原因。首先,他认为有了戒律才可以使奉道的人成为有道德的人,他假借老君的话说:

> 老君曰：人生虽有寿万年者，若不持戒律，与老树朽石何异？宁一日持戒，为道德之人，而死补天官、尸解升仙。世人死有重罪，无益魂神，魂神受罪耳。

其次，他认为"道"的性质是"无为"，人应效法"道"，故应受戒律约束而不做"有为"的贪利之事，如说：

> 诸贤者欲除害止恶，当勤奉教戒，戒不可违，道以无为为上。人过积但坐有为，贪利百端。道然无为，故能长存。天地法道无为，与道相混，真人法天无为，故致神仙。

后一原因明显地表现出道教作为一种宗教的特点，而前一原因可以说寇谦之看到了宗教戒律的道德作用。普列汉诺夫曾指出："广义的而且当然在确切得多的意义上的宗教，实际上只有当社会人为了自己的道德或一般地为了自己的行动和设施开始向神或诸神寻求恩准的时候才产生。"道教要成为一种完备的有影响的宗教，它所制定的戒律不仅对其教会组织成员有强制的作用，而且有劝善止恶的作用，所以《正一法文天师教戒科经》中说："人能修行，执守教戒，善积行者，功德自辅，身与天通，福流子孙。"

寇谦之的所谓"清整道教"的另一主要内容是为道教建立一套教仪。在《老君音诵诫经》中，载有"奉道受戒"的仪式，"求愿"的仪式，"烧香"的仪式，"消除疾病祈请"的仪式，三会仪式等等。现以"奉道受戒"的仪式为例以说明道教仪式的一般情况。据《老君音诵诫经》载：无论男女如果看到这部《诫经》使他们感到应信道，就可以请已入道者向道官（即"祭酒"、"师君"之类）说明自愿按照《诫经》受戒奉道。在举行受戒奉道仪式时，首先向《诫经》八拜，然后正立经前；接着由师君和道友捧着《诫经》诵读经文（"音诵"），可能还有音乐伴奏；最后由受道者伏地诵经，再行八拜之礼，这样就算完成了奉道仪式。举行这样一些烦琐、荒诞的仪式对于一种宗教来说，一方面是为了加强宗教的神秘性；另一方面则是要求入道教民对教会所规定者绝对服从，所以在每种教仪的规定最后总有"明慎奉行如律令"一句，要求道民非常谨慎地奉行这些仪式的规定，如同奉行政府法律和法令一样。

南朝的陆修静也同样抱着"清整道教"的目的为道教制定教规教仪。自东晋起，就有不少文人学士批评"玄风"，认为"放达非道"，因而儒家礼法思想又渐抬头，查《全晋文》中关于各种礼仪制度的讨论最多。至宋刘，文帝立四学：儒学、玄学、文学、史学，封建最高统治者对礼教的重视明显加强了。刘裕初即位，就让何承天、傅亮等共撰朝仪，后何承天又把八百卷《礼论》删减合并，以类相从，成为三百卷的《礼论》。时佛教戒律多已译出，且有道安自制"僧尼轨范，佛法宪章，条为三例"。故南朝之陆修静亦如北朝之寇谦之，非常重视道教规仪的建立。

据《茅山志》卷十谓陆修静"著斋法仪范百余卷"。现存《道藏》中陆修静的著作《道门科略》、《洞玄灵宝斋说光烛戒罚灯祝愿仪》、《洞玄灵宝五感文》等大都是讲规仪的书。陆修静尝论斋戒之意义说：

> 道以斋戒为立德之根本，寻真之门户。学道求神仙之人，祈福希庆祚之家，万不由之。(《五感文》)

> 夫受道之人，内执戒律，外持威仪，依科避禁，遵承教令，故经云：道士不受《老君百八十戒》，其身无德，则非道士。(《道门科略》。按："老君百八十戒"见于《太上老君经律》)

陆修静十分注意把斋戒和身心修炼的方术结合起来，如说：

> 人以生为宝，生之所赖唯神与气。……神去则气亡，气绝则身丧。……人何可不惜精守气，以要久延之视，和爱育物，为枝叶之

福。圣人以百姓奔竞，五欲不能自定，故立斋法，因事息事。禁戒以关内寇，威仪以防外贼。礼诵役身口，乘动以反静也；思神役心念，御有以归虚也。能静能虚，则与道合。

同时他也十分注意把斋和道德修养结合起来，如说：

> 夫结斋之士当拱默幽室，制伏性情，闭固神关，使外累不入；守持十戒，令俗想不起。建勇猛心，修十道行，坚植志意，不可移拔，注玄味真，念念皆净，如此谓之修斋。

从他所列"十戒"，可以看出也是把斋戒和个人修炼（养生）、道德修养结合起来，使道教的"养生成仙"的说教更加进一步伦理道德化。这一斋戒特点表现了道教既不能抛弃它本身原有的身心炼养，否则就会失去道教所追求的"养生成仙"的目标；又不能不在斋戒中增加道德修养的内容，否则就不可能起"劝善戒恶"的作用。早期道教的戒律、斋仪到陆修静时可以说基本完成了。

五、编造神仙谱系和传授历史

道教初创时已经承继神仙家的故技，说自己是神仙所传授，且多托言老君，如《太平经》即说为老君授帛和，帛和授于吉，而后传于世。所谓老君传授当然是虚构的。而就《太平经》本身看，内则有所谓"真人"、"神人"、"大神"等等神仙之类，这当然都是属于神仙世界的成员。但直至葛洪的《抱朴子》，道教神仙世界的系统也还未形成较为固定的形式，或者说还没有炮制出论证其神仙世界的说教（谎言）。至于其宗教传授的历史更不固定，除三张（张道陵、张衡、张鲁）的传授比较清楚外，张鲁之子张盛于江西龙虎山创立龙虎宗的传说亦并不可靠。为了使道教真正成为一完备意义上的、有影响的宗教而和佛教相对抗，编造神仙世界和传授历史也是自东晋以后道教必须完成的任务之一。

约和陆修静同时有顾欢者，在他和佛教徒辩论时作《答袁粲驳夷夏论》中已吸取了佛教若干思想，论证其神仙世界的存在，他说：

> 神仙有死，权便之说，神仙是大化之总称，非穷妙之至名。至名无名，其有名者二十七品，仙变成真，真变成神，或谓之圣，各有九品，品极则入空寂，无为无名。若服食茹芝，延寿万亿，寿尽则死，药极则枯，此修考之士，非神仙之流也。

顾欢已经把"神仙"的"极品"看成超自然的存在，故"无为无名"、"入于空寂"，而下有二十七品分为仙、真、神，而仙、真、神各为九品。到陶弘景更把这"神仙世界"的等级系统化了，他作《真灵位业图》就是专门讲神仙世界的谱系的。

道教要为自己的宗教建立一神仙谱系，这点受到佛教的影响则是无疑的。但是，并非佛教的所有的东西它都接受，例如在南北朝时道教对佛教僧人的"不敬王者"、"不拜父母"就没有接受。顾欢著《夷夏论》分别华夷，批评佛教说"下弃妻子，上废宗祀"，"悖礼犯顺"，去"孝敬之典"。齐道士著《三破论》也批评佛教"遗弃二亲，孝道顿绝"。在这一点上道教反映了我们这个民族的传统，而佛教以后反而不得不接受这点。因此，道教接受佛教影响而建立其神仙谱系，也还有其他原因。东晋南北朝的社会是门阀世族当权的社会，在这个社会中等级观念极强，"上品无寒门，下品无势族"。汉末原始道教在他们的神仙世界中等级并不森严，甚至还无固定的神仙谱系，但到陆修静、陶弘景时则十分重视各种神仙地位的排列。陶弘景在《真灵位业图》中明白地说出排列神仙等级的必要性，他说：

> 夫仰镜玄精，睹景耀之巨细；俯眄平区，见岩海之崇深；搜访人纲，究朝班之品序；研综天经，测真灵之阶业。但名爵隐显，学号进退，四宫之内，疑似相参。今正当比类经正，雠校仪服，垺其高卑，区其宫域。

照陶弘景看，正因为人间有纲纪（三纲六纪），所以要排列"朝班之品序"；那么在神仙世界也应有纲纪，所以也要排列"真灵之阶业"，这种排列的目的是要把"高"和"卑"不同的等级区别开来。陶弘景就是按照这个思想在构造他的神仙世界，在他的《真灵位业图》中把"真灵"分为七级，最高一级居中者为"元始天尊"，其左为"高上道君"，右为"元皇道君"，如此等而下之。陶弘景构造的等级森严的神仙谱系不过是人间等级制度的反映，把"神仙"分为三六九等正是魏晋南北朝门阀世族等级制度所要求，所以陶弘景在《真诰》中也说：

> 天地间事理乃不可限，以胸臆而寻之，此幽显中都是有三部，皆相关类也。上则仙，中则人，下则鬼。人善者得为仙，仙之谪者更为人；人恶者更为鬼，鬼福者复为人。鬼法人，人法仙，循环往来，触类相同，正是隐显小小之隔也。

这就是说：第一，神仙世界、人的社会和鬼的世界是相类似的，从这点看"三部"要有等级就都应有等级。第二，这三个世界又是相通的，而且其由现实人的世界（显）到超自然神仙世界或鬼的世界（隐）之间的距离也不是不可逾越的，只是"小小之隔"。为什么陶弘景认为隐显之间只是"小小之隔"呢？这很可能是受到当时流行的佛教"神不灭"和"轮回"思想的影响，如他在一首诗中说："形非神常宅，神非形常载，徘徊生死轮，但苦心犹豫。"佛教说通过修善积功达到灵魂不死，这点是无法验证的；而道教以为通过内外丹的修炼可以成仙，花了很大力气，却经不起验证，所以从宗教意义上说"灵魂不死"比"肉体成仙"大大缩短了隐显之间的距离。而且我们还可以看到，陶弘景这一思想或者也受到当时已经流行的佛教顿悟说的影响。所谓"顿悟成佛"就是只要有了达到成佛的觉悟，即可不必经过若干修炼的阶段，而"径登十地"，所以陶弘景也说："得道悉在方寸之里耳，不必须形劳神损也。"

陶弘景不仅构造了道教的神仙谱系，而且还通过《真诰》炮制了道教的传授历史。南北朝，佛教传法系统的著作业已出现，如北魏的《付法藏因缘传》，萧梁时僧祐的《萨婆多部相承记》等，道教作为一种宗教也必然要编造自己传法的系统。东晋以后，道教实已分为若干派别，有从"五斗米道"发展来的"天师道"或称"正一道"；有所谓灵宝派，据说是由葛玄（葛洪之从祖）传郑隐，再传到葛洪，而后为洪兄子海安君，再传至葛巢甫，"以隆安之末传道士任延庆、徐灵期者，世业录传，支流分散，孳孕非一"。而陶弘景的茅山宗则是当时影响较大、且具有典型意义的道教宗派。《真诰》这部书当非专门谈宗派传授的，但实勾画了此派在陶弘景前的传授历史。陶弘景对由杨羲、许谧（许长史）、许翙（许掾）记的真灵降授的话考订真伪，而杨羲自称其所记为南岳魏夫人存华下降亲授与他的。因此，据《真诰·叙录》可得出，《上清经》的传授顺序大体是：魏夫人、杨羲、许谧、许翙、许黄民、王灵期（另一说为马朗、马罕）、陆修静、孙游岳、陶弘景。这个传授系统当然是陶弘景和茅山宗一派的道士编造的，不过其中也有真实的部分，陆修静确实是孙游岳之师，而陶弘景也确实师事孙游岳。后来人把陶弘景推为茅山宗第九代宗师，但实际上陶才是茅山宗的真正开创者。

早期道教到陶弘景时可以说已经发展成为一影响很大、具备了一种宗教各种方面要求的宗教团体。这时道教已有了较完备的宗教教义和宗教哲学理论，有了相对独立的教会组织，制定了有一定特色的教规教仪，并构造了一批宗教典籍，炮制了神仙谱系和传授历史。陶弘景是早期道教的集大成者，也是早期道教的终结者。他的《答朝士访仙佛两法体相书》、《养生延命录》和《登真隐诀》等可以说是继葛洪《抱朴子》之后的关于阐发道教教义和宗教哲学理论的著作，《真诰》是有关考订道教经典真伪和构造传授历史的书。《真灵位业图》则为道教建立了系统的神仙谱系。但是，陶弘景也把"神不灭"、"轮回"、"缘业"、"来世"等等佛教的思想引入了道教，于是早期道教可以就此终结了，梁陈以后道教就进入了另一个发展时期。

  道教的发展确有一个逐步完备的过程，这个过程从东晋起到梁陈时止，其过程是否可以说大体如下：东晋以来，先是在对已经涣散和不固定的道教组织进行整顿的同时，为弥补其缺乏系统的宗教教义和理论体系之不足，创造了道教教义的理论体系；接着为巩固道教教会组织制定了教规教仪，为阐发其宗教教义构造了大批的经典；最后为把道教建成完备的宗教团体而编造了超现实的神仙谱系和现实的传授历史。道教的这样一个发展过程或者可以说是一种完备意义上的宗教发展的一般情况吧！我们研究宗教史的目的之一就是要把它作为一种社会意识形态揭示其发生发展的规律，以便我们用马克思主义的态度来对待它，而不应只是简单地把它看成"欺骗者的虚构"就了事。

第七章 为道教建立理论体系的思想家葛洪

一、生平与著作

葛洪字稚川，自号抱朴子，丹阳句容都乡吉阳里（位于今江苏省江宁县东南）人，是东晋时期著名的道教学者、医药学家、炼丹家。生于晋武帝太康四年（283），依《太平寰宇记》引袁宏《罗浮志》谓洪卒"时六十一"。而《晋书·葛洪传》、《太平御览》卷六百六十四引《晋中兴书》、《艺文类聚》卷七八引《中兴书》，均谓洪卒年为八十一。然上述材料除《艺文类聚》外均谓洪于建元元年（343）致书邓狱，说他将远行，至狱往别而葛洪已亡。按依清万斯同《东晋方镇年表》及吴廷燮《东晋方镇年表》，邓狱卒于康帝建元二年（344），据此说葛洪卒于康帝建元元年，年六十一岁比较可信。

葛洪的从祖葛玄好神仙、修炼之术，号"葛仙公"或"太极葛仙翁"，可见葛洪成为道教理论家是有其家庭影响的。葛洪的父亲名悌，仕于东吴和西晋，洪十三岁时丧父，家庭中衰。十五六岁时博览经、史和百家书。后又从葛玄的弟子郑隐学神仙导养之术。

西晋惠帝太安二年（303）张昌、石冰起义于扬州。吴兴太守顾秘为义军都督，檄葛洪为将兵都尉，因破石冰有功迁升为伏波将军。张昌、石冰起义事平，葛洪遂"投戈释甲"。后至洛阳，广泛地寻求异书，以扩大他自己的学问。晋惠帝光熙元年（306），镇南将军刘弘任命嵇含为广州刺史，嵇含推荐葛洪作为他的参军。洪先行至广州，而嵇含遇害，于是无意出任官职，遂留居广州，后隐于罗浮山。这时鲍靓为南海太守，靓学兼内外，明天文、河图洛书。葛洪遂拜鲍靓为师，从受《石室三皇文》，又娶鲍靓女鲍姑为妻。愍帝建兴二年（314），洪返回故里，以后虽多次被召任官职，皆不就。据《抱朴子外篇·自叙》中说，在晋元帝建武元年（317）撰写成《抱朴子》内外篇。成帝咸和元年（326）因乡里有饥荒，感于生活困迫，乃受司徒王导之召，补州主簿，转司徒掾，又迁咨议参军。成帝咸和七年（332），葛洪听说交趾产丹砂，遂求为句漏令（按：句漏山在广西北流县东北），以便得丹砂炼金丹而长生。初成帝不许，再次请求，乃许，于是率子侄南下。至广州，为刺史邓狱所留，遂止于罗浮山，从事炼丹修道，自此著述不辍。建元元年卒于罗浮山。

署名葛洪的著作很多，但有些是不是他的著作，已很难考订。据王明先生《抱朴子内篇校释》附录二《葛洪撰述书目表》列书目六十三种，谓今存或有辑本者共十七种。现据王明《葛洪撰述书目表》参以他书，把现存的列于下：

（1）《抱朴子》七十篇，《内篇》二十，《外篇》五十，每篇为一卷。据该书之《自叙》谓书成于东晋之初，文中说："……至建武（317）中，乃定著《内篇》二十卷，《外篇》五十卷……其内言神仙方药，鬼怪变化，养生延年，禳邪却祸之事，属道家。其外篇言人间得失，世事臧否，属儒家。"现存《抱朴子》以明嘉靖四十四年（1565）重刊正统十年（1445）《道藏》本系统之承训书院鲁藩本为最早，见收于《四部丛刊》，《正统道藏·太清部》"疲"字至"志"字亦收。有《诸子集成》本可用。王明《抱朴子内篇校释》校释甚精，并对了解葛洪思想有很大帮助。又严可均《全晋文》收《抱朴子内篇》佚文一卷，《外篇》佚文一卷。

（2）《神仙传》十卷，有《汉魏丛书》本可用。

（3）《肘后要急》八卷，收于《正统道藏·正一部》陛字帙，题为《葛仙翁肘后备急方》。

（4）《潮说》，略见于《外篇》佚文。

（5）《抱朴子军术》，《补晋志》著录云：此《外篇》佚文也。严可均《全晋文》辑得四十二条。

（6）《金石万灵诀》一卷，收入《正统道藏·洞神部·众术类》松字帙内，题为《金木万灵论》，内容与《抱朴子神仙金汋经》略同，或取自《抱朴子内篇》之《金丹》的前段而成。

（7）《太清玉碑子》一卷，收入《正统道藏·洞神部·众术类》如字帙内，此为葛洪与郑隐的回答。

（8）《大丹问答》一卷，收入《正统道藏·洞神部·众术类》松字帙内，内容与《太清玉碑子》接近，而歌诀部分不同。

（9）《还丹肘后诀》三卷，收入《正统道藏·洞神部·众术类》斯字帙内。本书前言有"肘后诀者，稚川葛真人所撰，十卷，其九则论天下方书、草药救治之门，其一则辨金石大丹黄芽之真"。然而书中常引"陶真人云"，"陶真人"当为"陶弘景"，故此书当非葛洪所撰，或系由陶弘景删增《肘后要急方》所成。

（10）《抱朴子养生论》一卷，收入《正统道藏·洞神部·方法类》临字帙内，按本文前半与《内篇》之《地真》后段同，后半则与《内篇》之

《极言》略同。

（11）《稚川真人校正术》一卷，收入《正统道藏·洞神部·众术类》似字帙内，然而没有说明撰者。

（12）《神仙金汋经》三卷，收入《正统道藏·洞神部·众术类》斯字帙内。严可均《铁桥漫稿》卷六谓"其中下二卷即《金丹》篇也"。

（13）《要用字苑》一卷，颜之推《颜氏家训》引用此书，作"《字苑》"，谓"葛洪所撰"。《梁书》卷五十《刘杳传》亦言及葛洪《字苑》。马国翰《玉函山房辑佚书》的《小学类》载此书三十四条。

（14）《西京杂记》六卷，《隋书·经籍志》之《史部·旧事类》著录"《西京杂记》二卷"，未著撰人。《旧唐书·经籍志》谓"葛洪撰"。《四库全书简明目录》子部十二云："旧本或题汉刘歆撰，或题晋葛洪撰，实则梁吴均撰。"然余嘉锡《四库提要辨证》子部七引宋晁伯宇《续谈助》卷一《洞冥记》后引张柬之言"昔葛洪造《汉武内传》、《西京杂记》"云云，以证《西京杂记》为葛洪撰。

（15）《汉武内传》一卷，收入《正统道藏·洞真部·记传类》，有《汉魏丛书》本可用。《隋书·经籍志》之《史部·杂传类》有"《汉武内传》三卷"，不著撰人。清文廷式《补晋志》卷四《子部·神仙家类》谓："葛洪《汉武内传》三卷，《日本见在书目》题'葛洪'，今从之。"

（16）《抱朴子别旨》一篇，附于《正统道藏·太清部》中《抱朴子内篇》之后。文中言及"导引行气"之法，与《抱朴子内篇》卷八《释滞》相类。

（17）《元始上经众仙记》一卷，收入《正统道藏·洞真部·谱箓类》腾字帙内。此书第二行题有"葛洪《枕中记》"五字，此文又载《说郛》中。书中言及"许穆在华阳洞立宅为真人，许玉斧在童初之北，位为真人，未有掌领"。然许穆（305—376）及其子玉斧（名玦，？—368）两人均后于葛洪，疑此书非葛洪所作（详考见余嘉锡：《四库提要辨证》卷十九）。

此外，王明先生《葛洪撰述书目表》尚著录已佚之书目四十六种，可参考，不一一详列。然尚有若干种著录于"旧目"者而未为王明先生著录，兹补于下：

（1）《吴志钞》一卷，文廷式《补晋书·艺文志》卷二《史部·杂史类》："《吴志钞》一卷，见高似孙《史略》。"已佚。

（2）《神仙传略》一卷，丁国钧《补晋书·艺文志》附录卷一《存疑类·史部》："《神仙传略》一卷，葛洪撰。谨按，《崇文总目》载此书，疑后人删取葛氏《神仙传》为之。"书已不存。

（3）《炉鼎要妙图经》一卷，吴士鉴《补晋书·经籍志》卷三丙部《子录·道家类》谓："葛洪《炉鼎要妙图经》一卷，见《通志略》。"然查郑樵《通志·艺文略》未著撰人，不知吴士鉴何据谓为"葛洪"撰。

此外尚有《老子道德经节解》、《葛仙翁叙》、《葛仙翁歌诀》、《葛仙翁杏仁煎方》、《孤刚子万金诀》等，"旧目"或有题为"葛洪撰"者均误。

二、为道教建立理论体系

一种宗教（在阶级社会中的宗教）要想成为有影响的完整意义上的宗教，必定有一套论证其宗教信仰的理论体系，这一理论体系也必然有其哲学基础。而道教是中华民族本民族的宗教，因而它必定会打上民族文化与民族心理的烙印。葛洪生活于两晋时期，他不仅受到传统的儒家和道家思想的影响，而且也受到了当时流行的玄学思潮的影响。

在葛洪以前，道教已经有了一些自己的经典和著作，如《太平经》、《老子河上公注》、《老子想尔注》以及《三皇经》等，这些著作不仅作者是谁搞不清，成书时间也有一些问题，更主要的是这些道教经典和著作还没有为道教建立一较系统的理论体系。葛洪的《抱朴子内篇》之所以在道教史上占有重要地位，就在于它为道教建立了一套反映当时时代特点以及我们这个民族的传统民族文化与民族心理特征的理论体系。

一种宗教总有其最基本的信条，即一种求得"超生死，得解脱"的理论和方法。佛教的"超生死，得解脱"是要求达到"涅槃"的境界，它采用的方法是"戒、慧、定"之类。那么道教的解脱之道又是什么呢？对早期道教说，它要求的最高的解脱境界可以说是"长生不死"、"肉体成仙"。葛洪在《抱朴子外篇·自叙》中说："凡著《内篇》二十卷……言神仙方药鬼怪变化养生延年禳邪却祸之事，属道家。"在《勤求》篇中说：

> 天地之大德曰生，生，好物者也。是以道家之所至秘而重者，莫过乎长生之方也。

这里所谓"道家"实已是"道教"。盖道教虽托言老子，以《老子》为其重要经典，但其思想已与老子大不相同，其目的不在论证宇宙人生的哲学问题，而在于为追求"长生不死"的宗教信条找寻一理论上的根据。所以在《释滞》篇中葛洪对先秦道家多有批评，他说：

> 又五千文虽出老子，然皆泛论较略耳。其中了不肯首尾全举其事，有可承按者也。但暗诵此经，而不得要道，直为徒劳耳，又况不及者乎？至于文子、庄子、关令尹喜之徒，其属文笔，虽祖述黄老，宪章玄虚，但演其大旨，永无至言。或复齐死生，谓无异以存活为徭役，以殂殁为休息，其去神仙，已千亿里矣，岂足耽玩哉？

从这段话来看，葛洪所注重的不是老庄所述的哲学问题，而是"神仙"的问题。如果要人们信仰这种以"成仙"为目的的宗教，就必须回答"成仙为什么可能"、"如何才能成仙"以及与此有关的一些问题。"肉体成仙"本来是一虚妄的幻想，是不可能达到的，但道教作为一种宗教又必须对这一问题给予理论上的论证，否则这种宗教就不能有普遍的社会意义，也就不可能在人们的社会生活中起宗教可能起的作用。一种宗教要想让人们普遍接受，就必须讲出一番在那个历史条件下让人们能接受的道理，以便使人们去真心诚意地信仰它。

"成仙是否可能？"葛洪对这个问题的回答当然是肯定的。如果不想方设法论证"成仙"是可能的，那么葛洪就不可能作为道教的理论家而为道教的信徒们所推崇。

我们知道，"成仙是否可能"这个问题本来同魏晋玄学关于"圣人是否可学可致"有关系，当时不少玄学家都讨论到圣人的学致问题。王弼说："圣人茂于人者，神明也。"郭象也说："学圣人者，学圣人之迹。"这是说一般人和圣人之间有着某种严格的界限，所以圣人是不可学、不可致的。就像嵇康这样相信有神仙的思想家，由于他不是宗教家也认为仙人和一般人有严格界限，"似特受异气，禀之自然，非积学所能致"。但作为宗教则不能认为"神仙"不可学不可致。然而这一"圣人不可学不可致"的玄学思潮不能不曲折地反映在宗教中。例如对当时的佛教也有若干影响。在东晋之末"涅槃学"开始在中国流传。东晋义熙十三年（417）六卷《泥洹经》译出，这部经典说明了"一切众生皆有佛性"，认为众生都有成佛达到涅槃境界的可能性。但是，对于"一阐提人"（善根断尽的人）则认为不能成佛，在《泥洹经》中说：一阐提"病即请佛世尊不能治，何以故？各世死尸，医不能治"，"阐提如烧焦之种，已钻之核，即使有无上甘雨，犹亦不生"。刘宋之初，有和尚道生提出了"一阐提人皆得成佛"的看法，而为其他和尚所不取，并据六卷《泥洹经》斥之为邪说，把道生"摈而遣之"。但道生坚信他的主张，于临走时发誓说：

> 若我所说，反于经义者，请于现身即表厉疾。若与实相不相违背者，愿舍寿之时，据狮子座。

后来四十卷《涅槃经》译出，由北凉传到南方，果然说一阐提悉有佛性亦可成佛。于是道生名声大振，人们称他为"四依菩萨"。至于如何成佛，道生提出了"顿悟成佛"的理论以论证"佛"可以学可以致。谢灵运作《辨宗论》又对道生"顿悟义"加以发挥，提出"圣人不可学而可致"的新观点。这个观点显然是企图调和哲学与宗教，也是调和印度传统与中国传统。道教在魏晋南北朝时也不可能不遇到这一为时代所注意的"圣人是否可学可致"的问题。

早期道教从原则上说似乎都主张"神仙由积学所致"，如汉末阴长生在其《自叙》中曾说：

> 不死之要道在神丹。行气导引，俯仰屈伸，服食草木，可以延年，不能度世，以至乎仙。子欲闻道，此是要言，积道所致。（按：葛洪《抱朴子内篇·金丹》中谓《黄帝九鼎神丹经》中说："虽呼吸导引，及服草木之药，可得延年，不免于死也；服神丹令人寿无穷已，与天地相毕，乘云驾龙，上下太清。"与阴长生语大同）

《太平经》中也说：

> 夫学者各为其身，不为他人也。故当各自爱而自亲，学道积久，成神真也，与众绝殊，是其言也。

《老子想尔注》中说：

> 奉道诫，积善成功，积精成神，神成仙寿，以此为身宝矣。

原来道教的这种思想和当时流行的玄学思潮显然存在着矛盾。而葛洪所遇到的问题，也正是稍后于他的佛教徒道生所遇到的同类性质的问题。我们可以看到，在葛洪的《抱朴子》中他一方面认为"仙人禀异气"（按：此与嵇康说法相同）、"仙人有种"（按：此或与道教的"种民"思想有关，详后），这点似受到当时流行的玄学影响；但他另一方面又承认任何人都可以通过修炼，服食金丹而成仙。这种矛盾很可能是某些宗教本身所不可避免的，特别是像道教这样一种更多注重"经验"的宗教则更难以避免。但葛洪毕竟是一道教理论家，他从道教作为一种宗教的立场出发，企图给这个问题以新的解释。

首先，葛洪提出所谓"仙人禀异气"、"仙人有种"并非说有的人生来就是"仙人"，而这种人只是有成仙的可能性。这种有成仙的可能性的人仍然要经过修炼、服食金丹等才能成仙，所以当有人问说：

> 人中之有老彭，犹木中之有松柏，禀之自然，何可学乎？

葛洪回答说：

> 夫陶冶造化，莫灵于人。故达其浅者，则能役用万物，得其深者，则能长生久视。……至于彭老犹是人耳，非异类而寿独长者，由于得道，非自然也。……人有明哲，能修彭老之道，则可与之同功矣。若谓世无仙人乎，然前哲所记，近将千人，皆有姓字，及有施为本末，非虚言也。若谓彼皆特禀异气，然其相传皆有师，奉服食，非生知也。（《对俗》）

这就是说，不仅禀异气的人要想成仙，必须得到"师传"，服食丹药才能达到，而且由于人是万物之灵，有"明哲"之心，与彭老同为人类，虽然有的人起初质不如彭老，但靠着修习彭老之道，也可以达到和彭老一样的长生久视的境界。照葛洪看，甚至像老子的老师元君，"天下众仙皆隶焉，犹自言亦本学道服丹之所致也，非自然也"（《金丹》）。所以他说：

> 至于仙者，唯须笃志至信，勤而不息，能恬能静，便可得之，不待多才也。（《辨问》）

由此可见，葛洪实际上否认了"仙人禀异气"对"成仙"的特殊意义。

其次，葛洪实际上承认了人人都有通过修炼服食金丹而"成仙"的可能性。他引《玉牒记》："天下悠悠，皆可长生也，患在犹豫，故不成耳。"在《黄白》篇中也说："我命在我不在天，还丹成金千万年。"照葛洪看，任何人都有可能成仙，问题在于他是否能坚持修炼。所以当有人问他"古之仙人者，皆由学以得之，将特禀异气邪"的时候，他回答说：

> 是何言欤？彼莫不负笈随师，积其功勤，蒙霜冒险，栉风沐雨，而躬亲洒扫，契阔劳艺，始见之以信行，终被试以危困，性笃行贞，心无怨贰，乃得升堂以入于室。(《极言》)

甚至像传说中的黄帝，虽是"禀异气者"，"生而能言；役使百灵，可谓天授自然之体者"，但是也"不能端坐而得道"(《极言》)。所以葛洪说：

> 仙之可学致，如黍稷之可播种得，甚炳然耳。然未有不耕而获嘉禾，未有不勤而获长生度世也。(《勤求》)

第三，通过行气导引可以变化人的气质。

在《抱朴子》中，葛洪一方面讲"仙人禀异气"，另一方面又认为人人都有成仙的可能，这似乎是矛盾的。对这个问题，葛洪提出了通过行气导引可以变化人的气质的思想。他认为只要坚持"行气导引，再加上服食金丹，虽非禀异气者，同样可以成仙"。葛洪在《极言》篇中说：

> 受气各有多少，多者其尽迟，少者其竭速。其知道者补而救之，必先复故，然后方求量表之益。……故治身养性，务谨其细，不可以小益为不平而不修，不可以小损为无伤而不防。凡聚小所以就大，积一所以至亿也。若能爱之于微，成之于著，则几乎知道矣。

本来人禀气不同，有多有少，但是禀气少的，也可以有补救的方法，首先保存住自身原有的气，然后据此使之不断增加，这样一点一点地使气有所增加，慢慢就会使自己的气禀有明显的变化，这就几乎是懂得了养生之道。因为照葛洪看，人的形体与精神都是由"气"所成，他说"身劳则神散，气竭则命终"，故"苟能令正气不衰，形神相卫，莫能伤也"。如果人能"宝精行气，服一大药"便足以成神仙。因而在葛洪的思想里对所谓"禀异气"并不大重视，而特别强调成仙在于"积功累勤"，行气导引，服食金丹。于是葛洪在《抱朴子》中还否定了"仙人有种"之说，他在《至理》篇中解除人们的迷惑，强调成仙在于修炼，特别举出某些"实例"以说明："有以效验，知长生之可得，仙人之无神耳。"

由以上三点看，葛洪《抱朴子》中虽也有"仙人禀异气"、"仙人有种"这类的话，但这很可能是受当时魏晋玄学的"圣人天成"不可学致的影响，而并不是他的道教理论所必需的，相反神仙由"积学所致"才是出于道教的宗教理论的需要。

那么"神仙可学可致"为什么可能？对这个问题，葛洪从两个方面作了论证。他认为，靠服食金丹药物可以使人身心不朽而成仙；通过行气导引可以排除内外对自己身心的干扰而得长生。前者即发展为所谓"外丹"学说；后者的"行气"之类，又发展为所谓的"气"的内循环，而有"内丹"学说。就前者说，葛洪论证说：

> 夫五谷犹能活人，人得之则生，绝之则死，又况于上品之神药，其益人岂不万倍于五谷耶？夫金丹之为物，烧之愈久，变化愈妙。黄金入火，百炼不消，埋之，毕天不朽。服此二物，炼人身体，故能令人不老不死。此盖假求于外物以自坚固，有如脂之养火而不可灭，铜青涂脚，入水不腐，此是借铜之劲以扞其肉也。金丹入身中，沾洽荣卫，非但铜青之外傅矣。（《金丹》）

"荣卫"即"营卫"，《灵枢经·荣卫生会》谓："营卫者，精气也。"服食

"金丹"，使之在人身体内部把"精气"保留住而永远不让它散失掉，这样人的精神和肉体就可以永远结合在一起而长生不死了。葛洪这一论证是利用了当时一些不能得到正确科学解释的化学、物理现象，用比附的办法来说明人服食了金丹就可以长生不死。这种比附的论证方法完全是一种非科学的"经验"的方法，就像董仲舒论证"天人感应"所采用的"物类相感"的方法一样，今天看来是十分荒唐可笑的。但在当时，从黄金埋之"毕天不朽"，以论证人服食金丹（用水银等炼成的丹药）而使身体与精神也"毕天不朽"，这种非科学的经验论证方法，也会起一定作用，使一些人深信不疑。

葛洪在说明人得以长生不死的问题上认为，排除对人自身内外有害的影响，也很重要。照他看，人之所以不能"长生不死"，常常是受自身的和外界的影响所致，他说：

> 夫人所以死者，诸欲所损也，老也，百病所害也，毒恶所中也，邪气所伤也，风冷所犯也。今导引行气，还精补脑，食饮有度，兴居有节，将服药物，思神守一，柱天禁戒，带佩符印，伤生之徒，一切远之，如此则通，可以免此六害。（《至理》）

内欲和外因使人不得长生，如何应付？葛洪认为，要在导引行气。因为"人在气中，气在人中，自天地以至万物，无不须气以生"（《至理》）。从当时医学的观点看，人的生命现象就是"有气"还是"无气"，"有气"则生，"无气"则死，因此如能把"气"保养好，使之永远存在于"自身"之中，再加以服食金丹，就可以成为长生不死的神仙，所以在《释滞》篇中说：

> 欲求神仙，唯当得其至要，至要者在于宝精行气，服一大药便足，亦不用多也。

《地真》篇中也说：

> 养其气所以全身。

这种"宝精行气"是指"气"在身体内部的循环。汉末有魏伯阳作《参同契》，他认为万物的生长变化都是由于阴阳二气交媾，相须不离，使精气得以舒发的结果。人要想得到长生不死，就要据此阴阳变化的原则，来从事修炼，这叫做"炼丹"。在《参同契》中的所谓"丹"，分为"内丹"和"外丹"。所谓"内丹"就是炼养体内的"精气"、"以神远精气，结而成丹"（朱熹：《周易参同契考异》），就可以养性延命，以至长生不死。所谓"外丹"即指用外之丹药炼之成"金丹"，服之则可长生不死，肉体飞升。《参同契》虽然"内丹"、"外丹"都讲，但重点似乎在"内丹"，而对"外丹"讲得比较少，意思也不够清楚，不像葛洪那样，更重视"外丹"，对炼"外丹"讲得很具体。如他引《黄帝九鼎神丹经》说：

> 虽呼吸导引，及服草木之药，可得延年，不免于死也；服神丹令人寿无穷已，与天地相毕，乘云驾龙，上下太清。

又引《仙经》说：

> 朱砂为金，服之升仙者，上士也；茹芝导引咽气长生者，中士也；餐食草木，千岁以还者，下士也。

"呼吸导引"、"咽气"等虽不即是后来的"内丹"，但在"养气"这点上则和所谓的"气"在身体内部流通的基础是有共同之处的。葛洪虽然认为"呼吸导引"、"咽气"等对人们长寿延命有益，但是并不能因此长生不死，成为神仙。由于葛洪注意"外丹"的作用，所以他对于"冶炼金银"、"制作丹药"十分重视，因此在《抱朴子内篇》中有不少关于炼丹药的记载，他作了很多试验，这在中国科技史上对推动化学、药物学都有一定意义。

至于他利用所谓"外丹"以求长生不死,当然是虚妄之谈,就没有什么意义了。

葛洪认为,服食金丹,加上行气导引,就能"令正气不衰,形神相卫",成为神仙;而神仙又是能"与天地相毕,乘云驾龙,上下太清"的。葛洪的这个思想就包含着两个中国哲学中根本性的理论问题,一个问题是神形关系问题,即精神和肉体为什么可以结合在一起而永远不分开,"形神相卫,莫能伤也";另一问题是,有限的个体和无限的宇宙的关系问题,即有限的个体如何可能具有超自然的力量的问题,"与天地相毕,乘云驾龙,上下太清",只有这样的人才可以超出个体的限制而成为具有无限伟力的神。

道教要求长生不死,而它所谓的"长生不死"不是指的"灵魂不死",而是指的"肉体成仙"或"肉体飞升"。"肉体成仙"必须以"神"、"形"不离为条件,如"神"离"形"而去,则人死,就根本不能成仙。为此道教就要为"神形不离"创造一套理论根据。葛洪对这个问题作了如下的论证,他说:

> 夫有因无而生焉,形须神而立焉。有者,无之宫也;形者,神之宅也。故譬之于堤,堤坏则水不流矣。方之于烛,烛糜则火不居矣。身劳则神散,气竭则命终。根竭枝繁,则青青去木矣。气疲欲胜,则精灵离身矣。夫逝者无反期,既朽无生理,达道之士,良所悲矣。

这里,葛洪用"有"和"无"的关系来说明"形"和"神"的关系,显然是受魏晋玄学所讨论的"本末有无"问题的影响所致。老子说:"有之以为利,无之以为用。""有"之所以对人们有"利",正因为有"无",它才有这样的作用。所以"有"和"无"是一对相对的矛盾,不能只有"有"而无"无"。"形"和"神"的关系也是一样。人的肉体有了精神才成为有生命的人,但是如何使"神"永远保存在形体之中,首先这个"形"必须是坚固的，永远不坏的"形"，这样"神"才有一个永久留存的地方。那么应该怎样才能做到这一点呢？照葛洪看，首先应该通过养生，即保养好自己的身体。而身体和精神都是由"气"构成的，"气"存则身存，"气"竭则身亡，"养生"之根本在于"养气"，"养其气，所以全身"。人的寿命的长短和他禀受、保存的"气"的多少有关，受气"多者其尽迟"，"少者其竭速"，因此"宝精爱气，最为急"。如何"养气"，葛洪说：

> 夫吐故纳新者，因气以长气，而气大衰者则难长也。服食药物者，因血以益血，而血垂竭者则难益也。

王充说"人之所以生者，精气也，死而精气灭。能为精气者，血脉也，人死血脉竭，竭而精气灭，灭而形体朽"云云，这就是说"血脉"是"精气"的承担者，所以在中医中常有"血气"之说，因此"血"从本质上说也是一种"气"。葛洪的上述理论当和中国的医学有关。看来，葛洪的上述理论全得自"经验"。从经验上看，的确存在着用"气"来养"气"，而"气大衰者则难长"的现象，但无论从经验上还是从理论上都不可能得出"养气"可以"长生不死"的结果来。真理向前多走一步则成为谬误了。葛洪说，"吐故纳新"是为了补"气"，"服食草药"是为了养"血"，而"养血"也是为了"养气"。能否"长生不死"关键在于"养生"，而"养生"就要使身体不受伤害，"养生以不伤为本"。如果能做到"正气不衰，形神相卫"，则可长生不死。为什么补养血气就可以长生？照葛洪看，那是因为"割嗜欲，以固血气，然后真一存焉"。只有去掉伤害身心的嗜好欲望，使血气固养，"真一"永存，方可成为长生不死的神仙。这里有了一个新的问题，即"养生"要使血气不衰，神形相卫，其结果是"存真一"，可见能否"长生不死"成神仙要在"存真一"了。那么所谓"真一"是指什么？对这个问题，我们以后再解释，先来看看葛洪是如何说明第二个问题的，即如何论证"有限的个体和无限的宇宙之间的关系"的问题。

"神仙"如果只是他个人"长生不死",这固然也表现了他的超自然的力量,但作为宗教说这样超自然的神力仍有一定限制,它还只能限制在个体上面而不能超出个体而成为具有无限伟力者。因此就存在一个有限的个体和无限的宇宙之间的关系问题,亦即有限的个体如何超出其"有限"以达于"无限"的问题。只有限的个体和无限的宇宙能相通或合成一体,这样有限的个体才能超出"有限"以达于"无限"。这种要求使有限的个体与无限的宇宙本体合而为一的思想,本来也是魏晋玄学中所讨论的问题,如有王弼所提出的"反本"、"体道",阮籍所提出的"与道俱成"之类。

我们知道,葛洪对魏晋玄学是持批评态度的,但是他尽管反对玄学,其思想也不能不受当时玄学思潮的影响。因此,他著的《抱朴子内篇》的第一篇叫《畅玄》。在这篇中葛洪讨论了玄学家们所讨论的宇宙本源的问题。看来葛洪认识到,只有说明了宇宙本源问题,才有可能解决有限个体和无限宇宙的关系问题。如果所谓的"神仙"能和宇宙本源相通,那么"神仙"岂不是可以超出有限的个体而具有无限的超自然的力量了吗?因此,葛洪在《畅玄》篇中把什么是宇宙的本源问题提了出来,他说:

> 玄者,自然之始祖,而万殊之大宗也。

"玄"(按:在《抱朴子》中有时也称作"玄道"或"道",如在《畅玄》篇中说:"夫玄道者,得之乎内,守之者外,用之者神,忘之者器,此思玄道之要言";《道意》篇谓:"道者,涵乾括坤,其本无名。")是天地万物的总根源。既然它是天地万物的总根源,它就和具体事物不同,具体事物都是有形有象的,而"玄"则是无形无象的,"绵邈乎其远也,故称妙焉",其高可以"冠盖乎九霄",其旷可以"笼罩乎八隅"。说它是"无",它比事物的影子、声音的回声更虚无缥缈;说它是"有",它比任何具体事物都更实实在在。

所以葛洪说:"道者,涵乾括坤,其本无名。论其无,则影响犹为有焉；论其有，则万物尚为无焉。……以言乎迩，则周流秋毫而有余焉；以言乎远，则弥纶太虚而不足焉。为声之声，为响之响，为形之形，为影之影，方者得之而静，圆者得之而动，降者得之而俯，升者得之以仰，强名为道。"(《道意》)

因为它无名无形，因此是最虚无；因为它是产生天地万物的总根源（作为"存在"即"有"的总根源），因此它又是实实在在的"存在"。没有"玄"，万物就都不能存在，所以葛洪说：

> 因兆类而为有，托潜寂而为无。(《畅玄》)

作为万物存在的根源，"玄"是"有"；就其自身没有任何规定性，它又是"无"。葛洪对"有"和"无"的关系问题的看法虽与王弼、郭象不同，但也不能说没有一些联系，特别是和东晋中期的玄学家张湛的思想更接近。魏晋玄学讨论的哲学问题，一般均从"有"和"无"的关系开始，例如王弼《老子指略》中说：

> 夫物之所以生，功之所以成，必生乎无形，由乎无名。无形无名者，万物之宗也。不温不凉，不宫不商。听之不可得而闻，视之不可得而彰，体之不可得而知，味之不可得而尝。故其为物也则混成，为形也则无形，为音也则希声，为味也则无呈。故能为品物之宗主，苞通天地，靡使不经也，若温也则不能凉矣，宫也则不能商矣。形必有所分，声必有所属，故象而形者非大象也，音而声者非大音也。

所以，"大象无形"，"大音希声"。这就是说，宇宙的本体是没有任何规定性的抽象存在，因为有某一具体规定性，它就必然排斥其他规定性，这样只能是每种事物，而不可能成为宇宙全体之本体。王弼这种学说分析起来，就是把事物的所有规定性都抽空，把没有任何内容的纯形式叫做"本体"。葛洪在这个问题上的论证方法大体上也是采用了王弼的论证方法，但也有若干不同。在王弼上述话之后，他接着说事物的本体虽然是无名无形的，是和任何具体事物都不相同的，但它并不是在万物之外更有一作为事物本身的实体，而它即在万物之中，并不离万物，所以他接着说：

> 四象不形，则大象无以畅；五音不声，则大音无以至。四象形而物无所主焉，则大象畅矣；五音声而心无所适焉，则大音至矣。

在这里，王弼把"体"和"用"看成统一的，因此"体"实际上不过是一抽象概念。但葛洪则不同，他企图把"玄"（或"玄道"）说成"有"和"无"的统一，作为实在的存在说它是"有"，作为天地万物存在的总根源说它又是"无"。因此，从一个方面看葛洪的"玄"有王弼"贵无派"所说的"本体之无"的意义，但从另一方面看它更具有精神性实体的特色，"玄"实际上成了"造物主"了。从后一方面看，葛洪的思想既不同于王弼，也不同于郭象，而更接近张湛。张湛在他的《列子序》中说：

> 群有以至虚为宗，万品以终灭为验。

从后一句看，张湛的思想是受到佛教影响，自与葛洪不同，葛洪追求的是"神"和"形"永存；而张湛则认为一切最后总要消灭而回归于"太虚"。但前一句话则和葛洪《畅玄》篇开头那句"玄者，自然之始祖，而万殊之大宗"基本相同。葛洪所说的"玄"，就其作为"实在的存在"说，它比万物更实在；如果这个最"实在的存在"不具有超乎一切事物的特性，不具有超自然的力量，那么它岂不成了万物之一了吗？所以"玄"和万物相比除了它有无名无形的特性之外，还具有无穷的能力。照葛洪看，"玄"是"光乎日月，迅乎电驰"、"胞胚元一，范铸两仪，吐纳太始（按：《列子·天瑞注》，"太始者，形之始也"），鼓冶亿类，回旋四七（按：指二十八宿），匠成草肤"云云。这样一来，"玄"或"玄道"就成为一种神秘的超自然力量了，成为造物主了。

如果说，王弼论证"以无为本"采用的是思辨哲学的方法，因而有较多的理性主义的色彩；那么葛洪则用的是一种非科学的经验主义的方法来描述天地万物的本源，从而把作为天地万物本源的"玄道"神秘化、人格化了，使之带有相当浓厚的目的论色彩。因此，葛洪关于天地万物本源问题的论证很少有什么逻辑性。它的《畅玄》篇讨论宇宙本源问题，只是给宇宙本源作了主观的描述，从这方面看它和魏晋玄学这种思辨哲学又是格格不入的，而更接近于汉朝宇宙论的思维模式。

《畅玄》篇一开始就提出了它关于宇宙本源的基本思想："玄者，自然之始祖，而万殊之大宗"，接着就对"玄"作了一番描述；再后就直截了当地说它具有种种超自然的伟力，完全缺乏逻辑论证。就葛洪的《抱朴子内篇》全书看，他也往往是不去对他自己提出的论点作理论分析和论证，而是举一些似是而非甚至是虚构的个别经验来证明他的论点。这就可以看出，在魏晋时代哲学家和道教的思想家是多么不同了。作为道教的理论家葛洪，在他说明宇宙本源问题时，从其宗教的特点出发，最后必然引导到使他创造的宇宙本源"玄"具有造物主的特色。"玄"（或"道"）既然是神秘的超自然的力量和存在，如果人能与"道"合一，如果人能"体道"，那么个体的有限的个人是不是就可以超出个体、超出有限，而具有无限的超自然的力量，成为超自然的存在呢？葛洪认为这是可能的，他说：

> 得道者，上能竦身于云霄，下能潜泳于川海。（《对俗》）

> 夫玄道者，得之乎内，守之者外，用之者神，忘之者器，此思玄道之要言也。得之者贵，不待黄钺之威。体之者富，不须难得之货。高不可登，深不可测。乘流光，策飞景，凌六虚，贯涵溶。出乎无上，入乎无下。经乎汗漫之门，游乎窈眇之野。逍遥恍惚之中，倘佯仿佛之表。咽九华于云端，咀六气于丹霞。徘徊茫昧，翱翔希微，履略蜿虹，践跚旋玑，此得之者也。（《畅玄》）

葛洪所描述的"得道"的人具有这样的"神通",就是由于他可以与"道"合一。这当然是不可信的。但作为宗教,葛洪又必须论证这是可能的。于是葛洪提出所谓"守真一"的思想,用以说明有限的个体的人得以超出个体的限制与"道"合一成为具有超自然力的神仙的原因。葛洪在《地真》篇中说:

守一存真,乃能通神。

"守一"或"守真一"在葛洪的宗教理论体系中非常重要,它正是使个体的人与作为宇宙本体的"道"联系的桥梁,是"人"变成为"神仙"的关键。葛洪说:

道起于一,其贵无偶,各居一处,以象天地人,故曰三一也。(《地真》)

早期道教"以三一为宗",即谓"天地人三者合一以致太平","精气神三者混一而成神仙",而"天"为阳气,"地"为阴气,"人"则为中和之气。"精者受之于地",即受之于阴气;"神受之于天",即受之于阳气;"形"即为"形气"。而所谓"道起于一"可以有各种各样的解释,或说:宇宙最初存在的状态是统一的,没有分化的;或说:宇宙是由"一"这样的状态开始的。这两种看法都是认为"一"是宇宙存在的状态,也就是说"一"是存在形式的概念,如说:"天得一以清,地得一以宁,人得一以生,神得一以灵"(按:此为引《老子》第三十九章,而增加"人得一以生"句)。接着在《地真》篇中说:

老君曰:忽兮恍兮,其中有象;恍兮忽兮,其中有物。一之谓也。故《仙经》曰:子欲长生,守一当明;思一至饥,一与之粮;思一至渴,一与之浆。一有姓字服色,男长九分,女长六分,或在脐下二寸四分,下丹田中;或在心下绛宫金阙,中丹田也;或在人两眉间,却行一寸为明堂,二寸为洞房,三寸为上丹田也。

这就是说,"一"存在于"丹田"之中,而"丹田"又称"关元"。《黄庭内景经》谓:"三田之中精气微","三气徘徊得神明"。《道枢》卷七谓:"元气者出于下丹田,流注于身。"桓谭《仙赋》中谓:"夭矫经引,积气关元。"(《艺文类聚》卷七十八)又《道枢》卷十四谓:"气海者在脐下三寸,其名曰子宫,元气之根本也,是吾之真一之气也。"《胎息经》谓:"脐下三寸为气海,亦为下丹田,亦为玄牝。世人多以口鼻为玄牝,非也。口鼻既玄牝出入之门。"(《道藏》成字帙上)《灵枢经·寒热》:"脐下三寸,关元也。"《申鉴·俗嫌》:"邻脐二寸谓之关。关者,所以关藏呼吸之气,以禀授四体也。"关元所藏之精气可散布全身,故"关元"为存精气处,"丹田"为"守一"处。可见早期道教中的所谓"一"就是指的"精气"或"元气",而精气则是人的精神现象的承担者。因此,在坚固不坏的肉体内,守住精神现象的承担者"精气"使之不离散,人就可以长生不死。那么在葛洪的思想体系中"一"的含义究竟是什么?"一"和"道"(或"玄道")的关系如何?在葛洪的思想体系中"一"和"道"的关系可以作两种解释:如果说"一"即是"道",那么就是说"道"不仅是万物的本源或者是创造天地万物的神秘力量,而且也是构成天地万物的材料。其实在《老子》书中,"道"就有多种含义,有宇宙自身规律的意思,也有精神性实体的意思,同时又是构成天地万物的材料(参见汤一介:《略论早期道教关于生死、神形问题的理论》,《哲学研究》,1981(1))。如果说"一"就是"道",那么葛洪的"一"作为构成天地万物的材料是什么呢?如果说"一"不就是"道",而是宇宙根据"道"而存在的原始状态,那么这种原始状态又是怎样存在着的呢?这两种解释都必然得出同样的结论,就是说"一"是指"气"或"元气"。说"一"是指"元气"这样一种物质性实体,在道教中有没有根据?是有根据的,这可以从两个方面得到证明:一是从葛洪的《抱朴子》本身中得到证明;二是从早期道教的其他著作中得到证明。

在《地真》篇中有这样一段：

> 一能成阴生阳，推步寒暑，春得一以发，夏得一以长，秋得一以收，冬得一以藏。其大不可以六合阶，其小不可以毫芒比。

这是葛洪对"一"所作的说明。我们再看他在《抱朴子》其他篇中对"气"的说明。《至理》篇中说：

> 夫人在气中，气在人中。自天地至于万物，无不须气以生。

《塞难》篇中说：

> 浑茫剖判，清浊以陈，或升而动，或降而静，彼天地犹不知所以然也。万物感气，并亦自然，与彼天地，各为一物，但成有先后，体有巨细耳。

把这两段话对"气"的说明，和上面引用的《地真》篇关于"一"的说明相比较，可以说葛洪所说的"一"就是"气"或"元气"，把上面《地真》篇那段话解释为"元气分成阴阳两气，形成了寒来暑往，春、夏、秋、冬。由于它而使万物呈现着不同的状态，从总体上说整个宇宙都是元气，从每个事物说又都是由它构成"也许是合适的。

从早期道教的其他著作中也可以证明"一"往往也是指"气"或"元气"。如《太平经》中说：

> 夫一者，乃道之根，气之始也。（《太平经钞》乙部）
>
> 夫一者，乃数之始起，故天地未分之时，积气都为一。（《太平经钞》壬部）
>
> 一者，元气纯纯之时也。（《太平经》卷五十三《国不可胜数诀》）

《老子河上公注》中也往往把"一"解释为"气"，如第十章注：

言人能抱一使不离身，则长存。一者，道始所生，太和之精气也，故曰一。一布于天下，天得一以清，地得一以宁，侯王得一以为正。

又说：

万物皆在气中。

和气潜通，故能长生。

按：《老子河上公注》当成于汉末道教建立之后，葛洪的从祖葛玄为它作过"序"，葛洪的《神仙传》也认为河上公有《道德经注》，显然他是推崇这部书的，因此说葛洪的某些思想来自《河上公注》或者大体不差。《抱朴子内篇·地真》"道起于一"，"一能成阴生阳"一段，和《老子河上公注》中"道始所生，太和之精气也，故曰一"，"道始所生者一也"，"一生阴阳"等等是非常一致的。"一"是"气"，而此"气"初时为混沌未分之"元气"，然后分成阴阳二气，而推动此"气"之屈伸变化者为"道"。"气"根据"道"而有运动变化，由于"道"的作用而如此"成阴生阳"，所以在《河上公注》中又说"一者，道之子"，用以解释《老子》的"道生一"。在葛洪的《抱朴子内篇·畅玄》中也说"玄"（"道"或"玄道"）"胞胎元一"（按："元一"指"元气"，刘歆《三统历》说："太极元气，含三为一"，是说"天"、"地"、"人"混合于元一之气）。

总之，在葛洪看来，"道"（或"玄道"）就是天地万物存在的根据，又是产生天地万物的造物主；"一"即"元气"则是根据"道"而构成天地万物的材料，任何事物都是根据"道"由"元气"构成。没有"道"，天地万物就不能存在；没有"气"，天地万物也不能发生。

葛洪根据这套理论，提出了他的"守一"成仙的思想，他引用《仙经》说：

子欲长生，守一当明。

"守一"就是根据"道"的要求"守气",能守住"气",使它不离散,神形永固,而得长生不死。人的身体由"气"构成,人的精神也是由某种特殊的"气"构成,它叫"精气"。这种"气",照葛洪看,它有"姓字服色",存在于上、中、下三丹田中。葛洪把这种存于丹田中的"气"叫做"真一",而不以"气"名,无非是要增加它的神秘性而已。因此在《道枢》卷十四中则有"真一之气"的名称。

葛洪说,人如果能守住"真一"之气,"乃能通神",可以"陆辟恶兽,水却蛟龙,不畏魍魉、挟毒之虫,鬼不能近,刃不敢中"。所以他说:

> 长生仙方,则唯有金丹,守形却恶,则独有真一,故古人尤重也。(《地真》)

> 苟能令正气不衰,形神相卫,莫能伤也。(《极言》)

人的身体和精神都是由"气"构成的,整个宇宙也是由"气"构成的,"气"把"天"、"地"、"人"统一起来,在"气"和"气"之间存在着感应关系,如果能把"精气"修炼得很灵妙,肉体又坚固不坏,那么这样的仙人就和整个宇宙非常和谐,这样,有限的个体就可以超出个体的限制,而和无限的永恒的宇宙合而为一,不仅可以长生不死,而且可以具有种种超自然的"神通",所以葛洪说:

> 余闻之师云:人能知一,万事毕。知一者,无一之不知也。不知一者,无一之能知也。(《地真》)

葛洪这套道教的"长生不死"、"肉体成仙"的理论,尽管吸收了某些玄学的观点,但是如果用当时魏晋玄学那种思辨性较强的标准来衡量,它的理论无疑是很粗糙的。而且把"神"、"形"都看成由"气"构成,天地万物由"气"来沟通,"天"和"人"合一的基础也在于"气",并用一些似是而非或全然无根据的"经验"作为论证根据,这些大体上都是吸收两汉神仙方术的某些思想加以改造而成的。葛洪的这套"成仙"的理论,作为一种哲学理论说是十分粗糙的,但它作为一种宗教理论,特别是中国本民族的一种宗教理论,在当时的条件下确也有其可以迷惑人的地方。人们可以问,"精神到底是什么?""如果精神是一种精气,那么守住它使不离肉体,有没有可能?""宇宙的存在是由什么使它成为统一体?如果是'气',那么天地万物包括人均由'气'构成,它们之间能不能沟通?""有没有超自然的神秘力量?如果没有,为什么天地万物得以形成;为什么会有天以之高,地以之卑,云以之行,雨以之施等等现象?"这些问题在当时条件下不可能得到科学说明,因而一些非科学乃至反科学的思想就乘虚而入了。宗教就是利用了人们对于人自身和宇宙尚不能作出科学的说明,在人们的社会生活中产生巨大的作用,就是在今后宗教仍然会因为人们对某些社会和自然现象的不理解以及对自身精神生活方面的某种需求继续发生作用。因此,我们只有对历史上曾经发生过作用的宗教进行解剖,不仅要使人们了解它的虚妄性,而且也要对当时人们之所以会相信某种宗教的社会和自然以及人们心理上的原因作出科学的分析,这样才能使人们了解宗教作为一种社会意识形态在一定时期存在的必然性。

三、《抱朴子内篇》、《外篇》所反映道教"治身"与"治国"并重的特点

道教的特点是既要求超世的"长生不死",又要求现世的"治国安民",葛洪的《抱朴子》一书正反映着这一特点。其《内篇》多为道教超世的"长生不死"建构理论基础;其《外篇》则多为现世的"治国安民"提供具体方案。照葛洪的看法道教分为内外两个方面,他说:

夫道者内以治身,外以为国。(《明本》)

>　　内宝养生之道，外则和光于世，治身而身长修，治国而国太平。（《释滞》）

因此，葛洪和早期道教的其他领导者一样，也把实现"太平盛世"作为自己追求的理想。他认为，最高理想的人格应该是既能"长生不死"，又能"治国安民"或"兼综礼教"，在《明本》篇中把黄帝和尧舜、老子和周孔对比说：

>　　夫体道以匠物，宝德以长生者，黄老是也。黄帝能治世致太平，而又升仙，则未可谓之后于尧舜也。老子既兼综礼教，而又久视，则未可谓之为减周孔也。

反映在《抱朴子》中的道教这一特点的原因，可以说是由于道教作为中华民族本民族的一种宗教的不能不具有的一种文化特色，即企图把现实的与超现实的世界打通，而理想的人格应是能"合内外，一天人"者。在葛洪《抱朴子外篇·自叙》中说他自己"年十六始读《孝经》、《论语》、《诗》、《易》"，"洪悉为儒家之末"，可知他早年曾深受儒家思想的影响。因此，葛洪虽然认为"道本儒末"，但他并不认为儒家提倡的"仁义"、"忠孝"为可有可无者，而且要求仙得长生者必须兼修道德，恪守礼法，故在《内篇·对俗》中说：

>　　立功为上，除过次之。为道者以救人危使免祸，护人疾病，令不枉死，为上功也。欲求仙者，要当以忠孝和顺仁信为本。若德行不修，而但务方术，皆不得长生也。

如果葛洪仅仅把"兼修道德"看成对道教信奉者的要求，那还不能看出道教的特点，因为大多数的宗教都是要劝人行善而勿为恶的。而道教不仅要求信奉者"兼修道德"，而且认为应有助于"治国安民"。所以在《释滞》篇中说：

内宝养生之道，外则和光于世，治身而身长修，治国而国太平。

葛洪其所以作《外篇》的目的就在于此，所以他说他的《外篇》是"言人间得失，世事臧否，属儒家"。关于"治国安民"之道，葛洪提出以下的观点：

1. 君道臣节

葛洪在《外篇·诘鲍》中极力论证设立君主统治的必要性，并且批评了鲍敬言的"无君论"思想，他说：

盖闻冲昧既辟，降浊升清，穹隆仰焘，旁泊俯停，乾坤定位，上下以形，远取诸物，则天尊地卑，以著人伦之体；近取诸身，则元首股肱，以表君臣之序。降杀之轨，有自来矣。

在《良规》篇中也说：

夫君，天也，父也，君而可废，则天亦可改，父亦可易也。

这种论证"设立君主"的合理性，全是儒家传统的一套说法，并无新义。汉儒董仲舒即以"天尊地卑"论证其尊君思想，如说："君者臣之父，天者君之父。"《春秋纬·保乾图》谓："天子至尊，精神与天地通，血气含五帝精，天爱之子也。"这些当然都是一些非科学的比附，无甚可取。而葛洪之《抱朴子外篇》则更注重论证"必先修诸己，以先四海；去偏党，以平王道；遣私情，以标至公"（《君道》）。这当是有鉴于东汉中叶以降政治昏乱而发，故他在《汉过》篇中对东汉末年政治上的弊病作了相当深刻的批评，他说：

历览前载，逮乎近代，道微俗弊，莫剧汉末也。当涂端右阉官之徒，操弄神器，秉国之钧，废正兴邪，残仁害义，蹲踏背憎，即聋从昧，同恶成群，汲引奸党，吞财多藏，不知纪极，而不能散锱铢之薄施，振清廉之穷俭焉。进官则多非财者不达也，狱讼则非厚货者不直也。官高势重，力足拔才，而不能发毫厘之片言，进益时之翘俊也。其所用也，不越于妻妾之戚属；其惠泽也，不出乎近习之庸琐。莫戒臧文窃位之讥，靡追解狐忘私之义。分禄以拟王林，致士以由方回。故列子比屋，而门无郑阳之恤，高概成群，而不遭暴生之荐。抑挫独立，推进附己，此樊姬所以掩口，冯唐所以永慨也。

照葛洪看，汉末政治之败坏，主要是由于君主无道，而使外戚专政，宦官当权。因为有这样的君主，他自己无德无才，而又怕失去其统治的权力，因此就依靠他的"妻妾之戚属"和身边的"近习之庸琐"小人。这样就使得真正有能力的人得不到升迁的机会，正直的言论也因此不能为君主听到，这样的政治必定是"废正兴邪，残仁害义"的政治。大凡中国古代政治之昏乱，多因人君"远君子，而近小人"，擢升其亲戚子女和身边亲信，这样就既不能使有才能的人得到任用，又不能直接听到对政治的批评，因而政治日益败坏，而终不能不国亡身戮而改朝换代了。此不可不为之借鉴也。有鉴于此，葛洪提出人君应"招德塞违，庸亲昵贤，使规尽其圆，矩竭其方，绳肆其直，斤效其斫，器无量表之任，才无失授之用"（《君道》）；"怒不越法以加虐，喜不逾宪以厚遗，割情于所爱，而有犯者无赦；采善于所憎，而有劳者不遗。倾下以纳忠，闻逆耳而不讳；广乞言于诽谤，虽委抑而不距。掩细瑕而录大用，忘近恶而念远功"（《君道》）云云。这些言论可以说表达了葛洪"治国安民"的思想，它反映了中国自古以来的知识分子（士大夫），即使是要求超世的宗教思想家，也是把"治国安民"作为自己的责任。这也是中国本民族宗教——道教的特点之一。

《抱朴子外篇》中有《臣节》一篇，专论为人臣者应"事君则竭忠贞而不回"，"抚民则希文翁信臣之德化"，并对赵高、董卓等为臣不忠、专威擅朝作了严厉的批判，他认为这样的臣下都是一些"损上以附下，废公以营私"的小人,他们起的作用就是"上蔽人主之明,下杜进贤之路"。由此葛洪提出了为人君者要"审举任贤"。

2. 审举任贤

魏晋之世,门阀世族当政,造成"上品无寒门,下品无势族"的局面。东晋以后,门阀世族更加强调他们自身的特殊政治和社会地位,于行为无所检点,于言论无所顾忌,这当然也促使了社会风气的不良。因此,葛洪批评了这种现象并提出了为人君者应"审举任贤",他在《刺骄》篇中说:

> 若夫贵门子孙,及在位之士,不惜典型,而皆科头袒体,蹲见宾客,既辱天官,又移染庸民。后生晚出,彼或以泾清之资,或佻窃虚名,而躬自为之,则凡夫便谓立身当世,莫此之美也。

葛洪自身虽也出身于大族,但他看到晋室南迁的原因之一就在于"由任世贵"(章炳麟:《五朝学》),而这些"贵门子孙"又多"无德无才",而造成了政治上之无能,于是他说:"招贤用才者,人主之要务也;立功立事者,髦俊之所思也。"(《贵贤》)为了能把人才选拔出来,葛洪提出,首先要求人君能"至公无私",他说:"用之不得其人,其故无他也,在乎至公之情不行,而任私之意不违也。"(《百里》)其次,要注意考核名实,使"名"与"实"相符,所以葛洪主张用考试的办法选举人才,对于州郡推举出来的人都要经过考试合格才能予以任用;而州长官推举不当则要加以惩治禁锢。盖汉末州郡选举其弊病甚多,究其根源则在于"名不符实"。《审举》篇引当时人语:"举秀才不知书,察孝廉父别居,寒素清白浊如泥,高第良将怯如鸡。"故葛洪说:

> 今孝廉必试经无脱谬,而秀才必对策无失指,则亦不得暗蔽也。良将高第取其胆武,犹复试之以策,况文士乎?假令不能,必尽得贤

能，要必愈于了不试也。今且令天下诸当在贡举之流者，莫敢不勤学，但此一条，其为长益风教，亦不细矣。若使海内畏妄举之失，凡人息侥幸之求，背竞逐之末，归学问之本，儒道将大兴，而私货必渐绝，奇才可得而役，庶官可以不旷矣。(《审举》)

葛洪之"选贤举能"实本之于儒家所提倡者，他虽为道教的思想家，并以为"道本"而"儒末"，然于兴国治世，仍标榜"儒道"，而把"仁政"视为社会之理想。

3. 以刑辅仁

两汉以儒家思想为正统，而且董仲舒以来就主张在政治上应采取刚柔并济、威惠兼施的统治方法。曹魏以降，由于法家、名家思想又有所抬头，而不少思想家、政治家对刑德兼用更为留意。"魏武好法术，而天下贵刑名"(《晋书》卷四十七《傅玄传》)。故桓范有《政要论》之作，谓：

商鞅申韩之徒，其能也贵尚谲诈，务行苛克，则伊尹周召之罪人也。然其尊君卑臣，富国强兵，有可取焉。

葛洪的思想虽然是吸收了儒家和道家思想，但似对法家也颇留意。《用刑》篇中对秦朝之统一六国有如下一段分析，说：

秦之初兴，官人得才，卫鞅由余之徒，式法于内；白起王翦之伦，攻取于外，兼弱攻昧，取威定霸，吞噬四邻，咀嚼群雄，拓地攘戎，龙变虎视，实赖明赏必罚，以基帝业。

因此，可见葛洪对先秦法家的历史作用有相当的肯定，对"明赏必罚"的法家思想更认为是兴帝业所不可少，故他根据当时政治的实际情况，提出"以刑辅仁"的主张，他说：

莫不贵仁，而无能纯仁以致治也；莫不贱刑，而无能废刑以整民

也。(《用刑》)

葛洪并为此提出一些理论上和事实上的根据,如他说:

> 盖天地之道,不能纯仁……温而无寒,则蠕动不蛰,根植冬荣,宽而无严,则奸宄并作,利器长守。故明赏以存正,必罚以闲邪,劝沮之器,莫此之要。观民设教,济其宽猛。(《用刑》)

并对"周以仁兴,秦以严亡"作了分析,他说事实上周之兴起并不是纯粹用"仁政",周公不仅没有肉刑的制度,而且号令赏罚十分严明,又周之衰亡则正是法令不严明所致。而秦之得国正是"以严得之",其失国也不是由于"以严失之",而是由于"穷奢极泰"。葛洪以为,"为政莫能错刑",并批评了"世人薄申韩之事实,嘉老庄之诞谈"。其所谓"老庄之诞谈"是指当时崇尚虚无,追求放达者。照葛洪看,老庄道家的言论,"高则高矣,用之则弊,辽落迂阔",不能解决为政的实际问题,故无益于"治国安民"。

4. 箴砭时俗

葛洪虽然以"道家为本,儒家为末",但他对先秦道家老庄列从他的神仙方术的立场上也有所批评,他在《内篇·释滞》中说:"五千文虽出老子,然皆泛论较略耳。""至于文子庄子关令喜之徒,其属文笔,虽祖述黄老,宪章玄虚,但演其大旨,永无至言。"因为《老子》、《庄子》这类书,"其去神仙,已千亿里矣"。特别是自魏晋以来,一些"贵门子孙","诬引老庄","傲俗自放","科头袒体",使社会风气败坏,葛洪在《刺骄》篇、《疾谬》篇等对当时崇尚"放达"的名士进行了批评,他说:

> 世人闻戴叔鸾、阮嗣宗傲俗自放,见谓大度……或濯脚于稠众,或溲便于人前,或停客而独食,或行酒而止所亲……今世人无戴阮之自然,而效其倨慢,亦是丑女暗于自量之类也。(《刺骄》)

葛洪于此处批评了戴叔鸾、阮嗣宗，但他仍认为他们之所为是出于"自然"，而后世的其他"名士"都是一些不自量力的俗士，就如东施效颦一样，是"丑女暗于自量"。而葛洪批评这种"放达"作风所依据的道理，则为儒家的礼法，所以在《疾谬》篇中他说："轻薄之人，迹厕高深，交成财赡，名位粗会，便背礼判教。"照葛洪看，社会不能没有礼法，无礼法的社会必衰败而沦亡，在《讥惑》篇中，他说：

> 盖人之有礼，犹鱼之有水矣；鱼之失水，虽暂假息，然枯糜可必待也。人之弃礼，虽犹靦然，而祸败之阶也。

因此，我们可以说葛洪的《抱朴子外篇》之主旨就在于依儒家思想为"治国安民"提供一可行的"良方"。那么我们要问《抱朴子外篇》这些思想和他的《内篇》有什么关系，它又如何表现了道教的特点，即表现着不同于一般儒家的"治国平天下"的思想呢？关于这一点，我们可以从《内篇》找到某些说明，葛洪在《地真》篇中说：

> 道起于一，其贵无偶，各居一处，以象天地人，故曰为三一。

按：早期道教尝以"三一为宗"，此处言"道起于一"、"象天地人"、"故曰为三一"，也就是说"道"是统一天地人的，天地人三者合一即为"道"。可见，葛洪仍是从道教立场提出天地人三合一的思想。《明本》篇虽言"道本儒末"，然同时提出道教并非仅为"养生"，文中问道："夫所谓道，岂唯养生之事而已乎？"葛洪在回答时根据了《周易》的"三才"思想，用以阐明道教的"三一"的观点，他引《周易》"立天之道，曰阴与阳；立地之道，曰柔与刚；立人之道，曰仁与义"，意在明道教并非仅为养生，"天道者，内以治身，外以为国"，故"道也者，所以陶冶百氏，范铸二仪，胞胎万类，酝酿彝伦者也"。道教之所以为中华民族所特有之宗教，其特点或在于此。

四、在医药学和化学上的贡献

中国的道教由于追求"长生不死"、"肉体成仙",故多注重身体之修炼和药物之制作。在道教中,葛洪所提倡的为"金丹派",故对炼取"丹药"十分重视。又葛洪为修养身心,防病治病,健全身体,而著有医药书多种,而对医药学也颇多贡献。因此,他在中国古代科技史上占有重要地位。

《古文龙虎经注疏》王道的序中说:"道家之学,有所谓内外丹者,实性命之所系。得之者,小者驻景延年,大者登仙入妙。其徒以书传,无虑千万卷,内丹则莫不以神气为本,外丹则莫不以铅汞为宗。"葛洪属于外丹派。在葛洪之前,汉末魏伯阳作《参同契》已于"外丹"有所论述,葛洪则更有所发展。他认为,用其他方法来养生,虽然可以延长寿命,但却不能做到"长生不死"。在其《金丹》篇中引《黄帝九鼎神丹经》说:

> 虽呼吸导引,及服草木之药,可得延年,不免于死也;服神丹令人寿无穷已,与天地相毕,乘云驾龙,上下太清。

并于同篇叙述了"金丹"之术的秘密传授之经过,先是由神人授与左慈(元放),左慈授与葛玄,葛玄授与郑隐,葛洪得之于其师郑隐。《金丹》篇中列了"九丹"和其他丹法,并详细说明了制作的方法。以为服食"金丹"可以"长生不死",当然是虚妄之谈,相反的,历史上因服食所谓"丹药"而身亡者所在多有。但是,为制炼"金丹"而于药物有所注意,对原始化学有所贡献,则不乏其人。在《金丹》篇中就涉及药物有二十二种:青铜、丹砂、水银、雄黄、矾石、戎盐、牡蛎、赤石脂、滑石、胡粉、赤盐、曾青、慈石、雌黄、石硫黄、太乙余粮、黄铜、珊瑚、云母、铅丹、丹阳铜、淳苦酒等(参见王明:《抱朴子内篇校释·序言》)。

在《金丹》篇中记载了硫化汞加热后所发生的化学变化，文中说："丹砂烧之成水银，积变又成丹砂。"丹砂就是硫化汞，黄国安的《中国古代科学家》修订本《葛洪》篇谈到葛洪这方面的贡献略说："将丹砂煅烧，其中所含的硫变成二氧化硫，而游离出金属汞（水银）。"再使水银和硫黄化合，"便生成硫化汞，呈黑色；放在密闭器中调节温度，便升华为晶体的硫化汞，呈赤红色。它的反应是：

$$HgS+O_2 \rightarrow Hg+SO_2$$

$$Hg+S \rightarrow HgS（黑色）\rightarrow HgS（赤红色）。"$$

可见葛洪对于还丹总括的话，是可以用化学实验的反应公式表达出来的（参见王明：《抱朴子内篇校释·序言》）。

《黄白》篇中说："铅性白也，而赤之以为丹；丹性赤也，而白之以为铅。"这是葛洪对于铅的化学变化的认识。前面一"白"字指铅能变作白色的糊粉而言，后一"白"字作漂白去色解释（参见张子高：《中国化学史稿》）。"铅性白也"，是说铅经过化学变化所以变成铅白，即糊粉，也就是白色的碱性碳酸盐。铅白加热后经过化学变化，可以变成丹铅，即赤色的四硫化三铅，这就是所谓的"赤之以为丹"。赤色的四硫化三铅再加热分解后，可以变成铅白，这叫做"丹性赤也，而白之以为铅"。黄国安指出，《黄白》篇这两句简括的话，正是葛洪"对铅的化学变化作了一系列研究之后所得的结论"（王明：《抱朴子内篇校释·序言》）。

王明先生在《序言》里还提出，葛洪对于金属取代作用的观察也值得注意。他在《黄白》篇中说："以曾青涂铁，铁赤色如铜。……外变而内不化也。"曾青就是硫酸铜，又名石胆或胆矾。用曾青涂铁，就是使铁和硫酸铜溶液起化学作用，铁取代硫酸铜里的铜，它表面附有一层红色的铜，故说"铁赤色如铜"。这个化学反应是：

$$Fe+CuSO_4 \rightarrow FeSO_4+Cu$$

因为用的是涂抹的方法，硫酸铜溶液只在金属铁表面上发生作用，所以说它"外变而内不化"。这表明"葛洪已经实验过铁与铜盐的取代作用"（以上均据王明：《抱朴子内篇校释·序言》）。葛洪的这些成就在中国化学史上占有重要地位，但他取得这些成就的目的是炼出一种人吃了可以"长生不死"的"丹药"，因此其中非科学甚至反科学的成分自然也很多，这就需要与他所取得的科学成果区别开来。

葛洪对于药物的制作和研究很重视，他在《仙药》篇中说："《神农四经》曰：上药令人身安命延，中药养性，下药除病。"因此，在这一篇中记载了许多作为药用的矿物和植物，其中特别注意了灵芝的作用，说服食某种"芝"可以长生成仙、千岁等等，这当然是荒诞不可相信的。但"灵芝"确可治病、强身则是无可怀疑的。由于葛洪对药物的注意，他尝著有《玉含方》一百卷（见《抱朴子内篇·杂应》），或即《晋书·葛洪传》中所说的《金匮药方》，可惜此书早已佚失。据《晋书》本传谓，葛洪有《肘后要急方》四卷，《抱朴子内篇·杂应》作《救卒方》三卷，《隋书·经籍志》作《肘后方》六卷，《旧唐书·艺文志》作《肘后救卒方》四卷，《四库全书总目》作《肘后备急方》八卷，而今存于《正统道藏·正一部》书的《葛仙翁肘后备急方》八卷，显系误题为"葛仙翁"，因该书序中有"抱朴子丹阳葛稚川曰"云云。但今本已非葛洪原本，今本是由该书与萧梁陶弘景《补阙》及金杨用道的《附方》三部分组成，而且也并不是全本，已多所散失。但卷首有《葛仙翁肘后备急方序》（按：应为葛洪序），根据这篇《序》大体上可以知道哪些内容应是葛洪书原有的。

《肘后备急方》中有不少药方对于治疗疾病都是很有功效的，这些方面一些中医学史和中药学史的著作中多已说明，兹不详述。可以注意的是葛洪著此《肘后备急方》的一些原则思想。他说作此《备急方》是为了使贫穷的人可以利用，故是为了"备急"之用，"率多易得之药，其不获已，须买之者，亦皆贱价草石，所在皆有"（《序》）；其次，葛洪注意了对病因的分析，丁贻庄在《试论葛洪的医学成就及其医学思想》中说："就今本《肘后》中与葛氏《肘后》有关各篇分析，涉及致病因素，约有以下几种：

  自然因素 引起中恶、尸蹶、客忤者；

  生物因素 霍乱、伤寒、疫疠、疟疾者；

  物理因素 误吞诸物、杂物鲠阻者；

  化学因素 食药中毒、饮酒大醉者；

  精神因素 惊邪恍惚、癫、痫、狂者。"（《宗教学研究论集》，载《四川大学学报丛刊》，第二十五辑）

  在《杂应》篇中，葛洪说明了他做道士为什么要兼修医术的原因，他认为"养生"的目的之一是要人们通过"服神药"、"行气"、"导引"等等方法，使自己不生病，同时为别人治病，因此他说："古之初为道者，莫不兼修医术，以救近祸焉。"他曾经看过戴霸、华他（即华佗）所集的《金匮缘囊崔中书黄素方》和《百家杂方》等五百多卷；又看过甘胡、吕傅、周始、甘唐通、阮南河（按：王明《抱朴子内篇校释》谓应作"河南"）等各撰集的《暴卒备急方》或一百零一、或九十四、或八十五、或四十六卷，"世人皆为精悉，不可加也"；但葛洪认为，这些医书"殊多不备，诸急病甚尚未尽，又浑漫杂错，无其条贯，有所寻按，不即可得。而治卒暴之候，皆用贵药，动数十种，自非富室而居京都者，不能索储，不可卒办也"（《杂应》）；所以他又作《玉函方》一百卷，"皆分别病名，以类相续，不相杂错"；又撰《肘后救卒方》三卷，"皆单行径易，约而易验，篱陌之间，顾眄皆药，众急之病，无不毕备，家有此方，可不用医"。就这一点说，葛洪是具有中国古代医师的可贵品质的，他认为行医也应是道士的职责，而且应该为一般贫苦患痛者着想。因此，他在

《对俗》篇中说："为道者，以救人危，使免祸；护人疾病，令不枉死，为上功也。"

从上述葛洪对中国古代化学、医学、药物学上的贡献看，中国的道教与中国古代科学技术的发展有着极为密切的关系。从这一方面看，道教作为中华民族本民族的一种宗教也从一个侧面反映着中华民族的民族文化的特点。

第八章　为道教建立比较完备的教规教仪的思想家寇谦之

一、生平与著作考证

寇谦之（365—448），北魏道教领袖及思想家，《魏书·释老志》和《北史·寇赞传》中均载有其生平事迹。原名谦，字辅真，祖籍为上谷昌平（今属北京），后徙居冯翊万年（今陕西临潼北），是当时北方的大族豪姓。"早好仙道，有绝俗之心，少修张鲁之术，服食饵药，历年无效。"（《魏书·释老志》）后来遇到自称为"仙人"的成兴公，跟随成兴公到华山、嵩山修道，前后共七年。神瑞二年（415）得《云中音诵新科之诫》二十卷；泰常八年（423）又得《录图真经》六十卷。始光初（424）寇谦之带着他的书献给魏太武帝。时北方大族左光禄大夫崔浩以"辞旨深妙"，上疏盛赞，后为太武帝所崇信。崔浩为旧儒家的领袖，寇谦之为新道教的教宗，两人互相利用，相得益彰。太延六年（440）寇谦之声称太上老君降临，授太武帝以太平真君之号，帝信之，遂改元为太平真君。太平真君三年（442）寇谦之上奏书说："今陛下以真君御世，建静轮天宫之法，开古以来，未之有也。应登受符书，以彰圣德。"太武帝从之，于是亲自赴道坛，受符箓，并封寇谦之为国师。太平真君九年（448）寇谦之卒，葬以道士之礼。

据《魏书·释老志》谓，《云中音诵新科之诫》二十卷，为太上老君所授；《录图真经》六十卷，为太上老君玄孙牧土上师李谱文授。《隋书·经籍志》亦谓："嵩山道士寇谦之，自云尝遇真人成公兴，后遇太上老君，授谦之为天师，而又赐之《云中音诵科诫》二十卷。……其后又遇神人李谱，云是老君玄孙，授其《图录真经》，劾召百神，六十余卷。"然今两书均已佚失。今《道藏·洞神部·戒律类》力字帙中有《太上老君戒经》、《老君音诵诫经》、《太上老君经律》、《太上经戒》、《三洞法服科戒文》、《正一法文天师教戒科经》、《女青鬼律》等七种，白云霁《道藏目录详注》作九卷，阙作者。《道藏》与字帙中有《混元圣纪》（题为"宋观复大师高士谢守灏编"，然《犹龙传》则题为"宋崇德悟真大师贾善翔编"）卷七中记谓："时老君停驾云中三日，赐谦之经戒凡九卷。"经近人考证其中《老君音诵诫经》当即《云中音诵新科之诫》的一部分。但上列力字帙或全系寇谦之所得之书，或大部与该书有关。今略考之如下：

（1）白云霁《道藏目录详注》谓上列七种为九卷。宋贾善翔《犹龙传》谓太上老君所赐寇谦之书为九卷。又宋谢守灏《混元圣记》亦谓："（老君）赐谦之经戒凡九卷。"而力字帙中除《女青鬼律》分六卷外，其他各种均不注卷数，但按每种的分量看，原来每种戒经或均应分若干卷。《太上老君戒经》文至"夫为恶者始起"下有"原缺文"三字。已有二十九页，且在标题下有"戒上"两字，于文中不见"戒下"，故知原文当较现存者为多，所分卷数当亦有不同；白云霁详注言分三章。其余各戒经原当亦较现存者为多，所分卷数当亦与现存者不同，如《正一法文天师教戒科经》与《大道家令戒》今同在一卷，原可能为两卷，其他有些戒包括了若干种经戒，并有阙文。如《太上老君经律》为《道德尊经戒》、《老君百八十戒》、《太清阴戒》、《女青律戒》之总名。今《道藏》所存上述各戒经大体上是寇谦之的著作，其文在辗转抄录中必有错落，或有为后人增改者，白云霁详注中于《三洞法服科戒文》下有"三洞弟子太清观道士张万福编录"等字，可见该书是经过后人编修的。张万福是唐朝玄宗时人。

（2）《魏书·释老志》言：《云中音诵新科之诫》的主要内容为"清整道教，除去三张伪法、租米钱税及男女合气之术"。查今本《老君音诵诫经》、《正一法文天师教戒科经》之主旨即与之同。按"三张伪法"或有两指，一指张陵、张衡和张鲁三代天师，一指张角、张宝、张梁三位农民起义领袖。甄鸾《笑道论》云"汲世三张诡惑于西梁"，此处三张当是指张陵等三代天师。在当时佛教攻击道教多是攻击张陵等三代天师，特别是攻击张鲁，并于攻击张鲁的同时也攻击张角。唐释法琳《唐废省佛教箴》引《魏志》云：

……鲁遂据汉中，以鬼道化民，符书章禁为本。其来学者初名鬼卒，受道者用金帛之物，号为祭酒，各领部众，众多者名治头，有病者令首过。大都与张角类相似。

按在佛教看来，张鲁行事大都与张角相似，故不加区别。但在道教中，则多见攻击张角者。如葛洪《抱朴子外篇》中说：

曩者有张角、柳根、王歆、李申之徒，或称千岁，假托小术，坐在立亡，变形易貌，诳眩黎庶，纠合群愚。进不以延年益寿为务，退不以消灾除病为业，遂以招集奸党，称合逆乱……

或认为张鲁与张角所行相同。《三国志·魏志·张鲁传》谓：

鲁遂据汉中，以鬼道教民，自号师君。其来学道者，初皆名鬼卒，受本道已信，号祭酒，各领部众，多者为治头大祭酒，皆教以诚信不欺诈，有病自首其过，大都与黄巾相似。

据《魏书·释老志》谓：寇谦之"少修张鲁之术，服食饵药，历年不成"，故可知寇谦之所反对的"三张"或兼指两者。而据《道藏》力字帙各经，也往往把张鲁和张角看成一类而加以攻击，如《正一法文天师教戒科经》中之《大道家令戒》说：

汉安元年五月一日于蜀郡临邛县渠停赤石城造出正一盟威之道与天地券要，立二十四治，分布玄元始气治民。汝曹辈复不知道之根本，真伪所出，但竟贪高世，更相贵贱，违道叛德，欲随人意。人意乐乱，使张角黄巾作乱。汝曹知角何人？自是以来，死者为几千万人，邪道使末嗣分气，治民汉中四十余年。道禁真正之元，神仙之说，道所施行，何以想尔。

又其中之《阳平治》谓：

吾以汉安元年五月一日，从汉始皇帝王神气受道，以五斗米为信，欲令可仙之士皆得升度。汝曹辈乃至尔难教，叵与共语，反是为非，以曲为直。千载之会，当奈汝曹何？吾从太上老君周行八极，按行民间，选索种民，了不可得，百姓汝曹无有应人种者也。但贪荣富，钱财谷帛，锦绮丝绵，以养妻子为务，掠取他民户赋，敛索其钱物……房室不节，纵恣淫情，男女老壮，不相呵整，为尔愦愦，群行混浊，委托师道。老君太上推论旧事，摄纲举网，前欲推治诸受任主者，职治祭酒，十人之中诛其三四名，还天曹考掠治罪，汝辈慎之。

以上两段引文都把张鲁的"五斗米道"和张角的"太平道"看成同类的反叛者。

（3）据《魏书·释老志》言，《云中音诵新科之诫》的主旨在"除去

三张伪法",文中说:

> (太上老君)谓谦之曰:"……赐汝《云中音诵新科之诫》二十卷,号曰'并进'。"言:吾此经诫,自天地开辟以来,不传于世,今运数应出。汝宣吾《新科》,清整道教,除去三张伪法、租米钱税及男女合气之术;大道清虚,岂有斯事。专以礼度为首,而加之以服食闭炼。

查《老君音诵诫经》与上引内容相同者有五点:

第一,"老君曰:吾得嵩岳镇土之灵集仙官主表闻称言:'地上生民旷官来久。世间修善之人,求生科福,寻绪诈伪经书,修行无效,思得真贤,正法之数。宜立地上系天师之位为范则。今有上谷寇谦之,隐学嵩岳少室,精炼教法,掬知人鬼之情,文身宜理,行合自然,未堪系天师之位。'吾是以东游临观子身,汝知之不乎?吾数未至,不应见身于世。谦之汝就系天师正位,并教生民,佐国扶命,勤理道法,断发黄赤。以诸官祭酒之官,校人治箓符契,取人金银财帛,众杂功赃愿,尽皆断禁,一从吾《乐章诵诫新法》。其伪诈经法科,勿复承用。"按:"系天师"即"继天师"。

第二,"老君曰:吾以汝受天官内治,领中外官,临统真职,可比系天师同位。吾今听汝一让之辞。吾此乐音之教诫,从天地一正变易以来,不出于世。今运数应出。汝好宜教诫科律,法人治民。"

第三,"太上老君《乐音诵诫令》文曰:我以今世人作恶者多,父不慈,子不孝,臣不忠。……今世人恶,但作死事,修善者少。世间诈伪,攻错经道,惑乱愚民,但言老君当治,李弘应出。天下纵横返逆者众,称名李弘岁岁有之。其中精感鬼神,白日人见,惑乱万民,称鬼神语。愚民信之,诳诈万端,称官设号,蚁聚人众,坏乱土地。称刘举者甚多,称李弘者亦复不少。"

第四,"老君曰:男女道官,浊乱来久。……吾故出《音乐新正科律》,依其头领,欲使信道,以通人情,清身洁己,与道同功。太上清气,当来覆护。"

第五,"老君曰:男女道官,浊乱来久。有作祭酒之官,积勤累世,贪浊若身,化领求复,经数余载。赃钱逋说(按:"说"当作"赆"),贪秽入己。此是前造,诈言经律。此等之人,尽在地狱。若有罪重之者,转生虫畜,偿罪难毕。吾故出《音乐新正科律》,依其头领,欲使信道,以通人情。清身洁己,与道同功。太上清气,当来覆护,与民更始,改往修来。一从新科为正。明慎奉行如律令。"

以上五段引文就其内容看与上引《魏书·释老志》中内容全同,有些地方连文字也一样。这可说《老君音诵诫经》为寇谦之著作之明证。又《诫经》中有反对佩带黄赤,或与汉末黄巾起义以"苍天已死,黄天当立"有关。《诫经》中又反对"操木束薪投石治病",而"五斗米道"之张修尝"使病者家出米五斗","修法略与角同"。可知寇谦之改革道教之措施都是针对汉末之"太平道"和"五斗米道"而发的。

其中说到"李弘"和"刘举",且言"称名李弘者岁岁有之",按:查《晋书》中载有五个"李弘",均为起义农民的领袖,《宋书》中亦载有一"李弘"。《魏书》中载有两"刘举"。现条列于下:

(1)《晋书》卷五十八《周礼传》:"时有道士李脱者,妖术惑众。……弟子李弘养徒灊山,云应谶当王。"事并见《册府元龟》第十二册一○八八六页。此事当约在元帝永昌元年(322)王敦举兵之后。灊山为今安徽霍山。

(2)《晋书》卷一百六《载记》文称:石虎时"贝丘人李弘,因众心之怨,自言姓名应谶,遂连结奸党,署置百僚,事发诛之,连坐者数千家"。事亦见《资治通鉴》卷九十七,晋成帝咸康八年(342)。贝丘在今山东。

（3）《晋书》卷八："广汉妖贼李弘与益州妖贼李金根聚众反，弘自称圣王。""圣王"亦作"圣道王"。时在海西公太和五年（370）。广汉在今四川地区。

（4）《晋书》卷一百十八《载记》："（姚）兴寝疾，妖贼李弘反于贰原。贰原氐仇常起兵应弘。"按其时约在姚兴死（义熙十二年，416）前数年，地当在今川陕地区。

（5）《晋书》卷九十八《桓温传》："又遣江夏相刘岵、义阳太守胡骥讨妖贼李弘，皆破之，传首京都。"按其事在永和十二年（356），地在荆州，今属湖北西部。

（6）《宋书》卷七十六《王玄谟传》："寻复为豫州刺史。淮上亡命司马黑石推立夏侯方进为主，改姓李名弘以惑众，玄谟讨斩之。"按事当在孝建二年（455），时寇谦之已卒。豫州为今安徽寿县。

（7）《魏书》卷七上《高祖纪》："妖人刘举自称天子，齐州刺史武昌王平原捕斩之。"《魏书》卷十六《河南王曜传》："有妖人刘举，自称天子，煽惑百姓，复讨斩之。"事并见《北史》卷三、卷十六，《资治通鉴》卷一百三十二。按事在延兴三年（473）。齐州即今山东历城县。

（8）《魏书》卷十《孝庄帝纪》："光州人刘举，聚众数千，反于濮阳，自称皇武大将军。"事并见《北史》卷五、《资治通鉴》卷一百五十二。按事在永熙二年（533）。濮阳在今山东鄄城北。以上刘举二事均发生在寇谦之之后，但亦可间接说明北魏时期用刘举名义起义者亦颇有其人，兹姑不论。

据《晋书》所载五条"李弘"的材料，可以看出：（1）从 322 年到 416 年前数年，前后不到一百年，东起山东，西至四川、陕西，南到安徽等地，均有人以李弘名义组织农民起义，正如《老君音诵诫经》所言："称名李弘，岁岁有之。"（2）"李弘"一名当为其时利用道教组织农民起义的代名词。按道教认为得道者可以分身（事见《三国志·吴志·孙策传》，葛洪《抱朴子内篇·袪惑》所言帛和亦类此），此处想必以"李弘"名义来号召群众，故两处言"应谶当王"。而"李弘"又是老子之化名（参见《三天内解经》及《老子变化无极经》等）。（3）《老君音诵诫经》攻击"妖贼"李弘主要之点在其"事合岷庶"，"惑乱万民"，然李弘的道教之所以能"合岷庶"，当因它破坏着农民所反对的封建土地所有制（"坏乱土地"），颠覆着农民所痛恨的政权而自立政权（"称官设号"）。由此可见，其言"李弘"事，如非南北朝时之作品，当不可能说"称名李弘，岁岁有之"。进而若非寇谦之的作品，当不可能有攻击李弘"坏乱土地"、"称官设号"与《魏书·释老志》记载的寇谦之改革道教之主旨相合也。（4）《正一法文天师教戒科经》中说：

> 昔汉嗣末世，豪杰纵横，强弱相陵，人民诡黠，男女轻淫。政不能济，家不相禁。抄盗城市，怨枉小人，更相仆役，蚕食万民。民怨思乱，逆气干天。故令五星失度，彗孛上扫，火星失辅，强臣分争，群奸相将，百有余年，魏氏承天驱除，历使其然。载在河雒，悬象垂天。是吾顺天奉时，以国师命武帝行天下，死者填坑。既得吾国之光，赤子不伤。身重金累紫，得寿遐亡。七子五侯，为国之光。……从今吾避世，以汝付魏，清政道治，千里独行，虎狼伏匿，卧不闭门……

按文中所言"魏"当是"北魏"，从汉末到北魏（220—385）实只有一百六十余年（魏太武帝即位则在424年），故所言"……百有余年，魏氏承天驱除，历使其然"，年代大体相近。我们知道，这些戒经一方面斥起义者及李弘等为"恶人"、"愚民"、"诈伪"、"人人欲作不臣"等等，如上文所诬蔑汉末人曰："人民诡黠，男女轻淫。政不能济，家不相禁。"但另一方面，文中又歌颂北魏政权，认为魏得政权是上合天意，"载在河雒，悬象垂天",下应民心,"虎狼伏匿,卧不闭门"。寇谦之"顺天奉时",出为魏太武帝之国师,在魏建立政教合一的政权。这点和《魏书·释老志》所言寇谦之的行事大体相合。(5)《魏书·释老志》云:

> 寇谦之……少修张鲁之术,服食饵药,历年无效……(老君)使王九疑人长客之等十二人授谦之服气导引口诀之法,遂得辟谷,气盛体轻,颜色殊丽……。

按《老君音诵诫经》第二十七段亦谓靠服食饵药不得长生成仙,而"能登太清之阶"者是因有仙人玉童玉女从天降迎也。故其文曰:

> 案药服之,正可得除病寿终,攘却毒气,瘟疫所不能中伤,毕一世之年。可兼谷养性,建功斋靖,解过除罪。诸欲修学长生之人,好共寻诸《诵诫》,建功香火,斋炼功成,感彻之后,长生可克。……欲求生道,为可先读五千文,最是要者。

《老君音诵诫经》所言与《魏书·释老志》相同,寇谦之反对"药石",一则因服食不但不能长生,如不得其正,反有丧生的危险。两晋以来,因服药而丧生者为数不少。又道教长生之术分若干派,"服食饵药"为其一也。寇谦之"清整道教",于长生修炼之术,亦有修正。"服食饵药"本为"养生"之术,合于早期道教"养身"之主张,然南北朝时佛教大行于中国,道教在养生术方面也颇受佛教之影响,寇谦之的新道教当为例证。寇谦之除主张"服气导引"、"辟谷"("兼谷养性")外,又把若干佛教修养的方法引入道教,如认为"持戒修行"、"诵诫"、"造经"可得"成仙"。又《混元圣记》卷三载《老子》书的各种记载,中说:"魏太和中道士寇谦之得河上公本。"元玄巢子《谷神》篇(收在《道藏》光字帙下)亦谓"北魏寇谦之尝集道经"云云。这点也或与《老君音诵诫经》所说"欲求生道,为可先读五千文"不无关系。(6)《女青鬼律》卷六引天师曰:

> 自顷年以来，阴阳不调，水旱不适，灾变屡见，皆由人事失理使然也。……末世废道，急竞为身，不顺天地，伐逆师尊。尊卑不别，上下乖离。善恶不分，贤者隐匿。国无忠臣，亡义违仁。法令不行，更相欺诈，致使寇贼充斥，污辱中华，万民流散，荼毒饥寒，被死者半，十有九伤，岂不痛哉！岂不痛哉！乱不可久，狼子宜除，道运应兴，太平期近，今当驱除，留善种人。……

从这一段话看来，这位天师意在"专以礼法为度"来"清整道教"。他反对"尊卑不别"、"上下乖离"，诅咒"寇贼"，旨在"破除三张伪法"。汉末魏晋以来，颇多战乱，中原人口大减，故"天师"曰："万民流离，荼毒饥寒，被死者半，十有九伤。"

按今《道藏》力上力下诸诫经，当即为寇氏之著作，而《云中音诵新科之诫》当原为这些诫经之总名。然从现存《道藏》力上力下各卷中之诫经残缺不全的情况看，当仅为寇谦之原书的一部分，有的仅存篇目，有的一篇散失大半，文字错落亦复不少，或有后世篡入者，但大体上都保存了原书面目。《云中音诵新科之诫》的成书，当是寇谦之假借"老君"之名传授给他的，所谓"人神接时，手笔粲然"。因为这些东西不一定是一次写成，因此有先有后，文体不一。由于每次要解决的问题不同，因此其"诫经"的形式与具体内容亦不尽相同。这些就是他和"天神交接"、"天神"借助他的手笔写下来的东西了。

又，《道藏》光字帙下有《谷神》，元玄巢子林辕神风述，文中批评了三种混入道教的思想，以为违道甚远，其二谓："北魏寇谦之尝集道经，为其书少，遂将方技、符水、医药、卜筮、谶纬之书混而为一。"按道教经书自张道陵、于吉以降，孳乳增益，层叠积累。两晋后，历经道士搜录编纂，卷帙浩繁，内容日趋庞杂，或寇谦之欲张大道教，转亦尝搜集道教，并将"方技、符水、医药、卜筮、谶纬"等混入道经。按南北朝时道教徒为与佛教抗衡编纂书目，《玄都经目》谓"道经传记符图论六千三百六十三卷"云云。北周甄鸾《笑道论》批评说："道士所上经目，陆修静目中见有经书药方符图止有一千二百二十八卷，本无杂书，诸子之名，而道士今列二千余卷者，乃取《汉书·艺文志》目八百八十四卷，为道书之经论，据此状，理有可疑。"可见一斑。而寇谦之编纂书目与《魏书·释老志》所载，尽与寇谦之重视"服食、闭炼"、"服气导引口诀之法"有关。更可注意者，寇谦之于《老子》之注解或颇为留意。宋彭邦《道德经集注杂说》谓："安丘望之本（《老子》），魏太和中道士寇谦之得之。"又《混元圣记》卷三："魏太和中道士寇谦之得河上丈人本（《老子》）。"按，安丘望之本即河上公本。故可证《老子》之注本《老子想尔戒》之入于其《老君音诵新科之诫》中，亦非偶然。

二、对道教的改革

寇谦之建立新道教、改革旧道教，事见《魏书·释老志》，他书如《混元圣记》、《犹龙传》等亦多言及，但大多出于《魏书·释老志》。据《魏书·释老志》并参照他书，可知寇谦之对道教所进行的改革及其新道教的基本内容，大体可分以下数点：

第一，寇谦之建立新道教的目的在于"清整道教，除去三张伪法、租米钱税及男女合气之术"，"专以礼度为首，而加以服气闭炼"。

东汉末年以来，农民起义多以道教作为组织群众参加反对官府和地主阶级斗争的形式。据刘勰的《灭惑论》说：道教"事合氓庶，故比屋归宗。是以张角、李弘，毒流汉季；卢悚、孙恩，乱盈晋末。……爵非通侯，而轻立民户；瑞无竹虎，而滥求租税"。可见汉末以来，农民起义多以道教为组织形式，反抗地主阶级的统治，自立政权，自收租税。释玄光

《辩惑论》把"制民课输"列为六种极恶之一。释道安《二教论》亦以"制民课输"为张氏妄说。统治阶级对农民的自收租税当然要极力反对，因此一些佛教徒也就抓住这一点对道教进行攻击。寇谦之要改革道教，使其更加符合地主阶级的需要，自要"除去三张伪法"的"租米钱税"了。

《二教论》又说："自于上代爰至符姚，皆呼众僧以为道士，至寇谦之始窃道士之号，私易祭酒之名。"（释法琳《辩正论》亦引姚书，文略同）"祭酒"本汉末农民起义张角和张鲁政权所立之各级领导之号，《三国志》注引《典略》谓："（张）修法略与角同……使人为奸令祭酒。"《三国志·魏志·张鲁传》说："鲁遂据汉中，以鬼道教民，自号师君。其来学道者，初皆名鬼卒，受本道已信，号祭酒。各领部众，多者为治头大祭酒。"汉末张角起义、张鲁政权，以祭酒代州官，自立政权，"不置长吏，皆以祭酒治"，故"民夷便乐之"。寇谦之废除"祭酒"之名，主要目的当不在窃取"道士"之名号，而在于"破除三张伪法"的"自立政权"。按寇谦之行事"专以礼度为首"，而视三张所立的政权，使礼法受到破坏，故必除去之。葛洪反对原始道教亦以其不合礼法，引《礼记》："安上治民莫善于礼。"（《抱朴子外篇·省烦》）又说："夫君，天也，父也。君而可废，则天亦可改，父亦可易也。"（《抱朴子外篇·良规》）君臣上下之礼如可废去，那岂不等于说"天"可改变，"父"可换易吗？寇谦之所言之"礼法"不详于《魏书·释老志》，而颇载于《老君音诵诫经》中，如其文说道："谦之汝就系天师正位，并教生民，佐国扶命"，使道教徒"不得叛逆君王，谋害国家"，说张角、李弘等人"违道叛德"，"攻错经法"，"渴乱清真"，"惑乱愚民"。因此，寇谦之把农民起义描写为："愚人诳诈无端，人人欲作不臣，聚集逋逃罪逆之人，及以奴仆隶皂之间，诈称李弘，我身宁可入此下俗臭肉奴狗魖魖之中，作此恶逆者哉！"据此，可知其新法的另一目的则在巩固地主阶级的政权，反对三张伪法的自立政权。

寇谦之又反对原始道教的"男女合气之术"。如果说寇谦之反对"三张伪法"的自收租税和自立政权是为维护封建地主阶级的政治统治，那么他反对"三张伪法"的"男女合气之术"则是为了维护封建地主阶级的伦理道德。按：有关"男女合气之术"的记载在早期道教史材料中很难找到。《后汉书·刘焉传》中说："（张）鲁母有姿色，兼挟鬼道，往来焉家。"故可知当时道教中女子亦可传道，因此原始道教男女界限不甚严格，或亦有之。且道教中三张一派可以在寺院中与其眷属同居，《燕翼贻谋录》中说："黄冠之教，始于汉张陵，故皆有妻子。虽属宫观而嫁娶生子，与俗人不异。"早期道教并不要求"出家"，而且批评佛教的"去父母，捐家室"，"不好生，无世俗"。按早期道教有"房中术"一派，《抱朴子内篇·微旨篇》中说：

> 凡养生者，欲令多闻而体要，博见而善择，偏修一事，不足必赖也。又患好事之徒，各仗其所长，知玄素之术者，则曰唯房中之术，可以度世矣；明吐纳之道者，则曰唯行气可以延年矣；知屈伸之法者，则曰唯导引可以难老矣；知草木之方者，则曰唯药饵可以无穷矣，学道之不成就，由乎偏枯之若此也。

可见早期道教或有此"房中术"一派，因此葛洪在《释滞》篇中也说："一涂之道士，或欲专守交接之术，而不作金丹之大药，此愚之甚矣。"据《弘明集》卷八释玄光《辩惑论》"合气释罪三逆"条注谓：

> 至甲子诏冥醮录，男女媒合，尊卑无别，吴陆修静复勤勤行此。

这就说明，所谓"男女合气之术"并非为"三张伪法"之特有，而与早期道教均有关系。查今《道藏》中有关"房中术"之撰述有许多种，这是因为道教重"养生"，而视"房中术"有益于养生也。但道教"男女合气之术"或与"留善种人"有关。按在早期道教中有所谓"种民"，"种民"或

第八章 为道教建立比较完备的教规教仪的思想家寇谦之 | 183

即为"男女合气"所产生者,如《上清黄书过度仪》中说:

> 谨按师法与甲共奉行道德三五七九之化,阴阳之施,男女更相过度。……愿令臣等长生久视,过度灾厄,削除死籍,更著生名玉历,为后世种民辈中,以为效信。

据此推想,"种民"则是"天生的道教徒"。所以在《老君音诵诫经》中也说:"其有祭酒道民,奉法有功,然后于中方有当简择种民,录名文昌宫中。"由于早期道教有这种"男女合气之术",在实行中就会发生种种问题,以致破坏伦常关系,所以北周和尚甄鸾在《笑道论》中有如下之记载:

> 又道律云:"行气以次,不得任意排丑近好,抄截越次。"又玄子曰"不屙屎,得度世;不嫉妒,世可度;阴阳合,乘龙去"云云。臣笑曰:"臣年二十之时,好道术,就观学。先教臣黄书合气三五七九男女交接之道。四目两舌,正对行道,在于丹田。有行者度厄延年。教夫易妇,唯色为初。父兄立前,不知羞耻,自称中气真术,今道士常行此法,以之求道,有所未详。"

甄鸾的这段话不见得都合乎事实,但总也多少反映早期道教的某些实际情况。(按:早期道教男女往来较自由,《后汉书·刘焉传》谓:"(张)鲁母有姿色,兼挟鬼道,往来焉家。"《三国志·魏志·张鲁传》注引《王恭传》谓:"虞珧子妻裴氏有服食之术,常衣黄衣,状如天师,王甚悦之。")从这方面看,寇谦之反对"男女合气之术",应是针对"三张伪法"违背伦常关系而发的,故认为其当在"清除"之列。

总之,以上所言可以看出寇谦之的新道教以反对农民起义利用道教为目的,他所攻击的主要之点即在"三张"之"租米钱税"和"男女合气之术",这是为了巩固地主阶级的政治统治、经济利益和维护封建的伦理道德。道教自葛洪到寇谦之、陶弘景等，逐渐完成了它的"改革"任务，使原来在一定程度上能为农民起义所利用的原始道教变成为封建统治者服务的工具。

第二，寇谦之的新道教企图把北魏政权建成一政教合一的机构，以巩固封建统治。《魏书·释老志》中说：

> 谦之守志嵩岳，精专不懈，以神瑞二年（415）十月乙卯，忽遇大神，乘云驾龙，导从百灵，仙人玉女，左右侍卫，集止山顶，称太上老君，谓谦之曰："往辛亥年，嵩岳镇灵集仙宫主，表天曹，称自天师张陵去世以来，地上旷诚，修善之人，无所师授。嵩岳道士上谷寇谦之，立身直理，行合自然，才任轨范，首处师位，吾故来观汝，授汝天师之位，赐汝《云中音诵新科之诫》二十卷，号曰并进。"言："吾此经诫，自天地开辟已来，不传于世，今运数应出。汝宣吾《新科》，清整道教，除去三张伪法、租米钱税及男女合气之术；大道清虚，岂有斯事。专以礼度为首，而加之以服食闭炼。"

寇谦之所创造的新道教，事非偶然，按上引文所言，自张道陵以后，从封建统治者的观点看来，信道教的多非"修善之人"，常为农民起义所利用。汉末以来，不少统治者已经看到道教这种为农民起义所利用的可能，因此他们一方面对道教采用限制和控制的办法，另一方面他们也意识到仅仅用限制和控制的方法是不行的，因此还对原始道教采取改造的办法，以改变其某些内容，适应统治者的需要。汉桓帝时，襄楷上《太平经》，其目的就是要求当权的统治者来利用道教。但由于当权的统治者一方面还没有认识道教作为宗教的作用，另一方面也因《太平经》内容庞杂，不完全适合当时统治者的需要，因此未被采用。在三国西晋时，当权的统治者虽然用了多种方法限制道教，使道教势力有很大削弱，但是一种宗教产生了并为时代所需要，用政权限制的办法是不能解决问题的。道教仍然在民间流行，而为农民革命所利用。因此，从东晋以后，当权的统治者开始采取利用道教的办法，从原始道教中清除其不利于维护封建统治部分，所以据史书记载上说：汉末以来"从受道者，类皆兵民，胁从无知名之士，至晋世则沿及士大夫矣"（《三国志·魏志·张鲁传》注引）。而且由于宗教本身的消极作用，它总会被统治阶级所利用。到南北朝时，为统治阶级服务的道教形成的客观形势已经存在，孙恩、卢循所领导的农民起义已经失败，统治者深惧农民一而再、再而三地利用道教，因此"清整道教"已是刻不容缓的事了，故《魏书·释老志》说，寇谦之的新道教是"运数应出"。

寇谦之时，北朝社会较为安定，崔浩当时颇有改革政治的野心，《魏书·卢玄传》说：

> （崔）浩大欲齐整人伦，分明姓族。

寇谦之为崔浩所信任，推荐给魏太武帝，据《魏书·释老志》说：

> 世祖即位，富于春秋，既而锐志武功，每以平定祸乱为先，虽归宗佛法，敬重沙门，而未存览经教，深求缘报之意。及得寇谦之道，帝以清净无为，有仙化之证，遂信行其术。时司徒崔浩，博学多闻，帝每访以大事。浩奉谦之道，尤不信佛，与帝言，数加非毁，常谓虚诞，为世费害。帝以其辩博，颇信之。

寇谦之与崔浩之间虽有宗教上的关系，但他们之间主要是政治上的关系。他们都想利用宗教来实现其政治理想，即利用"礼法"来"齐整人伦，分明姓族"。故《魏书·崔浩传》说：

> 天师寇谦之每与浩言，闻其论古治乱之迹，常自夜达旦，竦意敛容，无有懈倦。既而叹美之曰："斯言也惠，皆可底行，亦当今之皋繇也。但世人贵远贱近，不能深察之耳。"因谓浩曰："吾行道隐居，不营世务，忽受神中之诀，当兼修儒教，辅助泰平真君，继千载之绝

统。而学不稽古，临事暗昧。卿为吾撰列王者治典，并论其大要。"浩乃著书二十余篇，上推太初，下尽秦汉变弊之迹，大旨先以复五等为本。

寇谦之和崔浩都是有抱负有野心的政治家，他们实际上都是想用儒家的"礼法"思想来治理天下，使皋繇治世的绝统得以继承。因此寇谦之让崔浩研究总结自古以来的统治经验，他提出"学不稽古"则"临事暗昧"。但是采取什么形式来实现其治世的理想呢？寇谦之企图把道教定为国教，建立一政教合一的国家，所以他是以"辅助泰平真君，继千载之绝统"为己任的。（按：魏太武帝之所以称"泰平真君"，其原因之一为因太武帝继位前封为"泰平王"）《魏书·释老志》谓：

真君三年，谦之奏曰："今陛下以真君御世，建静轮天宫之法，开古以来，未之有也。应登受符书，以彰圣德。"世祖从之。于是亲至道坛，受符箓。备法驾，旗帜尽青，以从道家之色也。

按寇谦之的道教之得以推行，全赖当权统治者的信奉。魏太武帝虽明知道教的某些行事具有欺骗性，但他仍然要利用道教，当非偶然，故《魏书·释老志》载曰：

恭宗见谦之奏造静轮官，必令其高不闻鸡鸣狗吠之声，欲上与天神交接，功役万计，经年不成。乃言于世祖曰："人天道殊，卑高定分。今谦之欲要以无成之期，说以不然之事，财力费损，百姓疲劳，无乃不可乎？必如其言，未若因东山万仞之上，为功差易。"世祖深然恭宗之言，但以崔浩赞成，难违其意，沉吟者久之，乃曰："吾亦知其无成，事既尔，何惜五三百功。"

魏太武帝虽知所建之静轮宫"与神交接"未必可信，但利用道教则是必要的，可见寇谦之所创立的新道教已完全符合当权的统治者的要求了。

第八章　为道教建立比较完备的教规教仪的思想家寇谦之

寇谦之利用政治力量统一道教，宣扬新科，以儒家礼法充实道教之内容，以佛戒律为其形式，把宗教戒律宣布为法律的信条，故其《云中音诵新科之诫》实可成为道教国家之法典也。按佛教戒律至南北朝已大行于中国，《十诵律》已传入，并盛行于关中。任何戒律对于信其教的人，都是带有强制性的，因此寇谦之用宗教戒律来补充和加强国家法令，这样的戒律就可以起双重作用，即强制的作用与信仰的作用，并可把强制的作用建立在信仰的作用基础上，以便人们不易察觉强制作用的强制性。按上文所言，今本《道藏》中的《老君音诵诫经》等，当即《魏书·释老志》中所言之《云中音诵新科之诫》杂以道教修身成仙之术，并吸收若干佛教戒律之条文也。

总而言之，魏太武帝身为国君又披上道教领袖的外衣"泰平真君"，寇谦之是道教教主又充当北魏朝廷的"国师"，且太武帝登坛受符箓，以彰圣德，所用全系道教仪式；谦之造戒律，用宗教信条补充国家法律，以巩固封建王朝，又前引《女青鬼律》更可证寇谦之这位天师意欲利用道教"拯救"天下。故可知寇谦之企图建立一政教合一的政权，当可信也。

第三，寇谦之与佛教的关系。据各种史料看，寇谦之并不反对佛教，且颇欲借助于佛教，至于他之所以与佛教对立，纯系因当时统治阶级内部种种矛盾关系所致，因之使他始终未能制止排佛活动。

魏太武帝毁佛法之事，多系出于崔浩之意，寇谦之并不赞同。据《魏书·释老志》所载，关于太武帝毁法事如下：

……会盖吴反杏城，关中骚动，帝乃西伐，至于长安。先是，长安沙门种麦寺内，御骖牧马于麦中，帝入观马。沙门饮从官酒，从官入其便室，见大有弓矢矛盾，出以奏闻，帝怒曰："此非沙门所用，当与盖吴通谋，规害人耳！"命有司案诛一寺，阅其财产，大得酿酒具及州郡牧守富人所寄藏物，盖以万计。又为屈室，与贵室女私行淫乱。帝既忿沙门非法，浩时从行，因进其说。诏诛长安沙门，焚破佛像，敕留台下四方，令一依长安行事。……始谦之与浩同从车驾，苦与浩诤，浩不肯，谓浩曰："卿今促年受戮，灭门户矣。"

法琳《破邪论》及道宣《古今佛道论衡》亦载此事。后二者当均根据《魏书·释老志》，都是从佛教的立场叙述了这一事实，当可证明事不会假。

寇谦之不反对佛教，不仅因其所创立的新道教在理论上和形式上颇受佛教的影响（陈寅恪《崔浩与寇谦之》一文谓，寇谦之所遇之仙人成兴公"与当时佛教徒有密切之关系也"），更重要的还是因为他是从政治上来考虑这一问题。他深知统治阶级内部的斗争，不仅不利于统治阶级政权的巩固，而且往往会对被统治者有利。所以寇谦之建立新道教的目的很明确，不是在排佛，而是在"清整道教，除去三张伪法"，他和崔浩的结合虽与宗教有关，但主要都在于他们主张"齐整人伦"，"以礼度为首"。据《魏书·释老志》记载，寇谦之曾向牧土上师问及"幽冥之事"，牧土"一一告焉。《经》云：'佛者，昔于西胡得道，在三十二天，为延真宫主。勇猛苦教，故其弟子皆髡形染衣，断绝人道，诸天衣服悉然。'"可见并无诋诽佛教之意。寇谦之从统治阶级立场出发，深知当时的社会矛盾主要是地主阶级和广大农民之间的矛盾，因此主张与统治阶级中其他集团妥协，没有必要排斥佛教，然崔浩不听，终遭杀身之祸。

崔浩排佛，纯系统治阶级内部的不同集团之间的斗争，自不待言。然而为什么寇谦之身为道教之领袖反而不排佛，崔浩为当时儒家思想的提倡者反要排佛呢？我们必须懂得，寇谦之与崔浩虽然都想利用宗教来实现他们政治改革的目的，其目标在主要方面也是一致的，"齐整人伦"，但是崔浩较之寇谦之更多地注重了民族问题，他的改革目的之一也企图通过排佛的活动来巩固汉族豪门大族的政治和社会地位，因此形成了与鲜卑族大族长孙嵩之间的尖锐矛盾，然而寇谦之的重点是放在改革道教本身，建立一个完全可以为统治阶级服务的宗教团体，因此没有更多地去注意民族之间的矛盾（参见陈寅恪：《崔浩与寇谦之》）。查《道藏》中《老君音诵诫经》等亦未见对佛教诋毁的言论。相反，从《老君音诵诫经》等著作内容看，寇谦之所受佛教影响至为明显，其戒律之形式当取自佛教之戒律；上述各种戒经中多有取佛教之意者，如"十善十恶"、"六尘六识"、"因缘轮转"、"生死轮转"、"读经斋戒"、"道士世尊"等等，这些内容在南北朝以前的道教经典中较为少见，当然这些内容或有为后世辗转传抄中篡入者，但从寇谦之的整个思想看，受佛教影响最主要之点当在"生死轮回"的问题上。

　　道教本来主要讲"长生不死"、"肉体飞升"，不讲"灵魂不死"，更无"轮回"的思想。然而寇谦之却把与道教养生成仙的理论相对立的"轮回"思想引入了道教，原来道教和佛教在生死和神形问题上的看法是有着根本不同的（参见汤一介：《略论早期道教关于生死、神形问题的理论》，《哲学研究》，1981（1））。在神形问题上，佛教提倡"灵魂不死"；而道教提倡"肉体飞升"，故佛教主养神，道教主炼形。在生死问题上，佛教主张涅槃寂静，故求永灭，超脱轮回；道教主张无死入圣，故求永生，长生不死。佛教养神，入于涅槃境界，当依觉悟；道教养形，入于仙境，当靠积功。寇谦之在这些问题上虽然还没有离开道教的基本立场，但由于实际上，道教求"长生不死"、"肉体飞升"之不可得，因此他根据佛教若干理论，特别是有关轮回的思想为他的新道教增添了一些新的内容：（1）道教主张养形，本注重今世之修炼，但寇谦之把轮回观念引入道教，认为前世对今生的修炼颇有影响，《太上老君戒经》中说："本得无失，谓前身过去已得此戒，故于今身而无失也。"又如《老君音诵诫经》中说："死入地狱，若转轮精魂虫畜猪羊，而生偿罪难毕。"这显然是受佛教的"六道轮回"的思想影响而有。（2）寇谦之认为，只靠炼形养生不一定就能成仙，成仙之首要在于积有善功。（3）养生之术虽在"服食闭炼"，但靠"诵经万遍"亦得"白日登晨"(《太上老君戒经》)。(4) 寇谦之认为成仙不待外求，主要靠自己，证得大智慧，持上品大戒，也可以成仙，所以《太上经戒》中说："故有道之士，取诸我身，无求乎人；道言修身，其德乃真，斯之谓也。夫学道不受大智慧，道行本愿，上品大戒，无缘上仙也。"这些思想本与道教的思想不相合，但寇谦之为了建立他的新道教，补充道教作为一种宗教在思想理论上的不足，就把它们生硬地拉扯在一起，这只能说明他在理论上尚未能解决佛教和道教在生死神形问题上的根本不同。稍后，南朝的陶弘景也想在这个问题上结合佛道，同样没有成功，直到他临死前所作的《告游》一诗仍然反映出这一矛盾。可见佛教和道教虽然都主张"出世解脱"，但是由于立足点不同，因此在这个问题上确实难以调和。

崔浩与寇谦之不同，他本身并非道教的宗教领袖，他并不关心道教本身的理论和教规教仪，而是作为一政治家来利用宗教，使之为他的政治目的服务，因此崔浩和寇谦之的关系有似一阶级的政治家与思想家的关系。崔浩的主张往往更多地受到现实的政治斗争的影响，与其自身的政治上的利害关系至为密切，在北魏太武帝在位时不是崔浩成为政治上的领袖，就是长孙嵩成为当时的政治领袖。《魏书·穆崇传》中说："高祖曰：世祖时，崔浩为冀州中正，长孙嵩为司州中正，可谓得人。"在封建社会的统治集团中，两雄并立，必伤其一。故崔浩推尊道教，反对佛教，是和他反对长孙嵩相联系的，是势在必行，不得不然。据《魏书·长孙嵩传》记载：

> 世祖即位……诏问公卿，赫连、蠕蠕征讨何先。……尚书刘洁、武京侯安原请先平冯跋。帝默然，遂西巡狩。后闻屈丐死，关中大乱，议欲征之。(长孙)嵩等曰："彼若城守，以逸待劳，大檀闻之，乘虚而寇，危道也。"帝乃问幽微于天师寇谦之，谦之劝行，杜超之赞成之，崔浩又言西伐利。嵩等固谏不可。帝大怒，责嵩在官贪污，使武士顿辱。

又《魏书·崔浩传》记载崔浩对长孙嵩的评论说：

> 长孙嵩有治国之用，无进取之能，非刘裕敌也。

可见崔浩和长孙嵩之间确存在势不两立之矛盾也。寇谦之虽与崔浩一起进行政治改革，但他作为统治阶级的思想家，就可以更多地考虑他的阶级的根本利益和长远利益，并企图用宗教的力量把他的那个阶级的根本利益巩固下来。因此，他反对把统治阶级内部的斗争放在第一位，而主张集中力量改革道教，实现其政教合一的理想，使农民不能再利用道教来危害封建统治，因此在《老君音诵诫经》有下列一段：

> 今世人恶，但作死事，修善者少，世间诈伪，功错经道，惑乱愚民。但言老君当治，李弘应出。天下纵横返逆者众，称名李弘者岁岁有之。其中精感鬼神，白日人见，惑乱万民，称鬼神语，愚民信之。讹诈万端，称官设号，蚁聚人众，坏乱土地，称刘举者甚多，称李弘者亦复不少。吾大嗔怒，念此恶人，以我作辞者乃尔多乎？

可见寇谦之的思想感情完全集中在对付"叛逆之人"上，而且企图借教主身份，呵斥那些"不肖之徒"。他看到这些"叛逆者"利用道教破坏了封建制度，自己建立了政权，"称官设号"；剥夺了地主阶级的土地，"坏乱土地"；搞乱了伦常关系，行男女合气之术。因此，寇谦之以改革道教为己任，这说明他更能从封建地主阶级的根本利益方面来考虑问题。道教经东晋以来葛洪、陆修静、寇谦之、陶弘景等人的改革，与原始道教相比已有很大不同，而更加适应封建统治阶级的要求了。

综观上述各点，当可明寇谦之的新道教的目的和基本内容。向来治史者多注意寇谦之与当时佛教的斗争，认为魏太武帝灭佛法之因在于寇谦之要兴盛道教，殊不知寇谦之并不怎么反对佛教，其建立新道教的目的是在于巩固封建统治，使之更加适合统治阶级的要求，实现他所企图建立的政教合一的封建王朝。

第四，寇谦之与儒家思想的关系。寇谦之为北方之豪宗大族，其兄寇赞"少以清洁知名"，重儒术，《北史》本传谓其"姿容严嶷，非礼勿动"。《魏书·崔浩传》记载，寇谦之常与崔浩论古治乱之道，《北史·崔浩传》略同，谓：

> 天师寇谦之每与浩言，闻其论古兴亡之迹，常自夜达旦，竦意敛容，深美之，曰："斯人言也惠，皆可底行，亦当今之皋陶也。但人贵远贱近，不能深察耳。"因谓浩曰："吾当兼修儒教，辅助太平真君，而学不稽古。为吾撰列王政典，并论其大要。"

可见寇谦之对儒家思想颇为重视，而且他认为应把儒家的理想实现于现实社会之中。

寇谦之的新道教实为儒、释、道三家思想的产物，其形式虽为道教的形式，但其内容多为儒家的礼法、佛教的戒律，并且吸收了某些当时流行的以老庄思想为中心的玄学思想。

自葛洪以来，封建统治阶级的思想就企图系统地以儒家礼法改革道教，充实道教的内容，寇谦之在这方面则更有所发展。他企图使封建主义的礼法宗教化，成为宗教信条。根据《道藏》力字帙各种经戒所包含的内容看，多为封建主义的礼法，归纳起来大体有以下几个方面：

（1）巩固封建地主阶级的土地占有制，论证"公侯卿相伯子男"的"封土"的合理性，攻击农民起义"坏乱土地"、自收"租米钱税"，在《老君音诵诫经》中说："从（张）陵升度以来，旷官寘职未久，不立系天师之位……惑乱百姓，授人职契籙，取人金银财帛，而治民产，恐动威逼，教人颔颐，匹帛牛犊奴婢衣裳，或有岁输全绢一匹，功薄输丝一两。众杂病说，不可称数。"

（2）巩固封建统治阶级的政权机构，"不得叛逆君王，谋害国家"、

"于君不可不忠"。被统治者不得使用暴力造反，攻击领导起义、推翻封建统治政权、"称官设号"是大逆不道的行为，并辱骂这些造反者为"臭肉奴狗魍魉"。

（3）巩固贫富贵贱的封建等级制度，提出"戒勿以贫贱求富贵"，而要求种民"勿怨贫苦，贪富乐尊贵"。

（4）巩固封建的伦常关系，如言"不得违戾父母师长"，处处皆是。《正一法文天师教戒科经》中所载奉道不可行之事二十五条，其中有十六条是为巩固封建伦常关系所设，如说"诸欲奉道不可不勤，事师不可不敬，事亲不可不孝，专君不可不忠"等等。故寇谦之以其道教严戒"败乱五常"之事，并曰："臣忠子孝夫信妇贞兄敬弟顺，内无二心，便可为善得种民矣。"

（5）为把人们的思想束缚在封建统治阶级的礼法范围之内，因此寇谦之认为那些反对封建统治思想的言论是"惑乱愚民"的"诈伪邪说"，那些书籍是"伪书"，是"切坏经典"，"攻错经道"，而他提出的戒经则是"教生民佐国扶命"的"大道"，故其科律能使"诸男女……心身开悟"。

从以上五点看，寇谦之的思想是很明显地吸收了儒家的某些思想内容。不仅如此，他还把道教的"中和"思想和儒家的"中和"（"中庸"）思想结合起来，作为他上述巩固封建统治的理论基础。按"中和"思想要求统治者对老百姓采用"威猛"和"宽惠"的两手，因而老百姓则应安分守己，不逾礼法，不能对统治者采取"过激"的行动。为此，寇谦之提出"主人"对其奴婢不得任意"纵横扑打"；但是奴婢有"过"，主人要告诉他们，做此事应受罚，然后要奴婢"自愿"受杖，而且不得"有怨恨之心"（按：《笑道论》中亦言及道教主张奴婢受杖"不得怀恶心"）。《正一法文天师教戒科经》中说：

> 道以冲和为德，以不和相克。是以天地合和，万物萌生，华英熟

成；国家合和，天下太平，万姓安宁；室家合和，父慈子孝，天垂福庆。贤者深思念焉，岂可不和！天地不和，阴阳失度，冬雷夏霜，水旱不调，万物干陆，华叶焦枯。国家不和，君臣相诈，强弱相陵，夷狄侵境，兵锋交错，天下扰攘，民不安居。室家不和，父不慈爱，子无孝心，大小忿错，更相怨望，积怨含毒，鬼乱神错，家致败伤。此三事之怨，皆由不和……善积合道，神定体安。

在《太平经》中也多言"中和"思想，如说："中和者，主调和万物者也。"（《太平经钞》乙部）然寇谦之则把"中和"思想更紧密地和维护封建统治联系起来。他认为，破坏封建统治的根本原因在于上下"不和"，这些"不和"之产生是由于在下者不安于位，因此才有"坏乱土地"、"称官设号"、贫者欲富、颠倒伦常、诈伪乱真等等思想和行为。而寇谦之认为他的任务就是要利用宗教的力量来调和阶级矛盾，以达到巩固封建统治的目的。

寇谦之的理论也受到当时流行的玄学的影响，魏晋以来所讨论的"名教"与"自然"的关系问题，对寇谦之来说当然也是一个重要问题。因为道教要求"出世"，当主"自然"，而寇谦之却要建立一政教合一的政权，必依"名教"。因而他在解决"名教"和"自然"的关系问题上和郭象的观点大体相近。在《太上老君戒经》中说：

> 夫上士学道在市朝，下士远处山林。山林者，谓垢秽尚多，未能即喧为静，故远避人世，以自调伏耳。若即世而调伏者，则无待于山林者也。

又《太上经戒》中说：

> 十善遍行谓之道士，不修善功徒劳山林。……

寇谦之对山林与朝市的看法和郭象对"名教"与"自然"的看法一样，郭象说：

> 夫圣人虽在庙堂之上，然其心无异于山林之中。（《庄子·逍遥游》注）

与郭象约同时的辛谧在《遗冉闵书》中也说：

> 昔许由辞尧以天下让之，全其清高之节。伯夷去国，子推逃赏，皆显史牒，传之无穷，此往而不返者也。然贤人君子，虽居庙堂之上，无异于山林之中，斯穷理尽性之妙，岂有识之者耶。

正是这样，寇谦之建立政教合一的政权机构的构想才有了理论根据，身为道士的寇谦之虽身在"朝市"，为魏太武帝的国师，亦能调心制性，为道教教主，以求长生不死，因而宗教的王国也就可以在现实的王国中实现了。

三、为道教建立教规教仪

宗教虽然不就是一套仪礼，但仪礼却可以表示一部分宗教观念。如基督教有所谓"洗礼"、"圣餐"等仪式。接受了洗礼的人才可以算是基督教徒。佛教也有许多教仪，入教当和尚要举行受戒的仪式，叫受具足戒，还有诵经的仪式、坐禅的仪式和法会的仪式等等。道教原来也有一些简单的且不大固定的仪式，如有所谓"请祷之法"，人有病或有过错，就由祭酒（道教组织的神职人员）把这个人的名字写在纸上，并说明他的病状或说明他认错了，然后把写好的一份送到天上（即高山上），一份埋入地下，一份沉入水中，以求免祸得福。但那时这种仪式不仅简单，而且对神秘主义的宗教来说显然也很不完备。佛教到东晋后，不仅翻译了大量的"经"，而且把佛教的"戒律"也翻译过来了。东晋以来，《十诵律》、《四分律》、《僧祇律》都有了译本，这就说明佛教的戒律大部分都被译出来，而广为流传了。因此，到寇谦之时在佛教的影响下，他为了"清整道教"，为道教建立了一套较完备的教仪，现分别叙述于下：

1. 奉道受戒的仪式

据《老君音诵诫经》谓：

老君曰：烦道不至，至道不烦，按如修行。诸男女官见吾诵诫科律，心自开悟，可请会民同友，以吾诫律著按上，作单章表奏受诫。明慎奉行如律令。

老君曰：道官箓生初受诫律之时，向诫经八拜，正立经前。若师若友，执经作八胤乐音诵。受者伏诵经意，卷后讫后（按：吴世昌谓"后"当作"复"）八拜止。若不解音诵者，但直诵而已。其诫律以两若（按：杨联陞谓："若"疑当作"函若"）相成（按："成"当作"盛"）之。常当恭谨。若展转授同友及弟子，按法传之。明慎奉行如律令。

这两段的意思是说：无论男女如果看到了《老君音诵诫经》，使他觉悟到应该信奉道教，就可以找已入道的人请他们向道官（即祭酒之类）说明愿意按照"诫律"的要求受戒奉道。在举行受戒的仪式时，开始向《诫经》行八拜之礼，然后正立《经》前。接着由参加仪式的师友，捧着《诫经》用"八胤乐"朗诵（按"八胤乐"未详，或即"八音乐"，阮籍《乐海》："昔圣人之作乐也……定天地八方之音，以迎阴阳八风之声。"中国古代乐器有金、石、土、革、丝、木、匏、竹八类。"作八胤乐音诵"或是由乐器伴奏朗诵）。然后由受道者伏地用一种特殊的腔调朗诵《诫经》的内容，完毕之后再行八拜之礼，就算完成了入道仪式，如果不会"音诵"的，"直诵"（即读出经文）。《诫经》用两个相套着的盒子盛着，要对它十分恭敬谨慎。

2. 求愿时所行的仪式

"求愿"有两种，一为厨会求愿，一为烧香求愿。

厨会求愿：就是举行一种斋会（施舍之会）来祈求消灾降福。而厨会又有三种。上斋行会七日，中斋行会三日，下斋行会一夜一日。斋会的方法是，素饭菜，一日食米三升，房室、五辛、生菜、诸肉尽断，勤修善行，就会时向香火行八拜之礼（按：《陶隐居内传》谓："佛堂有像，道堂无像。"或因其时道教尚无悬像事，故向香火行礼拜），并说明求愿的人所请求的内容（如免除病痛、原谅过错）以及举行这次厨会的要求等等。然后请"大德精进之人"（道教中德高望重的人）坐在首座上，把做好的饭用饭盘送上，一般共有三道菜饭：第一道是小食（小菜，为喝酒用），中间一道为酒，最后上饭。这种求愿的斋会一般在求愿者的家里进行。

烧香求愿：求愿者要在自己家中设一靖舍（深闲的馆舍）。烧香求愿者先到靖舍，站在东面向上恳切地上三炷香，然后行八拜礼，脱帽九叩头，三搏颊（按：据汤用彤先生《读太平经书所见》注二七谓："搏颊不知即《太平经》所言之叩头自搏否？《弘明集》七宋释僧愍《戎华论》斥道教云：'搏颊叩齿者，倒惑之至也。'是搏颊之事南北朝道士犹行之。"《辩正论》卷二引《自然忏谢仪》云："下谢东卿无极世界五岳四渎神仙正真九叩头九搏颊也。"故叩头、搏颊似为二事。又陆修静《洞玄灵宝斋说光烛戒罚灯祝愿仪》中有："礼拜叩搏，每事尽节。"陆修静《太上洞玄灵宝授度仪》中有："各叩头搏颊"，"长跪大谢，弟子叩头，搏颊无数"。可见"搏颊"是早期道教谢罪忏悔的一种形式），在行了这种礼节之后，就把自己祈求的事加以阐说，请求"过罪得除，长生延年"。然后再上香求愿说自己的三宗五祖七世父母等以前死去的那些人，使他们免离苦难，得在安乐之处。再上香求愿现在活着的家中大小平安和富足。甚至还要上香求愿"仕官高迁"、"县官口舌疾病除愈"等等。一愿一上香。在这个斋日要于六个不同的时辰上香。

"靖舍"又称"靖室"，《老君音诵诫经》谓："靖舍外随地宽窄，别作一重篱障，壁东向门，靖主人入靖处，人及弟子尽在靖外。香火时法，靖主不得靖舍中饮食，及着鞋袜，入靖坐起言语，最是求福大禁。"陆修静的《道门科略》也对"靖舍"作了详细说明："奉道之家，靖室是至诚之所。其外别绝，不连他屋。其中清虚，不杂余物。开闭门户，不妄触突。洒扫精肃，常若神居。唯置香炉、香灯、章案、书刀四物而已。"

3. 为死亡人请祈的仪式

道官道民有死亡，在七天内办完丧事。家中要为死亡的人散其生时的财物而举行斋会。参加人可多可少，非道民也可以参加。在为死亡的人设斋会烧香时，道官一人在靖坛中正东向，箓生（司仪者）和主人也东向，各行八拜九叩头九搏颊，共三遍而止。如果参加的人很多也可以坐着，行礼时再起而叩头。主人口称官号姓字，并向无极大道禀启，要多次上香，为亡者解罪过。当一切仪式行完之后，靖主要为主人求愿收福。客人离开时要向靖舍八拜等等。

4. 为消除疾病祈请的仪式

道民家中有人得病，可以把道官（师君）请到家里来，师君先让道民在靖舍中点燃香火，道民在靖舍外面西向散发叩头，把病状写在纸上，请求宽恕，使所患疾病痊愈，然后再按照规定行礼。

5. 为宥过的祈请仪式

道民因不慎而犯法或其他过错，先要计算应罚多少钱，并让其归还受害者，然后用举行厨会的办法来请求免除过错。做会时，先由主人向香火八拜九叩头，三十六搏颊，共三次；然后再拜，并用手捻香放入香炉中，同时说明自己因无知而犯过错，请求宽宥，并愿出钱做厨会，请参加者证明，以后不敢再犯。

6. 三会仪式

按道教有所谓"三元会"，南朝以正月七日、七月七日、十月五日为三会日（参见陆修静：《陆先生道门科略》），唐朝以正月十五日、七月十五日、十月十五日为三元日，这三天道民要举行斋会。在上述三元日时，道民要到他们所属的"治"（道教的一级教区）举行集体的斋会。开始在靖舍前面送上章籍（道民的祈祷词），正立在南面，面向北面，并且各就各位，排列好队伍，八拜九叩头九搏颊，然后再拜伏地，这样送章籍的仪式就算完成了，于是大家互相祝贺。

还有其他一些教仪，就不一一列举了。举行这样一些仪式的意义对于宗教来说，一方面是增加宗教的神秘性和庄严性；另一方面也是要求教民对教会服从，所以在每种教仪规定的最后都有一句"明慎奉行如律令"，要求道民非常谨慎小心地奉行这些教仪，应如奉行法律和法令一样。

寇谦之除制定了若干道教的仪式之外，还为道教制定了一套教规。从他所制定的教规看，既有大量儒家所要求维护封建统治的礼教，如三纲五常之类，又有不少从佛教戒律中吸取的东西，如五戒（不杀生、不偷盗、不邪淫、不妄语、不饮酒）等，但也有一些是应属于道教作为一种特殊宗教所有的教规。下面举两种戒律来说明这个问题。

在《道藏·洞神部·戒律类》中有《道德尊经想尔戒》和《道德尊经戒》两种，这两种戒律是否寇谦之的作品很难确定，但它们是早期道教的戒律当无疑问，故很可能为寇谦之吸收到他的《云中音诵新科之诫》中。《道德尊经想尔戒》当和《想尔注》有关，其全文如下：

行无为，行柔弱，行守雌勿先动（此上最三行）；

行无名，行清静，行诸善（此中最三行）；

行无欲，行知止足，行推让（此下最三行）。

此九行二篇八十一章，集会为道舍，尊卑同科，备上行者神仙，六行者倍寿，三行者增年不横夭。

这里无非是把老子《道德经》中的"无为"、"无名"、"无欲"、"柔弱"、

"守雌"、"清静"、"知止足"等等内容抽出作为戒律，并认为能行上行者可以成神仙；能行中行以下者可以使寿命延长一倍；行下三行者可以增加寿命而不夭折。这些戒律内容都比较多地表现了道教的特点，一是取自《道德经》，二是可以长生或增寿。而且从戒律的内容看，它应是道教较早的作品，因为从内容上看它还没有受到佛教的影响，也还没有杂入儒家思想。

《道德尊经戒》共二十七条，分上、中、下，各九戒，其中大部分属"少思寡欲"之类的道家的要求，但已吸取了若干儒家思想内容，如"勿以贫贱强求富贵"等，不过也还看不出佛教戒律的明显影响，而其中有几条戒律作为道教的戒律则是有代表性的：

> 戒勿费用精气；
> 戒勿为伪彼（按：当作"技"字）；
> 戒勿忘道法。

这三条是在最上九戒之中。列于二十七条之后也有如下一段：

> 此二十七戒，二篇共合为道渊、尊卑通行，上备者神仙，持十八戒倍寿，九戒者增年不横夭。

看来《道德尊经戒》当为《想尔戒》变化而成，故和《想尔注》有密切关系。按：《想尔注》中有多处批评"伪伎"，如说：

> 人等当欲事师，当求善能知真道者，不当事邪伪伎巧，邪知骄奢者。

按："伪伎"当为"邪伪伎巧"之省文。又如：对"载营魄抱一能无离"的注说：

> 魄，白也，故精白，与无同色，身为精车，精落故当载营之。神

成气来，载营人身，欲全此功无离一。一者道也，今在人身何许？守之云何？一不在人身也，诸附身者悉世间常伪伎，非真道也；一在天地外，入在天地间，但往来人身中耳，都皮里悉是。……世间常伪伎指五脏以名一，瞑目思想，欲从求福，非也，去生遂远矣。

又有如：

道至尊，微而隐，无状貌形象也。但可从其诚，不可见知也。今世间伪伎指形名道，令有服色名字、状貌、长短，非也，悉邪伪也。

世间伪伎，不知常意，妄有指书，故悉凶。

真道藏，邪文出，世间常伪伎称道教，皆为大伪不可用。

《想尔戒》之"勿为伪伎"当来自《想尔注》。盖《想尔注》中虽已把"道"人格化，但反对把人格化之"道"视为有形象可见、有尺寸可量以及有名号可呼（陈世骧《〈想尔〉老子道经敦煌残卷论证》已论及）。但以为"道"有"姓字服色"以及长短等等见于葛洪之《抱朴子内篇·地真》，而葛洪这一思想又是来源于《太平经》，如有说"神长二尺五寸，随五行五脏服饰"。此恰为《想尔注》所批评之观点。这正说明，由于道教中之不同派别对"道"的性质的不同了解，而有不同之戒律也。至于"勿费精气"实亦见于《想尔注》中，如说"宝精勿费"，"人之精气满脏中，苦无爱守之者，不肯自然闭心而揣搅之，即大迷矣"等等。

寇谦之不仅制定了道教的教规，而且还说明了一种宗教需要戒律的原因。他认为，第一，宗教有了戒律才可以使奉道的人成为有"道德之人"，他假借老君的话说："老君曰：人生虽有寿万年者，若不持戒律，与老树朽石何异？宁一日持戒为道德之人而死补天官，尸解升仙。世人死有重罪，无益鬼神，神鬼受罪耳。"（《老君音诵诫经》）第二，因为"道"的性质是"无为"，人应效法"道"，用戒律约束自己，不做"有为"的贪利之事，如他说："诸贤者欲除害止恶，当勤奉教戒，戒不可违，道以无为为上。人过积（按，意谓"人的过错积累起来"），但坐有为，贪利百端。道然无为，故能长存；天地法道无为，与道相混；真人法天无为，故致神仙。"（《正一法文天师教戒科经》）

寇谦之为道教建立比较完整的教规教仪，并不是说在他以前道教就没有教规教仪，而是说在这以前道教的教规教仪不如寇谦之所建立的那么完整。当然寇谦之之所以能建立比较完整的道教的教规教仪也正是他吸取了前此已有的不大完整的规仪而加以完备化的。寇谦之建立了比较完整的道教的规仪，也说明这时道教不仅有可能来建立一套教规教仪，而且也有必要了。从必要方面说，寇谦之看到了宗教的作用的一个很重要的方面，即宗教可以起道德教化的作用。道德问题是古代人们精神上最容易困惑的问题之一，所以宗教必须同时作为一种伦理学说，才能发挥它从精神上给人们一种慰藉的作用，正如普列汉诺夫所说："广义的而且当然是在确切得多的意义上的宗教，实际上只有当社会人为了自己的道德或一般地为了自己的行动和设施开始向神或诸神寻求恩准的时候才产生的。"（《评弗·吕根纳的一本书》，见《普列汉诺夫哲学著作选集》第三卷）道教要成为一种完备意义的有影响的宗教团体，在它有了一定的教会组织和较完备的教义理论之后，就不能不建立起维护其教会组织和约束其教徒行为的教规教仪。这些教规教仪对教徒来说不仅有强制作用，而且有劝善止恶的道德教化作用。

第九章　为道教首创经典目录的思想家陆修静

陆修静生于东晋义熙二年（406），卒于刘宋昇明元年（477），字元德，吴兴东迁（今浙江吴兴东）人，三国时东吴丞相陆凯的后代，年少时学过儒家的经典和三坟八索谶纬等学说。后来学道教，曾历游名山，南至九嶷、罗浮，西至巫峡、峨嵋，访仙问道，搜求道书，宋文帝元嘉末（453），尝去京师建康（今江苏南京）卖药，文帝令左仆射徐湛之请陆修静留在京师，"时太后王氏雅信黄老，降母后之尊，执门徒之礼"（《太平御览》卷六百七十九引《三洞珠囊》），对陆修静十分礼遇。同年，因避太初之难，于是南游。孝武帝大明五年（461），陆修静在庐山东南瀑布岩下建立道观，名叫简寂观，隐居修道于其中，故又称简寂先生。

明帝即位，意欲弘扬道教，曾派江州刺史王景宗礼聘陆修静到京师。陆修静没有应聘。泰始三年（467）又派王景宗再三延请，始至京师。这时陆修静已有很高的名望，他把自己的应聘和老子做周守藏史相比，他说："主上聪明，远览至不肖，猥见采拾，仰惟洪眷，俯深惭惕。老子尚委王宫以辅周室，仙公替金锡佐吴朝。得道高真，犹且屈己，余亦何人，宁可独善乎?"(《三洞珠囊》卷二引《道学传》)明帝于华林馆躬自问道,礼遇甚厚,于京师北郊构筑崇虚馆,请陆修静居住。陆修静"乃大敞法门,深弘典奥。朝野注意,道俗归心。道教之兴,于斯为盛"(马枢:《道学传》)。南朝自陆修静后,道教确实兴盛一时。陆修静和北朝的寇谦之一样,都抱着"清整道教"的目的,为把道教建成一完备意义上的宗教团体出了不少力。陆修静传孙游岳,孙游岳传陶弘景,故陶弘景是陆修静的再传弟子,他在道教中的重要地位可想而知。

关于陆修静的生平事迹,除马枢的《道学传》的《陆修静传》和《宋书》、《南史》的传外,尚有唐吴筠的《简寂先生陆君碑》(见《全唐文》卷九百二十六),梁沈璇《简寂观碑》(见雍正《江西通志》卷一百二十),后来的其他道教传记亦多有陆修静的传,如元赵道一《历世真仙体道通鉴》及张雨的《玄品录》等均有。

陆修静的著作很多,据元刘大彬《茅山志》说:陆修静为道教"著斋戒仪范百余卷",现存于《正统道藏》中的有:《太上洞玄灵宝众简文》、《洞玄灵宝五感文》、《陆先生道门科略》、《太上洞玄灵宝授度仪》、《洞玄灵宝斋说光烛戒罚灯祝愿仪》各一卷,均收在《洞玄部》中,为灵宝一系之道教经典。另外还有《灵宝经序》收在张君房《云笈七签》卷四中,《古法宿启建斋仪》收在《无上黄箓大斋成立仪》中,其他尚著有《道德经杂说》(《宋志·道家类》及《神仙家类》),《三洞经书目录》(《道教义枢》卷二)、《陆先生问答道义》、《陆先生黄顺之问答》(《道教阙经目录》),《灵宝道士自修盟真立成仪》、《三元斋仪》、《燃灯礼祝威仪》、《金箓斋仪》、《玉箓斋仪》、《九含斋仪》、《解考斋仪》、《涂炭斋仪》等散见于《无上黄箓大斋成立仪》中,但均非全书。又《通志·诸子类·道家略》中著录有《服御五芽道引元精经》、《升元步虚章》、《灵宝步虚词》、《步虚洞章》等。在佛教著作中载有陆修静著作书名者尚有《必然论》、《荣隐论》、《遂通论》、《归根论》、《明法论》、《自然因缘论》、《五符论》以及《三门论》等，均见于唐法琳《辩正论》中，《对沙门记》见于《破邪论》中。

陆修静为使道教成为一完备意义上的宗教团体，他主要做了三件事：（1）对道教的经典进行分类、整理，编出《三洞经书目录》；（2）为整顿道教建立教规教仪；（3）提出道教建立独立的教会组织形式。

一、对道教的经典进行分类、整理，编出《三洞经书目录》

在中国历史上非常注意书籍的汇集，在一部二十四史中许多史都有《艺文志》或《经籍志》。这些书籍目录就是对当时存书汇集的记录。在佛教传入后，随后道教也建立了，因而汇集佛道二教的书籍也就成为佛教徒和道教徒（或非教徒）的一项重要工作。从佛教方面说，在东晋初已有道安的《综理众经目录》，该书虽已失散，但大部保存在梁僧祐的《出三藏记集》中。现在最早的佛经目录就是《出三藏记集》，这已是萧梁时的事了。

关于道经的目录可以说是在葛洪的《抱朴子内篇·遐览》中就已经有了，内载道经六百七十卷和附五百余卷的书名，合计一千二百余卷，说是他的老师郑隐所藏的书，其中有二百多卷是葛洪看过的。但《遐览》仅列书名及卷数，而没有分类的系统，而且当时是否真有一千二百余卷也很可疑（按：葛洪《神仙传》谓有道经一千卷）。葛洪（283—343）与道安（312—385）同时略早。自葛洪以后，道教徒确实大量编纂道教经典。葛洪的从孙葛巢甫编纂灵宝类经典，许黄民、王灵期编纂了上清类经典，鲍靓则编纂了三皇经类，于是编纂道经之风气大行。然道教徒编纂道经多谓为神仙传授，故往往既不说明作者，又不注明时代，真伪混杂，颠倒舛错，多无次序，对道教的理论的完善和发展颇为不利。根据这一情况，对道教经典加以整理，辨其真伪，分别系统，就成为十分必要的事。

先是陆修静于元嘉十四年（437）对《灵宝经》系统进行了一些整理，据其《灵宝经目序》说：

> 顷者以来，经文纷互，似（按：陈国符《道藏源流考》谓当作"是"）非相乱。或是旧目所载，或自篇章所见，新旧五十五卷，学士宗竞，鲜有甄别。余先未悉，亦是求者一人。既加寻览，甫悟参差。或删破《上清》，或采抟余经，或造立序说，或回换篇目。神益句章，作其符图。或以充旧典，或别置盟戒，文字僻左，音韵不属，辞趣烦猥，义味浅鄙，颠倒舛错，事无次序。

这部《灵宝经》的卷数据陆修静整理后谓可信者为三十五卷，在他的《上太上洞玄灵宝授度仪表》中说：

> 然即今见出元始旧经，并仙公所禀，臣据信者，合三十五卷。

从上引两段材料看，到宋刘之初《灵宝经》已有混杂，《上清经》既已杂入其中，但陆修静自己也构造了不少道教经典，他特别注意编纂道教的"斋戒仪范"，今可考者在《正统道藏》中就有《太上洞玄灵宝授度仪》等多种。《无上黄箓大斋立成仪》卷十七中说："陆天师因《太极敷斋戒仪经》，撰《灵宝道士自修盟真斋立成仪》。"卷三十五又引陆天师《燃灯礼祝威仪》，卷十七又云："陆天师《三元斋（仪）》"，卷十六云："太极真人演经文而著《斋戒威仪之诀》，陆天师摭经诀，而撰斋谢戒罚之仪。三箓（按：指《金箓》、《玉箓》、《黄箓》）九幽，解考《涂炭》，三日七日，一时九时，品目虽繁，而仪矩则一，沿流穷源，舍太极真人及陆天师果何适矣！"又卷十六中有《古法宿启建斋仪》乃陆修静所撰，而为后人所改订者（以上材料均据陈国符《道藏源流考》之《陆修静总括三洞》）。陆修静所撰斋仪之类都在"灵宝"系统之中，故陶弘景《真诰·叙录》谓：陆修静"既敷述《真文赤书》、《人鸟五符》，教授施行已广。"《真文赤书》、《人鸟五符》当属《灵宝经》系，即《正统道藏》中所收的《太上洞玄灵宝赤书玉诀妙经》和《元始五老赤书玉篇真文经》，此皆在《洞玄经》。可见陆修静对《灵宝经》系统十分重视（详见陈国符：《道藏源流考》之《灵宝经考证》）。又据《真诰·叙录》谓，陆修静南下，立崇虚馆，取杨羲和许谧、许翙所写《豁落符》及真喭二十许小篇并何道敬所摹二录（按："二录"之义未详）入馆，故知陆修静也得到《上清经》系统之道经。《道教义枢》卷三《三洞义》谓，陆修静亦得《三皇经》文。由于陆修静对当时流行的道经三个系统《灵宝经》系、《上清经》系和《三皇经》系都有所接触，所以他有条件编纂道经目录。且陆修静于《上太上洞玄灵宝授度仪表》中已提出"三洞"和"洞玄"这样的名称，并视为道教经典之总汇，文中说：

> 自《灵宝》导世以来，相传授者，或总度三洞，同坛共盟，精粗糅杂，小大混行，时有单授"洞玄"，而施用"上法"，告召错滥，不相主伍。

又《五感文》亦谓：

> 此五感之文，乃是道士修六斋之法，皆出三洞大经。

刘宋泰始七年（471），陆修静因教上《上三洞经书目录》说：

> 道家经书，并药方、符图等，总一千二百二十八卷。其一千九十卷已行于世，一百三十八卷犹在天宫。

今存汇集道教经典的最早者为明《正统道藏》。《正统道藏》即按三洞四辅分类，其所谓"三洞"之名，首见于陆修静的《三洞经书目录》。所谓"三洞"，即指"洞真"，《上清经》系属之；"洞玄"，《灵宝经》系属之；

"洞神",《三皇经》系属之。故自陆修静创"三洞"之名,并确立了上述三类经典在道教中的正统、核心地位之后,历代相沿不改。据《道教义枢》谓,或在刘宋陆修静与萧梁陶弘景之间有孟法师(智周)编撰《玉纬七部经书目录》,"七部"之名始见。"七部"者,即"三洞四辅"之谓。所谓"四辅",即"太清"、"太平"、"太玄"和"正一"等四部。"三洞"每部又分十二类(又称十二部),即第一本文,第二神符,第三玉诀,第四灵图,第五谱录,第六戒律,第七威仪,第八方法,第九众术,第十记传,第十一赞颂,第十二章表。道经目录的编撰始自刘宋陆修静,这时佛经已广泛流传,佛教经典到刘宋时已经很多,据《众经别录》(未详作者,据《开元释教录》言,当成于刘宋之时)说,这时已译出的佛教典籍有一千八百九十部,总二千五百九十六卷,大小乘经、律、论皆有。佛教经典又有十二部之分,即第一经,第二重颂,第三讽颂,第四因缘,第五本事,第六本生,第七阿毗达摩(论,对法),第八譬喻,第九论议,第十自说,第十一方广,第十二授记。道教经典的编撰分为"三洞四辅"、"十二部"当是受到佛教经典目录编纂的影响,同时也表现了道教徒意欲与佛教抗衡之意图。但从道教本身说,把他们的经典按"三洞四辅"编纂起来,也还有其特殊的意义,《云笈七签》卷六中说:

>《道门大论》云:三洞者,洞言通也,通玄达妙,其统有三,故云三洞。第一洞真,第二洞玄,第三洞神。

又引《本际经》谓:

>洞真以不杂为义,洞玄以不滞为名,洞神以不测为用。故洞言通也。三洞上下,玄义相通。洞真者,灵秘不杂,故得名真。洞玄者,生天立地,功用不滞,故得名玄。洞神者,召制鬼神,其功不测,故得名神。此三法皆能通凡入圣,同契大乘,故得名洞也。

盖"洞"是"通"的意思，就是说通达到神仙的根本道路。"洞"作"通"解早见于《淮南子·诠言训》：

> 洞同天地，浑沌为朴，未造而成物，谓之太一。

而用"三洞"这一名称更可能与东汉的《太平经》有密切关系。按：《太平经》或又名《太平洞极经》（见前），《太平经》卷四十一中说：

> 洞者，其道德善恶，洞洽天地阴阳，表里六方；莫不响应也。

《太平经》又名《太平洞极经》的原因就在于这部书是"洞于六合，洽于八极"，意谓"无所不包，无所不通"也，故《玉经隐注》谓："三洞经符，道之纲纪。""三洞经符"是道教的最根本的无所不包的经典。至于以"三洞"来编纂也与道教注重"三"这一数字有关。按，道教奉《老子道德经》为最重要之经典，而《道德经》对"三"就十分重视，如第十四章谓"道"的性质为"夷"、"希"、"微"，并说"此三者不可致诘，故混而为一"，又第四十二章说"三生万物"等等。《太平经》以"三一为宗"，修身以精、气、神三者浑一；治国以天、地、人三者合一，故曰"以三一为宗"。《抱朴子内篇·地真》也说："道起于一，其贵无偶，各居一处，以象天、地、人，故曰三一也。""四辅"，为取"四方"之义，"太清"辅"洞神"，"太平"辅"洞玄"，"太玄"辅"洞真"，"正一"则贯通总成。《正一经图科戒品》谓：

> 《太清经》辅"洞神部"，金丹以下仙品；《太平经》辅"洞玄部"，甲乙十部以下真业；《太玄经》辅"洞真部"，五千文以下圣业。《正一法文》，宗道德，崇三洞，遍陈三乘。《太平经》云："辅者，父也，扶也。"今言"三太"辅"三洞"者，取其事用相资，成生观解，若父之能生也。众生钝劣，闻深教不解，更须开说翼成，方能显悟，即是扶赞之义也。（《道教义枢·七部义》引）

所谓"三太"即除"正一"之外的"太清"、"太玄"、"太平"也。又《玉纬经》则说："洞神、洞玄、洞真是三清境。"而道教有所谓"一气化三清"之说，《道教义枢》卷七引《太真科》：

> 大罗生玄元始三气，化为三清天：一曰清微天玉清境，始气所成；二曰禹余天上清境，元气所成；三曰大赤天太清境，玄气所成。

"三清"即指"玉清"、"上清"、"太清"，为"一气"所化。或谓"一气化三清"为太上老君化为元始天尊、灵宝天尊和道德天尊。故有说，天宝君即元始天尊，所说经为"洞真"，是大乘；灵宝君即太上道君，所说经为"洞玄"，是中乘；神宝君即金阙玉帝，所说经为"洞神"，是小乘。这样一些说法当然都有其宗教上的意义，由其宗教信仰上的原因而编造出来的。

陆修静编撰的《三洞经书目录》虽已散失，但其分类系统却一直影响着以后《道藏》的编纂，南宋金允中《上清灵宝大法总序》说："宋简寂先生陆修静分三洞之源，立四辅之目，述科定制，渐见端绪。"虽"四辅之目"非陆修静所创，但道经分为"三洞"则始于陆修静，其"述科定制"之功不可没也。

二、为整顿道教组织建立教规教仪

斋戒规仪是构成宗教的基本要素之一，陆修静为整顿道教，使之成为一种更加完备意义上的宗教，在道教已经有了基本教义之后，建立起一套适应其基本教义要求并能巩固教会组织的教规教仪，就成为道教的一项重要任务。

在东晋时孙恩等利用道教所发动的农民起义失败之后，当权的统治者更加重视礼法的作用。刘宋时，历代皇帝对文治颇为留心，刘裕初即位就让何承天、傅亮等共撰朝仪，后何承天又把八百卷的《礼论》删减合并，以类相从，成三百卷的《礼论》。宋文帝又立儒学、玄学、文学、史学等"四学"，对礼法的重视有了明显的增强。与此同时，佛教也有很大发展，前此道安和尚已自制"僧尼轨范，佛法宪章，条为之例"（《高僧传·道安传》）；鸠摩罗什等佛教大师又译出《十诵律》、《四分律》和《僧祇律》等七部戒律。道教要巩固其教会组织，适应统治者对道教进行改革的需要，并和佛教相对抗，建立一套教规教仪是十分重要的。前此在北朝寇谦之已经注意到这个问题，正是陆修静使南朝道教的教规教仪得以系统的建立起来。

1. 对建立斋戒规仪必要性的论证

陆修静在他的一些著作中论证了建立道教教规教仪的必要性，他认为斋戒规仪应以"劝善戒恶"为宗旨。在中国传统中有所谓"三不朽"的观点，其中以"立德"为上，陆修静在《五感文》中说：

> 道以斋戒为立德之根本，寻真之门户，学道求神仙之人，祈福希庆祚之家，万不由之。

因此，《五感文》提出行斋戒要建立在道德教化的基础上，他说：

> 若涂炭斋者，无五感之心，不得劝吾之意，一则费香徒劳，二则成于虚诳，三则轻慢法禁，四则毁辱师教，五则更招罪罚。

于是陆修静提出"五感"，不仅要感谢父母养育之恩，而且要感谢太上众尊大圣真人开道教教化和师长开度之恩。这说明行斋持戒在于教人以实现宗教"行善止恶"的目的。《陆先生道门科略》中也说：

> 夫受道之人，内执戒律，外持威仪，依科避禁，遵承教令，故经云：道士不受《老君百八十戒》，其身无德，则非道士。

《老君百八十戒》见于《正统道藏》力字帙中，其中多为尊长孝父，安民治国，恪守礼法之类。故陆修静在《洞玄灵宝斋说光烛戒罚灯祝愿仪》中说：

> 圣人以百姓奔竞，五欲不能自定，故立斋法，因事息事。禁戒以闲内寇，威仪以防外贼。礼诵役身口，乘动以反静也；思神役心念，御有以归虚也。能静能虚，则与道合。

此可注意者，陆修静清楚明白地提出了立斋戒规仪的目的，它是要使奉道之人身从合于"道德"、"礼法"，心无杂念，身无妄行，而与"道"合。为此，《五感文》之末列举了九等斋法共十二种。

2. 斋戒规仪是成仙得道必由之路

道教的斋戒规仪必须是为道教徒达到其向往的神仙世界开辟道路，因而陆修静在《洞玄灵宝斋说光烛戒罚灯祝愿仪》中说：

> 夫斋直是求道之本，莫不由斯成矣。此功德巍巍，无能比者，上可升仙得道，中可安国宁家，延年益寿，保于福禄，得无为之道，下除宿愆，赦见世过，救厄拔难，消灭灾病，解脱死人忧苦，度一切物，莫有不宜矣。

陆修静认为，斋戒规仪的功用对道教说是很根本的，它不仅可以消灾祛病，可以安国宁家，延年益寿，而且是成仙得道的必由之路。这样，他使斋戒规仪不仅成为整顿道教使之合于"道德礼法"的手段，而且成为"成仙"的根本方法了。这种"治身"与"治国"相统一的观点，正是道教的特点之一。

从陆修静为道教制定的斋戒规仪中，我们还可以进一步看到它反映了道教这一特点。在陆修静看来，斋戒规仪既是道教"劝善戒恶"的教条，同时又是修炼身心使之得道成仙的方法。所以他说：

> 夫斋当拱默幽室，制伏性情，闭固神关，使外累不入；守持十

戒，令俗想不起。建勇猛心，修十道行，坚植志意，不可移拔，注玄味真，念念皆净，如此可谓之斋。(《洞玄灵宝斋说光烛戒罚灯祝愿仪》)

接着陆修静列举出所谓"十戒"：

一、香汤沐浴，以精、神、气使五体清洁，九孔鲜明，衣服悉净，内外芳馨，延降高真，视接虚灵故也；

二、废弃世务，断俗因缘，屏隔内外，萧然无为，形心闲静，注念专精；

三、中食绝味，挫割嗜欲，使盈虚得节，脏腑调和，神气清夷，含养元泉；

四、谨身正服，斋整严肃，舍离骄慢，无有怠替，礼拜叩搏，每事尽节；

五、闭口息语，不得妄言，调声正气，诵味经文，开悟人鬼，会感仙圣；

六、涤除心意，不得邪想，调伏六根，荡灭三毒，存神思真，通洞幽微；

七、烧香奏烟，鸣鼓召神，上闻三清，普宣十方；

八、忏谢罪咎，请乞求愿，心丹至诚，谦苦恳恻；

九、发大慈悲，愍念一切，灾厄恼难，成愿度脱，生死休泰，无复忧苦；

十、进止俯仰，每尽闲雅，更相开导，言止于道，不得离法，觉有跌误，便即逾失，稽颡忏悔。

从陆修静所列"十戒"，我们可以看出，他把个人修炼（养生）和道德修养结合起来，把道教养"精、气、神"的"长生不死"和佛教"断俗因缘"、"调伏六根"的"生死解脱"结合起来，使道教的身心修炼和佛教的

慈悲忏悔结合起来，这样就使道教的"养生成神"的学说更加进一步道德伦理化了。同时又把道教的"精、气、神"相结合的思想纳入斋仪之中。因而陆修静在列举"十戒"之后，又对"灵宝自然无上斋"法作了说明，谓此斋法是有"微妙之功"的，通于天地人三才的，"无能使之然，亦无能使之不然"的、"超度一切，绝灭生死"的方法，他接着说：

> 是故太上天尊，开玄都上官紫微玉笈，出灵宝妙斋，以人三关躁扰，不能闲停，身为杀盗淫动，故役之以礼拜；口有恶言绮妄两舌，故课之以诵经；心有贪欲嗔恚之念，故使之以思神。用此三法，洗心净行，心行精至，斋之义也。

这里陆修静把"礼拜"、"诵经"、"神思"三法作为斋戒的基本内容，而这三方面正是从佛教所提出的"身"、"口"、"意"三业变化而来。佛教对"业报"的解释带有神秘主义色彩，与"养生成仙"本不相关，而道教的"灵宝妙斋"竟以此为"得道成仙"的基本内容，可见陆修静时道教已受到佛教的若干影响。从这点看，这时南朝道教较之北朝寇谦之时的道教受佛教影响更多了。消除"身"、"口"、"意"三业虽为"得道成仙"创造了条件，但从道教的立场上看，光靠这方面是不够的，因为"成仙"的最上者为"肉体飞升"、"长生不死"。因此，陆修静制定的斋仪也还没有离开早期道教主张"精"、"气"、"神"三者结合而"成仙"的理论，所以关于"斋仪"和"气"的关系，他在《洞玄灵宝斋说光烛戒罚灯祝愿仪》中说：

> 夫万物以人为贵，人以生为宝，生之所赖，唯神与气。神气在人身，为四体之命，人不可须臾无气，不可俯仰失神。失神则五脏溃坏，失气则颠蹶而亡。气之与神，常相随而行；神之与气，常相宗为强。神去则气亡，气绝则身丧。一切皆知畏死而乐生，不知生活之功在于神气。而数凶其心，而犯其气，屡淫其神，而㓰其命。不爱其

静，存守其真，故致于枉残也。人何可不惜精守气，以要久延之视，和爱育物，为枝叶之福。圣人以百姓奔竞，五欲不能自定，故立斋法，因事息事。禁戒以闲内寇，威仪以防外贼。礼诵役身口，乘动以反静也；思神役心念，御有以归虚也。能静能虚，则与道合。譬回逸骥之足，以整归真之驾。严遵云：虚心以原道德，静气以期神灵。此之谓也。而末世学者，贵华贱实，福在于静，而动以求之；命在于我，而舍己就物。若斯之徒，虽欣修斋，而不解斋法；或解斋法，而不识斋体；或识斋体，而不达斋义；或达斋义，不得斋意。纷纭错乱，靡所不为；流宕失宗，永不自觉。譬背惊风，而顺迅流，不知溯洄反源，遂长沦于苦海，可不悲哉！

从上面引的陆修静这段话，我们可以看到：第一，陆修静认为，人是"畏死乐生"的，而人的生命现象有赖于"神"与"气"的结合。因此，人要求"长生不死"就得使"神"与"气"常相辅而行，要"惜精守气"。这里陆修静所说的"神"似仍指"五脏神"。"五脏神"早见于《素问·宣明·五气》，文中说："五脏所藏，心藏神、肺藏魄、肝藏魂、脾藏意、肾藏志，是谓五脏所藏也。"《老子河上公注》根据这种观点而演为"养神不死"的学说，谓："人能养神不死，神谓五脏神也。……五脏尽伤，则五神去。"(《成象》) 看来，陆修静仍以"神"为一种"精神现象"，而这种精神现象是和生理器官相联系的，或者说这种精神现象是由生理器官所发生的，如果"五藏"败坏了，"五神"也就会离开人的肉身而去。这就是说，"神"也是一种"气"，它才可以离身而去。"精"也是一种"气"（精气），它是指在体内循环流通的"气"，所以在陆修静的《太上灵宝授度仪》中常说"行气"，此所谓"行气"就是使人体内的"精气"得以循环流通，这和道教的所谓"内丹"有关。而人的身体也是由"气"构成，它必须好好保养，使不败坏。因此，如果身体保养得很好，"五神"不离去，"精气"在体内依一定的路线流通循环,这样人就可以"长生不死"了。而斋戒规仪就是要"惜精守气",使"神"与"气"合,以达到"长生不死"的目的。第二,如何使"神"与"气"相合,照陆修静看,不仅要炼养行气(详后),而且要能不受外物的引诱和自身欲望蠢动的影响,这样就要用斋戒规仪来控制人的"欲望",使身、口、意不妄动,而能虚能静。"能虚能静"不仅要炼养身心,而且更要靠道德修养。陆修静引用了严遵的两句话,前一句说明斋法是要用道德规范使心无杂念,"虚心以原道德";后一句是说斋法可以使"气"不躁动于外物内欲,而得神存长生,"静气以期神灵"。第三,在上引的话中,陆修静用了"苦海"一词,这显然是受佛教的影响。但道教主张"长生不死",并不认为现世界为一"苦海",怎么又说要脱离"苦海"呢?细细玩味陆文之意,他并不是认为"有生"就是在"苦海"之中,而是认为追求外物,沉于内欲,贵华贱实,追求这样的生活犹如在"苦海"之中,但如"能虚能静"而与道合,则虽"有生"(生活在现世界中),也是超脱了"苦海"。所以陆修静认为,斋法之所以重要就在于它使人们能生活在现世界中,而得以"得道成仙"。为此,道教徒不仅应了解斋法(斋戒的方法),而且应了解斋体(斋戒的内容)、斋义(斋戒的社会道德意义)、斋意(斋戒的本质,按当由"得意忘言"来了解"意")。

陆修静把"养生成仙"、"长生不死"这种关于身心修炼的问题和心理信念的道德修养结合起来,使之成为道教的斋戒规仪的两个组成部分,而且他特别强调行斋持戒的重要内容之一就是要做"功德"行"善事",这样就把内心的道德修养和实践生活中的力行结合起来,这又是从一个方面表现了中国传统"知行合一"的要求。这个观点也可以从陆修静对《道德经》的解释得到证明,他在《洞玄灵宝斋说光烛戒罚灯祝愿仪》中说:

夫道者,至理之目;德者,顺理而行;经者,由通之径也。道犹道路也,德谓善德也,经犹径度也,行犹行步也,法犹法式也。夫人学道要当依法寻经,行善成德,以至于道。若不作功德,但守一不移,终不成道。譬如人坐于家中,而不行步,岂得见道理也?夫道三合成德,自不满三,诸事不成。三者谓道、德、仁也。仁一也,行功德二也,德足成道三也,三事合,乃得道也。若人但作功德,而不晓道,亦不得道。若但晓道,而无功德,亦不得道。若但有道德而无仁,则至理翳没,归于无有,譬如种谷,投种土中,而无水润,何能生乎?有君有臣而无民,何宰牧乎?有天有地而无人物,何成养乎?故五千文曰,三生万物。

在《太平经》和《抱朴子》中都提出"守一"为"长生"之道,同时也提到"得道"必经"积善功",如《太平经》中说:"唯积善者免之,长为种民。""守一之法,外则行仁施惠为功,不望其报,忠孝亦同。"(《太平经圣君秘旨》)《抱朴子》中也说:"欲求仙者,要当以忠孝和顺仁信为本。若德行不修,而但务方术,皆不得长生。……积善事未满,虽服仙药,亦无益也。"这里陆修静为"得道成仙"必须"积善行德"作了进一步的论证,他提出:若不做"功德","但守一不够,终不成道。譬如人坐家中,而不行步,岂得见道理也"。"道"必须是"道"、"德"、"仁"三方面结合才可以得到。就"仁"这方面说,就是要"行功德"。如果不"行功德",就好像虽然能懂得"至理"(根本道理),但这个"至理"的作用也发挥不出来,就像有好的种子种在土中,但无水,仍然不能生长一样。陆修静认为,这就是《道德经》五千文所说的"三生万物"的道理。

关于"三合"应如何了解,饶宗颐在《想尔九戒与三合义》(载台湾《清华学报》)作了详细的考证。饶先生提出:"三合"二字,首见于《楚辞·天问》的"阴阳三合,何本何化?"并见于《穀梁传·庄公三年》:"独阳不生,三合然后生。"而道教的"三合"自是出自《老子》的"万物负阴而抱阳，冲气以为和"一说，而加以引申。为了进一步弄清道教的"三合"含义，饶先生还引用了伦敦所藏敦煌卷斯·四二二六号卷前的一段文字：

> ……顺帝之时，弟子宫崇，诣阙上书，言：师于吉所得神经于曲阳泉上，朱界青首，百有余焉。谓为妖讹，遂不信用。帝君不修太平，其自下潜习，以待后会。贤才君子，密以相传，而世伪人耶（邪），多生因假，矫诡肆愚，疵妨正典。《想尔》云：世多耶（邪）巧，托称道云，千端万伎，朱紫磐礐。故记三合以别真，上下二篇法阴阳。复出《青领太平文》，杂说众要，解童蒙心。复出五斗米道，备三合，道成契毕，数备三道。虽万恶犹纷猗公行，私窃号之正目，事乖真实，师之所除。《玄妙内篇》云……

据饶先生考证，文中"复出五斗米道，备三合"云云，与《太平经》卷四十八《三合相通诀》有关。《太平经钞》丙部中说：

> 气者，乃言天气悦喜下生，地气顺喜上养。气之法，行于天下地上，阴阳相得，交而为和，与中和气三合，共养凡物，三气相爱相通，无复有害者。太者，大也；平者，正也；气者，主养以通和也。得此以治，太平而和，且大正也，故言太平气至也。

《太平经》同卷又说：

> 共生和，三事常相通，并力同心，共治一职，共成一事，如不足一事便凶。故有阳无阴不能独生，治亦绝灭；有阴无阳亦不能独生，治亦绝灭。有阴有阳而无和不能传其类，亦绝灭。

从《太平经》看，所谓"三合义"当是指"阴"、"阳"、"中和"三气相结合；而"阴"、"阳"、"中和"三气既是"天"、"地"、"人"，也是"精"、

"气"、"神"。《太平经》是以"三一为宗",正是指的"天"、"地"、"人"三者合一而致太平;"精"、"气"、"神"三者合一而得长生。但陆修静所谓的"三合义"则不相同,它是指的"道"、"德"、"仁"的三合。陆修静所讲的"三合"是从人的道德修养方面说的,这和他提倡斋戒规仪相联系。"仁"是指一种道德品质或一种行为轨范;"德"是指依此行为轨范而行的"功德","功德"行得圆满才可以成"道",即可"得道成仙"。陆修静的"三合义"虽不似《太平经》的"三合义"是讲"精"、"气"、"神"三者合一,但两者都注重"三合",则是表现了道教的一特点。

3. 斋戒的仪式

陆修静和寇谦之一样,为道教建立了各种斋戒的仪式,而且他建立的斋戒仪式较之寇谦之的更为烦琐。

在《洞玄灵宝斋说光烛戒罚灯祝愿仪》中,载有《授上品十戒选署禁罚》的仪式,其程序大体如下:首先参加斋戒的人于治(道教举行仪式的地点,也是道教的教会组织所在地)中东向平立,诵《智慧颂》。诵毕,"北向首体投地,回心礼十方,还向东而伏"。然后法师东面向西说戒威仪,先说一段戒威仪的目的是为"诸男女解灾却患,请福度命"云云,后说"十戒",即前文所引者。然后又说一套斋戒的重要意义和行斋戒的方法等等。法师讲说完毕后,"依旧选署众官,众官长跪受简礼"。选出的道官有"法师"、"都讲"、"监察"、"侍经"、"侍香"、"侍灯"等。选举完毕后,由新选出的道官在左面上香,并东向诵祝辞,再上香,后由众道官引出,接着要依次列坐,由法师"宣科说禁,告示威仪",告诉与会者哪些道规应遵守,违背道规者要受到处罚,与会者静听,尔后还要上香、礼拜,才算斋仪完成。

在《太上洞玄灵宝众简文》中也记载了各种道教仪式。有《元始灵宝告水帝削除罪简上法》,这是向水行的一种斋仪,以求除罪得以长生。先是把"告文"写在木简上，然后把木简投入某"清冷之水"，先东向叩齿三通，捻香发炉，再转向北，又叩齿三通，读木简文，又念一段咒语，再作捻香复炉，则仪式完成。其他还有《元始灵宝告五狱灵山除罪求仙法》、《元始灵宝告九地土皇灭罪求仙法》等等，仪式大体相同。又有《太上洞玄灵宝授度仪》是专门记载受度入道的仪式的，十分烦琐，于此不详述。

特别值得注意的是，陆修静在《洞玄灵宝五感文》中论述了道教斋法的特殊意义。他认为，道教应"以斋戒为立德之根本，寻真之门户。学道求神仙之人，祈福希庆之家，万（按当作'莫'）不由之"。这是因为"至道清虚，法典简素，恬寂无为，此其本也"。然而，"世物浮伪，鲜能体行。竞高流淫，信用妖妄。倚附邪魅，假托真正。君子小人，相与逐往。昏迷长寝，曾莫甄悟，致上危神器，下倾百姓，灭身破国，犹不以戒。至乃浊乱正气，点染清真，毁辱大道，可为痛酷"。对如何治这种"教法网颓"之世，照陆修静看要用道德教化的办法，使人们具备"五感之心"。人有了"五感之心"，才可以"修功德"，才可以进入"得道成仙"的门径。而在"五感之心"中，不仅有儒家礼法"感父母养育之恩"的要求，而且有道教特殊的要求，即要感谢道教诸神和道教的领袖的恩惠。没有这种由伦理道德出发的"五感之心"，行斋戒不仅无用，反而有害。有"五感之心"，再行斋戒才有大功效。而斋戒之法有两大类：一为"无为"斋法，是出世的，这要求绝群离俗，"孤影夷豁"，遗形忘得，使与道合；二为"有为"斋法，是入世的，则要求使国泰、家安以及祖宗之魂得以超度。从这两类斋法上看，它又表现了中国本民族的宗教——道教的特点，它总是要求把"养生"和"治国"联合起来，企图统一"出世"和"入世"。就这点说，道教无疑深深打上了中华民族传统文化的烙印。

三、提出建立独立的道教组织形式

原始道教的教会组织大都和政权组织（如张鲁的"五斗米道"）或农民起义的组织（如张角的"太平道"）分不开，到东晋以后由于杜子恭等道教领袖的努力才逐渐有道教的教会组织和政权组织分开的趋势。在北朝虽有寇谦之企图把最高层的政权机构建成政教合一的形式，但他仍要求道教的基层组织独立于政权组织之外。而且他改革了道教各级教会组织的机构，废除了"父死子继"的领导体制，采取了"选贤举能"的办法来建立各级教会组织。寇谦之的这套办法当然和他要"废除三张伪法"有关系，因为张道陵一系"五斗米道"采取的是"父死子继"的制度。在南朝，从杜子恭到陆修静建立独立的较为完备的道教教会组织的条件大体具备了，特别是东晋孙恩起义失败后，从统治阶级方面说，如何能使道教教会组织更适合巩固封建统治的要求，已是当务之急了。为此，陆修静提出了一套建立较为完备的教会组织的方案，这主要表现在他的《道门科略》一文中。

东晋时孙恩等曾利用道教组织农民起义，这次起义虽然失败了，但对统治者的震动很大。因此，一些道教领袖对如何整顿和健全道教组织十分注意，企图使道教组织更有利于巩固封建统治。陆修静的《道门科略》一开头就对利用道教进行"叛乱"作了谴责，并提出了整顿道教的方案，他说：

> 夫大道虚寂，绝乎状貌，至圣体行，寄之言教。太上老君以下古委悉，淳浇朴散，三五失统，人鬼错乱，六天故气，称官上号，构合百精及五伤之鬼，败军死将，乱军死兵，男称将军，女称夫人，导从鬼兵，军行师止，游放天地，擅行威福，责人庙舍，求人飨祠，扰乱

人民，宰杀三牲，费用万计，倾财竭产，不蒙其佑，反受其患，枉死横夭，不可称数。太上患其若此，故授天师正一盟威之道，禁戒律科，检示万民逆顺、祸福、功过，令知好恶，置二十四治，三十六靖庐，内外道士二千四百人、下千二百官。……使民内修慈孝，外行敬让，佐时理化，助国扶命。

陆修静认为，利用道教来"称官上号"、"擅行威福"、"男称将军，女称夫人"，致使"三五失统，人鬼错乱"。这样人们不仅不能从道教得到福佑，反而要受到灾难，所以太上老君授天师"正一盟威之道"，除制定"禁戒科律"令道民知道"逆顺"等外，还要求"置二十四治"和"三十六靖庐"，以便把道教徒组织起来，使之有所归属。为把道教徒组织起来，陆修静提出首先应整顿道教徒的"录籍"。照陆修静的观点看，天师立治置职，统领道民，就像政府要设立郡县城府以统治民众一样，他要求把信奉道教的人都"编户著籍"，使各有所属，并要求每年正月七日、七月七日、十月五日三元日各道民都到自己所属的"治"去报告，说明自己家里人口变化的情况，"落生下死"；所在"治"的道官根据变化的情况，造新的"录籍"。据《道门科略》看，信奉道教者并不需要出家，这点和佛教不一样，因为其"录籍"是以一家一户为单位，所以叫"编户著籍"。这种"道科宅录"是用以把道民编在一起，信奉道教者要按户把男女都登记上，人口若有增减都要报告，并且规定了生男生女入籍的仪式。"生男满月，赍纸一百，笔一双，设上厨十人，生女满月，赍扫帚粪箕各一枚，席一领，设中厨五人。"对婚娶的入籍仪式也有所规定。这些都和当时我国民间的风俗习惯大体相同。如果"增口不上"，则将"天曹无名"，"减口不除"则将使"名簿不实"，这样的结果是"司命无名，徒碎首于地"，"道气不复覆盖，鬼贼所伤害，致丧疾夭横"。陆修静的这一"编户著籍"的做法，其目的在于"令民知法"，以便使道教的组织得以巩固，而有利于封建统治,"使民内修慈孝,外行敬让,佐时理化,助国扶命"。为巩固道教内部的等级制度,陆修静还用衣服式样和颜色的不同,把封建等级制的一套推广到道教内部,他说:

> 道家法服犹世朝服,公侯士庶各有品秩,五等之制以别贵贱。
> 夫巾褐裙帔制作长短,条缝多少,各有准式,故谓之法服,皆有威神侍卫。(《道门科略》)

照道教的等级制度看,它要求信奉道教的人如果有三次"勤"(为道教做的好事)就可以记一"功",三"功"为一"德",三"德"之后就可"署箓",这就算进入道教的门了。入道后,如再有"功"则可升迁为"十将军箓",再迁则为"散气道士"、"游治"、"下治"、"配治"等职,再往上迁则可保举由天师子孙封"下、中、上八"之职,得到了"上八"之职后,如果能"明炼道气,救济一切,消灭鬼气,使万姓归伏",这样就可以拜受道教最高的职位:阳平、鹿堂、鹤鸣三治之职。陆修静要求建立这样一套教会组织,并以是否有功于道教、是否能遵守道规、是否勤习道教的各种仪式为升迁的条件,这样可以使全部奉道教的人都有所归属,而道教的教会组织就可以自上而下地对道民进行控制,使其不得"犯上作乱"了。

为使每户道民能在平时修持敬奉,陆修静还对"靖室"(又名"静室")的制度作了规定,他说:"奉道之家,靖室是至诚之所。"它要和其他的房屋隔开,不相连属,其中应是"清虚不杂他物",开关门户要轻,平日要扫洒得干干净净,就像常常有神居位一样,其中只摆放香炉、香灯、供桌(章案)、道书等四样东西,并不悬挂神像,而且反对"床座形象,幡盖众饰"。这和后来的道教很不一样。到唐宋以后,道教的庙堂装饰越来越复杂华丽,悬挂着各种旗帜和神像。

从南朝的道教发展看,到陆修静时可以说已经大体成为一较为完备的宗教团体。陆修静虽不能说是南朝道教的集大成者，但他确对道教教会组织的建设有着极为重要的贡献。在建立斋戒规仪方面，他可以和北朝的寇谦之相当；在整顿和建立教会组织方面，可以说他使杜子恭以来道教领袖的种种努力得以系统化和落实。而尤为突出的是他编出了第一部道经的目录，为编纂道教经典创立了体例和原则，这对以后整理和保存道教经典起了重要的作用。如果说陆修静有不足的话，可能是他对道教的宗教理论建树较少，这也许是因为他的有些著作散失了，使我们无法了解到他的宗教理论。例如他曾著有《道德经杂说》，或者他对《道德经》有些研究，在上引《洞玄灵宝斋说光烛戒罚灯祝愿仪》中，他对《道德经》有一种解释可以证明。不过我们可以注意的是，陆修静在宗教理论上受到了较多佛教的影响，如上述关于"苦海"、"身、口、意"等等的思想，显然来自佛教。另外他还著有《自然因缘论》、《必然论》等，大概都是取自佛教的思想内容。

第十章　为道教创立神仙谱系和传授历史的思想家陶弘景

一、生平与著作

陶弘景生于南朝宋孝武帝孝建三年（456）、死于梁武帝大同二年（536），年八十岁，历经宋、齐、梁三朝。陶弘景是陆修静的再传弟子，他弘扬道教的时候已是在道教经过东晋至齐、梁约二百年的发展之后，由于信奉道教的世家大族的提倡，道教逐步完善化、系统化、社会化，而成为一与佛教相抗衡的宗教团体。道教由原始道教发展成有了系统的教义理论体系，有了为阐明其教义的众多经典，有了较为严密、相对于政权组织的独立的教会组织，有了一套独特的教规教仪，因此有可能出现总其成的道教大师。这个总其成的道教大师就是陶弘景。自陶弘景以后，道教的发展进入了一个新阶段；他是早期道教的集大成者，也是早期道教的终始者。自此以后，道教更为大量地吸收了佛教的思想，多少模糊了道教某些原有的特性。陶弘景对道教的主要贡献有以下两个方面：（1）对早期道教的神仙学说作了总结和改造；（2）为道教建立了一套神仙世界的谱系和构成了道教传授的历史，建立了中国道教的主要宗派茅山宗。

陶弘景，字通明，谥贞白，因隐居华阳（句容之句曲山，即茅山），又称华阳隐居先生，丹阳秣陵（在今江苏南京市境内）人，出身于当时南朝的大族。据陶翊《华阳隐居先生本起录》说，陶弘景的祖父隆"好学读书善写兼解药性"；其父贞宝"善稿隶书"、"深解药术"、"博深子史"，其母"精心佛法"。《南史》本传谓：陶弘景"读书万余卷，一事不知，以为深耻"，"善琴棋，工草隶"。齐高帝时引为王子侍读，但陶弘景倾慕隐逸生活，年十五曾作《寻山志》，文中说"倦世情之易挠，乃杖策而寻山"。永明初拜东阳道士孙游狱（陆修静的弟子）为师，受道教符图经法。永明六年（488）得晋杨羲（330—386）、许谧（303—373）和许翙（341—370）手书真迹，后又遍访名山道士，又得杨羲等手迹十余卷。永明十年（492），陶弘景三十六岁时辞官归隐，自此再未出仕。杨羲等所受为上清经录，故陶弘景也就传上清派而立茅山宗。梁武帝即位，多次召请不出，尝作诗答梁武帝问："山中何所有，岭山多白云，只可自怡悦，不堪持寄君。"（《诏问山中何所有赋诗以答》，见《华阳陶隐居集》）陶弘景潜心于山中炼制丹药，以求长生。但梁武帝每有大事常派人到山中咨询，时称"山中宰相"。陶弘景虽身为道士，却善于融合儒、佛思想。据宋贾嵩撰《华阳陶隐居内传》谓：陶弘景未归隐前曾注儒家经典《孝经》、《论语》、"三礼"、《尚书》、《毛诗》等。又"敬重佛法"、"恒读佛经"（法琳：《辩正论》卷十三《异方同制》），"在茅山中立佛道二堂，隔日朝拜。佛堂有像，道堂无像"。《梁书》本传谓："曾梦佛授其菩提记，名为胜力菩萨，乃诣鄮县阿育王塔自誓。"其著作《真诰》窃取佛说《四十二章经》之意（参见胡适：《陶弘景的真诰考》）。《周氏冥通记》又引进佛教的"缘业"观念。陶弘景临终有《遗令》谓："因所著旧衣，上加生绒裙及臂衣袜冠巾法服，左肘录铃，右肘药铃，佩符络左肘下。绕腰穿环结于前，钗符于髻上。通以大袈裟蒙首足，明器有车马，道人道士并在门中，道人左、道士右。"（《南史》本传）由此可见，陶弘景对儒、释、道采取兼容的态度，但其主要精力是致力于道教的活动。

陶弘景的著作有八十余种，涉及儒家经典、天文、历算、地理、医学、药学、兵学、史学、方术等等方面，而对医学和药物学贡献最大，这方面的著作有：

《本草经注》七卷，《云笈七签》卷一百零七著录；

《肘后百一方》三卷，同上；

《效验施用药方》五卷，同上；

《服草木杂药法》一卷，同上；

《药总诀》二卷，《华阳陶隐居集》有《序》；

《陶隐居本草》十卷，《隋志》著录；

《名医别录》三卷，《隋志》著录为"陶氏撰"，不知是否为陶弘景。

与医学、药物学同时又与道教养生有关的著作还有：

《养生延命录》二卷，今存《正统道藏》临字帙中；

《服气导引法》一卷，《云笈七签》卷一百零七著录；

《服气养生图》，宋晁公武《郡斋读书后志》著录，谓图分三十元势，与上《服气导引法》是否一书，不可详考。

陶弘景的道教著作有：

《登真隐诀》，今存《正统道藏》逊字帙中，作于四九三年前后，这部书是陶弘景收录真人传记中实用的养生法和杨羲告许谧、许翙的口诀，大部分散失，今仅有三卷，在《太平御览》卷六百七十一中引用该书中陶弘景对九转还丹法的记述；

《真诰》二十卷，今存《正统道藏》安、定字帙中，完成于四九九年；

《洞玄灵宝真灵位业图》一卷，今存《正统道藏》腾字帙中；

《周氏冥通记》，今存《正统道藏》翔字帙中；

《太上赤文洞神三箓》一卷，今存《正统道藏》五字帙中；

《华阳陶隐居集》二卷，今存《正统道藏》尊字帙中，集中收有陶弘景关于道教理论的重要著作《答朝士访仙佛两法体相书》以及与道教有关的碑文等；

《合丹药诸法式》一卷，《云笈七签》卷一百零七著录，《隋志》作"《合丹节度》四卷"；

《集金丹药白要方》一卷，《云笈七签》卷一百零七著录，《隋志》有《太清诸丹集要》四卷，是否同一书，不可详考；

《服云母诸石药消化三十六水法》一卷，《云笈七签》卷一百零七著录，《陶内传》作"《服云母诸石方》"；

《断谷秘方》一卷，《云笈七签》卷一百零七著录；

《灵方秘奥》一卷，同上，《陶内传》作《灵奇秘奥》；

《消除三尸诸要法》，《云笈七签》卷一百零七著录；

《炼化杂术》一卷，《隋志》著录；

《玉匮记》三卷，《云笈七签》著录，注说"说名山福地事"；

《服饵方》三卷，《隋志》著录，想当为《服云丹诸石方》、《服草木杂药法》、《断谷秘方》三书之合；

《老子内外集注》四卷，《云笈七签》卷一百零七著录，注说："并自立意"，宋李霖《道教真经取善集》中引有陶注，如"大器晚成"注中有"陶弘景曰：积德道成，谓之大器，非日可就，故曰晚成"；

《抱朴子注》二十卷，《云笈七签》卷一百零七著录。

此外，陶氏尚有方术之书多种，如《占筮略要》、《人间诸却灾患法》、《梦记》、《风雨水旱饥疫占要》（均著录在《云笈七签》卷一百零七中）、

《剑经》(《说部》作《刀剑家》，讲剑解之术，《太平御览》卷六百六十五存有部分)。此虽非纯粹道教之著作，但亦多与道教之方术有关。至于陶弘景所著的史书、地理、天文、历算杂著等就不一一列举了。总之，从陶弘景的著作看，他既是一道教大师，又是一博学的学者。

二、对早期道教神仙学说的总结和改造

早期道教的信徒都认为，人可以通过各种各样的修炼而达到长生不死，成为神仙。要达到长生不死、成为神仙的根本问题是如何使得神形不离而永存。对这个问题陶弘景在《答朝士访仙佛两法体相书》中，通过佛道两家在神形问题上的不同对这道教神仙学说有一简单明确的说明，他说：

> 凡质像所结，不过形神，形神合时，是人是物；形神若离，则是灵是鬼。其非离非合，佛法所摄；亦离亦合，仙道所依。今问以何能而致此仙？是铸炼之事极，感变之理通也。当埏埴以为器之时，是土而异于土，虽燥未烧，遇湿犹坏；烧而未熟，不久尚毁；火力既足，表里坚固，河山可尽，此形无灭。假令为仙者，以药石炼其形，以精灵莹其神，以和气濯其质，以善德解其缠，众法共通，无碍无滞。欲合则乘云驾龙；欲离则尸解化质；不离不合，则或存或亡，于是各随所业，修道进学，渐阶无穷，教功令满，亦毕竟寂灭矣。

这里陶弘景对佛教和早期道教在形神问题上的不同观念概括得比较清楚明白，而且也比较恰当。佛教本来主张"无我"，不仅认为形体是不实在的、虚幻的假象，而且精神（神）也并非实有，都是因缘所生，都是非有非无的"幻化"，"神"最后必须归于寂死，才可以超脱轮回，达到涅槃境界。陶弘景说，佛教对形神关系的看法是"非离非合"，这一"非离非合"是从当时佛教"非有非无"的思想脱胎而来的，"非离"则是"非

无","非合"则是"非有"。看来,陶弘景对佛教的了解还是有一定根据的,也许比当时有些佛教信徒大讲"神不灭"还高明一点。其实主张"神不灭"和佛教的"无我"并不相合。"神"如果永远存在如何得以超脱轮回达到涅槃呢?从佛教的涅槃学说看,应该是神形俱灭的。

道教所追求的是长生不死,也就是说要求形神不离。照陶弘景看,形神如果永远结合在一起就可以成为"乘云驾龙"的"上仙",如果形神要离开也可以成为"尸解化质"的"下仙"。所谓"乘云驾龙"的"上仙",就是《神仙传》所说的"登真仙去",如马鸣生之"白日升天",淮南王刘安之举家升天等等。这当然都是道教徒的幻想和捏造。陶弘景说"欲离则尸解化质",是不是认为"下仙"是形神相离的呢?看来不能这样简单地理解。很可能应解释为:如果要使形神相离,必须是"尸解化质"。所谓"尸解化质"应解释为"尸解"只是"形质"的变化。因此,"欲离则尸解化质"的意思应是:神与原来的旧质相离而化为新质仙去。如《抱朴子》中说:"下士先死后蜕,谓之尸解。"人死如蝉蜕,故《宝剑上经》说:"尸解为本真之炼蜕也。"我们在道教的著作中看到有各种各样的"尸解",有所谓"剑解"和"杖解",即以剑或杖暂时化为自己的身体,真身隐化,登仙而去。所以《洞玄灵宝无量度人经诀音义》说:

> 尸解,音贾,托形隐化内身成仙也。

在陶弘景的《真诰》中也记载了一些"尸解"的情形,如说:

> 太极真人遗带散白粉服一刀圭、当暴心痛如刺。三日欲饮,饮既足一斛,气乃绝。绝即是死也。既殓,失尸所在,但余衣在耳,是为白日解带之仙。

又《真诰》卷四引《剑经》说:

> 其用他药得尸解,非是用灵丸之化者,皆不得反故乡,三官执之

也。有死而更生者,有头断已死乃从一旁出者,有未殓而失尸骸者,有人形犹在而无覆骨者,有衣在形去者,有发脱而失形者。白日去谓之上尸解,夜半去谓之下尸解,向晓向暮之际而谓之地下主也。

陶弘景对"尸解"的如此种种说法,其要点就在于说明并非有单独的"神"(灵魂)成仙而去,而"神"总是以种种形式依附在"形"上而仙去的。

怎样才能做到形神相结永不离而成神仙呢?陶弘景举例说,道士的炼养形神就像用泥土做器皿一样。器皿是由土做成的,但由泥土做成的器皿已不是泥土了,如果把它烧炼得非常好,表面坚固,那么山河大地可以毁坏,而此器皿是不会毁灭的。人如果能以各种各样的方法来炼养自己的身体和精神,也将会长久存在。如何炼养形神,陶弘景也提出了一套办法。他认为光靠某一方面的炼养是不行的,得多方面配合起来才能实现其长生成仙的目标。"以药石炼其形",这是指要炼出金丹来服食,这属于外丹,陶弘景和葛洪一样是最注重外丹的,他在山中多次炼丹而未成(参见《华阳陶隐居内传》);"以精灵荧其神",按道教以为人之精神是由某种神气作为承担者,所以,"精灵"之气(神气)的炼养可以使其精神清澈,在《真诰》中有所谓"存思",即"静心存行道",这是一种心理活动,大概就是后来的内丹的一种;"以和气濯其质",在《太平经》中"和气"有时指"精气",而"精气"是一种中和性质的气,它可以洗涤形神的不调和而使之调和;"以善德解其缠",指用道德修养来解除人们内心(思想上)的困惑。在《真诰》中,陶弘景把积善修德也看成成仙的重要条件之一,如卷十六中说:

其中宿运先世有阴德惠救者,乃时有径补仙官或入南宫受化,不拘职位也。在世之罪福多少,乃为称量处分耳。大都行阴德,多恤穷厄例,皆速诣南宫为仙。

陶弘景的注说：

> 在世行阴功密德，好道信仙者，既有浅深轻重，故其受报亦不得皆同：有即身地仙不死者；有托形尸解去者；有既终得入洞宫受学者；有先诣朱火宫炼形者；有先为地下主者，乃进品者；有先经鬼官，乃仙化者；有身不得去，功及子孙，令学道，乃拔度者。诸如此例，高下数十品，不可以一概求之。

这就是说，或先人有阴功密德，或本人在世修善积德，视其深浅可以成为不同等级的神仙。这里既可看到中国传统"承负说"之影响，也反映着当时社会所存在的等级观念。（详后）

由于养生成仙要同时用各种方法，这样一来在实践上就有很大困难，因为要求长生成仙的人很难各方面都做到。看来陶弘景指出这一套养生术来，无非是让人们把长生成仙看得很高、很难，不去怀疑它的虚妄性，相反去责备是由于自己在养生术上没有能在各方面都做到，从而增加人们对道教的秘密性和超越性的信仰。

养生成仙虽然是虚妄的，但陶弘景提出来要从各方面来修炼形神，却对我国医学和药物学的发展有很大影响。由于要"以药石炼其形"，陶弘景对于中药学、中医学作了大量的研究，注解了《本草经》，撰写了《药总诀》，又把葛洪的《肘后要急方》增补为《肘后百一方》，所以道教的"外丹"与中国的药物学有着密切的联系。"以精灵荌其神"是要求通过某种锻炼内在神气的功夫，而使神静心宁，以求长生，从而发展了"气功术"，这对养生也是有益的。如在陶弘景的《养生延命录》中就有《服气疗病》篇。在《养生延命录》中，陶弘景搜集了他以前的人讲养生的各种方法，其中特别注重"养气"，如引《神农经》说：

> 食元气者，地不能埋，天不能杀。

引《服气经》说：

> 道者，气也。得气则得道，得道则长存。

在这部书中虽有大量荒诞无稽之谈，但其中也有一些有关养生疗病的经验之谈。

道教从汉末到萧梁已有三百多年的历史，从葛洪到陶弘景也近二百年。道教徒用各种说法来论证长生不死的神仙是可能达到的，并且提出了种种养生成仙的方法。但是实践的结果没有一个人能做到肉体成仙，这样就不能不危及道教的那套长生不死的教义。对这一点道教徒也用了种种办法来掩盖他们的困境，例如寇谦之也讲什么"销炼含丹"，陆修静则讲"惜精爱气"，但他们认为成仙除了自己修炼外，还得有神仙接引。他们这样固然可以避开验证，但这又和早期道教讲的"天下悠悠，皆可长生"的宗旨相违背，而有损于道教的基本教义。因此，陶弘景把各种成仙的修炼方法结合起来，企图解决成仙理论和实践的脱节。然而陶弘景本人在实践中也无法达到其长生不死的目标。陶弘景开始在茅山炼丹不成，认为即是由于所处"不绝声迹"，是"丹家所忌"，于是他"改服易氏"，找新的炼丹地址，后在瞿溪石室梦人告云"欲求还丹，三永之间"，他就到浙江的永康、永嘉、永宁一带去找炼丹地点，但也没找到合适的地点。后来梁武帝派人把他接回到茅山，让他在那里继续炼丹。陶弘景在天监年间（502—519）多次炼丹，献丹于梁武帝（见《南史》卷七十六），到天监十八年（519）据说他炼得上好金丹，"飞华无杂色"、"光彩特异"，但他自己都不敢服用，又想炼黄白，"以验成否"，据记载就在此时他忽然得到灵感，文说：

> （陶弘景）是夕摄心乞感，忽见有人来，朦胧如烟云中，语曰："不须试，试亦不得，今人多贪，忽闻金玉可作，便求竟毁天禁，正

此是成,但未都具足。"仍复作叹声云:"世中岂复有白日升天人,渐服自可知。"言讫飒然东去。于是乃不试。(《华阳陶隐居内传》)

由此可见,陶弘景对于服食丹药可以长生成仙并没有多大信心。陶弘景多次炼丹得不到长生成仙的结果,自然精神上很痛苦。恰好梁武帝此时大力提倡佛教,这对陶弘景有很大启发。天监三年(504),梁武帝曾召集佛道议论于朝廷,陶弘景作《难镇军沈约均圣论》,虽仍未接受佛教的因果报应学说,但到他晚年作了一本《周氏冥通记》,就可以看出他在不少方面接受了佛教的理论。

天监十六年(517),陶弘景撰《周氏冥通记》。周子良是陶弘景在天监七年至天监十一年东游海岳时收的弟子,其中卷一记述了他怎样遇到周子良并收为弟子的情况。周子良于天监十五年服丹致死。在周子良死后,陶弘景把其遗留下来的部分冥通记录收集起来加以整理成书,并把此书献给了梁武帝。所谓"冥通"就是说在冥冥中与神相通。在《周氏冥通记》中记述了周子良受到冥召的情况,天监十四年夏至,茅山仙府冥召周子良。在他应召期间,有一次在恍恍惚惚中茅山府君对他说:"府中缺一任,欲以卿补之,事目将定,莫复多言,来年十月当相召。"次年周子良服金丹应召而去。所谓"金丹",自然是一种毒丹,《周氏冥通记》卷四记载了这种丹叫"玉沥丹",它是一种植物芝菌和矿物铅汞合制的毒丹。又,在《周氏冥通记》中记载了神灵反复告诫周子良说:

> 得道悉在方寸之里耳,不必须形劳神损也,世人唯知服食吞符,苟非其分,亦为徒勤,更不及专营功德,善积功满,道亦可议,但于后生得之,不施于今生矣。

这就是说,"得道"从根本上就是靠心神的觉悟,陶弘景名之为"有思",特别是要靠前生修功德、行善事,而不是光靠"服食吞符"可以达到的。

我们可以注意到，陶弘景已把来生受报和灵魂（神）不死的观念引入了道教，使佛教的因果报应观念与道教的养生成仙的理论结合起来了。他主张要"得道成仙"必须长期修炼形神，但修炼的效果主要不取决于炼养功夫，而是取决于前生修功积德的"缘业"。在《周氏冥通记》中有如下一段记载：

> 问曰：陶氏才识如何？答曰：德操渊深，世无其比。又曰：然恐缘业不及，如何！

陶弘景长期修身炼丹，其不能成仙之故，在于"缘业不及"，所以在他将死之时，写了一首叫《告游》的诗，开头几句是：

> 性灵昔既肇，缘业久相因，即化非冥灭，在理淡悲欣，冠剑空衣影，镳辔乃仙身。

这里的意思是说：人是否有成仙的性灵（本质）是在前世就注定了的，因此有没有缘分是由过去继承下来的，虽然可以化逝，但并不是就不存在了，因此没有必要对生死看得那么重，人经过修炼可以得到尸解，也可以乘云驾龙而肉体飞升。这里陶弘景显然是企图把道教与佛教思想结合起来。这样一来道教的神仙理论看起来就似乎更"完善"了，不过早期道教养生成仙的理论和科学（医药学）有联系的方面就大大削弱了。隋唐以后的道教虽然还有像孙思邈那样对医药学很有贡献的大师，但总的说来也不像早期道教的大师那样多为科学家了。李唐一朝，帝王提倡道教，但是道教在理论上和实践上并没有多大成就，与佛教相比又是远不及了。这是后话，兹不赘述。

三、为道教建立神仙谱系和传授历史

道教为自己的宗教建立神仙谱系的要求，无疑是受到佛教的影响。并

非佛教的所有学说和措施道教都加以吸收和接受，例如在两晋南北朝时期道教对佛的沙门不敬王者和不拜父母不仅没有接受，而且进行了批评。南朝道士顾欢著《夷夏论》分别华夷，批评佛教"下弃妻子，上废宗祀"，"悖礼犯顺"，"去孝敬之典"；齐道士作《三破论》也批评佛教"遗弃二亲，孝道顿绝"。道教的这些观念反映着我国民族心理的特色，它正是我国周秦以来传统思想的内核。在这种问题上道教坚持本民族思想文化的传统，而佛教作为一种宗教以后反而不得不接受这种观念。在两晋南北朝时，佛教徒常和儒道在"忠君"、"孝父母"问题上有所辩论，但到唐以后就接受了中国传统思想。至于道教建立神仙谱系虽受佛教影响，但也并非唯一的原因，而更为重要的或者仍是中国社会自身的原因所使之然的。

两晋南北朝的社会是门阀世族占统治地位的社会，在这个社会里等级观念极强，"上品无寒门，下品无势族"。原来道教并没有等级森严的神仙谱系，《太平经》中有"道人"、"仙人"、"真人"、"神人"之分，但主要是指修养的等级，而且是一般的、抽象的分别，甚至在葛洪的《抱朴子》中把"仙"分为三等，其意也和后来陶弘景所构造的神仙谱系的等级大不相同，例如《抱朴子》的《论仙》、《金丹》，《神仙传》中韩众告刘根之言，都是说的所备功力不同而有成仙的品级不同。陶弘景作《真灵位业图》就大不相同了，他在该书的《序》里说：

> 夫仰镜玄精，睹景耀之巨细，俯眄平区，见岩海之崇深；搜访人网，究朝班之品序；研综天经，测真灵之阶业。但名爵隐显，学号进退，四宫之内，疑似相参，今正当比类经正，雠校仪服，坪其高卑，区其宫域。……今所诠贯者，实稟注之奥旨，存向之要趣。祈祝跪请，宜委位序之尊卑；对真接异，必究所遇之轻重。……虽同号真人，真品乃有数；俱目仙人，仙亦有等级千亿。若不精委条领，略识宗源者，犹如野夫出朝廷，见朱衣必令史，句骊入中国，呼一切为参

军，岂解士庶之贵贱，辩爵号之异同乎。

所谓"位业"，《道教义枢》卷一中说：

> 位业者，登仙学道，阶业不同，证果成真，高卑有别。

并有《注》说：

> 位是阶序之名，业是德行之目。

照陶弘景看，正因为在人间有纲纪（三纲六纪），所以要排列"朝班之品序"，那么在天上也应有"天经"（天地之经纬），所以也要排列"真灵之阶业"，而这种排列的目的是要把尊卑和贵贱区别开来，划成若干不同的等级。由此可见，陶弘景划分神仙等级不仅是看修养的高低，而更重要的是为了分别权力的大小。陶弘景就是照这样的指导思想来构造他的神仙谱系。从《真灵位业图》看，其中包括的"神仙"既有先前道教所虚构的，也有他们所虚构的，有历史人物而修炼所成的，还有由元气化成的所谓"神仙"和人死后的灵魂所构成的"神仙"等等。陶弘景把"真灵"分为七个等级，每个等级中又有居中的"中位"神仙和"左位"、"右位"的相侍者。

第一级居中位的为"元始天尊"，其左为首的是"高上道君"，其右为首的是"元皇道君"，此后道教的三清殿大都供奉这三位尊神。

第二级居中位的是"玄皇大道君"，此为"万道之主"，其左右除有道教虚构的"天帝道君"、"玄元道君"之类，还有魏存华、杨羲、许穆、许翙等上清派大师。因陶弘景推崇《上清经》，且茅山派造其世系、陶弘景为第九代天师，因此陶弘景把魏存华、杨羲等放在较高的等级中，自不为怪。

第三级居中的为"太极金阙帝君姓李"，下注说："壬辰下教太平主"，其左右有古代传说中的帝王黄帝、帝尧、帝舜和儒家的孔丘、颜回，道家的老聃、庄周，还有所谓"灵宝派"的大师葛玄等等。

第四级居中位的是"太清太上老君"，注说："为太清道主，下临万民。"与之并列居中位的还有"上皇太上无上大道君"。为何第四等级居中位有两位尊神不得而知。但似第三级以上说"天上"，第四级与其后第五级有说"人间者"，如其左右有"天师道"（"五斗米道"）的开山祖张道陵、"金丹道"的葛洪和传《太平经》的帛和等，这些都是道教史中的重要人物。此等级中又包括"自然"之神和玉女、真人等天神。

第五级居中位的为"九宫尚书"，下注说："姓张名奉，字公先，河内人，先为河北司命、禁保侯；今为太极仙陟，公领北（按：应作"此"）职，位在太极矣。"其左右多为历史人物，但多并非有名望者。

第六级居中为"定录真君中茅君"，下注谓"治华阳洞天"。按道教的所谓"三十六洞天"，陶弘景常居茅山华阳洞天，故推崇茅君，其左右有小茅君等，其中还有所谓"地仙散位"，此等级或属"地仙"一类。这一级中又出现了"葛玄"，下注说："字孝先，丹阳句曲人，稚川之从祖也。初在长山，乘虎使鬼，无处不至，位在太极宫。"在第三级的"太极左仙公葛玄"下注说："吴时下演灵宝，下为地仙。"可见葛玄在第三级中为"天仙"，在第六级中为"地仙"。

第七级居中位者为"酆都北阴大帝"，注说："炎帝大庭氏讳庆甲，天下鬼神之宗，治罗酆山，三千年而一替。"这是陶弘景的"地狱世界"，鬼生活的世界，其左右大都是一些鬼官，而这些鬼官又大多是历史上的帝王将相之类，如秦始皇、汉高祖、李广、何晏等等。

陶弘景所构造的神仙谱系的等级不过是人间等级制度的投影，它又反过来给人间现存的制度加上神圣的灵光，以便论证其"合理性"。马克思的《关于费尔巴哈的提纲》第四条说：

费尔巴哈是从宗教上的"自我异化"，从世界被二重化为宗教的、想象的世界和现实的世界这一事实出发的。他致力于把宗教世界归结于它的世俗基础。他没有注意到，在做完这一工作之后，主要的事情还没有做哪。因为，世俗的基础使自己和自己本身分离，并使自己转入云霄，成为一个独立王国，这一事实，只能用这个世俗基础的自我分裂和自我矛盾来说明。

道教把他们的神仙谱系分为三六九等，这正反映着两晋南北朝社会的等级制度，陶弘景在《真诰》中也说：

> 夫天地间事理乃不可限，以胸臆而寻之，此幽显中都有三部，皆相关类也。上则仙，中则人，下则鬼，人善者得为仙，仙之谪者更为人，人恶者更为鬼，鬼福者复为人。鬼法人，人法仙，循环往来，触类相同，正是隐显小小之隔也。

这就是说：第一，神仙世界、人类社会还有鬼的世界是相类似的。从这点看，既然人类社会有等级，神仙世界和鬼的世界也应有等级，否则无法相通。第二，这三个世界既然是相通的，故在其中可升可降，而升降的原因就在于为善为恶之分。第三，这三个世界不仅是相通的，而且由现实世界（显）到超现实的神仙世界和鬼的世界（隐）之间的距离并不遥远，仅仅是"小小之隔"。为什么陶弘景会提出这一套思想来呢？这不是偶然的，显然是受了当时佛教的影响。看来，陶弘景实际上已经接受了佛教关于"神不灭"和"六道轮回"的思想。例如他有诗说："形非神常宅，神非形常载，徘徊生死轮，但苦心犹豫。"（《真诰》卷三）我们知道，通过修善积德达到"神不灭"，这是无法在经验中检验的；而原来道教通过大量的内外丹的炼养，虽然花了很多工夫，但在经验中就经不起验证，所以从宗教的意义上说，"神不灭"比起"肉体成仙"当然大大地缩短了"显隐"之间的距离。而且我们还可以看到，陶弘景这一思想也不能不说是受到当时佛教中的"顿悟"说的影响。所谓"顿悟成佛"就是说只要有了符合佛教要求的觉悟，即可不必经过若干的修行阶段（佛教认为要经过十个修行阶段才可以成佛，有所谓"径登十地"）可以直接成佛。所以陶弘景也说："得道悉在方寸之里耳，不必须形劳神损也。"

陶弘景不仅建立了神仙世界的谱系，而且还通过《真诰》一书对道教的传授历史作了整理，这点前面已经谈到，兹不赘述。因此，道教到南北朝末期更加成为一独立的宗教组织。本来，道教对政治有着浓厚的兴趣，有强烈的干预政治的愿望，致使政教不分，这样实际上影响着道教发挥作为宗教的作用。到南朝以后，道教逐渐有从政治上分离出来的倾向，因而其"出世"的方向也有所加强。陆修静曾说："我本委绝妻子，托身玄极，今之过家，事同逆旅，岂复有爱著之心。"（《三洞珠囊》引《道孝传》）陶弘景则终身不娶，虽然他隐居后仍与梁武帝来往很多，参与了某些政治活动，但他口头上却说道士要"超世"，以"期此太虚无为之风"（《云上之仙风赋》），"心如岱岭"（《答虞中书》），"仰慕清尘"（《葛仙公碑》）等等。陶弘景作为道教徒虽还重视炼丹，但已并不十分坚信可通过服食成仙，到后来茅山宗甚至也不重视炼丹，而更多注重内心修养，以期通过心神的觉悟到达彼岸世界。陶弘景为道教所完成的，是使道教作为一种宗教团体更加完备了，所以他可以说是早期道教的集大成者。但是陶弘景对道教的改造，也使早期道教的某些特色消失了，而可以更多地接受佛教的某些观念，因此他又是早期道教的终结者。

第十一章　为道教创立哲学理论的思想家成玄英

自汉至唐，对《老子》(《道德经》)的注解，据杜光庭的《道德真经广圣义序》记载共六十余家，其中绝大部分为道士或与道教有关的人士所作。蒙文通先生《晋唐〈老子〉古注四十家辑存》[①] 中所载的古注绝大部分也是为道士或与道教有关的人士所作。为什么在这一时期道教特别重视注释《道德经》？照我看，他们都企图利用《道德经》这部在中国已有上千年历史的哲学著作为道教建构一种道教哲学理论，以与当时的佛教哲学相抗衡，或造成儒、释、道三家鼎立之形势。在杜光庭的《道德真经广圣义》中还把这一时期对《道德经》的注释分成若干不同宗旨的派别，现抄录于下：

《道德尊经》，包含众义，指归意趣，随有君宗。河上公、严君

---

① 关于成玄英的著作可参见蒙文通：《辑校成玄英〈道德经义疏〉》中之"附录一：校记"，见《蒙文通文集》第六卷《道书辑校十种》，成都，巴蜀书社，2001；李大华、李刚、何建明：《隋唐道家与道教》，广州，广东人民出版社，2003。

平，皆明理国之道；松灵仙人、魏代孙登、梁朝陶隐居、南齐顾欢，皆明理身之道；苻坚时罗什、后赵图澄、梁武帝、梁道士窦略，皆明事理因果之道；梁朝道士孟智周、臧玄静，陈道士诸糅，隋道士刘进喜，唐道士成玄英、蔡子晃、黄玄赜、李荣、车玄弼、张惠超、黎元兴，皆明重玄之道；何晏、钟会、杜元凯、王辅嗣、张嗣、羊祐、卢氏、刘仁会，皆明虚极无为、理家理国之道。此明注解之人意不同也。

杜光庭所举对《道德经》注释之派别，其中南北朝以降道士居多。因此，我们大体上可以说，此时期阐释和发挥老子（道教的祖师爷）思想应从这些道士的注释中寻找。但查《晋唐〈老子〉古注四十家辑存》，其中许多道士的注释所存仅几条或十几条，很难了解其思想之全貌。被视为道教重玄派的真正创始者成玄英的《道德经义疏》经蒙文通先生整理，可说为道教建立了较为有理论体系的哲学，开唐以后内丹心性学之先河。因此，本章将重点讨论成玄英的道教哲学。

一、成玄英的生平与著作

《新唐书·艺文志》中有："道士成玄英注《老子道德经》二卷，又《开题序诀义疏》七卷，注《庄子》三十卷，《疏》十二卷。玄英，字子实，陕州人，隐居东海。贞观五年，召至京师。永徽中，流郁州。书成，道王元庆遣文学贾鼎就授大义，嵩高山人，李利涉为序，唯《老子注》、《庄子疏》著录。"在成玄英生平中可注意者，贞观五年（631）曾赐号"西华法师"，贞观二十一年曾参与佛道之争。据道宣《集古今佛道论衡》记载：贞观二十一年，唐太宗下敕翻译《道德经》，成玄英曾参与此次译事，且与玄奘有关于"道"应如何译之争论。据载：始译"道"为"末伽"。但道士都反对,认为:"道翻末伽,失于古译,昔称菩提,此谓为道。"玄奘说:"今翻道德,奉敕不轻,须覆方言乃名传旨。菩提言觉,末伽言道,唐梵音义,确尔难乖。岂得浪翻,冒罔天听。"成玄英则说:"佛陀言觉,菩提言道,由来盛谈,道俗同委。今翻末伽,何得非妄?"玄奘又作了解释,最后虽依照玄奘的意见,把《道德经》翻译完了,但就这一争论,可说明成玄英对佛教之义确有了解。据慧远《大乘义章》谓:"道者,外国名曰末伽,此翻名道。菩提胡语,此亦名道。……因中之道名为末伽,果中之道说为菩提。"因此,或者可以说在《道德经》中的"道"应可根据其不同之意,有的地方可译为"末伽",有的地方或可译为"菩提"。后对是否要译《道德经》的《河上公序》,成玄英又与玄奘辩论,结果是《河上公序》未翻。但此亦说明成玄英作为道士是尽力维护道教之立场。从成玄英参加这场佛道之争,可见他在当时道教界是一位相当重要的和理论水平甚高之道士。

  成玄英的著作,我们现在所能看到的有:包含在郭庆藩的《庄子集解》中的《庄子疏》,这大概就是成玄英《庄子疏序》中所说:"玄英不揆庸昧,少而习焉,研精覃思三十矣。依子玄所注三十篇,辄为疏解,总三十卷。虽复词情疏拙,亦颇有心迹指归;不敢贻厥后人,聊自记其遗忘耳。"郭象字子玄。成玄英疏解郭象的《庄子注》用了三十年的工夫,所以他确实"颇有心迹指归"。还有就是经蒙文通先生整理的《道德经义疏》和敦煌写本《道德经义疏开题》残卷。《道藏》中宋陈景元所集之《元始无量度人上品妙经四注》,其中收有成玄英的注。《全唐文》卷九百二十三收有成玄英的《南华真经疏序》。又有《道书辑校十种》中,蒙文通先生辑出两条:《道德经》第十章"天门开阖,能无雌乎?"成注谓:"天门者,心也。雌者,言其主静而和柔也。"第五十七章"人多伎巧,奇物滋起。法令滋章,盗贼多有",成注谓:"亦自然之理也。多忌讳则失取舍之和也，多利器则权在下也，多伎巧则荡心之所生也，滋法令则弊倖之兴不可革也。"成玄英或另有《老子注》？从所录之两条注看，它们和成玄英的思想颇相吻合，故录于此。

二、魏晋玄学是先秦老庄思想的新发展

要了解成玄英的重玄学，需要对魏晋玄学有必要的了解，故此处先讨论魏晋玄学，后文再讨论"重玄学"是如何由"魏晋玄学"发展而有的。

我们知道，两汉哲学大体上是讨论宇宙生成论问题的，而魏晋玄学一变而主要则是讲本体论。为了说明魏晋玄学所讨论主要是本体论问题，先说明汉朝哲学主要是讨论宇宙生成论问题，以说明玄学发展的特点，应是有意义的。汉朝哲学讲宇宙生成论问题大体有两类。一是讲宇宙如何由原始状态（最初状态）自然演化而有天地万物等等。例如《淮南子·天文训》中说："太始生虚霩，虚霩生宇宙，宇宙生元气，元气有涯垠，清阳者薄靡而为天，重浊者凝滞而为地。"宇宙在开始产生时呈现为全无规定性的无所不包的存在状态；从这种未分的状态分化出时间和空间，有了时间和空间之后才有其中的未分的实体（元气），有元气就有一定的界限了（即可产生有规定性的东西），其轻清的上扬而为天，重滞的凝结而为地。这是《淮南子》所描述的宇宙生成的过程，汉朝许多著作大体上都有相类似的关于宇宙生成的说法，如《孝经纬·钩命诀》中说："天地未分之前，有太易，有太初，有太始，有太素，有太极，是为五运。形象未分，谓之太易。元气始萌，谓之太初。气形之端，谓之太始。形变有质，谓之太素。质形已具，谓之太极。五气渐变，谓之五运。"所谓"五运"是说"元气"变化发展的五个阶段；由未分到开始发生，再发展到形成一定的形状，而后有固定的质体，最后形成具体的事物。又如王充也有类似观

点,他说:"天地合气,物偶自生"(《论衡·物势》),"天地合气,万物自生"(《论衡·自然》)。这都是说,天地之气相互交合,万物就自然而然地产生了。在这里王充主要是为反目的论而说的,但它都说明万物皆由元气的相互作用而生成。这是汉朝哲学对宇宙生成发展的一种理论。另外还有一种宇宙生成论的理论认为,万物是由"天"有目的产生的,如董仲舒的《春秋繁露》中说:"天者,百神之大君也","父者子之天也,天者父之天也。无天而生,未之有也。天者,万物之祖,万物非天不生"。又如《易纬·乾凿度》开头借黄帝之口说:太古之时,百皇开辟宇宙,拓破洪蒙(使天地有分),这样就有了伏羲氏,伏羲知道天有好生之德,从而造化百源,如此等等。这都是说,天地万物是由天神有目的造就的。

魏晋玄学作为一种哲学在基本形态上和汉朝的哲学很不相同,它主要不是讨论宇宙如何生成的问题,而是讨论宇宙的本体问题,即天地万物存在的根据问题。魏晋玄学如何产生,其原因是多方面的,例如时代的变迁、儒学的衰落、学风的转变等等都会影响一种新的思潮的产生,在这里不必多讨论(参见汤一介:《郭象与魏晋玄学》第一章,武汉,湖北人民出版社,1983),这里只讨论魏晋玄学作为一种本体之学的理论问题。

《晋书·王衍传》谓:"魏正始中,何晏、王弼等祖述老庄,立论以为:天地万物皆以无为本。"就此可知,何晏、王弼的哲学是由先秦老庄思想发展而来,其基本命题是"以无为本",即有(天地万物)以无为本。为什么说他们的哲学的基本命题是"以无为本"呢?王弼说:"道者,无之称也,无不通也,无不由也,况之曰道,寂然无体,不可为象。""道"是没有办法说的,只能用"无"来说明,但是它贯通在一切事物之中,没有不是由它而成就,所以只能比方着把它叫做"道",它恒常不变而不是实体,所以没有形象。因此,王弼认为只能用"无"来规定"道"。那么王弼是如何论证"以无为本"这个命题的呢?王弼有一篇《老子指略》,

通过对《老子》这部书的总体分析来阐明其"以无为本"的思想。在这篇文章中,王弼提出:声音有宫、商、角、羽、徵等等声音,如果是"宫"就不能同时又是"商",是"角"就不能同时是"羽";形状,如果是"方"就不能同时又是"圆"。只有"无声"才可以成就一切声音,"无形"才可以做成一切形状。因此,无规定性的"无"才可以成就一切有规定性的"有"。"无规性的无"是什么意思,就像金岳霖先生说老子的"道"是"不存在而有"。也就是说,王弼的"以无为本"是说"无"是本而"有"是"末",这就是魏晋玄学的"本末有无"问题的讨论。

为什么说魏晋玄学是先秦老庄思想的新发展?我认为主要之点是,在王弼注解《老子》时,对《老子》中可以被解释为"宇宙生成论"的思想,他往往给以本体论的解释,如《老子》第四十章:"天下万物生于有,有生于无",王弼注说:"天下之物皆以有为生,有之所始,以无为本,将欲全有,必反于无也。"意思是说,天下之物都是以有(有形有象的)而存在,万有之所以始成为万有,是以(无规定性的或无形无象的)无作为其存在的根据。如果要成全"有",就要返回到它的根本"无"。又如王弼对《老子》"道生一,一生二,二生三,三生万物"的解释是:"万物万形,其归一也,何由致一,由于无也。"万物万形总得有个统一性,如何能使千差万别的万物统一呢,只能是由"无形无象"的"无"来统一。照王弼看,从众多的有形有象的事物中应该找一个统一性,然而统一不可能由某种具体的有形有象的东西来实现,只能由抽象的无规定性的"无"来实现,即由抽象的"一般"(共相)来统一具体的"个别"(殊相)。具体的事物(有)是经验中的,而无形无象的"无"是超于经验的。这样,王弼就把《老子》中原来具有某种生成论的因素转化而解释为本体论,这种例子很多,如对《周易·复卦》的注,《老子》第三十八章注等等,兹不赘述。由于王弼哲学是讨论"无"和"有"的关系,并认为"无"是

"有"存在的根据（究极原因），因此被称为"贵无"派。不仅如此，王弼还提出，抽象的一般"无"是要由具体的"有"来体现的，他说："夫无不可以无明，必因于有，故常于有物之极，而必明其所由之宗也。"这就是说，"无"不可能由无形无象的"无"本身来表现，是必须要通过有形有象的"有"来表现，所以要常常在有形有象的事物上，指示出它所根据的是本体之"无"。从这里看，王弼哲学已经意识到"无"（一般）和"有"（个别）之间的辩证统一关系，即"无"作为"体"、"本"，"有"作为"用"、"末"之间的辩证统一关系。因此，我们往往说王弼哲学是"体用一如"、"本末不二"的哲学。据此，我们可以看到在王弼的著作中常常用"崇本举末"、"守母存子"来说明"无"和"有"之间的关系。

然而王弼的哲学体系并不周全，在他的论述中（注《老子》和《周易》）仍然有"生成论"的因素，例如《老子注》第一章对"两者同出异名"一段的注说：

> 两者，始与母也。同出者，同出于玄也。……玄者，冥也，默然，无有也，始母之所出也。

按："玄"即"道"，即本体之"无"，或曰"无有"（不是"有"）。"天地之始"和"万物之母"同出于"玄"，则"本体"又在"万有"之先，且成为万有之所由生者，所以第三十七章注说："万物皆由道生"，这就是说，王弼仍和老子一样未能完全把生成论的因素排除掉。从这个观点出发，就会导致在王弼哲学中包含有"崇本息末"的观点。这是因为，在"道"产生万物之后，万物渐渐远离"道"，例如人就产生了种种"私欲"、"巧利"之类，而背离了"道"，因此要"崇本息末"，以达到"反本"。

从这里我们可以看到，在王弼哲学中存在着矛盾，根据他的本体论"体用一如"的要求，得出的应是"崇本举末"；而根据他的生成论"万物皆由道生"的要求，可以导致本末为二，而有"崇本息末"的结论。当然从总体上看，王弼哲学虽有矛盾，而"以无为本"的本体论仍是其思想的核心，是王弼哲学对老子思想的新发展。由于王弼的"贵无"思想强调的是"体用一如"、"崇本举末"，比较注意的是事物的统一性方面，即共相方面，而相对地说对事物的特殊性方面，即殊相方面则较为忽视，因此玄学由正始时期王何的"贵无"发展到竹林时期的玄学则分为两支：一支是更加崇尚自然，强调事物的统一性，主张"崇本息末"，这就是嵇康、阮籍的哲学；另一支则是向秀的哲学，向秀强调的是万物"自生"，这说明他注意到事物的特性。

王弼主张"体用一如"，故可要求不废名教而任自然，而嵇康、阮籍提倡废末归本，故要求"越名教而任自然"。照嵇康、阮籍看，"自然"是一有序的和谐的整体，而人类社会开始时也是和谐的，但"名教"这类人为的东西破坏了"自然"的和谐。如嵇康在《太师箴》中所说：

> 浩浩太素，阳曜阴凝。二仪陶化，人伦肇兴。厥初冥昧，不虑不营。……茫茫在昔，罔或不宁。赫胥既往，绍以皇羲，默静无文，大朴未亏，万物熙熙，不夭不离。……下逮德衰，大道沉沦。智惠日用，渐私其亲。惧物乖离，攘臂立仁，利巧愈竞，繁礼屡陈，刑教争施，夭性丧真。季世陵迟，继体承资。凭尊恃势，不友不师。宰割天下，以奉其私。

这就是说，社会由于各种智巧、争夺、自私的产生而离和谐的"自然"越来越远了，因此应破除那些违背"自然"的"名教"，使人类社会返回到符合"自然"要求的和谐统一的社会中去，即万物应回到那种无分别的状态（无）中去。故嵇康、阮籍提出"越名教而任自然"，这正是沿着王弼"崇本息末"的思路发展的。嵇康、阮籍这一"越名教而任自然"的思想正是以他们的宇宙生成论为理论前提的。上引《太师箴》"浩浩太素，阳曜阴凝"一段正是说的宇宙由自然到社会的演化过程，又如《声无哀乐论》中说的:"天地合德,万物贵生,寒暑代往,五行以成",《达庄论》中说的:"自然一体……一气盛衰,变化而不伤",都说明嵇康、阮籍的哲学是一种宇宙构成论。因此,可以说他们的思想是对王弼思想中由宇宙构成论因素导致主张"崇本息末"而发展成的。

向秀主张"以儒道为一"(谢灵运:《辨宗论》),认为"自然"与"名教"并不对立,这就是说,他的思路是沿着王弼"崇本举末"发展而成的。在向秀的《难养生论》中,他从批评嵇康《养生论》的观点出发,提出"自然之理"和"人为之礼"并不矛盾,因为"实由文显,道以事彰。有道而无事,犹有雌无雄耳"(《列子注》引向秀语)。从这里看,向秀是以"道"和"事"为相连的两面,"自然"和"名教"自不相矛盾。为了强调事物的合理性,向秀提出"万物自生"的观点,这显然是针对"万物皆由道生"的观点而发的,即是对王弼"贵无论"中生成论方面的批评。但向秀对王弼的批评似乎并没有涉及其本体论方面,甚至可以说他在某一方面仍然受到"贵无"思想的影响。在张湛的《列子注》中引有几十条向秀的话,其中《列子·天瑞》"故生物者不生,化物者不化"句,张湛注说:

> 《庄子》亦有此言。向秀注曰:吾之生也,非吾之所生,则生自生耳。生生者岂有物哉?(无物也),故不生也。吾之化也,非物之所化,则化自化耳。化化者岂有物哉?无物也,故不化焉。若使生物者亦生,化物者亦化,则与物俱化,亦奚异于物?明夫不生不化者,然后能为生化之本也。

盖"生生者"不能是"物",它必定是与"物"不同的东西。因为只要是"物",它就有生有化,只有不是"物"而超越"物"者,才可以不生不化,这种不生不化的超越物者才能是生化之本。向秀一方面主张"万物自生",另一方面又认为还有一不生不化的"生化之本",这样在他的体系中就形成了矛盾。

稍后于向秀的有裴頠，裴頠著《崇有论》"疾世俗尚虚无之理"，据《晋书》所载《崇有论》，裴頠和向秀一样，主张"万物自生"，反对"有生于无"，并且提出一比向秀更为明确的命题："自生而必体有"，万物的自生是以其自身的存在为本体，这可以说《崇有论》既否定了王弼的"以无为本"，又抛弃了向秀的不生不化的"生化之本"。为了强调每个事物都有其规定性（有其特性），《崇有论》中说："方以族异，庶类之品也。形象著分，有生之体也。"而且裴頠还提出来"理之所体，所谓有也"，"理"（规律）是以"有"（事物的存在）为其实体，即规律是存在的规律。从这些地方看，可以说裴頠较好地解释了"万物自生"的观点。但在他的《崇有论》中仍然存在一个问题，论中说："夫至无者，无以能生，故始生者，自生也。"这就是说，事物虽然不是由"无"产生的，而是"自生"的，但它还有一个"始生"（开始产生之时），这就会被提出一个问题：在事物开始产生之前又如何呢？这个问题在另一种版本的《崇有论》就发生了，即在《资治通鉴》卷八十二中所引《崇有论》中有一段与《晋书》所录的很不相同。《晋书》中的"夫至无者，无以能生，故始生者，自生也。自生而必体有，则有遗而生亏矣。生以有为已分，则虚无是有之所谓遗者也"。然而在《资治通鉴》中则作："夫万物之有形者，虽生于无，然生以有为已分（原注：物之未生则有无未分；既生而有，则与无已分矣），则无是有之所遗者也（原注：遗，弃也）。"如果照《资治通鉴》所载，则"始生"问题或可较好解释：宇宙在有形之物产生之前，是有无未分的状态；有形者虽然生于无形者，但在有形者产生之后，它就与无形者分开了，于是无形者就为有形者抛弃。从这里看，万物之有形者当然有一个"始生"之时，而在万物之有形者始生之前，宇宙为一有无未分状态，而这种状态应是无始的。不过如果照《资治通鉴》所载之文，裴頠又会陷入与向秀同样的矛盾，即在"万物自生"（有）和生万物之"无"（此"无"或为无形者）之间形成矛盾。所以在魏晋玄学的发展过程中，"有"和"无"始终是诸玄学家讨论的一个中心问题。

郭象的《庄子序》中提出，他注《庄子》是为了"明内圣外王之道"和"上知造物无物，下知有物之自造"。后面一个问题是讨论有无"造物主"的问题，它涉及"有"和"无"的关系问题。前面一个问题是讨论"名教"和"自然"的关系问题。郭象哲学也是由反对"有生于无"入手，他不仅认为万物都是"自生"的，而且认为万物之"自生"是因为他们都各自有各自的"自性"，他说："物各有性，性各有极"（《逍遥游注》），每个事物都有其自身存在的内在根据，这就是其"自性"；而且其"自性"都有一个极限，"有极限"是说有其自身规定性的极限。这说明郭象强调的是食物的特殊性（个性）。既然万物是由其"自性"作为其存在的根据，那么万物（有）就不是由什么别的东西生成的，所以《齐物论注》中说："造物无主，而物各自造。"特别是"无"不能生"有"，如《齐物论注》中说："请问夫造物者，有邪无邪？无邪，则胡能造物哉？"照郭象看"无"就是"无"，就是什么都没有；什么都没有怎么能产生"有"呢，"无则无矣，则不能生有"（《齐物论注》）。因此，郭象认为万物的生成没有一个开始的问题，他说：

> 谁得先物者乎哉？吾以为阴阳为先物，而阴阳者即所谓物耳。谁又先阴阳者乎？吾以自然为先之，而自然即物之自尔耳。吾以为至道为先之矣，而至道者乃至无也。既以无矣，又奚为先？然则先物者谁乎哉？而犹有物，无已。明物之自然，非有使之然也。（《知北游注》）

一切都是物，没有先于物而存在的东西，"物"（有）是无始的，是自然而然存在的，没有什么东西使它如此存在。郭象的这一观点是对裴頠"始生"思想的否定。不仅如此，郭象还认为，既然万物是"自生"的，那么它的发展变化只能是由其自身内在的"自性"决定，因此它是独立自足生生化化的，这叫"独化"，如他说：

> 凡得之者，外不资于道，内不由于己，掘然自得而独化也。夫生之难也，犹独化而自得之矣。既得其生，又何患于生之不得而为之哉？（《大宗师注》）

"凡得之者"云云是说凡得自性而为生者，从外面说不是由"道"所给予的，从自身说也不是自己所能求得的，而是没有什么原因突然自己得以如此地独立自足地存在着。"自得"是说"道"不能使之得而自得为生（"自生"）。既然是"自得为生"，那就根本用不着自己去考虑自身的存在而去追求之。"自得为生"则任何事物都应是独立自足的，如果不是独立自足的，那或是"外资于道"，或是"内由于己之为"，这样就要否定"自生"了。前面谈到裴頠认为，事物的存在要靠一定的条件："有之所须，所谓资也。"而郭象认为，任何事物的存在从原则上说都是"无待"（无条件），不需要靠外在的条件，他说：

> 若责其所待，而寻其所由，则寻责无极，卒乎无待，而独化之理明矣。（《齐物论注》）

如果找事物存在的外在根据，那么可以一直找寻下去，最后得出的结果只能是"无待"，所以事物独立自足生生化化的道理是很明白的。从这里我们可以看出，郭象不仅以"万物自生"反对"有生于无"的宇宙生成论，而且以"独化"思想反对"以无为本"的本体论。所以我们可以说郭象的哲学是"无无论"。郭象哲学的特点与王弼不同，他只肯定万物（有）独立自足的存在，所寻求的不是万物的统一性（共性），而是寻求万物的特殊性（个性）。那么，郭象哲学是不是也给我们留下两个问题呢？一是万物是否有统一性？另一是万物的存在是否果真由其"自性"所决定？

上面我们主要讨论的是"上知造物无物，下知有物之自造"和"无则无矣，则不能生有"；下面再讨论"内圣外王之道"的问题。在《齐物论注》中，郭象说："有无而未知无无也，则是非好恶犹未离怀。"意谓，如果知"无无"，则是非、好恶皆可无措于心。这从方法论上说是一种取消矛盾的方法。而在当时玄学家们所要讨论的重要问题之一就是"自然"和"名教"的关系问题。照上引郭象的观点看，知"无无"才可以取消"自然"和"名教"的矛盾。庄子认为，崇尚自然的为"游于方之外者"，而提倡"名教"故为"游于方之内者"，而"外内不相及"(《大宗师》)。而郭象则认为，"未有极游外之致而不冥于内者也，未有能冥于内而不游于外者也"。他企图冥合"游内"与"游外"之间的界限，以调和"自然"与"名教"，而"明内圣外王之道"。因此，郭象的"崇有"、"无无"思想又是调和"自然"与"名教"的理论基础。故郭象的《应帝王》解题说："夫无心而任乎自化者应为帝王。"

以上是对魏晋玄学发展的一简略分析，从上述分析，我们可以讨论两个问题：

（1）现在中国哲学史的研究似乎有一个问题，即阐述某一哲学家的思想往往设法把其思想体系说成没有矛盾的，我认为这是不符合实际的。在历史上的哲学家的哲学思想中都会包含着某些矛盾，或者说存在着他们没有解决的问题，这样才有哲学的发展。魏晋玄学作为一种哲学思潮就是在解决"有"和"无"的讨论中不断发展的。其发展的过程就是在不断地解决着矛盾的过程。

（2）每个时代的哲学往往都有其讨论的共同哲学问题，魏晋玄学作为一种哲学自然也有它讨论的中心哲学问题。这就是"有"、"无"本末问题，存在与所以存在的关系问题，其他问题大体上都是围绕着这个中心问题展开的，例如王弼"贵无"，提出"以无为本"，并用"执一统众"来论证，以强调万物的统一性（共性）；而郭象"崇有"，以"万物自生"来论证，以强调事物的特殊性（个性）。因此，我认为研究哲学史应抓住每个时代哲学思想的中心问题来展开。不能把哲学史的研究等同于"思想史"、"学术史"或"文化史"。

三、重玄学的产生和完成

"重玄"是根据《老子》第一章"玄之又玄"提出来的。据现有史料，"重玄"这一概念到南北朝时已较为普遍地使用。有东晋孙登"托重玄以寄宗"（成玄英：《道德经序决开题》引孙登《老子注》语），佛教徒支道林和僧肇也都使用过"重玄"这一概念，至于道教使用这一概念就更为广泛。由于孙登的《老子注》已散佚，他的"重玄"思想故难以讨论。孙登为著《老聃非大贤论》孙盛之族侄，在该论中有一段话，可看出东晋时对前此"贵无"和"崇有"的看法，文谓：

> 昔裴逸民作《崇有》、《贵无》二论，时谈者，或以为不达虚胜之道者，或以为矫时流遁者。余以为尚无既失之矣，崇有亦未为得也。道之为物，惟恍与惚，因应无方，唯变所适。……是以洞鉴虽同，有无之教异陈；圣教虽一，而称谓之名殊。……而伯阳欲执古之道，以御今之有；逸民欲执今之有，以绝古之风。吾故以为彼二子者，不达圆化之道，各矜其一方者耳。（《广弘明集》卷五）

孙盛批评"贵无"、"崇有"两派，认为他们都"不达圆化之道"而"各矜一方"。这是否意谓应超出"有"、"无"之对立，而达"非有非无"呢？孙登之"重玄"或已包含"非有非无"的意思？这有待新材料之发现，方可解决。然有僧肇作《不真空论》，则旨在破"贵无"与"崇有"，以明"非有非无"之中道。王弼"贵无"，郭象"崇有"，一执著于"无"，一执著于"有",各有所偏,僧肇用《不真空论》虽直接批评的是当时三种对般若学的错误理解,但实亦是在解决魏晋玄学"贵无"、"崇有"各执一偏的。僧肇认为,一切事物(物理的、心理的)的存在都是不真实的,所以是"非有";一切事物都可以因因缘合和而成,故是"非无";就像幻化人一样,幻化人不是真实的人,但仍可有非真实的幻化人。僧肇就是用这种方法来建立其"不真"则"空"的理论。这种把"非有非无"作为一种方法就是既否定"有"又否定"无"的"损之又损"的双遣法。只有把一切否定了,才可以证得"诸法本无自性"的道理。由此,僧肇在《涅槃无名论》中说:

> 夫群有虽众,然其量有涯。正使智犹身子,辩若满愿,穷才极虑,莫窥其畔。况乎虚无之数,重玄之域,其道无涯,欲之顿尽耶?书不云乎,为学者日益,为道者日损。为道者,为于无为者也。为于无为而日日损,此岂顿得之谓?要损之又损之,以至于无损耳。

按:"涅槃,秦言无为","虚无之数"、"重玄之域"均指佛教之"涅槃"境界。这段话的意思是说:"群有"虽然众多,但总还是有限的;即使"群有"是有限的,要用才智去穷尽它,也是很难做到。何况"虚无之数"、"重玄之域",它的道理是无穷无尽的,怎么能用顿悟的方法一下子就得到呢?因此,要达到涅槃境界只能用渐修的方法,即通过"损之又损"而达到"无损",直至涅槃境界。涅槃境界是损无所损了,也就是说通过"损之又损"的否定而必达到有所肯定的涅槃境界。这里或许给我们提示了一重要思想,即僧肇的《涅槃无名论》是用"损之又损"(亦即"非有非无")的方法以达到重玄之域。看来,僧肇要求在破相之后,应有所建立。这在陈慧达的《肇论序》和元康对此序的疏中均有所透露。慧达《肇论序》中说:

……但圆正之因，无上般若；至极之果，唯有涅槃。故末启重玄，明众圣之所宅……

元康疏谓：

"但圆正之因，无上般若"者，此谓《般若无知论》也。涅槃正因，无有尚于般若者也。至极之果，唯有涅槃耳。般若极果，唯有涅槃之法也。故"末启重玄"者，以此因果更无，加上"故末"，后明此两重玄法。般若为一玄，涅槃为一玄也。前言真俗，指前两论；后言重玄，指后两论，此是必然，不劳别释。重玄者，老子云"玄之又玄，众妙之门"。今借此语，以目涅槃般若，谓一切圣人，皆住于此，故名为"宅"也。

如果说前引《涅槃无名论》中之"重玄之域"是指一种境界，则此处"重玄"兼有方法义。这中间重要的意思是"般若"为一玄，"涅槃"为一玄，故曰"重玄"。元康的意思是说，《肇论》四篇有前后演进关系，前两论《物不迁论》、《不真空论》是讨论"真谛"、"俗谛"问题；后两论《般若无知论》、《涅槃无名论》则是讨论成佛之因果问题。后两论之论因果，般若为因，涅槃为果；般若为一玄，涅槃为一玄，此即"重玄"。只讲般若一玄，未达极致，必有涅槃之"又玄"，至"重玄"方可彰圣。

从以上的材料和我们的分析，是否能说，僧肇的学说中，在借老子"玄之又玄"的"重玄"思想，来表示般若破相为"一玄"，之后必以涅槃彰圣为"又玄"，"此是必然，不劳别释"也。如果我们从南北朝佛教在中国发展的情况看，东晋时般若学极盛，而宋齐之后有涅槃学之兴起，至梁大盛，这也正说明般若学与涅槃学前后相继之关系。在破除一切世间虚幻的假象后，"佛性"才得以彰显，而通过修行达到"涅槃"才有可能。破除对世俗之一切执著（包括对"有"和"无"之执著），即"破相显性"，

"重玄"就成为达到"涅槃"境界的方法。至于"什么是佛性",当时有各种各样的说法,梁宝亮《涅槃集解》列为十种,此非与本题有关,故阙而不论。但此时期佛教在中国之发展及其所讨论的问题,必对道教(道家)有所启发,而影响着隋唐道教(道家)重玄学之建立。

南北朝之道教学者的著作亦多释"重玄",有释"重玄"为"重天"者;有释"重玄"为至善境界者;有释"重玄"为"道"者;有释"重玄"为"穷理尽性"者;如此等等。有《玄门大论》未详作者,但早于《本际经》,用精气神三者合一况"重玄之道"(《玄门大论·三一诀序》)。于此始把道教之"三一为宗"与"重玄"思想结合;而《本际经》则宣称其宗旨为"最深最妙无上要术,开秘密藏重玄义门"(卷一)。而"重玄"者"遣一切相",以致"遣无所遣"(卷八),"于空于有,无所滞着,名之曰玄。又遣此玄,都无所得,故名重玄众妙之门"(卷八)。《玄门大论》与《本际经》或均受佛教之影响,此当另文详论。然这两种著作对成玄英、李荣的"重玄学"之建立则有直接影响。

"重玄"者,取自《老子》第一章"玄之又玄,众妙之门"。照《老子》第一章中说,"常道"虽不可道,但仍可由"有"和"无"两方面来把握,故曰:"此两者同出,异名同谓,玄之又玄,众妙之门"(据马王堆帛书本)。因此,要了解"有"和"无"之间的关系必须对"道"有深刻之体会。王弼"贵无",以"无"释"道",以"无"为无规定性之"有"(being),故"无"为"有"之体,为"有"存在之根据。郭象"崇有",以"有"自生,故否定"有"另有一存在之根据,"无"是"虚无"(non-being),故不能生"有"。僧肇既否定"贵无",又否定"崇有",提出"非有非无"之命题。僧肇阐发"非有非无"的《不真空论》,根据般若学之"诸法本无自性"之理论所建立。若万物无自性,则存在有何根据?成佛有何可能?故于般若破相之后,而有涅槃佛性学说出。唐初道教学者成玄英、李荣运用南北朝以来佛道二教"有"、"无"双遣之"重玄"思想资源，于双遣"有"、"无"之后，以"理"释"道"，实为道教（道家）理论上之一大突破。

成玄英、李荣以及后来的道教学者（如杜光庭等）均以"重玄"作为其学说之特征，如成玄英说，他的学说"宜以重玄为宗"。那么成玄英如何解释"重玄"呢？他说："深远之玄，理归无滞，既不滞有，亦不滞无，二俱不滞，故谓之玄。"（《道德经义疏》第一章）此谓"一玄"。又说："有欲之人，唯滞于有；无欲之士，又滞于无。故说一玄，以遣双执。又恐行者，滞于此玄，今说又玄，更祛后病，既而非但不滞于滞，亦乃不滞于不滞，此则遣之又遣，故曰玄之又玄。"（《道德经义疏》第一章）此说"重玄"。"一玄"是否定"贵无"和"崇有"，而达到"非有非无"；"重玄"进而要否定"非有非无"，以致"不滞于不滞"。盖因为如果执著僧肇"非有非无"的"不真则空"的理论，那么从一方面说，它也是一种执著；从另一方面看，在破除了一切之后，必须仍有所立，如佛教在中国，于般若学流行之后，又有涅槃佛性学说之兴起。成玄英的"重玄学"，无论其理路或思维方式无疑都是受南北朝佛教的启示而有的。

成玄英、李荣在破除了对"有"和"无"的执著之后，他们是如何建立他们的"重玄"理论的呢？王弼以"无"释"道"，郭象以"有"释"物"，而成玄英以"理"释"道"。他说："道者，理也。"并且成玄英尝用"重玄妙理"、"自然之理"、"虚通之妙理"、"实理"（真常之理）等等来对"理"加以规定和说明。从"理"是"重玄妙理"说，此"理"是在破除以"道"为"有"（实在的事物）和"无"（本无）之后的有所肯定的"理"。"自然之理"是说"理"不是人为的，"天道，自然之理也"（《老子》第四十七章注），"真实之道，则自然之理也"（《天道疏》），"玄道至极，自然之理，欲不从顺，其可得乎？"（《大宗师疏》）按："自然之理"

或有规律的必然性义。他又常用"虚通之理"和"真常之理"来说明"道"。"虚通之理"是说"理"不是具体实在的事物,但它无所不在、无所不通,但亦非"虚无","夫知虚通之道者,必达深玄之实理",此"虚通之理"必为"实理","实理"即"真常之理",真实无妄而常存。成玄英用"理"来说"道",此实为理论上之一大飞跃。"理"为虚通之实理,从而排除了"道"的物质之"实体性",而"道"为"非有";又排除了"道"的外在于物之"虚妄性",而"道"又"非无";进而又排除了"道"的"非有非无"之"无自性性",而使"道"具有常存的真实无妄性之意义。这说明"重玄"(重玄之妙理)不仅是一种方法,而且是作为天地万物之所以存在之本体(宇宙本体)。

成玄英的本体论与王弼有同有异:其所同者,都认为天地万物有其所以存在之根据,即本体;且都用"体"和"用"不相离来说明其间之关系,王弼说:"以无为用,不能舍无以为体。"他注重的是"无"的"即体即用",成玄英用"理本"来说明"理"是天地万物之本体,用"妙用"来说明"理"的"用"的奥妙。而成玄英的本体论与王弼的本体论最为显著的不同在于,王弼以无规定性的"无"作为天地万物的本体,而成玄英以有规定性的"理"(虚通之实理)作为天地万物之本体,这或是在南北朝经过佛道发展之后而出现之结果乎?

《天地疏》中说:"虚通之道,包罗无外,二仪待之以覆载,万物得之以化生,何莫由斯,最为物本。""虚通之道"("虚通之理")为天地万物存在之根本,天地得到它就有覆载的功能,万物得到了它就得以存在,所以它是一切事物的本体。成玄英进而提出"道"(或"理")落实到众生,则为众生之性分,成玄英说:"道者虚通之妙理,众生之正性也。""道"是天地万物存在之"理",即宇宙存在之根据,人和其他众生从"道"所得为其"正性",即完善之性分,是人从"道"(虚通之妙理)所得之"正性"存在之根据，这就是说"性"是人得之于"道"（"理"）而为"人"的内在本质，"性者，禀生之理"（《在宥疏》），"苍生皆有真常之性，而不假于物也"（《马蹄疏》）。人如何实现其"正性"（真常之性）而通向"虚通之妙理"，即由个体之存在通向宇宙全体之存在？成玄英认为要靠"心"的作用。"心"（真常之心）是人的精神活动之主体，"夫心者，五脏之主，神灵之宅"（《达生疏》），"灵府者，精神之宅，所谓心也"（《德充符疏》），故"聪明之用，本乎心灵"（《大宗师疏》）。通过"心"的作用，进行自我修养，"穷理尽性"，这样一方面可以清除"违理"、"失性"的欲望，即如成玄英说："夫苍生所以失性者，皆由滞欲故也。既而无欲素朴，真性不丧，故称得也"（《马蹄疏》），"夫耽嗜诸尘而情欲深重者，其天然机神浅钝故也。若使智照深远，岂其然乎！"（《大宗师疏》）另一方面，通过心神之修炼，恢复"正性"，"心神凝寂，故复于真性"，达到同一宇宙本体，这就是"境智冥合"（天人合一）而至于"重玄之乡"。"六合之外，谓众生性分之表，重玄至道之乡也"（《齐物论疏》）。盖所谓"重玄之乡"即是超越自我与世俗之精神境界也。为此，成玄英提出"穷理尽性"作为达到超越境界之途径。从这里看，成玄英提出"重玄之理"通过"真常之性"（正性）而引出"真常之心"（"若能虚忘平淡，得真常之心"，《德充符疏》），即由本体论问题引向心性论之讨论。同样，成玄英又从"真常之心"的"穷理尽性"，通过"重玄"的"双遣有无"、"超兹四句"、"离彼百非"，以实现"真常之性"，而通于"重玄之理"，而达到"重玄之乡"，企图解决本体（重玄之理）与境界之统一问题。"重玄之域"，《徐无鬼疏》谓："夫至道之境，重玄之域，圣心所不能知，神口所不能辩，若以言知索真，失之远矣。"这说明，"重玄"不仅是方法、是理论，而且是境界。据以上所论，我们可以看出，成玄英的哲学是由"理"、"性"、"心"三个概念所构成的一相当圆通之体系。

第十一章 为道教创立哲学理论的思想家成玄英

如果成玄英的"重玄学"只是由本体论引向心性论，这作为一种哲学说，无疑是很有意义的。就这点说，成玄英哲学的路数大体和宋明理学有相似之处，即由本体哲学向心性哲学发展。从魏晋玄学的本体哲学到唐初重玄学的心性哲学，从中国哲学发展的理路看，是否有着某种内在的必然性？这大概和中国哲学重视精神境界之提高和以"内在超越"为特征有关，此非本题应讨论者，兹不赘述。但是，成玄英的"重玄学"如果只是这样一个理路，它并没有解决"道教"作为一种宗教所要达到的目标，它还不是一种宗教哲学。我们知道，道教所追求的目标与佛教不同，佛教追求的是"涅槃"，道教追求的是"成仙"，即长生不死。如果成玄英的"重玄学"不仅是一种哲学，而且是一种宗教哲学（道教哲学），那么他的哲学就必须为道教追求的"长生不死"作理论上的论证。我们知道，道教的"长生不死"是与"气化"理论有着密切关系的。它以"精气神"三者的结合作为达到长生不死的途径。那么成玄英的"重玄学"是如何处理这个问题的呢？

为了适应道教终极目标的要求，成玄英把"气"的概念引入他的体系。成玄英对《老子》第四十二章"道生一，一生二，二生三"的注释说：

> 至道妙本，体绝形名，从本降迹，肇生元气，又从元气变生阴阳，于是阳气清浮升而为天，阴气沉浊降而为地，二气升降，和气为人，□有三才，次生万物。

这条注的意思是说："道"作为天地万物微妙的本体，无形无名，从"道"这个无形无名的本体演化出有形迹的东西，开始产生未分化的元气，然后分化为阴阳二气，阳气清轻上升为天，阴气重浊下沉为地，阴阳二气相互作用而生人，有天地人而后有万物。在这里成玄英把"道"（理）看成生"物"之本（本体），"自然之理，通生万物"（《齐物论疏》），而"气"是生"物"之元素，"气是生物之元"（《在宥疏》）。天地万物是据"道"（理）由"气"而生成，"妙本一气，通生万物"（《齐物论疏》）。人得"正性"于"道"，由"精"、"气"、"神"三者结合而为具体的人，如果人能修心养气而志于"道"，就能反本归源，与"道"合一而长生。所以道教提出所谓"性命双修"，性功修心，命功养气。如何反本归源？照成玄英看，就要"宝神，惜气，固精，志道，不轻此生，故云自爱"。而"宝神"、"惜气"、"固精"是要通过"修道"（志于进）达到，而"修道"主要在"修心"，使"心"无执著，如"道"一样虚通，以得长生。故成玄英《老子》第十六章注说："不知性修反德，而会于真常之道者，则恒起妄心，随境造业，动之死地。"而"心神凝寂，故复于真性，反于惠命"。

就上所论，成玄英的哲学体系又包容着一宇宙生成论的架构，从而使他的道教哲学得以成立。当然以这种道教哲学体系能否实现道教的终极目标——长生不死，仍是一大问题。因为成玄英还只是为道教创建了一套通向其终极目标的理论，并没有建构一套实现其理论的修持方法。到唐末五代兴起的"内丹心性学"才提出一套"性命双修"的修持方法，从而又把道教的宗教理论和方法向前推进了。至于"内丹心性学"的学理意义又当别论，此非本文所讨论，当对五代两宋金元之"内丹心性学"作进一步之研究。

成玄英等所建立的"重玄学"有什么意义？我认为可归为四点：

（1）如果说先秦道家（老子、庄子等）是道家思想的第一期发展，魏晋玄学为道家思想的第二期发展，意欲在道家思想的基础上调和儒道两家思想，那么唐初重玄学或可以被视为道家思想的第三期发展，它是在魏晋玄学的基础上吸收当时在中国有影响的佛教般若学和涅槃佛性学以及南北朝道教理论所建立的新的道家（道教）学说。

（2）道教自东汉建立以来，不少学者（如葛洪、寇谦之、顾欢、陶弘景等等）都在努力为道教建立哲学理论，但似乎都不成功，因此无法在哲学理论上与当时流行的玄学和佛教理论相匹敌。究其原因或有两点可注意：第一，没有特别注意通过注解《老子》、《庄子》，并在继承和发展魏晋玄学理论的基础上，来为道教建立哲学理论体系；第二，没有特别注意参与到当时哲学发展所讨论的问题中去，因此在"重玄学"建立之前道教哲学的理论水平不高。但"重玄学"或多或少地克服了上述两个缺点。"重玄学"通过吸收和融化某些玄学和佛教哲学理论，并吸收南北朝时期之道教理想，在注解《老子》和《庄子》的基础上为建立道教哲学提供了有意义的路径。唐宋以后的"内丹心性学"就是在此基础上发展起来的。因此，注重历代对《老子》、《庄子》的注释，是全面了解中国哲学发展的至关重要问题（当然对儒家和佛教的注疏同样也应注意）。

（3）我们常说，宋明理学一方面批判佛道二教，另一方面又吸收和改造了佛教和道教。但在中国哲学史的研究中对宋明理学吸收佛教（禅宗、华严宗）论述较多，而说到对道教的吸收则很笼统。"重玄学"以"理"释"道"，又提出"道者，虚通之理，众生之正性"，而"心"为精神之主体，"夫心者，五脏之主，神灵之宅"，通过"穷理尽性"，而实现与道合一。这与宋明理学（特别是程朱派）的路数极为相近。因此，我们似应更注意研究宋明理学与唐朝以来"重玄学"的关系，以便我们更好地理清隋唐以后儒道释三家之间的纷纭复杂的关系。

（4）据以上所论，自汉以来，中国哲学是否可说由重宇宙论，而至魏晋重思辨的玄学本体论之学，中经南北朝印度佛教般若学与涅槃学的冲击，至唐有"重玄学"之产生，而唐初成玄英之重玄学实开心性论之先河。这一宇宙论——本体论——心性论的路径，能否可以说是自汉以来中国哲学进展的趋势？或应受到重视。

附录一　敦煌本太平经残卷（斯·四二二六）

　　　　□苦□眇：① 　　　　　　　　　　　　　一

　　出经救弊劝学精　　　　　　　　　　　二

　　升三天永离烦恼　　　　　　　　　　　三

　　此经文者六方真人　　　　　　　　　　四

　　宁家、长居庆泰、丁　　　　　　　　　五

　　其真与不今疾上　　　　　　　　　　　六

　　□用之立与天地乃　　　　　　　　　　七

□大明效□　□第一云：诵读吾　　　　　　八

书者之灾害不得复起，此上古圣贤所以候　　九

得失之本也。书有三等，一曰神道书，二曰核　　一〇

事文，三曰浮华记。神道书者，不离实，守本根，　　一一

与阴阳合，与神同门。核事文者，考核异同，疑　　一二

---

① 凡标有□即缺字。

误不失。浮华记者，离本已远，错乱不可常用，　　　　一三
时时可记，故名浮华记。然则精学之士，务存　　　　　一四
神道，习用其书，守得其根。根之本宗，三一为　　　　一五
主。一化以三，左无上，右玄老，中太上。太上统　　　一六
和，无上摄阳，玄老总阴。阴合地，阳合天，和均　　　一七
人。人、天及地，号为三才。各有五德，五德伦分，　　一八
修事毕，三才后一。得一者生，失一者死。能遵　　　　一九
上古之道，则到太平之辰，故曰三老相应。三　　　　　二〇
五炁和，和生生炁，炁行无死名也。和则温清　　　　　二一
调适，适则日月光明。人功既建，天地顺之，故　　　　二二
曰：先安中五，乃选仙士，贤者心贤，必到圣治。　　　二三
甲第二云，天四五九之道，不可失也。天地失　　　　　二四
之，万事乱常；五行失之，更相贼伤；四时失之，　　　二五
炁不行人至不行；人失之，身被疾病。守之则　　　　　二六
吉，失之则伤。三皇常善者，能深用之，审得其　　　　二七
意可诫。是其人开，非其人闭，审得其人，可以　　　　二八
致寿，可以致乐，可以除耶疾。德薄得之迟，德　　　　二九
厚得之速。君子至信乃传道，慎勿付小人。得　　　　　三〇
人则授，不言信誓正当重，不能数遇。遇此经　　　　　三一
者，皆为真人，所师玄师，无极之神，应感而现，　　　三二
事已即藏。流布叔方，澄清大乱，功高德正，故　　　　三三
号太平。圣主善治，谨用兹文，凡君在位，轻忽　　　　三四
斯典。羲轩之始，莫不奉遵，周汉之终，必也屏　　　　三五
弃。《百八十戒序》云：楚王之时，出太平之道，老　　　三六
子至琅琊，授与于君，于君得道，拜为真人，作　　　　三七

《太平经》。圣人应感出文，述而不作，凡夫弃故，　　　　三八
不复识知，缘见维亲，顺情言作耳。帛君笃病，　　　　三九
从于君受道，拜为神人。于君讳室，涉乱迁移，　　　　四〇
易名为吉，寓居东方，往来吴会，周历跻幽，出　　　　四一
入伊洛，教训后生，救厄治疾。顺帝之时，弟子　　　　四二
宫崇，诣阙上书，言：师于吉所得神经于曲阳　　　　四三
泉上，朱界青首，百有余焉，谓为妖讹，遂不信　　　　四四
用。帝君不修太平，其自下潜习，以待后会，　　　　四五
贤才君子，密以相传，而世伪人耶，多生因假、　　　　四六
矫诡肆愚，疵妨正典。《相尔》云：世多耶巧，托称　　　　四七
道云，千端万伎，朱紫磐礴。故记三合以别真，　　　　四八
上下二篇法阴阳。复出《青领太平文》，杂说众　　　　四九
要，解童蒙心。复出五斗米道，备三合，道成契　　　　五〇
毕，数备三道。虽万恶犹纷，猗公行，和窃号之　　　　五一
正目、事乖真实，师之所除。《玄妙内篇》云：吾布　　　　五二
炁罢废，上清、清约、佛三道，下及干吉太平支　　　　五三
散之炁，百官之神，天地水月三官不正之炁，　　　　五四
贪浊受钱饮食之鬼，营传符庙一切骆驿分　　　　五五
罢。夫假称上清受及佛干支离偏见执著，自　　　　五六
是华炫之耶，皆应摆弃，况号俗神者乎？拾俗　　　　五七
及诸诈文，求真宜寻本旨，案上清、清约、无为、　　　　五八
佛道众圣大师，各有本经。干氏本部，自甲之　　　　五九
癸、分为十袭百七十卷。玄文宕博，妙旨深长，　　　　六〇
品次源流，条铭如左。　　　　六一

太平经部袭第一　　甲部十　　　　六二
　　　　　　　　　七卷

太平经卷第一 　　　　　　　　　　　　　　六三
　　自古盛衰法第一 　　　　　　　　　　　六四
太平经卷第二 　　　　　　　　　　　　　　六五
　　却不祥法第二 　　　　　　　　　　　　六六
太平经卷第三 　　　　　　　　　　　　　　六七
　　盛身却灾法第三 　　　　　　　　　　　六八
太平经卷第四 　　　　　　　　　　　　　　六九
　　思本正行法第四 　　　　　　　　　　　七〇
太平经卷第五 　　　　　　　　　　　　　　七一
　　道神度厄法第五 　　　　　　　　　　　七二
太平经卷第六 　　　　　　　　　　　　　　七三
　　贤不有自知法第六 　　　　　　　　　　七四
太平经卷第七 　　　　　　　　　　　　　　七五
　　利尊上延命法第七 　　　　　　　　　　七六
太平经卷第八 　　　　　　　　　　　　　　七七
　　修古文法第八 　　　　　　　　　　　　七八
太平经卷第九 　　　　　　　　　　　　　　七九
　　王者无忧法第九 　　　　　　　　　　　八〇
太平经卷第十 　　　　　　　　　　　　　　八一
　　还神耶自消法第十 　　　　　　　　　　八二
太平经卷第十一 　　　　　　　　　　　　　八三
　　和合阴阳法第十一 　　　　　　　　　　八四
太平经卷第十二 　　　　　　　　　　　　　八五
　　令人寿法平法第十二 　　　　　　　　　八六
太平经卷第十三 　　　　　　　　　　　　　八七

七事解迷法第十三　　　　　　　　　　　　八八

太平经卷第十四　　　　　　　　　　　　　八九

　救四海知优劣法第十四　　　　　　　　　九〇

太平经卷第十五　　　　　　　　　　　　　九一

　清身守一法第十五　　　　　　　　　　　九二

太平经卷第十六　　　　　　　　　　　　　九三

　时神效道法第十六　　　　　　　　　　　九四

太平经卷第十七　　　　　　　　　　　　　九五

　救迷辅帝王法第十七　　　　　　　　　　九六

太平经部衮第二　乙部十七卷　　　　　　　九七

太平经卷第十八　　　　　　　　　　　　　九八

　顺道还年法第十八　　　　　　　　　　　九九

太平经卷第十九　　　　　　　　　　　　　一〇〇

　录身正神法第十九　　　　　　　　　　　一〇一

太平经卷第廿　　　　　　　　　　　　　　一〇二

　师策文第廿　　　　　　　　　　　　　　一〇三

太平经卷第廿一　　　　　　　　　　　　　一〇四

　修一却邪第廿一　　　　　　　　　　　　一〇五

太平经卷第廿二　　　　　　　　　　　　　一〇六

　以乐却灾灾法第廿二　　　　　　　　　　一〇七

太平经卷第廿三　　　　　　　　　　　　　一〇八

　实核人情法第廿三　　　　　　　　　　　一〇九

太平经卷第廿四　　　　　　　　　　　　　一一〇

　分别人善恶法第廿四　　　　　　　　　　一一一

太平经卷第廿五	一一二
神真行宽乘法第廿五	一一三
太平经卷第廿六	一一四
圣真食神法第廿六	一一五
太平经卷第廿七	一一六
守一明之法第廿七	一一七
太平经卷第廿八	一一八
习善行得福法第廿八	一一九
太平经卷第廿九	一二〇
行道有优劣法第廿九	一二一
太平经卷第卅	一二二
行神诀书法第卅	一二三
太平经卷第卅一	一二四
和三五与帝王法第卅一	一二五
太平经卷第卅二	一二六
安乐王者法第卅二	一二七
太平经卷第卅三	一二八
县象神第卅三	一二九
数亿万世道三出诀第卅四	一三〇
太平经卷第卅四	一三一
占上古流灾法第卅五	一三二
占中古流家法第卅六	一三三
占下古流灾第卅七	一三四
救承负法第卅八	一三五
造作经书法第卅九	一三六

解承负法第四十	一三七
太平经部袭第三 丙部十七卷	一三八
太平经卷第卅五	一三九
分别贫富法第四十一	一四〇
一男二女法第四十二	一四一
兴善心恶法第四十三	一四二
太平经卷第卅六	一四三
守别三宝法第四十四	一四四
三急吉凶法第四十五	一四五
事死不得过生法第四十六	一四六
太平经卷第卅七	一四七
诫文书大信法第四十七	一四八
立事解承负法第四十八	一四九
太平经卷第卅八	一五〇
守一法第四十九	一五一
太平经卷第卅九	一五二
解师策书诀第五十	一五三
真劣诀第五十一	一五四
太平经卷第四十	一五五
怒力为善法第五十二	一五六
乐生得天心法第五十三	一五七
太平经卷第四十一	一五八
救古文名书诀第五十五	一五九
太平经卷第四十二	一六〇

九天消先王□法五十六	一六一
验道伪诀第五十七	一六二
四行本末赤诀第五十八	一六三
太平经卷第四十三	一六四
大小谏正法第五十九	一六五
太平经卷第四十四	一六六
案书明形德法第六十	一六七
太平经卷第四十五	一六八
起土出书诀第六十一	一六九
太平经卷第四十六	一七〇
道无价幼夷抶治第六十二	一七一
太平经卷第四十七	一七二
上善臣子弟子为君父师得仙	一七三
方诀第六十三	
服人以道不以成诀第六十四	一七四
太平经卷第四十八	一七五
三合相通诀第六十五	一七六
太平经卷第四十九	一七七
急学真法第六十六	一七八
太平经卷第五十	一七九
去耶文蛬明占诀第六十七	一八〇
移行诫验类相应占决第六十八	一八一
丹明虽图取第六十九	一八二
草木方诀第七十	一八三
生物方诀第七十一	一八四

去浮华诀第七十二　　　　　　　　　　　　　　一八五
天文记讫诀第七十三　　　　　　　　　　　　　　一八六
刻刺诀第七十四　　　　　　　　　　　　　　　　一八七
神咒诀第七十五　　　　　　　　　　　　　　　　一八八
葬宅诀第七十六　　　　　　　　　　　　　　　　一八九
诸药石文是非诀第七十七　　　　　　　　　　　　一九〇
太平经卷第五十一　　　　　　　　　　　　　　　一九一
　校文邪正法第七十八　　　　　　　　　　　　　一九二

太平经部衮第四　丁部十七卷　　　　　　　　　　一九三

太平经卷第五十二　　　　　　　　　　　　　　　一九四
　胞胎阴阳图诀第七十九　　　　　　　　　　　　一九五
太平经卷第五十三　　　　　　　　　　　　　　　一九六
　分别四治第八十　　　　　　　　　　　　　　　一九七
太平经卷第五十四　　　　　　　　　　　　　　　一九八
　使能无争讼法第八十一　　　　　　　　　　　　一九九
太平经卷第五十五　　　　　　　　　　　　　　　二〇〇
　力行博学诀第八十二　　　　　　　　　　　　　二〇一
　知盛衰还年法第八十三　　　　　　　　　　　　二〇二
太平经卷第五十六　　　　　　　　　　　　　　　二〇三
　与神约束诀第八十四　　　　　　　　　　　　　二〇四
　忠孝益年诀第八十五　　　　　　　　　　　　　二〇五
　思善改恶法第八十六　　　　　　　　　　　　　二〇六
　善人作神法第八十七　　　　　　　　　　　　　二〇七
太平经卷第五十七　　　　　　　　　　　　　　　二〇八

历术分别吉凶诀第八十八	二〇九
禁酒法第八十九	二一〇
太平经卷第五十八	二一一
上下失治法第九十	二一二
太平经卷第五十九	二一三
阴阳施法第九十一	二一四
太平经卷第六十	二一五
观物知道德诀第九十三	二一六
天地诫第九十二	二一七
书用丹青诀第九十四	二一八
太平经卷第六十一	二一九
天子皇后政诀第九十五	二二〇
太平经卷第六十二	二二一
解天甿九人诀第九十六	二二二
太平经卷第六十三	二二三
分别九人诀第九十七	二二四
太平经卷第六十四	二二五
求寿除灾诀第九十八	二二六
太平经卷第六十五	二二七
断金兵法第九十九	二二八
王者赐下法第一百	二二九
兴衰由人诀第百一	二三〇
太平经卷第六十六	二三一
三五优劣诀第百二	二三二
太平经卷第六十七	二三三

六罪十治诀第百三	二三四
太平经卷第六十八	二三五
戒六诀第百四	二三六
太平经部袠第五十七卷 戊部十	二三七
太平经卷第六十九	二三八
天识支干相配诀第百五	二三九
太平经卷第七十	二四〇
学者是非诀第百六	二四一
太平经卷第七十一	二四二
九道得失诀百七	二四三
度世明诫百八	二四四
太平经卷第七十二	二四五
斋戒思神救死诀百九	二四六
不用大言无效诀百十	二四七
五神所持诀百十一	二四八
太平经卷第七十三	二四九
入室证诀百十二	二五〇
斋辞设五仪法百十三	二五一
涂室成神仙法百十四	二五二
太平经卷第七十四	二五三
善恶间图诀百十五	二五四
太平经卷第七十五	二五五
图画正根诀百十六	二五六
太平经卷第七十六	二五七

证上书征验诀百十七	二五八
太平经卷第七十七	二五九
使四时神吏注法百十八	二六〇
太平经卷第七十八	二六一
入室存思图诀百十九	二六二
太平经卷第七十九	二六三
神吏尊卑诀百廿	二六四
太平经卷第八十	二六五
占中不中诀百廿一	二六六
太平经卷第八十一	二六七
得道长存篇百廿二	二六八
太平经卷第八十二	二六九
自知得失诀百廿三	二七〇
太平经卷第八十三	二七一
经学本末诀百廿四	二七二
太平经卷第八十四	二七三
大人存思六甲图百廿五	二七四
太平经卷第八十五	二七五
师明经图传集百廿六	二七六
太平经部裹第六己部十七卷	二七七
太平经卷第八十六	二七八
来善集三道文书诀百二十七	二七九
太平经卷第八十七	二八〇
长存符图百廿八	二八一

太平经卷第八十八 　　　　　　　　　　　　　　二八二
　　作来善宅法百二十九 　　　　　　　　　　　二八三
太平经卷第八十九 　　　　　　　　　　　　　　二八四
　　八卦还精念文百卅 　　　　　　　　　　　　二八五
太平经卷第九十 　　　　　　　　　　　　　　　二八六
　　冤流灾苽诀百卅一 　　　　　　　　　　　　二八七
太平经卷第九十一 　　　　　　　　　　　　　　二八八
　　构校三古文法百卅二 　　　　　　　　　　　二八九
太平经卷第九十二 　　　　　　　　　　　　　　二九〇
　　二光食诀百卅三 　　　　　　　　　　　　　二九一
　　万二千国始火诀百卅四 　　　　　　　　　　二九二
　　火烝正神道诀百卅五 　　　　　　　　　　　二九三
　　洞极上平炁无虫僮复家诀百卅六 　　　　　　二九四
太平经卷第九十三 　　　　　　　　　　　　　　二九五
　　方乐庆同相治诀百卅七 　　　　　　　　　　二九六
　　阳尊阴卑诀百卅八 　　　　　　　　　　　　二九七
　　效言不效行国不可胜数诀百卅九 　　　　　　二九八
　　敬事神五十年太诀百卌 　　　　　　　　　　二九九
　　致灾诀百卌一 　　　　　　　　　　　　　　三〇〇
太平经卷第九十四 　　　　　　　　　　　　　　三〇一
　　司行不司言诀百卌二 　　　　　　　　　　　三〇二
　　五寿以下被承负灾诀百卌三 　　　　　　　　三〇三
　　寿命奇不望报阴佑人百卌四 　　　　　　　　三〇四
　　自受自奴诀百卌五 　　　　　　　　　　　　三〇五
　　肠诀百卌六 　　　　　　　　　　　　　　　三〇六

太平经卷第九十五　　　　　　　　　　　三〇七
　　各用单言孤辞诀百卌七　　　　　　　三〇八
　　叹上禁三道文致乱诀百卌八　　　　　三〇九
　　上书十归之神真命所属诀百卌九　　　三一〇
　　善恶人受真人为贤工诀百五十　　　　三一一
太平经卷第九十六　　　　　　　　　　　三一二
　　大极六竟孝顺思诀百五十一　　　　　三一三
　　守一入室知神戒百五十二　　　　　　三一四
　　忍辱象天地至诚与神相应戒百五十三　三一五
太平经卷第九十七　　　　　　　　　　　三一六
　　知道不传处士助他诀百五十四　　　　三一七
　　事法如父言当成法诀百五十五　　　　三一八
太平经卷第九十八　　　　　　　　　　　三一九
　　神司又守本阴佑诀百五十六　　　　　三二〇
　　为道败成戒百五十七　　　　　　　　三二一
　　依文寿长诀百五十八　　　　　　　　三二二
　　男女及形诀百五十九　　　　　　　　三二三
太平经卷第九十九　　　　　　　　　　　三二四
　　乘云驾龙图百六十二　　　　　　　　三二五
太平经卷第一百　　　　　　　　　　　　三二六
　　东壁图百六十三　　　　　　　　　　三二七
太平经卷第一百一　　　　　　　　　　　三二八
　　西壁图百六十四　　　　　　　　　　三二九
太平经卷第一百二　　　　　　　　　　　三三〇
　　神人自序出书图服色诀百六十五　　　三三一

经文部数所位次传文闭绝即病诀百六十六　　三三二

应诀百六十七　　三三三

太平经部衮第七 庚部十七卷　　三三四

太平经卷第一百三　　三三五

虚天天夕自然图道毕成百六十八　　三三六

太平经卷第一百四　　三三七

与上除害复文百六十九　　三三八

太平经卷第一百五　　三三九

令尊者无忧复文百七十　　三四〇

太平经卷第一百六　　三四一

德行吉昌复文百七十一　　三四二

太平经卷第一百七　　三四三

神祐复文百七十二　　三四四

太平经卷第一百八　　三四五

要诀十八百七十三　　三四六

部诫训诀百七十四　　三四七

忠孝上异闻诀百七十五　　三四八

灾病证书欲藏诀百七十六　　三四九

太平经卷第一百九　　三五〇

两手策字要记百七十七　　三五一

四吉凶诀百七十八　　三五二

太平经卷第百十　　三五三

大功益年书出岁月戒百七十九　　三五四

有心之人积行辅真诀百八十　　三五五

太平经卷第百十一	三五六
大圣上章诀百八十	三五七
有德人保命诀百八十二	三五八
善仁人自贵年在寿曹诀百八十三	三五九
有知愈药与大神相见百八十四	三六〇
太平经卷第百十二	三六一
贪财色灾及胎中戒百八十五	三六二
七十二包死尸戒百八十六	三六三
写书不徒自苦戒百八十七	三六四
有过死诵作梁戒百八十八	三六五
衣履欲好戒百八十九	三六六
不忘戒长得福诀百九十	三六七
太平经卷第百十三	三六八
乐怒吉凶诀百九十一	三六九
太平经卷第百十四	三七〇
孝行神所敬诀百九十二	三七一
九君太上亲诀百九十三	三七二
不孝不可之生戒百九十四	三七三
见戒不触恶诀百九十五	三七四
不可祠诀百九十六	三七五
王报信威神诀百九十七	三七六
有功天君敕进诀百九十八	三七七
不用书言命不全诀百九十九	三七八
大寿戒二百	三七九
病归天有费诀二百一	三八〇

不承天书言病当谪戒二百二　　　　　　　　三八一

　　为父母不易改二百三　　　　　　　　　　　三八二

太平经卷第百十五　　　　　　　　　　　　　　三八三

　　神书青下丹目诀二百四　　　　　　　　　　三八四

　　苦乐断刑罚诀二百五　　　　　　　　　　　三八五

太平经卷第百十六　　　　　　　　　　　　　　三八六

　　音声舞曲吉凶二百六　　　　　　　　　　　三八七

太平经卷第百十七　　　　　　　　　　　　　　三八八

　　天乐淳善人文付火君诀二百七　　　　　　　三八九

太平经卷第百十八　　　　　　　　　　　　　　三九〇

　　禁烧山林诀二百八　　　　　　　　　　　　三九一

　　烧下田草诀二百九　　　　　　　　　　　　三九二

　　天神过物授三合诀二百十　　　　　　　　　三九三

　　三者为一家诀二百十一　　　　　　　　　　三九四

　　阳火数五诀二百十二　　　　　　　　　　　三九五

太平经卷第百十九　　　　　　　　　　　　　　三九六

　　首宥亡人诀二百十三　　　　　　　　　　　三九七

太平经部衮第八十七卷　辛部十　　　　　　　　三九八

太平经卷第百廿　　　　　　　　　　　　　　　三九九

　　不食长生法二百十四　　　　　　　　　　　四〇〇

太平经卷第百廿一　　　　　　　　　　　　　　四〇一

　　占相乃不能救诀二百十五　　　　　　　　　四〇二

太平经卷第百廿二　　　　　　　　　　　　　　四〇三

　　闭藏出用文法二百十六　　　　　　　　　　四〇四

太平经卷第百廿三　　　　　　　　　　　　四〇五
　　三道集㤅出文男女诵行诀二百十七　　　四〇六
太平经卷第百廿四　　　　　　　　　　　　四〇七
　　人腹各有天子文归赤汉诀二百十八　　　四〇八
太平经卷第百廿五　　　　　　　　　　　　四〇九
　　图画多夷狄却名神文诀二百十九　　　　四一〇
太平经卷第百廿六　　　　　　　　　　　　四一一
　　九事亲属兄弟诀二百廿　　　　　　　　四一二
太平经卷第百廿七　　　　　　　　　　　　四一三
　　不效言成功二百廿一　　　　　　　　　四一四
　　上士善言教人增㝬诀二百廿二　　　　　四一五
太平经卷百廿八　　　　　　　　　　　　　四一六
　　易命增算符诀二百廿三　　　　　　　　四一七
　　生不尽力养父母戒二百廿四　　　　　　四一八
太平经卷第百廿九　　　　　　　　　　　　四一九
　　随俗接文诀二百廿五　　　　　　　　　四二〇
　　天多灾变人过不政二百廿六　　　　　　四二一
　　天地覆命顺事法二百廿七　　　　　　　四二二
太平经卷第百卅　　　　　　　　　　　　　四二三
　　弱形强神诀二百廿八　　　　　　　　　四二四
　　同师行异诀二百廿九　　　　　　　　　四二五
　　欺有善恶诀二百卅　　　　　　　　　　四二六
　　象文行增算诀二百卅一　　　　　　　　四二七
　　强上斯兵诈害诀二百卅二　　　　　　　四二八
　　化人所不能化诀二百卅三　　　　　　　四二九

太平经卷第百卅一　　　　　　　　　　　　四三〇
　阳盛兵卟消诀二百卅四　　　　　　　　　四三一
　玉图止挀命以长年诀二百卅五　　　　　　四三二
　生言诀二百卅六　　　　　　　　　　　　四三三
　效成事不效空言诀二百卅七　　　　　　　四三四
　迎命符孤男孤女能调阴阳诀二百卅八　　　四三五
太平经卷第百卅二　　　　　　　　　　　　四三六
　见神戒二百卅九　　　　　　　　　　　　四三七
　平等度世戒二百卌　　　　　　　　　　　四三八
　乃明除耶害诀二百卌一　　　　　　　　　四三九
　立成仲到图诀二百卌二　　　　　　　　　四四〇
　厌服诀二百卌三　　　　　　　　　　　　四四一
　行正二百卌四　　　　　　　　　　　　　四四二
太平经卷第百卅三　　　　　　　　　　　　四四三
　赐贵诀二百卌五　　　　　　　　　　　　四四四
　太平炁至大效诀二百卌六　　　　　　　　四四五
　选举迎历文二百卌七　　　　　　　　　　四四六
　简真伪文二百卌八　　　　　　　　　　　四四七
　知之不行重罪诀二百卌九　　　　　　　　四四八
　上书空半实诀二百五十　　　　　　　　　四四九
太平经卷第百卅四　　　　　　　　　　　　四五〇
　官舍衣食千诀二百五十一　　　　　　　　四五一
太平经卷第百卅五　　　　　　　　　　　　四五二
　思神若响随人诀二百五十二　　　　　　　四五三
　斗前后六辰生死诀二百五十三　　　　　　四五四

不死禄厚见吾文二百五十四	四五五
画作图像诀二百五十五	四五六
治阴奸食耶功之神二百五十六	四五七
太平经卷第百卅六	四五八
力学反自然之炁诀二百五十七	四五九
时形中神精诀二百五十八	四六〇
才倍相治诀二百五十九	四六一
得道留年化岁诀二百六十	四六二
十贱传文如邸平付诏书诀二百六十一	四六三
太平经部褰第九十七卷　壬部十	四六四
太平经卷第百卅七	四六五
相容止凶法二百六十二	四六六
闭奸不并责平炁象诀二百六十三	四六七
云人处空诀二百六十四	四六八
真文除秽诀二百六十五	四六九
太平经卷第百卅八	四七〇
禁耶文戒诀二百六十六	四七一
用文如射诀二百六十七	四七二
诚效称洞平法二百六十八	四七三
太平经卷第百卅九	四七四
一日三思无阴恶意法二百六十九	四七五
明师证文延帝命法二百七十	四七六
疾传文续命不传被天灭二百七十一	四七七
常念相成黄帝议训诀二百七十二	四七八

太平经卷第百卌 　　　　　　　　　　　　　　　　四七九
　　道士外恶内善上学内外具通诀二百七十三 　　　四八〇
　　阴念为善得善为恶戒二百七十四 　　　　　　　四八一
　　安危贫富能顺文言和天立得诀二百七十五 　　　四八二
太平经卷第百卌一 　　　　　　　　　　　　　　　四八三
　　天道助穷太平君臣不得相无诀二百七十六 　　　四八四
　　效请雨止诀二百七十七 　　　　　　　　　　　四八五
太平经卷第百卌二 　　　　　　　　　　　　　　　四八六
　　五德神人兵马图诀二百七十八 　　　　　　　　四八七
　　灵祇鬼精诀二百七十九 　　　　　　　　　　　四八八
　　荷刺及咒法二百八十 　　　　　　　　　　　　四八九
太平经卷第百卌三 　　　　　　　　　　　　　　　四九〇
　　天知人过长生戒二百八十一 　　　　　　　　　四九一
　　上续不宜有刑诀二百八十二 　　　　　　　　　四九二
　　力学问得封不敢失三事诀二百八十三 　　　　　四九三
　　乐天忧人卷不记字诀二百八十四 　　　　　　　四九四
　　使夫妻同居诀二百八十五 　　　　　　　　　　四九五
太平经卷第百卌四 　　　　　　　　　　　　　　　四九六
　　文字大急十事不得污辱诀二百八十六 　　　　　四九七
　　赐善罚恶十五年平诀二百八十七 　　　　　　　四九八
太平经卷第百卌五 　　　　　　　　　　　　　　　四九九
　　八人能受三道服食诀二百八十八 　　　　　　　五〇〇
　　游玄食振阴灭死无人之野诀二百八十九 　　　　五〇一
太平经卷第百卌六 　　　　　　　　　　　　　　　五〇二
　　委炁大神圣上明堂文书诀二百九十 　　　　　　五〇三

天君教有仙相不须耶鬼诚难二百九十一	五〇四
变易形容醮符九化上升敕二百九十二	五〇五
朝天诣见敕二百九十三	五〇六
摩僚正仪敕二百九十四	五〇七
有恶于人上其姓名敕二百九十五	五〇八
明堂务平书上勿恐迷诀二百九十六	五〇九
太平经卷第百卌七	五一〇
明古今文诀二百九十七	五一一
古者天卷文未出出文大炁甲子有征诀二百九十八	五一二
太平经卷第百卌八	五一三
治天为三时念道德诀二百九十九	五一四
与天有人王相日不恐诀三百	五一五
道人为师天诀三百一	五一六
太平经卷第百卌九	五一七
事关天上三万六千天戒诀三百二	五一八
见天舒精籍写书不敢檀空诀三百三	五一九
太平经卷第百五十	五二〇
两生成一诀三百四	五二一
思道得恶意不耶下人诀三百五	五二二
六百中法三百六	五二三
致王相神戒三百七	五二四
辟蒙开明三百八	五二五
太平经卷第百五十一	五二六
恩及草木无用他耶法三百九	五二七

分身怀形不乐仕诀三百十	五二八
又䣙䣌方口正文诀三百十一	五二九
卢宅宜正诀三百十二	五三〇
太平经卷第百五十二	五三一
策文训诀三百十三	五三二
学无叶毕诀三百十四	五三三
太平经卷第百五十三	五三四
守一长存诀三百十五	五三五
禽狩有一诀三百十六	五三六
山木有知诀三百十七	五三七
不穷星云恶道诀三百十八	五三八
太平部袠第十七卷　癸部十	五三九
太平经卷第百五十四	五四〇
禁犯土诀第三百十九	五四一
壅防诀三百廿	五四二
取土三尺诀三百廿一	五四三
治土病人三百廿二	五四四
土不可复犯诀三百廿三	五四五
太平经卷第百五十五	五四六
买万受千增算诀三百廿四	五四七
不买不求为一分诀三百廿五	五四八
称天子诀三百廿六	五四九
人君急记三百廿七	五五〇
太平经卷第百五十六	五五一

冒善复凶三百廿八	五五二
帝王恩流弱小诀三百廿九	五五三
记事人数日月法三百卅	五五四
上车不实诀三百卅一	五五五
素官玄宫诀三百卅二	五五六
太平经卷第百五十七	五五七
污辱文六事诀三百卅四	五五八
太平经卷第百五十八	五五九
学知兴衰诀三百卅五	五六〇
事佐治众道少食诀三百卅六	五六一
太平经卷第百五十九	五六二
斗极明天受诀三百卅七	五六三
食炁神来男女皆学诀三百卅八	五六四
多言少诀三百卅九	五六五
云雾不绝灾起诀三百卌	五六六
太平经卷第百六十	五六七
不自责鬼所咎诀三百卌一	五六八
药不能治祸出诀三百卌二	五六九
见利不动长生诀三百卌三	五七〇
知报恩相谏诀三百卌四	五七一
太平经卷第百六十一	五七二
勿受私财风折水诀三百卌五	五七三
众官皆精光所生三百卌六	五七四
支干度数星宿内外诀三百卌七	五七五
天犯天地神灵诀三百卌八	五七六

贫富行所致诀三百卌九 　　　　　　　　　　五七七
　　中孝信顺神生光辉得太上君腹心诀三百五十 　　五七八
　　诀三百五十一 　　　　　　　　　　　　　　　五七九
太平经卷第百六十二 　　　　　　　　　　　　　　五八〇
　　支干数百二十算为百廿岁诀三百五十二 　　　　五八一
　　所欺非一祷祭无福诀三百五十三 　　　　　　　五八二
　　作恶日间簿书连诀三百五十四 　　　　　　　　五八三
　　勿欺殆病自责诀三百五十五 　　　　　　　　　五八四
　　作善增寿通逮亡之炁诀三百五十六 　　　　　　五八五
太平经卷第百六十三 　　　　　　　　　　　　　　五八六
　　太平炁到凶害完甚悉消诀三百五十七 　　　　　五八七
　　道德诀三百五十八 　　　　　　　　　　　　　五八八
　　财色召食神诀三百五十九 　　　　　　　　　　五八九
　　洞极纲纪自富天使好 　　　　　　　　　　　　五九〇
太平经卷第百六十四 　　　　　　　　　　　　　　五九一
太平经卷第百六十五 　　　　　　　　　　　　　　五九二
　　明堂为文府悔过不死诀三百六十一 　　　　　　五九三
太平经卷第百六十六 　　　　　　　　　　　　　　五九四
　　祖历三统六炁治诀三百六十二 　　　　　　　　五九五
太平经卷第百六十七 　　　　　　　　　　　　　　五九六
　　通天极而有男三人助治法三百六十三 　　　　　五九七
太平经卷第百六十八 　　　　　　　　　　　　　　五九八
　　十八字为行应不应法污辱则病戒三百六十四 　　五九九
太平经卷第百六十九 　　　　　　　　　　　　　　六〇〇
　　师教即天教先受养身诀三百六十五 　　　　　　六〇一

太平经卷第百七十　　　　　　　　　　六〇二
　　煞耶精一日三明诀三百六十六篇　　六〇三
右十部一百七十卷，三百六十六篇。　　六〇四
乙第二云：人三百六十脉，脉一精，精一神，
思神至，成道人。　　　　　　　　　　六〇五
经曰：上清金阙后圣元玄帝君，姓李，讳弘元　　六〇六
曜灵，一讳玄水俄景，字光明，一字曰渊。太一　　六〇七
之胄，玄帝时人。上和元年岁在庚寅九月三　　六〇八
日甲子卯时，始育北玄王国天罡灵境人鸟　　六〇九
阁莱山中李谷之间。母梦玄云，日月缠其，乃　　六一〇
感而怀胎。厥年三岁，言成金章，行年二生，弃　　六一一
俗离亲。三元下教，施行廿四事，受书为上清　　六一二
金阙后圣帝君，上升上清，中游太极官，下治　　六一三
十天，封掌兆民及诸天河海神仙地源，阴察　　六一四
洞天。承唐之年，积数卌六，丁亥前后，中间卒　　六一五
激之世，国祚再竭，东西称霸，以扶弱主，有纵　　六一六
横九一之名号，兴泰无延。昌元之后，有甲申　　六一七
岁，种善人，除残民，疫水交其上，延火绕其下，　　六一八
恶恶并灭，凶凶皆没，好道陆隐，道人登山，流　　六一九
浊奔荡，御之鲸渊，死行生施，都分别也。到壬　　六二〇
辰之年二月六日，圣君光临，发自始青之城，　　六二一
西挠东山，磐节南云，北察龙烛，上憩九流之　　六二二
关，左汤津晨林，右迥米山，仰步霄中，垂三素　　六二三
景与，从飞骈万龙。天光总经文之道，不真照　　六二四
神监三辰于鸟，灭恶人已于水火，存慈善已　　六二五

为种民，学始者为仙使，得道者为仙官。又云：诸见太平者，或是慈心仁人，守善诣老；或是内学信仙，可愍之士；或有灵人授书，固精宝胎、或得道志仙，精诚之失；或金简录名，七世有德；或精读洞经，上七世；或光人大福，祚及子孙，当为仙者，以到不死；或住而青骨，通神接真，或才性情寂，天分叔密。致仙之品，高下数百，道君随才类分，为此大小，皆各有秩，以和万物。诸侯一年朝圣君，应圣君，圣君五年一下游，幸诸侯，察种民。

纬曰：太一分应，二仪开张，三光四海，山林飞沉，人神鬼魅，各有尊卑，设官建位，部界罗陈，总归乎道，道常有君。金阙圣帝，普统阴阳，人神鬼魅，一切仰宗，向之则吉，背之则凶。前圣居乎太玄，后圣顺运补处，补处示以应务，居玄明，住寂源，源不离应，应不累源，前圣后圣，其神吻同，李氏风悟，由藉光因，受记登极，心迹所崇，传法甚多，其要廿有四，能行之，便致太平。功超唯人，期无定数，此人虽希，代代其有，有之既少，无如众何，不能用、大运甲申。甲申之间，自有得道，修行不均，不能使无此大运。大运灭恶，不伤于善人，善人遇大运之周，皆腾三天之上，后为种民。民来有后，后来众生，根粗无极，必须三宝。道以正科宣理，勤者进品上源，懈怠放逸，退还下流，《上官律文》云：上清

大真王谓之不得皇帝，有犯明科之目。退编　　六五一
皇之录，降游散真皇治大清中宫七百年，随　　六五二
格进号。自此以下，各有条制，虽不复为凡夫，　六五三
而接事于一切，或为阴职，或处阳官，炼神立　　六五四
功，积勤进德，是以诸侯朝圣君，圣君幸诸侯，　六五五
察种民，料善恶，明赏罚，辩正耶，耶魔风息，太　六五六
平道兴。志士高才务遵之矣。　　　　　　　　六五七
太平部卷第二　　　　　　　　　　　　　　　六五八

附录二 论早期道教的发展

道教是我国本民族的宗教，它发展成为一种较有影响且为完备意义上的宗教有一个过程。在我国封建社会中，作为一种完备意义上的有影响的宗教，它不仅应有其特定的教义，而且还应该有较固定的教会组织、教规教仪和崇拜的神灵以及传授历史等等。道教产生于东汉末期不是偶然的，但并非它一产生就具备作为一种完备意义上的宗教的各个方面。可以说，到东晋以后道教才逐渐形成一种完备意义上的有影响的宗教派别。本文试图探讨道教如何发展成为一种完备意义上的宗教的某些规律。

"道教是怎样产生的"，这个问题可以从各个方面分析研究，但是以下情况或者是我们研究中应该注意到的。恩格斯在《布鲁诺·鲍威尔和早期基督教》中曾指出：

> 从中世纪的自由思想者到十八世纪的启蒙运动者，流行着这样一种观点，即认为一切宗教，包括基督教在内，都是骗子手的捏造。但是，自从黑格尔向哲学提出了说明世界史中的理性发展的任务之后，

上述观点便再也不能令人满意了。……

对于一种征服罗马世界帝国、统治文明人类的绝大多数达一千八百年之久的宗教，简单地说它是骗子手凑集而成的无稽之谈，是不能解决问题的。要根据宗教借以产生和取得统治地位的历史条件，去说明它的起源和发展，才能解决问题。……

正是在这经济、政治、智力和道德的总解体时期，出现了基督教。它和以前的一切宗教发生了尖锐的矛盾。

我们知道，道教特别是早期道教（即南北朝前的道教）所宣扬的宗教教义的基本内容"长生不死"、"肉体飞升"等思想，在战国末期已经有了，至秦汉则更为流行。秦始皇信方士之言，求长生不死之药；汉武帝惑于李少君等，祠祀求仙，以期羽化。《淮南子》中载有，导引行气，长生久视之术。而道教所据之"成仙"的基本思想"气化"学说，也早见于战国至秦汉之际。《庄子》中已有"生死气化"之说，而以"精神"为"精气"，形与神合则可长生久视，早在《吕氏春秋》和《淮南子》中已载有。如《吕氏春秋》谓，欲"长生久视"则"气"必在身体中不断流通，"精气日新，邪气日去，及其天年，此谓之真"；《淮南子》谓，如"精神内守形骸而不外越"，则可成为"望于往世之前，而视于来世之后"的神仙。关于"精神"是一种"精气"的说法，几乎是两汉普遍公认的观点。高诱的《淮南子注》说："精者，人之气"；"精，气也"。《白虎通·情性章》："精神者何谓也？精者，静也，太阳施化之气。"《礼记·聘义》郑玄注也说："精神，亦谓精气也。"因此，道教的"成仙"的某些思想根据在当时也已存在。此外，如早期道教中的"阴阳五行"、"巫觋杂语"更是两汉方士所宣扬。那么为什么道教在东汉末以前没有产生，而到东汉顺帝以后才产生呢？这是由当时中国社会历史条件所决定的。

东汉自顺帝以后，社会政治日益腐败，外戚专政，宦官当权，"凡贪淫放纵，僭凌横恣，扰乱内外，蠹噬民化"，无恶不作，致使"农桑失所，兆民呼嗟于昊天，贫穷转死于沟壑"（仲长统：《昌言》）。由于当时统治者的残酷经济剥削和政治压迫，劳动人民无法生存，破产、逃亡已成为当时的普遍现象，所以当时统治阶级与广大人民的矛盾是十分尖锐的。据史书记载，顺帝在位二十年间，农民起义就有十余起之多。其中较大规模的有章河所领导的起义，《资治通鉴》载："汉顺帝阳嘉元年……三月扬州妖贼章河等寇四十九县，杀伤长史。"又有广陵张婴等领导农民起义于扬、徐等州，与当权者转战十余年。当时的起义农民除由于阶级利益一致而自发地联合在一起之外，已见农民起义的领导者们利用方术、迷信思想作为组织群众的纽带，故在顺帝以后史书多称起义农民为"妖贼"。从这里我们可以得出两点看法：一是在汉末这个"经济、政治、精神和道德普遍瓦解的时代里"，为宗教的产生提供了客观条件；二是起义农民普遍利用巫术迷信，这说明他们已经意识到方术迷信思想的某种作用，这就为一种宗教的产生创造了广大的群众基础。

不仅如此，汉末道教在中国产生还有两个不可忽视的特殊条件，这也是我们必须加以注意的。

一是儒家思想的衰落。自汉武帝以后，董仲舒提出"罢黜百家，独尊儒术"，儒家思想成为我国封建社会的统治思想，此后沿着董仲舒天人感应目的论发展而有神学意味越来越浓厚的谶纬迷信之类。宗教必定是有神论，但是否任何有神论都能成为宗教呢？那却不一定。因为一种完整意义的宗教（这里指的是阶级社会里的宗教），它不仅有对神灵的崇拜，而且应有较为固定的教会组织和教规教仪以及传授历史等等。一般地说，宗教总是要把世界二重化为现实世界和超现实世界，其教义中认为人们只有在超现实世界里才能永远摆脱现实社会中存在的种种苦难，人们的美好的、幸福的生活最后只能在那超现实的彼岸世界中实现。我国的儒家思想特别是两汉的儒家思想尽管也承认"有神",但它并不认为必须在现实世界之外实现其理想,而是要求在现实世界之中实现其"治国平天下"的理想,虽然这只是幻想和欺骗。在我国长期的封建社会中,宗教虽然有过很大的影响,但始终没有能成为独占的统治思想,并且常常居于次要地位,这一状况不能不说和作为正统思想的儒家思想的这一特点有关。儒家思想到东汉以后从发展上看也很有可能成为一种宗教,因为从有神论、谶纬迷信发展成一种宗教并不是很困难的。但儒家在汉朝终究也没有成为宗教,这和它要求在现实社会中实现其"治国平天下"的理想是有着直接联系的。因此,随着汉王朝的衰落,儒家思想既然不能成为一种宗教,而其统治地位又走下坡路,于是儒家思想统治地位的削弱就为一种宗教的产生提供了条件。

二是佛教的传入。佛教的传入大大地刺激了中国原有的有神论思想的发展,特别是刺激了黄老、神仙家思想的发展。佛教的传入如同催化剂,加快了道教的建立过程。本来,神仙家思想在两汉就很流行,而神仙家又往往托言黄老,例如,原来就有所谓"黄老道"和"方仙道"。前者把黄帝老子神化而礼拜祠祀;后者则要求长生不死。《史记》载,河上丈人的老师乐臣公学黄帝老子,甚至《封禅书》中记载有所谓黄帝因封禅而得长生不死。道教经典《太平经》的编纂者于吉托言此书得之于老君。汉明帝时,楚王英已对黄老和浮屠同样礼拜,"楚王英诵黄老之微言,尚浮屠之仁祠";桓帝于宫中"立黄老浮屠之祠"。这样把黄老和浮屠同样礼拜,就说明当时把黄老看成和浮屠一类的神。神仙家本来仅是一种方术,养生求成仙也只是个人的修炼,并没有什么组织,特别是没有任何固定的组织形式。但佛教传入以后,佛教作为一种完整形态的宗教,它不仅有一套不同于中国传统思想的教义,而且是一个有教会组织的团体,还有一套教规教仪和礼拜祭祀的对象等等,这样就给道教的创立提供了一个可以参考的样板。

根据现存的史料，最早建立的道教至少有两支，一支为顺帝以后张道陵的"五斗米道"，后称"天师道"。张道陵是沛国丰人（今江苏丰县），"学道鹄鸣山中，造作道书，以惑百姓，从受道者出五斗米"。另一支是灵帝时张角的"太平道"，又称"黄老道"。"太平道者，师持九节杖为符祝，教病人叩头思过，因以符水饮之，得病或日浅而愈者则云此人信道，其或不愈则为不信道。"这两支道教都和东方燕齐江淮地区神仙家思想比较流行的地方有着密切的关系。从其教义上看多托言老子，而又据《太平经》行教。

秦汉以后，中国进入一个封建社会发展的新时期，从那以后中国大一统的封建帝国的规模已经确立。这时除继续扩大版图外，有两件大事为最高统治者所要求：一是巩固其封建专制统治；二是如何延长自己的寿命和有子孙嗣续，以保证其统治的延续。所以秦始皇和汉武帝都希求长生不死。然而在西汉巩固封建统治的三纲五常、君权神授等思想，并没有和求长生不死的神仙之术结合起来，虽然当时的一些皇帝对这两方面都提倡。但到东汉顺帝以后，这两方面才逐渐有合流的趋势，实现这个合流的可以说是原始道教。我们知道，道教的建立一开始就深受中国传统思想的影响，它带有这样的鲜明特点：从思想方面看，道教最早的经典之一《太平经》所宣扬的内容主要有两个方面，即讲"精、气、神"三者混一的长生不死的神仙思想和讲"天、地、人"三者合一的广嗣兴国的统治术；从道教的组织方面看，张道陵这支"五斗米道"很快就和政权结合起来，张鲁在汉中传播"五斗米道"主要靠他的政权力量，因此一开始宗教教会组织和政权组织就分不开，也就是说教会组织还没有能从政权组织相对地分离出来，而张角则是利用道教作为他发动和组织农民起义的工具。就这两个方面看，可以说原始道教的特点之一就在于虚构了一条达到神仙世界的成仙道路的同时又有十分强烈的干预政治的愿望。

张道陵一支的"五斗米道",他的孙子张鲁割据汉中三十余年,建安二十年(215)曹操率军进攻汉中,张鲁投降。黄巾起义失败,曹操收编了青州黄巾军三十万。黄巾起义的失败和张鲁政权的消灭是对原始道教的重大打击。张鲁投降后,曹操仍给他一定的政治地位,因而"五斗米道"或仍有流传,但势力已大不如前。据《正一法文天师教戒科经》(可能是北魏寇谦之时的作品,详见汤一介:《寇谦之的著作与思想》,载《历史研究》,1961(5))中说:

  诸职男女官,昔所拜署,今在无几。自从太和五年(231)以来,诸职各各自置……一治重官,或职治空决……建安黄初元年以来,诸主者祭酒人人称教,各作一治,不复按旧道法,为得尔不?

且据《魏书·释老志》记载,所谓太上老君对寇谦之所说的话:"天师张陵去世已来,地上旷诚,修善之人无所师授",说明"五斗米道"自张鲁以后实处于涣散状态。而另一支"太平道"则因黄巾起义被镇压似乎就销声匿迹了,现在已找不到可以说明"太平道"仍有流传的有力材料。

原来在汉末,道教并未受统治者重视,统治者甚至对它采取压制的态度,顺帝时宫崇曾献《太平经》,而"顺帝不行";后襄楷于桓帝时又推荐这部书,桓帝亦未接纳,反说楷"伪托神灵,造合私意,诬上罔事",并"送洛阳狱";到灵帝时才对这部原始道教的经典有所注意,"及灵帝即位,以楷书为然"。三国时期,北方的曹魏政权和江南的孙吴政权都对道教采取严加控制的政策,而巴蜀地区或因是"五斗米道"的发源地仍有流行,但似乎也没有什么发展。西晋王朝初期也是采取对道教控制的政策,因此道教仍处于沉寂状态。但道教作为一种宗教既然产生了,它就不是可以用行政命令的办法限制得住的。社会需要宗教,宗教就必然要发展。

至东晋,道教有了很大的发展,而成为一完备意义上的有很大影响的宗教团体。道教到东晋之所以有很大发展决不是偶然的。晋王朝的当权统治者是以司马氏为首的门阀世族，这个统治集团从三国到西晋已经发展到顶点，而和任何事物一样，盛极必衰，支撑司马氏的门阀世族在西晋元康以后开始衰落下去了。而八王之乱，西北少数民族入主中原，晋王朝的南迁，又加速了这个衰落过程，因此到东晋这个统治集团的势力已大不如前了。他们的统治尽管还维持了相当一个时期，但政权更替之频繁，社会风气之败坏，都说明门阀世族的统治不过是苟延残喘而已。东晋的门阀世族虽然较之西晋的门阀世族更加强调他们在社会上、政治上的特殊地位，然而事情正是这样，越是着力强调就越说明他们的地位不巩固，越是说明这个集团已经成为社会的赘瘤。他们根本不知道自己的前途，对解决现实社会中存在的种种矛盾既无办法又无信心，因而他们就不得不把自己的命运寄托于超现实世界，把现实社会存在的矛盾，统统推到那个超现实的世界中去解决。他们所关心的主要不再是调和"名教"和"自然"这类社会政治问题，而是要求个人解脱的生死问题，于是佛教和道教到东晋以后就更加广泛地流行了。

如果说在东晋以前道教已具有宗教应有的某些特点，那么东晋以后的道教则应该说是发展得更加完备了和更加有影响了。从道教在东晋以后的发展看，我们可以看到它作为一种宗教的发展的某些规律性的现象，下面将对这个问题作些具体分析。在东晋南北朝期间，道教完成了以下五个方面的大事，这样才使它成为一完备的有影响的宗教团体。

1. 整顿和建立道教的教会组织

汉末虽然已经建立了道教的组织，但当时或者是政教合一的如张鲁在汉中，或者是组织农民起义的如张角在东方各州，实际上也是政治组织，教会组织还没有独立出来。在曹魏和西晋时，道教受到统治者的限制不仅没有发展，而且相对地说大大削弱了，因而更加没有严密的组织了。到东晋，整顿和建立教会组织就成了道教的当务之急。最重要的整顿和建立道教组织的人物在东晋有杜子恭，在刘宋有陆修静，在北魏有寇谦之。《三洞珠囊》引《道学传》中说：

> 杜炅（按：又作"昺"），字子恭，为人善治病，人间善恶，皆能预睹。上虞龙稚，钱塘斯神，并为巫觋，嫉炅道王，常相诱毁。人以告炅。炅曰：非毁正法，寻招冥考。俄而稚妻暴卒，神抱隐疾，并思过归诚。炅为解谢，应时皆愈。神晚更病。炅语曰：汝藏鬼物，故气祟耳。神即首谢曰：实藏好衣一箱。登取于治烧之。豁然都差。

这段记载，其中当然有许多是无法令人相信的，但有一点似可注意：杜炅在整顿道教时把一般巫觋之术从道教中清除出去，使道教和一般迷信思想区别开来。本来原始道教的来源之一就有两汉的一些方术，如果道教要成为一种完备意义上的宗教，就不能全部容纳巫觋之术，而必取其中能适合道教教义所需要部分，而排除其不需要部分。

杜子恭整顿道教的另一件事就是恢复和建立道教的组织，本来在三张时已建立有所谓"治"的这样一种组织，然而至三国、西晋这种组织已经混乱了，甚至并不存在了，据《洞仙传》载：

> ……夜间有神人降云：我张镇南也，汝应传吾道法，故来相授诸秘要方，典阳平治。昺每入静烧香，能见百姓三五世祸福，说之了然，章书符水应手即验，远近道俗归化如云，十年之内操米户数万。

（《道教研究资料》第一辑）

"治"大体上就是"教区"，"阳平治"是"天师道"最高一级的"教区"。杜子恭重建的这种教会组织"治"看来和张鲁时的"治"已有很大不同，原来汉末"五斗米道"教会组织是依附于政治组织，而杜子恭所重建的组织已相对独立于政治组织之外了，它不仅把信教的人组织起来，而且可以自己向教徒征求租米。

陆修静（406—477）是刘宋时大力整顿道教组织的重要人物，在他的《道门科略》中首先论述了整顿和建立道教组织的必要，他说：

> 太上老君以下古委悉，淳浇朴散，三五失统……太上患其若此，故授天师正一盟威之道，禁戒律科，检示万民，逆顺祸福功过，令知好恶。……清约治民……使民内修慈孝，外行敬让，佐时理化，助国扶命……

并提出建立道教自上而下的固定教会组织，"置二十四治，三十六靖庐，内外道士二千四百人，下千二百官"，"奉道者皆编户著籍，各有所属。令以正月七日、七月七日、十月五日一年三会，民各投集本治师，当改治录籍，落死上生，隐实口数"。陆修静还规定神职人员的升降制度："民有三勤为一功。三功为一德。民有三德则与凡异，听得署箓。受箓之后，须有功更迁，从十将军箓阶至百五十……能明炼道气，救济一切，消灭鬼气，使万姓归伏，便拜阳平、鹿堂、鹤鸣三气治职。"可见陆修静已为整顿道教提出了一套组织系统的规定，当然实际上能否完全做到则是另一问题（参见钟治国：《南朝道教改革及其由来》）。

稍早于陆修静的有北魏寇谦之（365—448），这位道教领袖不仅有宗教上的野心，而且有政治上的野心。他改革和整顿道教的宗旨是要使道教进一步完善化，既更适合宗教的要求，又适合当时统治者的要求。他假托所谓老君对他说的一段话表达其改革道教的方针：

> 汝宣吾《新科》，清整道教，除去三张伪法、租米钱税及男女合气之术。大道清虚，岂有斯事？专以礼度为首，而加之以服食闭炼。

从组织上说，寇谦之改原来神职人员的世袭制为选举制，并建立各级教会组织，规定了加入道教的种种要求，使教民有所归属。

从东晋以来，道教的整顿自然都是按照当时门阀世族的要求进行的。

上述三位道教大师都是属于当时的大族。道教组织虽然相对的独立于政权之外，而却更能使当时的一些士大夫得到精神上的安慰，所以到东晋以后，信奉道教的人的阶级成分有了很大变化，据《隋书·地理志》载：汉之末世，"是时从受道者，类皆兵民，胁从无知名之士，至晋世则沿及士大夫矣"。

道教的长生不死，闲散放荡，游于名山大川，采药石炼金丹，海阔天空地幻想虚幻的神仙世界，这种生活自然很投合门阀世族的口味。门阀世族这个已开始衰落的统治集团不正是希望毫不费力就得到一种过着神仙般生活的方法吗？魏晋大族头等莫过于琅邪王氏，至东晋"王氏世奉五斗米道"；南方大族吴郡杜氏，"世传五斗米道，至京产及子栖"；吴兴沈氏，"沈警累世奉道"（参见陈寅恪：《天师道与滨海地域之关系》）。这种大族奉道的现象也是道教组织经过整顿所出现的一种结果。

2. 为道教建立和完善其宗教教义的理论体系

汉末道教创立时虽已有其基本的教义，但无论是《太平经》，还是《老子想尔注》和《老子河上公注》等，都还不能说已经使道教的教义系统化。《老子河上公注》虽有若干可作为道教教义的哲学理论，但仍欠系统，且和道教教义还没有密切结合在一起。而后曹魏到西晋道教又无发展，至东晋它才得到大发展。因而为道教建立系统的宗教教义和理论体系就成为当时道教徒的迫切任务了。东晋初有葛洪著《抱朴子》，他不仅为道教构造了种种修炼以求成仙的方法，而且为它建立了一套理论。此后道教的教义和理论就在此基础上不断创造，如南朝有陆修静、顾欢、陶弘景，北朝有寇谦之等。

一种宗教总要有其最基本的信仰，即求得"超生死，得解脱"的理论和方法。佛教的解脱之道是靠戒、定、慧而达到涅槃，那么道教的解脱之道是什么呢？照道教说，它的解脱之道是靠身心的炼养而达到成仙。如果要人们信仰这种宗教，就必须回答"成仙是否可能？""如何才能成仙？"这类问题。"成仙"本来是虚幻的问题，是根本不可能做到的，但作为宗教必须回答这个问题，否则它就没有宗教作为一种意识形态的社会意义，不能起"宗教是人民的鸦片"的作用。

"成仙是否可能？"葛洪对这个问题的回答当然是肯定的。如果说人根本不能成仙，道教作为一种宗教则无意义。问题是，是否任何人都能成仙。东晋之末、刘宋之初，《涅槃经》开始流传，义熙十三年（417）六卷《泥洹经》译出，这部佛经中说明了"一切众生皆有佛性"，认为众生都有成佛达到涅槃境界的可能性。但是，对于"一阐提"（善根断尽的人），则认为不能成佛。《泥洹经》中说："如一阐提，懈怠懒惰，尸卧终日，言当成佛。若成佛者，无有是处。"这时有和尚道生提出"一阐提人皆得成佛"，后来四十卷《涅槃经》译出，果然说一阐提悉有佛性，亦得成佛。

葛洪的《抱朴子》在"是否任何人都有可能成仙"这个问题上似乎有些矛盾，他一方面认为任何人都可以通过修炼服食而"成仙"，另一方面又认为"仙人有种"、"仙人禀异气"。这种矛盾可能是葛洪思想中实际存在的。从增加宗教的神秘性和超越性方面说，它要求"仙人有种"、"仙人禀异气"，不是人人都有可能成仙；从扩大其社会影响和争取信徒方面说，又得主张"天下悠悠，皆可长生"。但看来葛洪重视的是后一方面。

葛洪认为，所谓"仙人有种"、"仙人禀异气"也并不是说有的人生来就是"仙人"；而只是说这种人有成仙的可能性，要真正成仙也还得通过修炼服食，所以他说就是所谓"特禀异气"的人，"然其相传皆有师，奉服食，非生知耳"。甚至像道教中最高级的神仙"元君"也是积学所致的，"元君者，老子之师"，"大神仙人也"，"天下众仙皆隶焉，犹言亦本学道服丹之所致也，非自然也"，所以他说"亦有以校验，知长生之可得，仙人之无种"，"仙之可学致，如黍稷之播种得，甚炳然耳。然而未有不耕而获嘉禾,未有不勤而获长生度世"。

"如何才能成仙?"葛洪认为要从两个方面着手:一方面要靠炼得神药金丹服食,即借外物(外丹)而养生,使人身心不朽,如他说:

> 夫五谷犹能活人,人得之则生。绝之则死,又况于上品之神药,其益人岂不万倍于五谷耶?夫金丹之为物,烧之愈久,变化愈妙。黄金入火,百炼不消,埋之,毕天不朽。服此二物,炼人身体,故能令人不老不死。此盖假求于外物以自坚固,有如脂之养火而不可灭,铜青涂脚,入水不腐,此是借铜之劲以扞其肉也。金丹入身中,沾洽荣卫,非但铜青之外傅矣。

"荣卫"即"营卫",《灵枢经·荣卫生会》:"营卫者,精气也。"葛洪利用了一些当时不能正确解释的化学、物理现象,用比附的方法说明人如炼得"金丹"服食即可长生不死,这当然是非科学的。另一方面葛洪又说明"长生不死"要排除对人有害的种种内外影响,其方法是导引行气(内丹),如他说:

> 夫人所以死者,诸欲所损也,老也,百病所害也,毒恶所中也,邪气所伤也,风冷所犯也。今导引行气,还精补脑,食饮有度,兴居有节,将服药物,思神守一,柱天禁戒,带佩符印,伤生之徒,一切远之,如此则通,可以免此六害。

内欲和外因使人不能长生,如何办?要在"导引行气,还精补脑","精"即"精气",因为"人在气中,气在人中,自天地至万物,无不须气以生"。从当时的医学观点看,人的生命现象就在于"有气"、"无气","有气"则生,"无气"则死,因此把"气"养好,使"精气"永远存于身体之中,就可以长生不死。为什么"精气"(精神的承担者)可以永远存于身体之中,而使"精神"和"身体"不分离而成为超出个体限制的"仙人"呢？这就要对两个相互联系的根本性问题作出说明：一是神形关系问题；二是有限的个体和无限的宇宙的关系问题，即有限的个体如何具有超自然力而成神仙的问题。

道教（主要是早期道教）要求长生不死，而长生不死是说"肉体成仙"，而不是说"灵魂不死"。"肉体成仙"必须以神形不离为条件，如果神离形去，则人死，就根本无所谓"成仙"，为此道教必须解决神形关系问题。葛洪说：

> 夫有因无而生焉，形须神而立焉。有者，无之宫也；形者，神之宅也。故譬之于堤，堤坏则水不留矣。方之于烛，烛靡则火不居矣。身劳则神散，气竭则命终。根竭枝繁，则青青去木矣。气疲欲胜，则精灵离身矣。夫逝者无反期，既朽无生理，达道之士，良所悲矣。

葛洪用"有"、"无"说明"神"、"形"关系，这显然是受魏晋玄学的影响。老子说："有之以为用，无之以为利。""有"之所以对人们有"用"，正因为有"无"才可以有此"利"，所以"有"和"无"是一对矛盾，不能只有"有"而无"无"。神形关系也是一样，人的形体有了"精神"才成为有生命的人，但如何使"神"保存在形体之中，那首先就要这个形体是坚固的、永远不坏的形体，这样"神"才有一个永远留存的地方。那么应该怎么办呢？照葛洪看，这就靠"养生"。而形体由气构成，所以气存则身存，"气竭则身死"，"养其气，所以全其身"，"宝精爱气，最为急"。如何"养气"，葛洪说：

> 夫吐故纳新者，因气以长气，而气大衰者则难长也。服食药物者，因血以益血，而血垂竭者则难益。

"吐故纳新"是为了补气，"服食草药"是为了益血，而"益血"实也是"养气"，王充说："能养精气者，血脉也。"能否长生不死关键在于"养生","养生以不伤（按：指"不伤生"）为本，此要言也"。如果做到"正气不衰，形神相卫，莫能伤也"，则长生可得。为什么"补养血气"就能长生成仙？这是因为"割嗜欲，所以固血气，然后真一存焉"。所谓"真一"即是精神现象的承担者"精气"。精气固守在形体中永不消散，这样神形就永远结合在一起而"永生"了。

"神仙"如果是能"长生不死"，当然这也表现其超自然的神力，但是作为宗教这样的超自然力还毕竟有限，它只是限于"个体"而还不能超出"个体"。因此，就产生了"有限个体的人"和"无限宇宙"的关系问题，亦即"有限的个体"如何超出其"有限"而达于具有"无限的超自然力"的问题。

葛洪的《抱朴子》中虽然批评了玄学这种风气，但他的思想仍不能不受到玄学的影响，所以他的这部书的第一篇叫《畅玄》。《畅玄》正是讨论宇宙本源的问题。因为只有说明了宇宙本源的问题，才可以进而讨论"宇宙"和"人"（指"仙"）的关系问题。如果"仙人"能和宇宙相通，那么神仙岂不超出了有限而达到无限了吗？葛洪说：

玄者，自然之始祖，而万殊之大宗也。

葛洪的"玄"又称"玄道"或称"道"，它是天地万物的总根源。"玄"（或"道"）无形无象，其高可"冠盖乎九霄"，其旷可"笼罩乎八隅"，"眇昧乎其深也，故称微焉；绵邈乎其远也，故称妙焉"。从"无"这个方面说，它比影子和回音还要更虚无，从"有"这个方面说，它比存在着的万物都实在，"论其无，则影响犹为有焉；论其有，则万物尚为无焉"。因为它无名无形，当然是最空虚的；因为它是产生天地万物的总根源，作为存在的总根源又是最实在的存在。作为天地万物存在的根据说它是"有"，"因兆类而为有"；就其没有任何规定性说它又是绝对的"无"，"托潜寂而为无"。照葛洪的看法，他也企图把"玄"（道）说成"有"、"无"的统一，作为实在的存在说它是"有"，作为天地万物的总根源说它又只能是无名无形的"无"。这就是说，葛洪的"玄"虽具有天地万物之本体的形式，却更具有产生天地万物的精神性实体的特色。因此，"玄"似乎具有无限的伟力，它"光乎日月，迅乎电驰"，"胞胎元一，范畴两仪，吐纳大始，鼓冶亿类，回旋四七，匠成草昧"。这样一来，"玄"实际上具备了造物主的地位，成了一种神秘的力量。"玄"既然是这样一种神秘的超自然的力量或存在，如果人能与"道"合一，或者说如果人能"体道"，那么有限的个体的人即可超出有限、超出个体而具有神秘的无限超自然力。有限的个体的人怎样才能与整个无限的宇宙（玄道）相通呢？葛洪认为，必须通过内外丹的修炼而达到"守真一"。所谓"一"就是"气"，它是把"人"和"道"联系起来的纽带，是"人"成"仙"的桥梁，所以他说："子欲长生，守一当明。思一至饥，一与之粮；思一至渴，一与之浆。""守一"，就是守气，如得"真一之气"并能守之，"乃能神通"，可"陆辟恶兽，水却蛟龙；不畏魍魉、挟毒之虫；鬼不敢近，刃不敢中"。人的形体和精神是由气构成，整个宇宙也是由气构成，气把天、地、人统一起来，在气和气之间有着感应关系。如果人能根据"道"的要求把"精气"养得很灵妙，那么和整个宇宙的感应就很灵敏，这样有限的个体的人就可以超出个体的限制，而和无限的宇宙合而为一体，具有超自然的伟力了，所以葛洪说："余闻师云：人能知一，万事毕。知一者，无一不知也。"

  道教的发展以后虽然分成若干派别，但葛洪这套成仙的理论，却对后来的道教大师有着深远的影响。这里可以提出一个问题，即宗教哲学和一般哲学所讨论的问题是不是表现形式应该有所不同？我想应该是这样的。如果用一般哲学史上的问题来要求宗教中的哲学问题，那就会抹杀宗教这样一种意识形态的特点。因此，研究道教的宗教哲学理论，应该抓住其足以代表道教的特点的某些问题来分析。上面把葛洪的思想作为一种宗教哲学来研究，提出了四个问题：成仙是否可能，如何才能成仙，神形关系和个体与整个宇宙的关系问题，这四个问题虽也是哲学问题，但不是一般的哲学问题，因此它是不是可以说正是道教作为一种宗教必须回答的理论问题，我想是这样的。

葛洪这套理论，尽管它吸取了某些玄学的观点，但如果用当时魏晋玄学那种思辨性很强的哲学标准来衡量，它无疑是很粗糙的，它所采用的证论方法不是思辨的而是经验的。可是它作为一种宗教哲学理论来说，不仅成为以后道教宗教理论的基础，而且在当时的条件下也确有其可以迷惑人的地方。在当时那种科学发展的水平下，人们就会问："精神"到底是什么，如果真是一种"精气"，那么守住它使之不离散是否可能？宇宙的存在由什么使它成为一个统一体，如果是"气"，那么都是由"气"构成的东西能不能相通？有没有超自然的神力，如果没有，为什么宇宙万物得以形成，为什么会有"天以之高，地以之卑，云以之行，雨以之施"等等现象？所有这些问题，在当时不可能得到科学的说明，因而这样一些非科学、反科学的有神论思想就乘虚而入了。宗教就是利用人们对人自身和宇宙的无知，在社会上发生着巨大的迷惑人的作用。

3. 编纂道教经典

佛经从东汉永平求法之后至西晋已大量译出，据《开元录》这一时期二百五十年间共译经八百二十三部，一千四百二十卷。东晋渡江为南朝，一朝一百零三年共译经一百六十八部，四百六十八卷，与此同时北朝（后秦、西秦、前凉、北凉）译经二百五十一部，一千二百四十八卷，总此时期南北两地共译经四百一十九部，一千七百一十六卷，一百年间超过以前二百五十年所译经数。据梁僧祐《出三藏记集》载，佛经至梁时已达总数二千一百六十二部，四千三百二十八卷之多。佛经这样大量的译出，对道教当然是一个很大的威胁。道教是汉末才建立的，一建立就参与了政治斗争，对其宗教教义和理论的阐述并不十分注意。直至东晋初，葛洪为道教创造了一套理论体系，一些士大夫又信奉了道教，才转而更加注意其宗教教义和理论的阐述。一种宗教必定有其教义和理论，而教义和理论必定表现在它的经典之中。葛洪《抱朴子内篇·遐览》中载有道经目录，所著录道经凡六百七十卷，符箓五百余卷，总一千二百卷。而《神仙传》（传为葛洪撰）则云："老教所有度世消灾之法，凡九百三十卷，符书七十卷，总一千卷。"这两种说法不一致。而葛洪言，一千二百卷是他的老师郑隐的藏书，他自己只见到二百余卷。在葛洪时道教经典大概没有一千二百卷之多，葛洪假造了一些道经的名称。但葛洪死后，道教却真的掀起了一场大规模的造经运动。

据载葛洪的从孙葛巢甫构造了《灵宝》一系的道经。《道教义枢》卷二《三洞义》说《灵宝经》"至（葛洪）从孙葛巢甫以晋隆安（397—402）末，传道士任延庆、徐灵期之徒，相传于世，至今不绝"。在晋安帝至宋文帝之间（397—414）有王灵期者"见葛巢甫造构《灵宝》，风教大行，深所忿嫉。于是诣许丞求受上经"（《真诰·叙录》）。许丞即许黄民，于晋安帝元兴三年（404）奉《上清经》入剡（今浙江杭州市附近会稽山），王灵期到许黄民处所求之道经就是此《上清经》。据甄鸾《笑道论》中说，《上清经》类到陆修静时已有一百八十六卷之多。从这里可以看出，先是葛巢甫构造《灵宝经》，后来又有王灵期从许黄民处得到许构造的《上清经》，并把它加以扩充。与此同期《三皇经》等也构造出来。对于这样大量构造道经的活动，就连陶弘景也不得不承认它使道教经典真伪难辨了，他说：

> 自灵期已前，上经已往往舛杂。弘农杨洗隆安和四年（400）庚子岁于海陵再遇隐盟上经二十余篇，有数卷非真；其云寻经已来一十二年。此则杨君羲去后，便以动作。故《灵宝经》中得取以相揉。非都是灵期造制，但所造制者自多耳。

陶弘景的《真诰》本来就是为了要证明一些道经是"真人"的话而被记录下来，但是他也不得不承认有许多道经是后人伪造的。可见东晋以后，道教为阐发教义，抵抗佛教，争取信徒，而大量构造了他们自己的经典，这也是当时道教得以发展的原因之一。陈国符先生《道藏源流考》中《三洞四辅经之渊源及传授》的最后结论说：

> 考《上清经》、《灵宝经》，系经之总称。各统经数种或数十种。最初不过数十卷。后人据先出道经，敷衍增修，仍题以原名，卷帙遂因而增多。又据所统经文，修撰斋仪，仍编入此经，种数亦因以孳乳。今之《洞真》、《洞玄》二经，实即《上清》、《灵宝》二经演绎而成。又《洞神经》最初仅有《三皇经》，后增入其他道经，又修斋仪，初亦不过十余卷。《四辅经》之孳乳亦类此。

由于道教徒大量造道经，到刘宋陆修静于泰始七年（471）修《三洞经目录》时，道教经典真的就有"一千二百二十八卷"了，他亲自看到的也有"一千零九十卷"，虽然还不如佛经那么多，但也相当可观了。

4. 制定和完善教规教仪

佛教到晋，特别是到东晋，不仅翻译了大量的"经"，而且把佛教的"戒律"也翻译过来了。东晋以来，《十诵律》、《四分律》、《僧祇律》都有了译本，这就是说佛教的戒律大部分都被译出，而广为流传了。原来道教也有一些简单的教规教仪，但与佛教的戒律相比，就相差很远了。据载，在张角、张鲁时，有所谓为病者祈请之法，"书病人姓名，说服罪之意，作三通，其一上之天着于山，其一埋于地，其一沉之水，谓三官手书"；有所谓"置静室"，"令病者处其中思过"，"犯法三原，然后乃行刑"。看来，汉末道教已有一些规仪，但是不仅简单，而且多和政权或起义军法令并没有区别。在道教的组织经过重建和整顿之后，为巩固其教会组织就必须建立一套教规教仪。而且道教要与佛教相抗衡，成为一完备的、有影响的宗教团体，也必须建立自己的教规教仪。为道教建立起系统的教规教仪的在北朝是寇谦之，在南朝是陆修静。

从寇谦之的《云中音诵戒经》和陆修静的《道门科略》、《洞玄灵宝斋说光烛戒罚灯祝愿仪》等的内容看，这些道教领袖往往是把佛教的戒律和儒家的礼法都容纳在他们的戒律和规仪之中。但是，尽管寇谦之在教规教仪方面"专以礼度为首"，陆修静以为"禁戒以关内寇，威仪以防外贼，礼诵役身口，乘动以反静"，而如果他们的戒律、规仪全和世俗礼法一样，那也就不成其为宗教的戒律、规仪了，所以在他们制定的戒律、规仪中已确有一些是属于道教特有的东西。

在《洞神部·戒律类》中有《道德经想尔戒》和《道德尊经戒》二种，这两种"经戒"很可能是寇谦之的《云中音诵新科之诫》中的一部分，即或不是也是南北朝时期较早的作品。为什么叫《道德经想尔戒》可能和《老子想尔注》有关，其全文如下：

行无为，行柔弱，行守雌勿先动（此上最三行）；

行无名，行清静，行诸善（此中最三行）；

行无欲，行知止足，行推让（此下最三行）。

此九行二篇八十一章，集合为道舍，尊卑同科，备上行者神仙，六行者倍寿，三行者增年不横夭。

这里无非是把《老子道德经》中的内容抽出若干条作为戒律，这自然较多地表现了道教的特点，一是取自老子道家思想，二是均以长生久视为目的，它作为宗教戒律说仍较少受佛教影响。

《道德尊经戒》共二十七条，其中虽有儒家礼法内容，但也还看不出佛教较明显的影响，而且有几条作为道教的特有的戒律则很有代表性，如："戒勿费精气"，"戒勿为伪彼指名道"，"戒勿忘道法"等等，这几条均列于"上最九戒"之中。

寇谦之不仅制定了教规，而且还说明了一种宗教需要戒律的原因。首先，他认为有了戒律才可以使奉道的人成为有道德的人，他假借老君的话说：

> 老君曰：人生虽有寿万年者，若不持戒律，与老树朽石何异？宁一日持戒，为道德之人，而死补天官、尸解升仙。世人死有重罪，无益魂神，魂神受罪耳。

其次，他认为"道"的性质是"无为"，人应效法"道"，故应受戒律约束而不做"有为"的贪利之事，如说：

> 诸贤者欲除害止恶，当勤奉教戒，戒不可违，道以无为为上。人过积但坐有为，贪利百端。道然无为，故能长存。天地法道无为，与道相混，真人法天无为，故致神仙。

后一原因明显地表现出道教作为一种宗教的特点，而前一原因可以说寇谦之看到了宗教戒律的道德作用。普列汉诺夫曾指出："广义的而且当然在确切得多的意义上的宗教，实际上只有当社会人为了自己的道德或一般地为了自己的行动和设施开始向神或诸神寻求恩准的时候才产生。"道教要成为一种完备的有影响的宗教，它所制定的戒律不仅对其教会组织成员有强制的作用，而且有劝善止恶的作用，所以《正一法文天师教戒科经》中说："人能修行，执守教戒，善积行者，功德自辅，身与天通，福流子孙。"

寇谦之的所谓"清整道教"的另一主要内容是为道教建立一套教仪。在《老君音诵诫经》中，载有"奉道受戒"的仪式，"求愿"的仪式，"烧香"的仪式，"消除疾病祈请"的仪式，三会仪式等等。现以"奉道受戒"的仪式为例以说明道教仪式的一般情况。据《老君音诵诫经》载：无论男女如果看到这部《诫经》使他们感到应信道，就可以请已入道者向道官（即"祭酒"、"师君"之类）说明自愿按照《诫经》受戒奉道。在举行受戒奉道仪式时，首先向《诫经》八拜，然后正立经前；接着由师君和道友捧着《诫经》诵读经文（"音诵"），可能还有音乐伴奏；最后由受道者伏地诵经，再行八拜之礼，这样就算完成了奉道仪式。举行这样一些烦琐、荒诞的仪式对于一种宗教来说，一方面是为了加强宗教的神秘性；另一方面则是要求入道教民对教会所规定者绝对服从，所以在每种教仪的规定最后总有"明慎奉行如律令"一句，要求道民非常谨慎地奉行这些仪式的规定，如同奉行政府法律和法令一样。

南朝的陆修静也同样抱着"清整道教"的目的为道教制定教规教仪。自东晋起，就有不少文人学士批评"玄风"，认为"放达非道"，因而儒家礼法思想又渐抬头，查《全晋文》中关于各种礼仪制度的讨论最多。至宋刘，文帝立四学：儒学、玄学、文学、史学，封建最高统治者对礼教的重视明显加强了。刘裕初即位，就让何承天、傅亮等共撰朝仪，后何承天又把八百卷《礼论》删减合并，以类相从，成为三百卷的《礼论》。时佛教戒律多已译出，且有道安自制"僧尼轨范，佛法宪章，条为三例"。故陆修静于南朝亦如北朝之寇谦之非常重视道教规仪的建立。

《茅山志》卷十谓陆修静"著斋法仪范百余卷"。现存《道藏》中陆修静的著作《道门科略》、《洞玄灵宝斋说光烛戒罚灯祝愿仪》、《洞玄灵宝五感文》等大都是讲规仪的书。陆修静尝论斋戒之意义说：

> 道以斋戒为立德之根本，寻真之门户。学道求神仙之人，祈福希庆祚之家，万不由之。（《五感文》）

> 夫受道之人，内执戒律，外持威仪，依科避禁，遵承教令，故经云：道士不受《老君百八十戒》，其身无德，则非道士。（《道门科略》。按："老君百八十戒"见于《太上老君经律》）

陆修静十分注意把斋戒和身心修炼的方术结合起来，如说：

> 人以生为宝，生之所赖唯神与气。……神去则气亡，气绝则身

丧。……人何可不惜精守气，以要久延之视，和爱育物，为枝叶之福。圣人以百姓奔竞，五欲不能自定，故立斋法，因事息事。禁戒以关内寇，威仪以防外贼。礼诵役身口，乘动以反静也；思神役心念，御有以归虚也。能静能虚，则与道合。

同时他也十分注意把斋和道德修养结合起来，如说：

夫结斋之士当拱默幽室，制伏性情，闭固神关，使外累不入；守持十戒，令俗想不起。建勇猛心，修十道行，坚植志意，不可移拔，注玄味真，念念皆净，如此谓之修斋。

从他所列"十戒"，可以看出也是把斋戒和个人修炼（养生）、道德修养结合起来，使道教的"养生成仙"的说教更加进一步伦理道德化。这一斋戒特点表现了道教既不能抛弃它本身原有的身心炼养，否则就会失去道教所追求的"养生成仙"的目标；又不能不在斋戒中增加道德修养的内容，否则就不可能起"劝善戒恶"的作用。早期道教的戒律、斋仪到陆修静时可以说基本完成了。

5. 编造神仙谱系和传授历史

道教初创时已经承继神仙家的故技，说自己是神仙所传授，且多托言老君，如《太平经》即说为老君授帛和，帛和授于吉，而后传于世。所谓老君传授当然是虚构的。而就《太平经》本身看，内则有所谓"真人"、"神人"、"大神"等等神仙之类，这当然都是属于神仙世界的成员。但直至葛洪的《抱朴子》，道教神仙世界的系统也还未形成较为固定的形式，或者说还没有炮制出论证其神仙世界的说教（谎言）。至于其宗教传授的历史更不固定，除三张（张道陵、张衡、张鲁）的传授比较清楚外，张鲁之子张盛于江西龙虎山创立龙虎宗的传说亦并不可靠。为了使道教真正成为一完备意义上的、有影响的宗教而和佛教相对抗，编造神仙世界和传授历史也是自东晋以后道教必须完成的任务之一。

约和陆修静同时有顾欢者,在他和佛教徒辩论时作《答袁粲驳夷夏论》中已吸取了佛教若干思想,论证其神仙世界的存在,他说:

> 神仙有死,权便之说,神仙是大化之总称,非穷妙之至名。至名无名,其有名者二十七品,仙变成真,真变成神,或谓之圣,各有九品,品极则入空寂,无为无名。若服食茹芝,延寿万亿,寿尽则死,药极则枯,此修考之士,非神仙之流也。

顾欢已经把"神仙"的"极品"看成超自然的存在,故"无为无名"、"入于空寂",而下有二十七品分为仙、真、神,而仙、真、神各为九品。到陶弘景更把这"神仙世界"的等级系统化了,他作《真灵位业图》就是专门讲神仙世界的谱系的。

道教要为自己的宗教建立一神仙谱系,这点受到佛教的影响则是无疑的。但是,并非佛教的所有的东西它都接受,例如在南北朝时道教对佛教僧人的"不敬王者"、"不拜父母"就没有接受。顾欢著《夷夏论》分别华夷,批评佛教说"下弃妻子,上废宗祀","悖礼犯顺",去"孝敬之典"。齐道士著《三破论》也批评佛教"遗弃二亲,孝道顿绝"。在这一点上道教反映了我们这个民族的传统,而佛教以后反而不得不接受这点。因此,道教接受佛教影响而建立其神仙谱系,也还有其他原因。东晋南北朝的社会是门阀世族当权的社会,在这个社会中等级观念极强,"上品无寒门,下品无势族"。汉末原始道教在他们的神仙世界中等级并不森严,甚至还无固定的神仙谱系,但到陆修静、陶弘景时则十分重视各种神仙地位的排列。陶弘景在《真灵位业图》中明白地说出排列神仙等级的必要性,他说:

> 夫仰镜玄精,睹景耀之巨细;俯眄平区,见岩海之崇深;搜访人纲,究朝班之品序;研综天经,测真灵之阶业。但名爵隐显,学号进

退，四宫之内，疑似相参。今正当比类经正，雠校仪服，坨其高卑，区其宫域。

照陶弘景看，正因为人间有纲纪（三纲六纪），所以要排列"朝班之品序"；那么在神仙世界也应有纲纪，所以也要排列"真灵之阶业"，这种排列的目的是要把"高"和"卑"不同的等级区别开来。陶弘景就是按照这个思想在构造他的神仙世界，在他的《真灵位业图》中把"真灵"分为七级，最高一级居中者为"元始天尊"，其左为"高上道君"，右为"元皇道君"，如此等而下之。陶弘景构造的等级森严的神仙谱系不过是人间等级制度的反映，把"神仙"分为三六九等正是魏晋南北朝门阀世族等级制度所要求，所以陶弘景在《真诰》中也说：

> 天地间事理乃不可限，以胸臆而寻之，此幽显中都是有三部，皆相关类也。上则仙，中则人，下则鬼。人善者得为仙，仙之谪者更为人；人恶者更为鬼，鬼福者复为人。鬼法人，人法仙，循环往来，触类相同，正是隐显小小之隔也。

这就是说：第一，神仙世界、人的社会和鬼的世界是相类似的，从这点看"三部"要有等级就都应有等级。第二，这三个世界又是相通的，而且其由现实人的世界（显）到超自然神仙世界或鬼的世界（隐）之间的距离也不是不可逾越的，只是"小小之隔"。为什么陶弘景认为隐显之间只是"小小之隔"呢？这很可能是受到当时流行的佛教"神不灭"和"轮回"思想的影响，如他在一首诗中说："形非神常宅，神非形常载，徘徊生死轮，但苦心犹豫。"佛教说通过修善积功达到灵魂不死，这点是无法验证的；而道教以为通过内外丹的修炼可以成仙，花了很大力气，却经不起验证，所以从宗教意义上说"灵魂不死"比"肉体成仙"大大缩短了隐显之间的距离。而且我们还可以看到，陶弘景这一思想或者也受到当时已经流行的佛教顿悟说的影响。所谓"顿悟成佛"就是只要有了达到成佛的觉悟，即可不必经过若干修炼的阶段，而"径登十地"，所以陶弘景也说："得道悉在方寸之里耳，不必须形劳神损也。"

陶弘景不仅构造了道教的神仙谱系，而且还通过《真诰》炮制了道教的传授历史。南北朝，佛教传法系统的著作业已出现，如北魏的《付法藏因缘传》，萧梁时僧祐的《萨婆多部相承记》等，道教作为一种宗教也必然要编造自己传法的系统。东晋以后，道教实已分为若干派别，有从"五斗米道"发展来的"天师道"或称"正一道"；有所谓灵宝派，据说是由葛玄（葛洪之从祖）传郑隐，再传到葛洪，而后为洪兄子海安君，再传至葛巢甫，"以隆安之末传道士任延庆、徐灵期者，世业录传，支流分散，孳孕非一"。而陶弘景的茅山宗则是当时影响较大、且具有典型意义的道教宗派。《真诰》这部书当非专门谈宗派传授的，但实勾画了此派在陶弘景前的传授历史。陶弘景对由杨羲、许谧（许长史）、许翙（许掾）记的真灵降授的话考订真伪，而杨羲自称其所记为南岳魏夫人存华下降亲授与他的。因此，据《真诰·叙录》可得出，《上清经》的传授顺序大体是：魏夫人、杨羲、许谧、许翙、许黄民、王灵期（另一说为马朗、马罕）、陆修静、孙游岳、陶弘景。这个传授系统当然是陶弘景和茅山宗一派的道士编造的，不过其中也有真实的部分，陆修静确实是孙游岳之师，而陶弘景也确实师事孙游岳。后来人把陶弘景推为茅山宗第九代宗师，但实际上陶才是茅山宗的真正开创者。

早期道教到陶弘景时可以说已经发展成为一影响很大、具备了一种宗教各种方面要求的宗教团体。这时道教已有了较完备的宗教教义和宗教哲学理论，有了相对独立的教会组织，制定了有一定特色的教规教仪，并构造了一批宗教典籍，炮制了神仙谱系和传授历史。陶弘景是早期道教的集大成者，也是早期道教的终结者。他的《答朝士访仙佛两法体相书》、《养生延命录》和《登真隐诀》等可以说是继葛洪《抱朴子》之后的关于阐发道教教义和宗教哲学理论的著作,《真诰》是有关考订道教经典真伪和构造传授历史的书。《真灵位业图》则为道教建立了系统的神仙谱系。但是,陶弘景也把"神不灭"、"轮回"、"缘业"、"来世"等等佛教的思想引入了道教,于是早期道教可以就此终结了,梁陈以后道教就进入了另一个发展时期。

道教的发展确有一个逐步完备的过程,这个过程从东晋起到梁陈时止,其过程是否可以说大体如下:东晋以来,先是在对已经涣散和不固定的道教组织进行整顿的同时,为弥补其缺乏系统的宗教教义和理论体系之不足,创造了道教教义的理论体系;接着为巩固道教教会组织制定了教规教仪,为阐发其宗教教义构造了大批的经典;最后为把道教建成完备的宗教团体而编造了超现实的神仙谱系和现实的传授历史。道教的这样一个发展过程或者可以说是一种完备意义上的宗教发展的一般情况吧!我们研究宗教史的目的之一就是要把它作为一种社会意识形态揭示其发生发展的规律,以便我们用马克思主义的态度来对待它,而不应只是简单地把它看成"欺骗者的虚构"就了事。

原载《世界宗教研究》,1982(4)

附录三 论《道德经》建立哲学体系的方法

哲学可以说有它的"内容"和它的"方法"两个方面,黑格尔曾经说过:"方法就是关于自己内容的内部自己运动的形式的意识。"但是作为研究的课题,又可以分开来进行,关于这点,金岳霖先生曾在对冯友兰先生《中国哲学史》的《审查报告》中说:"哲学有实质也有形式,有问题也有方法。"因此,应该说研究一个哲学家建立他的哲学体系的方法和研究他的哲学体系的思想内容同样重要。大体上说,研究哲学史中某一哲学家、哲学派别或哲学思潮建立其哲学体系的方法,至少有以下三个方面的意义:

第一,一种新的哲学方法的出现,往往影响一个时代哲学发展的方向。

就一个哲学家说,如果他的思想是在历史上有影响的、成体系的哲学思想,特别是开创某一哲学派别或影响一个时代的哲学思潮,必定有其建立哲学体系的新方法。一种新的哲学思想的产生,虽有其社会历史的原因,但一种新的哲学方法,往往是这种因社会历史动因所产生的某种哲学思潮成为系统的新学说的十分重要的条件。近代英国唯物主义和唯心主义哲学家从洛克到休谟被为"英国经验主义",原因之一,就是由于他们都用经验的方法来建立其哲学体系,而且英国哲学一直到现在似乎仍然没有能摆脱经验主义的这个传统。大体上在同一时期,在欧洲大陆出现了几个杰出的、有深远影响的哲学家笛卡儿、莱布尼兹和斯宾诺莎,人们称他们的哲学为"大陆理性主义"。他们大都用几何学的方法来建立其哲学体系。笛卡儿认为哲学只是数学的概括化而已;斯宾诺莎的哲学是从若干定义中推演出一个体系;莱布尼兹从"只有推理的真理,即必然的真理,如数学上的公理那样的一些普遍必然的真理,才是必然的可靠的"这种认识出发,来建立他的哲学体系。20世纪来,英美等西方国家流行的"新实在论"、"逻辑实证论"等分析哲学,他们把自己的哲学建立在"逻辑分析方法"之上,"新实在论的主要目的之一,便是为逻辑方法和精确科学的方法论作论证并加以推广"(《新实在论·序言》)。逻辑实证论者卡尔纳普说:"哲学研究的新的、科学的方法"就是"对经验科学的命题和概念进行正确分析"(《旧逻辑和新逻辑》)。印度佛教哲学如般若空宗则用所谓"否定法",即"负的方法"来建立其哲学体系,这就是他们讲的"非有非无"、"八不"的双遣法。因此,我们可以说没有建立哲学体系的新方法,则无以建立起新的哲学体系。从哲学思想发展的历史看,往往是在有了新的哲学方法之后,新的哲学思潮才能广泛流传,其影响往往波及其他学科领域如文学、艺术、史学甚至科学技术等。

第二,把握一哲学家建立其哲学体系的方法,对于解剖其哲学体系有着十分重要的意义。

每一重要的哲学家或哲学派别(思潮)都有其建立哲学体系的方法,如能把握其方法并用以解剖其体系,有如一把锋利的解剖刀于解剖物,这就便于我们在解剖其体系的基础上认识其哲学的特点。任何哲学体系都有其最基本的命题和其体系的逻辑结构。其哲学基本命题为何能成立，其哲学体系中的各种概念范畴的关系如何，以及这些概念范畴怎样构成了一个逻辑体系，对这些问题如果我们把握了，其建立哲学体系的方法就比较容易搞清楚。如贝克莱哲学的基本命题"存在就是被知觉"，就是用经验主义的方法论证的；斯宾诺莎对其体系中的基本概念"本质"（Substance）、属性（Attribute）和式样（Mode）却是用几何学的方法从它们自身的定义中推演出来而建立其哲学体系的。魏晋时期玄学各种体系的建立，则有赖于"言意之辨"。王弼首倡"得意忘言"，而证成其"以无为本"的贵无论"玄学体系"；郭象继之以"寄言出意"，而证成其以"儒道为一"的"贵玄独化"学说。黑格尔说："方法不是某种跟自己的对象和内容不同的东西。"（转引自列宁：《哲学笔记》，71页）一个哲学家为了要论证其哲学体系的合理性，必然要用与其思想体系内容有密切联系的方法；而且为了要论证其思想体系的合理性，其方法必然会深刻地反映着其哲学思想的特点。因此，把握哲学家建立哲学体系的方法，将是解剖其体系的门径。

第三，哲学方法本身也应是研究的重要内容。

哲学方法和哲学的思想内容一样都应该是深入研究的哲学问题，有时通过对哲学家建立哲学体系的方法的分析，比对其哲学思想内容的分析更能有益于锻炼人们的理论思维能力，因而在哲学史的研究中应受到重视。恩格斯说："理论思维仅仅是一种天赋的能力。这种能力必须加以发展和锻炼，而为了进行这种锻炼，除了学习以往的哲学，直到现在还没有别的手段。"进行理论思维必定要提出若干哲学概念，并在此基础上形成判断和进行推理。如何形成这一哲学体系的一系列概念和命题，必定要用某种方法，而这种方法本身必定是一种抽象的思维活动。人们在建立其哲学体系时进行的抽象思维活动（即运用哲学概念所形成的命题和进行推理的活动）就能锻炼和提高人们的理论思维能力。如果一个哲学家能清楚明白地说出他建立哲学体系的方法,这就无异于告诉人们一种锻炼和提高理论思维能力的方法,对哲学史上的哲学家建立其哲学体系的方法进行系统的分析,不仅可以使我们认识人类以往的理论活动的思维方法,而且还有助于提高我们自己的理论活动能力。

中国传统哲学主要有两大系,一是儒家系统,一是道家系统,这两大系统的传统哲学不仅思想内容有显著的不同,而且建立哲学体系的方法也有很大差异。本文将通过对《道德经》建立哲学体系的方法的分析,说明研究哲学方法的重要性以及这两大系传统哲学的某些特点。

我们分析《道德经》全书,可以发现在这部书中有三个基本命题,它们表现了《道德经》建立其哲学体系的三种相互联系的方法:第一个命题是"有物混成,先天地生"。这个命题在于说明"道"是先于天地万物而存在的宇宙本原;第二个命题是"有无相生"。这说明"有"和"无"是一对相对的概念,要肯定"有",必须肯定"无","无"比"有"更根本,从而无名无形的"道"也就比有名有形的"天下万物"更根本;第三个命题是"道常无为而无不为"。这是说明"道"的特性的。以上三个命题不仅是老子哲学的基本命题,它表现了老子哲学的性质与特点及其思维水平所达到的调度;而且对这三个命题进行分析后将可发现,老子哲学的理论价值在中国哲学史上是很重要的。以下就上述三个命题的方法论意义作些分析。

1. "有物混成,先天地生"

把"有物混成,先天地生"作为一种方法看,它是一种什么样的方法呢?我们姑且给它一个名称叫"逆推法",即由天地万物的存在而向上逆推以求其本原。老子往往用这种方法说明宇宙的演化。"有物混成,先天地生"是《道德经》第二十五章的头两句,而第二十五章的全文是:

有物混成,先天地生。寂兮寥兮,独立而不改,周行而不殆,可以为天地母。吾不知其名，强字之曰道，强为之名曰大。大曰逝，逝曰远，远曰反。故道大，天大，地大，人亦大。域中有四大，而人居其一焉。人法地，地法天，天法道，道法自然。

这章首先说，要肯定天地万物的存在，就必须探求先于天地万物存在的"存在"，探求的结果是，先于天地万物存在的是浑然一体的"道"。这是由天地万物的存在而逆推以求其本原。接着，这章对先于天地万物而存在的"道"作了形容，正是由于它是浑然一体的、未分的，所以它是"寂兮寥兮，独立而不改，周行而不殆"的。因为只有浑然一体、无形无象的东西才可能做成有形有象的天地万物。而对这个"先天地生"的"混成"的存在本无以为名，只能勉强把它叫做"道"或"大"（无边无际，无所不包）。这个"先天地生"而存在的无边无际、无所不包的"道"演变为天地万物（"逝"作离于"道"解），天地万物的发展变化越来离"道"越远（"逝曰远"），而最后仍然要返回于"道"（"远曰反"）。从"曰道"、"曰大"、"曰逝"、"曰远"、"曰反"看，似乎是一顺进的演变过程。但是这一过程的展开并不是用来说明天地万物存在的理由，而是要论证天地万物仍然要回到它的起点。所以从"有物混成"到"远曰反"就构成了一个循环圈，先于天地万物存在的是"混成"的"道"，天地万物经过一番演化之后又要回到这个"混成"的"道"。正是由于两个逆推法而构成了老子的宇宙演化的理论。下面一段"故道大……人居其一焉"是说明人在整个宇宙的地位和重要性，这一叙述从方法上说并没有探求宇宙本原的意义在内，这"道大"、"天大"、"地大"、"人大"是平面并列的。接着的"人法地，地法天，天法道，道法自然"又是用逆推法来说明宇宙的存在和特性了。

在《道德经》中几乎讲宇宙本原问题的地方，大都是用这种方法。例如"天下万物生于有，有生于无"，天下万物的存在是有名有形的，但是有名有形的万物必定要以无名无形的"道"作为其根源,"有"不是天下万物最后的本原,而"无"才是天下万物最后的本原。又如第十六章"万物并作,吾以观复,夫物芸芸,各复归其根。归根曰静,静曰复命,复命曰常"云云,也是用的一种由果求因、追根溯源的方法。众多的万物总应有一个统一的根源,万物虽千变万化最后仍要回到它的总根源;动态的芸芸万物(吴澄注说:芸芸,生长而动之貌)的总根源则静态和常态的。至于第二十一章,老子也是用同样的方法来论"道"的存在,"孔德之容,惟道是从",苏轼注这句说:"道无形也,及其运为德,则有容矣。""德"是"道"运作在天地万物上面所表现出来的,因此我们可以从所表现出来的"德",来推求其必有其所表现者,即由存在着的推求其所以存在的缘由。

老子用这种追根溯源的逆推法,是要从相反的方面探求天地万物存在的原因和根据。"天地万物"的存在必有一先于天地万物者作为其存在的原因,这一观点显然并非要肯定天地万物自身独立的存在,而是要否定天地万物作为独立的存在的可能性,否定有名有形的"有"可以作为宇宙的"本原",而认为"存在"必有一所以存在者。这样推理方法的公式是:有甲的存在,必有甲的存在之因,这是由果推因。这种"由果推因"作为一种方法不能不说在理论思维上是很有意义的。当然在《道德经》中讲宇宙的发生和演变也用顺演的方法,如"道生一,一生二,二生三,三生万物",而这种方法并非《道德经》建立其体系的方法的特色,而且这种方法在方法学上又远不及"由果推因"的逆推法更具有理论思维的意义。

2. "有无相生"

"有无相生"这个命题作为方法,它表明了老子在概念之间寻求对应关系,《道德经》第二章说:

> 天下皆知美之为美,斯恶已;皆知善之为善,斯不善矣。有无相生,难易相成,长短相形,高下相倾,音声相和,前后相随,恒也。

老子这一段的论证方法，不是简单地提出"有无相生"，而是先说明：当人们知道美之所以为美的时候，丑的概念也同时产生了，因为必须有丑的观念才会有美的观念。由此类推，"有"和"无"是互相生成的，"难"和"易"是相互成就的，如此等等。在这些命题中"有无相生"无疑是老子哲学的一个重要命题，这个命题是和上面已经分析过的"天下万物生于有，有生于无"相联系的。照老子看，虽然无名无形的"道"是天地万物的本原，没有无名无形的"道"，天地万物都不能生成和存在；但另一面也不能没有有名有形的天地万物，因为无"有名有形的天地万物"，"道"的作用也就显示不出来。这种观点在第十一章中表现得最为明确：

> 三十辐，共一毂，当其无，有车之用。埏埴以为器，当其无，有器之用。凿户牖以为室，当其无，有室之用。故有之以为利，无之以为用。

"有"之所以可以为人们利用，正因为有"无"才能发生作用。但是，如果没有"有"，"无"的作用也就无从表现。所以老子在第一章中提出有"可道"之"道"，则必有"常道"。可道之"道"是"有名"，"常道"是"无名"，因此"有名"和"无名"就成为一对相对应的关系。在天地开始以前的状态是以无名状的状态（无名），一旦可以名之（有名）则有万物的形成。"常道"是"无名"，自亦无形无象，其存在恒常为"无"，故是"常无"；"可道"之"道"是"有名"，自为有形有象，其存在恒常为"有"，故是"常有"。此有"无"必定有"有"，"有"和"无"是同时存在的，"异名同谓"（按：马王堆帛书本"此两者，同出而异名，同谓之玄"作"两者同出，异名同冒（谓）"，帛书本更近于老子原意）。"常无"和"常有"只能是同时存在，名称虽然不同，但指的是同一物的两面，就这点看，老子或者已经有后来所说的"体用如一"的思想萌芽了。

这种在概念之间找对应关系的方法，在《道德经》中占有非常突出的地位，它是老子用来建立其哲学体系的十分重要的方法。能从"可道"之"道"来找对应的"常道"；从"有名"找对应的"无名"；从"常有"找对应的"常无"；从"有"找对应的"无"。这在理论思维上、在哲学方法上是一非常重要的飞跃。这点意味着，要求人们通过感觉经验去找超越感觉经验，从时空中的存在去找寻超时空的存在。因此我们可以说，在《道德经》的哲学体系中虽有相当的宇宙论（Cosmology）成分，而其中本体论（Ontology）的成分也不少。

表现在《道德经》中的这种在概念之间找对应关系，说明老子不仅看到了事物之间的矛盾性，而且也看到了事物之间的矛盾性的互相转化。为了防止转化的实现，老子认为最好先使事物处于转化的相对应的方面，所以他说："知其雄，守其雌，知其荣，守其辱。"照老子看，如果任事物自然发展，它向对立的方面转化是必然的，不可避免的，但也不是无能为力的。如果能认识到要转化的去向，而预先把所要转化的方面容纳在自身之中，这样不仅可以不失去原有的性质，而且可以使自身得到发展。这种方法可以说是一种肯定"负"的方面以便保存"正"的方面，或者说是对否定的肯定才能达到对肯定的肯定。我们可以看到，老子在找寻概念的对应关系中包含着对"否定"意义的深刻认识。

如果我们把老子的这一思维方式与孔子的思维方式加以对比，也许是很有趣的。照老子看，虽然事物的两极是相互联系的，可以互相转化的，但事物总是处在两极中之一极，因此老子的注意点是找此一极的相对的彼一极。而孔子却不一样，他注意到了事物有对立的两极的中极。在事物的两极中找中极和在事物的一极找其对应的一极，作为方法说也许都很重要，都是先秦思想家在理论思维上的重要贡献，但这两种思维方式毕竟不同。从儒家说，它的精神在寻找一向前发展的"中庸之道"或"中极之道"，并把它作为理想人生境界和所谓和谐社会的准则。道家则在找寻一退守的"贵柔守雌"之道，并要求预先处于对应的一极以自保，同样把这一思想作为他们的理想人生境界（如说："圣人后其身而身先，外其身而身存"等等）和理想和谐社会（如说："我无为而民自化"等等）的准则。如果说老子在事物的一极中找对应一极的思想，包含着对"否定"意义的认识，那么孔子的"中庸之道"则更多地包含着对"肯定"的意义的认识。

3. "道常无为而无不为"

如果说上述两个命题作为老子建立其思想体系的方法，包含着通过"否定"达到"肯定"的意义，那么这第三个命题"道常无为而无不为"就更加鲜明地表达了老子思维方式的这一特点。完整表达这一思维方式的是《道德经》第三十七章和第四十八章：

> 道常无为而无不为，侯王若能守之，万物将自化。化而欲作，吾将镇之以无名之朴。镇之以无名之朴，夫将不欲。不欲以静，天下将自正。

> 为学日益，为道日损，以至于无为。无为而无不为。取天下常以无事，及其有事，不足以取天下。

老子用"从物求原"、"从果证因"的方法提出"有物混成，先天地生"的命题，建立起他的以"道"为世界本原的思想体系；用"找对应关系"的方法提出"有无相生"的命题，从而得出"天下万物生于有，有生于无"这一关于宇宙发生论的基本观点，而表达这两种方法的命题都包含着对"否定"的意义的肯定。"道常无为而无不为"也许更表现了老子对"否定"的重视。这个命题作为方法的公式是：通过否定达到肯定。老子认为，通过否定达到肯定是"道"的特性。照老子看，"道"的本性是自然而然的，"道法自然"，"自然"故应"无为"。正由于"道"的本性是"自然"、"无为"的，而"人"是应该效法"道"的，所以在第三十七章中说明了"道"的自然"无为"的本性之后，即把它落实到人世间的社会生活层面上。统治者应效法"道"的"无为"，让万事万物自己发展变化，这种"无为"实际上是"无不为"。所以五十七章中说"我无为而民自化"云云。因此，说"无为"是"法自然"，"无不为"也是"法自然"。正因为天道自然"无为"，万物才能顺应"自然"而"自化"、"自正"、"自朴"；正因为天道自然"无为而无不为"，万物才必须按照天道自然无为的规律运行。如果事物的"自正"、"自化"超越了允许的范围，则要用"道"这"无名之朴"（这意思说的是道自身的质朴，道自身的本然之性）来加以限制，这也正表现了"道"的"无为而无不为"的特性。由于有"道"这"无名之朴"的限制，一切事物又将走上自然而然发展轨道上了。所以，在人世的社会生活中应掌握的原则应该同于"道"，即用"无为而无不为"这一"通过否定达到肯定"的方法来对待一切。

老子在第四十二章企图用这个"通过否定达到肯定"的方法来建立他的认识论。对这个问题我们可以从两个方面来进行分析。首先，我们知道照老子的看法，"道"是不可道的，可道之"道"不是"常道"，因此要求得对"道"的认识，那就必须把一切我们说的一般"知识"统统去掉。在张湛的《列子注》中有一句话或者可以作为这个意思的注脚："无知之知是谓真知。"因为"道"无名无形，不是一般认识的对象。作为一般认识对象的，这个对象必定是"什么"，必定是有名有形的东西（有）。而"道"本来不是"什么"，所以不能直接去说它。老子认为，人们必须先把一切一般的知识排除掉，排除得干干净净，以致在自己的思想里什么有形有名的东西都没有了，这样才不会用一般的认识去考虑"道"是"什么"了。达到了这种地步才可以"无为"，而"无为"才可以"无不为"，也就是说可以自然而然地体会到"道"的本质。看来，老子并没有否认可以对"道"有认识，只是认为不能用普通的方法来认识"道"，而得另辟途径。

认识"道"的方法应是从"无为而无不为",即"通过否定达到肯定"。说"道"不是什么,在否定了一切"是什么"之后,"道"这一"不是什么"的"什么"才被体认了,这种认识实是一种超于经验的认识。其次,我们还可以从另一角度来看这个问题。在《道德经》中把宇宙的本原称为"道",这本来也是不符合老子思想体系所要求的。因为世界的本原不能说它是"什么","世界的本原"就是"世界的本原",它并不是别的"什么",称它为"道"也只是一种没有办法的办法,是勉强这样给个名称罢了。因此,在对"道"作说明时,总是只能用一些不确定的或者甚至极模糊的形容词,以免人们把"道"(世界的本原)看成了"是什么"。例如,用"玄之又玄"、"恍兮惚兮"、"夷"、"希"、"微"等等来说明"道"的不可说性,或者用一些比喻说明"道"的某些特性,如说:"上善若水,水利万物而不争,处众人之所恶,故几于道。"老子这里只是说"水之性"近于"道之性",而独不是说"道之性"就是"水之性"。而所有这种模糊性和不确定性正是对"明确性"和"确定性"的"否定"。

  以上三个基本命题和由这三个基本命题所表现的基本方法,都表现了老子对"否定"意义的重视。老子对作为世界本原的"道",总的算法是"反者道之动,弱者道之用",这反映了老子的基本思想是在说明"道"的否定性或负的作用。前一句说明"道"的运动规律与一般事物不同,它要求回到本原,反回到其本身。老子说:"道曰大,大曰逝,逝曰远,远曰反";"其上不曒,其下不昧,绳绳兮不可名,复归于无物"(第十四章);"夫物芸芸,各复归其根。归根曰静,静曰复命,复命曰常,知常曰明"(第十六章)。事物如何回到本原,就得与事物一般的运动方向相反,这一"反"正是对向正方向运动的"否定"。《老子》这种"否定"的方法还表现了对传统的否定、对现实社会的否定、对儒家思想的否定,如说:"大道废有仁义"(第十八章);"绝圣弃智,民利百倍;绝仁弃义,民复孝慈"

（第十九章）；"失道而后德，失德而后仁，失仁而后义，失义而后礼。夫礼者，忠信之薄，而乱之首"（第三十八章）；"道冲而用之，或不盈。……吾不知谁之子，象帝之先"（第四章）。后者"弱者道之用"，这说明"道"并不肯定什么；正因为不肯定什么，否定一切要肯定的，才能使一切存在的事物有它自身的肯定方面的作用。"道"并不要求克服什么，也不要求战胜什么；正因为这样，它才能真正主宰一切，支配一切，"天下莫柔弱于水，而攻坚强者莫之能胜，以其无以易之"（第七十八章）。老子又说："后其身而身先；外其身而身存。"（第七章）你要使自己走在前面，先要通过对走在前面持否定态度，才可能走在前面。先否定自己（"外其身"），反而可以保存自己，"外"是否定性的。

老子说："正言若反。"这是老子对他自己思维模式和建立哲学体系的方法的总结式语言。他的思维模式就是从相反的方面、否定的方面、负的方面来表达他所要肯定的和建立的。

通过对老子上述建立其哲学体系的方法的分析，我们可以得到以下几点结论：

第一，《道德经》的哲学方法：否定的方法或者说是"通过否定达到肯定的方法"，在中国哲学史上的影响是深远的。这一方法不仅为先秦道家所普遍采用，而且直接影响着魏晋玄学的思辨方法："得意忘言"、"言不尽意"等；也影响着中国禅宗的方法（负的方法）。甚至中国的文学艺术理论，求"言外之意"、"弦外之音"、"画外之景"等，也不能不说和老子的这一"否定的方法"或"负的方法"有密切关系。

第二，用《道德经》建立其体系的方法去解剖老子的哲学思想，大体可以通过上述三个基本命题而把握老子哲学体系的实质和特点。老子用"从果求因"、"由末反本"的方法论证了有形有名的天地万物必有一无名无形的本原（道）；时空中的事物的存在必有一超时空者作为其存在的根据；"存在"（有）之所以存在必有其所以存在者，从而建立了他的本体论的形而上学。老子又从"有无相生"这一追求概念的对应关系引出"天下万物生于有，有生于无"的命题，从一个一个的具体存在物而得到一切存在物都是存在着的（有）；而"一切存在着的"都是有名有形的，只有无名无形者才可以做成任何名、任何形。因此，一切存在着的（有）必然是从并非具体存在着的、无名无形的"无"产生的，这样就构成了老子哲学的宇宙构成论的系统。以后的道家，如《淮南子》等多受其影响。"道常无为而无不为"说明"道"的性质，而作为"通过否定达到肯定"的方法则成为老子建立其人生观、道德观、认识论的基本方法。

第三，老子哲学的否定方法至少包含着三方面对提高理论思维很有意义的内容：(1) 他认识到，否定和肯定是一对矛盾，而且否定比肯定更重要，从否定的方面来了解肯定的方面比从肯定的方面了解其自身更为深刻。(2) 否定中包含着肯定，用否定对待肯定恰恰可以完成肯定，或者说可以完成更高一级的肯定。(3) 由否定的方面看到了转化的重要意义，并提出了由否定的方面阻止转化的可能性的问题。老子把预先处于否定的方面作为阻止转化的条件，虽然是片面的，但在一定条件下也不是没有合理的因素的。

原载《哲学研究》，1986（1）

附录四　《道德经》导读

一、老子和《道德经》

老子是中国最伟大的思想家之一，历史上认为他是道家思想的创始人，在世界文化史上也占有非常重要的地位。要了解中国历史和文化，不了解老子及其思想是不行的。老子姓李名耳，字聃，楚国苦县厉乡曲仁里人，即在今日河南鹿邑县境内。老子生于何年，死于何年，史书上没有明确的记载，我们只知道他比孔子（前551—前479）年长，因为孔子曾向老子请教过关于"礼"的问题。老子既然姓李名耳，为什么叫他"老子"呢？据史书记载说，因为他活得很长，所以称他为"老子"；或者说他生下来时，头发是白的，像老人一样，所以称他为"老子"。这些说法是否可靠，无法考察了。

在司马迁作的《史记》中记载着孔子向老子请教"礼"的事，所谓"礼"指的是周王朝关于礼仪和制度之事，而老子告诫孔子说："你所说的那些东西，早已过时了，不过只留下一些说法而已。君子得其时可以出来做官，不得其时应该隐居起来。我听到一种说法，善做生意的人，把他的财宝深藏起来，好像没有一样；智慧超人的君子，外貌好像愚笨的人一样。因此，你应该去掉骄气和奢望，这些东西对你的身体没有什么好处，我所能告诉你的就是这些。"孔子听了老子这些话，回去后对他的弟子说："鸟，我知道它可以在天上飞；鱼，我知道它可以在水里游；野兽，我知道它可以在山中跑。但是在山中跑的可以用网子捕捉，在天上飞的可以用箭射，在水中游的可以用钩子去钓。至于龙，我则不能知道它如何乘风云而在天上，我今天见到了老子，就像见到了龙一样呀。"可见孔子对老子非常佩服。孔子见过老子几次，没法子作确切的考证。在《庄子》书中，有多次孔子往见老子的记载，但大多是抬高老子而贬低孔子的故事，不一定可靠，我们就不去说了。

据《史记》记载，老子在周王朝呆了很久，并做过"周守藏之史"，也就是说做过周王朝的图书馆馆长之类，后见到周王朝的衰落，因而离开了周王朝的所在地，西行，至一关口，守关口的官吏尹喜见到老子，对老子说："你要去隐居，给我留下一部书吧！"于是老子作了上下两篇讲"道"和"德"的书，共五千来字，然后出关而去，"莫知其所终"。《史记》只说老子"出关"，并没有说明是哪一个关口。据后来的说法，一种说是"散关"，在今宝鸡市西南；一说是函谷关，在今陕西桃林县西南。这也没法子说清，但从陕西地区西去大概是真的了。关于老子骑青牛出关的故事，最早见于据说是东汉刘向作的《神仙传》中。《神仙传》中说：老子西游，关令尹喜望见有紫气在关口上面漂浮，这时老子正骑青牛而过。为什么老子骑的是青牛，而不是其他颜色的牛？当然牛多为青色，但也可能和道教有关。因最早的一部与道教有关的书是东汉时的《太平经》，在《太平经》中把"青色"看成"仁爱之心"的表现。这只是我的一种猜测，需要详细考证。

东汉时期，约在公元 1 世纪前后，中国本民族的宗教——道教建立了。道教要找历史上的一位大人物做他们的始祖，于是找到了老子，并把老子神化。魏晋时期，开始用"太上老君"的名字称呼"老子"。到唐朝，由于唐朝的皇帝姓李，又把老子推崇为他们的祖先，为他立庙，并追封他为"太上玄元皇帝"、"大圣祖玄元皇帝"等，并把《老子》这部书定为朝廷考试科目。唐玄宗还亲自注解了《老子道德经》，以后宋徽宗、明太祖也注释过《老子道德经》，可见自唐以后历代皇帝十分重视这部书。由于道教把老子（太上老君）奉为他们的始祖，所以在道教的宫观中都把老子作为最高的尊神之一来供奉，例如北京的白云观、四川的青羊宫、湖北武当山的道观都把太上老君作为尊神来供奉。这些当然都是宗教把老子神化了。

老子出关留下了上下两篇讲"道"和"德"的书，这部书在历史上称为《老子》，又称为《老子道德经》或《道德经》，共八十一章，五千字左右。原来这部书并没有叫"经"，《史记》只说老子"著书上下篇"。1973年在马王堆出土的帛书本《老子》，也只是称"德"（篇）和"道"（篇），而且与今本《老子》有所不同，是"德"（篇）在前，即今本第三十八章（包括第三十八章）以后的部分在前，"道"（篇）在后，即今本第三十八章以前的部分在后面。但马王堆本《老子》和今本《老子》在内容上没有太大的不同。最近我们又看到湖北荆门出土的《郭店楚墓竹简》，其中有三组《老子》的竹简，共一千七百多字，约为今本的三分之一。这座楚墓是战国中期偏晚的墓葬，在公元前 300 年左右，比马王堆出土《老子》要早一百多年。因此，可以断定《老子》这部书在公元前 300 年就成书了。这样有关《老子》成书年代的争论可以说有一部分问题解决了，例如有说《老子》这部书成书于《庄子》书之后或说成书于战国晚期就不能成立了。

这三组《老子》据学者研究第二组（乙组）的主题是修道，第三组（丙组）的主题是有关治国的，第一组（甲组）则两者都有。除甲、丙两组都抄有今本第六十四章的后半，三组内容没有出现重复的。从其所包括的各章看大都与今本相同，但其中也有非常不同的地方，例如今本第十九章："绝圣弃智，民利百倍；绝仁弃义，民复孝慈；绝巧弃利，盗贼无有。"而楚墓竹简本作"绝智弃辩，民利百倍；绝巧弃利，盗贼无有；绝伪弃虑，民复季子"（据裘锡圭先生的解释）。这说明在战国中期以前《老子》书中没有明显反对"圣人"和"仁义"的内容。因而有的学者认为道家和儒家最初并不那么对立。是在庄子以后才对"圣人"和儒家的"仁义"进行批判的。《老子》这部书被称为"经"，是汉朝以后的事，是在《汉书·艺文志》中把《老子》这部书叫"经"。总之，《道德经》这个名称是后加的，不是《老子》书的原名。《老子》或叫《道德经》是道家的经典，历代的注解很多据元朝道士杜道坚在《道德玄经原旨序》中说："《道德（经）》八十一章注者三千余家"，当然现在很多已经散失，可是存在的总也还有几百种。在我国历史上许多重要思想家都是通过注释《老子》来发挥他们的思想。东汉末道教建立，《道德经》又成为道教的经典，在道教的大丛书《道藏》中，存有五十几种《道德经》的注解。

二、我们应如何了解《道德经》的"道"

老子的著作《老子》这部书被称为《道德经》不是没有道理的。因为"道"和"德"这两个概念可以说是《老子》书中最重要的概念。"道"是道路的意思，人走路必须顺着道路走，因此可以引申为"规律"或"法则"的意思。老子把"道"看成一切事物的总法则、总根源。"德"是"得到"的意思，人从"道"那里得到的是人的"德性"，物从"道"那里得到的是物之"德性"，或者说人可以从"道"那里得到对宇宙人生的总法则和总根源的体认。我们可以把《道德经》中讨论"道"的问题的叫"道论"，讨论"德"的问题的叫"德论"，"德论"是依据"道论"而有，或者说为了要建立"德论"而要求要有"道论"。为什么老子要提出一个"道"来作为一切事物的总法则和总根源呢？这是因为自西周以来，把"天"看作支配一切的力量，是一切事物的总根源。因而"天"是有意志的，可以赏善罚恶的。但是实际情况并不是如此，为什么社会上有那么多不公和邪恶而不受到惩罚，反而善良的人并不一定会得到好报呢？特别是到了春秋时期，社会问题越来越多，在《诗经》、《左传》中都表现出对"天"的怀疑，甚至诅咒。例如《诗经·大雅·荡》中说："荡荡上帝，下民之辟，疾威上帝，其命多辟。"（"坏了坏了，上帝！下民的君主呀！暴虐的上帝，他的德行是多么邪僻呀！"）《小雅·节南山》："不吊昊天，乱靡有定。式月斯生，俾民不宁。"（"不善良的天，祸乱不断地发生呀！而且是一个月比一个月更甚，使得老百姓不得安宁。"）这些都是对"上帝"（或"天"）的直接的批判。《左传·僖公十六年》记载，在宋国发现陨石从天上坠落和"六鹢退飞"（鹢是一种水鸟）的现象，人们认为是一种不祥预兆。但周内史叔兴认为这些是自然现象，和"天"的意志无关，他说这些都"是阴阳之事，非吉凶所生也，吉凶由人"。这就是说，"天象"与人间之吉凶无关，吉凶都是由人事自己造成的。可见春秋是一个思想大解放的时期。因而就有人认为，社会上的不公正和人们的痛苦，并不都是"天"（天帝、上帝）所给予的，而是人自己造成的，因此"天"的地位和"神性"大大降低了。有的思想家提出了"天道远，人道迩（近）"。这就是说，"天"有天的法则，人有人的法则，"天道"并不能完全支配人类社会。既然"天"和"人"都有各自的法则，那么有没有一个共同的法则呢？也就是有没有一切事物的总法则呢？在这样的背景下老子提出"道"

作为一切事物的总法则。首先，他提出了在天地产生之前，"道"已经存在了，"有物混成，先天地生"，在天地产生之前有那么一个没有分化的浑然一体的东西就存在了，这个浑然一体的存在本来是无法给它一个名称的，我们只能勉强把它称为"道"。那么，为什么会有天地万物，天地万物是如何生成的呢？他说：

> 道生一，一生二，二生三，三生万物，万物负阴而抱阳，冲气以为和。

这段话有不同的解释，这里我只能介绍一种，大多数学者认为是比较合理的一种。老子认为宇宙万物的生化是由"道"的存在而始有的。"道"既是宇宙的未分化状态，又是宇宙存在的总根源。道法则"道"生化出来"元气"（统一没有分化的气），然后由"元气"分化出相对的阴阳二气；阴阳二气的交互作用，而生化出来天地人（或者第三种事物）；"三"在我国有"多"的意思，有了第三种事物就可以有所有的众多事物，所有的具体事物都是由阴阳构成，从正面看是阳，从背后看是阴，因而所有的事物都是由阴阳二气相互激荡而产生的。这就是说，老子构造了一个宇宙发生发展的图式，而把"道"抬高到比"天"更高的地位，是一切事物产生和存在的总根源。由于"道"比"天"更根本，也比人根本，它的特性是"自然无为"，如说"辅万物之自然而不敢为"是自自然然的。"道"不是有意志、有目的地要求万物做什么。因此，所谓"道"的"自然无为"是说"道"的本性是如此，也要求一切事物应顺应自然，让天地万物按照其本性的要求自然而然地生存着、发展着。日本学者福永光司解释说："在天地自然的世界，万物以各种各样形体而出生，而成长变化为各种各样的形态，各自有其一份充实的生命之开展；河边的柳树抽发绿色的芽，山中的茶花开放粉红的花朵，鸟儿在天空上飞翔，鱼儿从水中跃起。在这个世界，无任何作为性的意识，亦无什么价值意识，一切皆是自尔如此，自然而然，无任何造作。"（［日］福永光司：《老子》，陈冠学译）。正如老子所说："道""莫之命而常自然"，"道"不命令天地万物做什么，而天地万物经常是自然而然地运行。因此老子主张一切事物都应效法"道"的自然而然，他说：

  人法地，地法天，天法道，道法自然。

"人"要效法"地"，"地"要效法"天"，"天"要效法"道"，"道"是自自然然的。（"道"以"自然"为法则）归根结底是"人"应该效法"道"的"自然无为"。老子认为，人类社会如果能够按照"道"的"自然无为"的特性去做，那么社会就会和谐安宁。如他说：

  是以，圣人处无为之事，行不言之教，万物作焉而不为始，生而不有，为而不恃，功成而弗居。夫唯弗居，是以不去。（《老子》第二章）

圣人应该效法"道"，以"无为"的态度来处理世事，实行"无言"（不作什么指示）的教导；让万物任自己的本性发展着而不去干涉（王弼本"不始"作"不辞"，"不辞"有"不干涉"的意思），生养万物而不据为自有，推动万物而不自以为有功，功业成就而不自我夸耀。正因为不自夸耀，所以圣人的功绩才不会泯没。所以第十七章也说："功成事遂，百姓皆曰我自然。"圣人效法"道"，这样什么事情都自然而然地办好了，而老百姓都说："我们本来就是这样的。"

  老子这种关于世界（宇宙）如何生成以及圣人效法"道"的学说在他全部思想中虽然非常重要，但他的这一关于世界（宇宙）生成的学说并不是他的"道论"的全部。在"道论"中还包含着一种中国哲学中最古老的本体论学说。

  老子说："道生一"，如上所说"一"是"元气"，而"元气"是构成天地万物的有形有象的物质实体。但老子认为"道"是无形无名的，因此

"道"和"元气"就不可能是具有同样性质的东西，而且如上所论"道"也不是如上帝（天）那样有意志、可以赏善罚恶的精神性实体，那么"道"究竟是什么呢？据《道德经》第四章中说："道冲而用之或不盈，渊兮似万物之宗。"（按："宗"即根本，本体的意思）这意思是说，不可见（无形）而无所不在的"道"，它渊深无以名状呀，是万物存在的根据。把"道生一，一生二……"与"道冲而用之或不盈……"这两段话联系起来分析，我们可以发现"道"既是产生天地万物的总根源，又是在天地万物之中作为天地万物存在的根据，或者说是天地万物存在之本体，而天地万物则是本体之"道"表现的形形色色的现象。"道"与"元气"（或与"元气"构成的天地万物）不同，不是某种物质性实体，而是作为物质性实体的形形色色事物存在之根据，它寓于一切事物之中，这就是说"道"是事物存在之理（法则，规律或道理）。因此，《老子》一书不仅讨论了宇宙生成论问题，而且也讨论了本体论问题。这点是应为我们所注意的。为此，我想先说明一下什么叫"宇宙生成论"，什么叫"本体论"。

宇宙生成论和本体论都是从西方哲学借用过来的，但利用和借鉴西方哲学的研究成果来研究中国哲学无疑有着重要的意义，这不仅使中国哲学有一个可以对照的"他者"作为参照系，而且我们可以取西方哲学分析之长处来对中国哲学作较为清晰的分疏，把问题弄清楚。我们知道，黑格尔的《哲学史讲演录》里认为中国（东方）没有哲学固然不对[1]，但我们也得承认在西方哲学传入中国之前，在中国却没有把"哲学"从"经学"、"子学"甚至"史学"中分离出来，使之作为一门单独的"学科"知识来进行研究，而"哲学思想"往往是在"经学"或"子学"中来进行研究

---

[1] 黑格尔《哲学史讲演录》在说到东方思想时，他说："我们在这里尚找不到哲学知识。"说到孔子时，他说："孔子只是一个实际的世间智者，在他那里思辨的哲学一点也没有——只有一些善良的、老练的、道德的教训，从里面我们不获得什么特殊的东西。"（北京，商务印书馆，1956）

的。把中国的哲学作为一门独立学科来研究是近代西方哲学输入以后的事。一旦我们把哲学作为独立的学科来研究，就发现中国有着丰富的哲学思想，而且表现出很有意义的特色。之所以能如此，不能不说正是由于西方哲学的输入而起的作用。就老子哲学看，《道德经》中不仅有相当精彩的宇宙生成论思想，如上面所述，而且还包含着十分独特的本体论思想。所谓"宇宙生成论"，据 Dagobert D. Runes 所编的《哲学辞典》（*The Dictionary of Philosophy*）说：宇宙生成论是研究论及宇宙起源和构成这方面问题的哲学分支，它是和本体论与形而上学相对而言的，它是研究宇宙实在的最一般的特征，但又是和自然哲学相对而言的，自然哲学是研究自然界中的对象的基本规律、进程和分类的。而本体论是研究关于"存在自身"的科学，这里"科学"一词是就古典意义上说的，即是关于"终极原因的知识"，也就是第一原理的知识（第一原理是由亚里士多德提出的，也叫第一哲学。它是研究存在之为存在以及存在的自在、自为性质的科学）。而这第一原理（即终极原因）对于人的智慧说，只能是靠它自身本性的能力得到的。简单说宇宙生成论是讨论宇宙起源和构成问题的，而本体论是讨论宇宙存在的根据问题的。

《道德经》第四十章中说："天下万物生于有，有生于无。"天下万物的存在都是有形有名的，但有名有形的东西成为有名有形的东西是由无名无形的"道"而成就的。在《道德经》中多处以无名无形来说明"道"，例如第一章说："道可道，非常道"，可以说的"道"不是恒常存在的"道"，也就是说可以说的"道"不是宇宙存在的究极原因的道。第四十二章说："道隐无名"，第三十二章说："道常无名"，第二十五章说："有物混成，先天地生，寂兮寥兮（无声，无形）……吾不知其名，强字之曰道，强为之名曰大。"这些都说明，"道"是无名无形的，是不能用言语说明的，是"至大无外"的，又是"至小无内"的，"朴虽小，天下莫能巨"。是"至大"则为"大全";是"至小",则"无所不在,所在皆无"(即不是实体)。因此,它不是某种实体性的,所以《道德经》中常用"惚兮恍兮"(没有固定的形象)、"恍兮惚兮"(不是什么实体)等等来说明"道"。那么"道"到底是什么呢?这点可以从第四十一章中得到解释,文中说"大音希声,大象无形,道隐无名"。这就是说,最基本(根本)的声音是"无声",最根本的(无所不包)的形象是"无形",所以"道"是隐藏在天地万物里面的成就天地万物的"无以为名"者(无法给它一个名称的)。音乐,如果是宫,就不能同时是商;形状,如果是方,就不能同时是圆。但是"无声"却可以做成任何声音;"无形"却可以做成任何形状,因此"无"可以成就任何"有"。但是我们不能把"无"理解为"虚无"或者说是没有意义的。而用"无"来说明"道",正是为说明"道"不是什么具体的东西而是一切具体的东西存在的根据。我们可以举一个例子来说明这个问题,人们可以问:先有飞机还是先有飞机之理?照老子看,应是先有了制造飞机的理论,才可以制造出飞机来;而飞机制造出来后,飞机之理也就存在于飞机之中,而成为实现的理。宇宙有着它的总规律(理),这就是"道",而这个"道"是无名无形的,所以它的性质是"无"。"理"本身也是无名无形的,只能是寓于有名有形之物的"理"或"道"。这样我们就可以看出,老子的"道论"同时也是一种形而上的本体论,正如《周易·系辞传》所说:"形而上者谓之道,形而下者谓之器。""道"是形而上者,"器"(具体的事物)为形而下者,因此在老子看来"道"和"器"(天地万物)虽有形上形下之分,但"道"又寓于"器"之中。因此,在中国哲学中,可以说《道德经》中的包含着宇宙生成论和形上本体论的两个哲学模式,一直对中国哲学产生着重大影响,如汉朝的《淮南子》继承和发挥了其宇宙生成论的系统,而王弼的《老子注》则力图排除《老子》一书中的宇宙生成论方面,而发展着它的形上本体论方面。

三、我们应如何了解《道德经》的"德"

在《道德经》有十六章直接讲到"德",其中有十章在下篇,也许这就是我们常说《道德经》的上篇主要讲"道",下篇主要讲"德"的原因吧。而且马王堆帛书本《老子》是把"德"(篇)(即今本的下篇)放在"道"(篇)前面的,这说明帛书本更为重视治世、人事之故。而且我们可以假设原来《老子》先有"德"(篇),为要给"德"(即治世和人事等问题)找一个哲学上的根据,所以要有"道"(篇)。但就今本和帛书本的实际情况看,对"道"和"德"的问题的讨论并没有非常明确的分工。郭店竹简本包含今本《老子》的三十一章,其中有十六章在上篇,十五章在下篇,这三十一章中讨论治世、人事的比较多,但讨论纯哲学的也还占一定篇幅,例如其中包含了第四十章:"反者道之动,弱者道之用。天下万物生于有,有生于无。"以及第四十一章、第十六章、第二十五章、第三十二章、第五十二章等都是讨论哲学问题的。所以不能说郭店竹简《老子》中没有讨论哲学问题,甚至可以说郭店竹简《老子》不仅讨论了宇宙生成问题,而且讨论了形上本体论问题(如第四十章和第四十一章)。

"德"就是"得"的意思,可以理解为:天地万物之所以生成是由"道"得到而显现为其"德"。王弼注"是以万物莫不尊道而贵德"谓:"道者,物之所由也;德者,物之所得也。"意思是说:"道"是贯通于万物之中,它是万物得以存在的根据(本体);"德"是万物得之于"道"的自然之性(德性或性)。故第二十一章中说:"孔德之容,惟道是从。"最高明的"德"只是遵循"道"的要求。但在《道德经》中"德"也还有与上述意思相联的另一种意思,即"品德"的意思,如第五十四章中所说:"修之于身,其德乃真。"如果人能很好地按照"道"的要求修养自己,他的品德就是非常纯真的。而万物纯真的"品德"正是其自然之性（德性）的表现。这就是说，"道"的特点是"自然无为"，得道的人的品德（或说为人处世之方）也应是自然无为。我们甚至可以看到，在《道德经》中，有的地方"德"直接就是"得"的意思。如第四十九章："善者吾善之，不善者吾亦善之，德善。"这里的"德"假借为"得"，是作为动词用"得到"的意思。

下面我们对《道德经》中的"德"作些分析。第五十一章中说："道生之，德畜之，物形之，势成之。是以万物莫不尊道而贵德。道之尊，德之贵，夫莫之命而常自然。"意思是说，万物由"道"所生，由"德"培育，做成不同的形状，在一定的形势中得到完成。因此，万物没有不尊崇"道"的规律的、没有不顺乎德的要求的。"道"之所以被尊崇，德之所以被重视，就在于它们不命令万物做什么，而万物都依其自然之性存在和发展着。这段话的根本意思就是说：万物顺应自然无为是"道"和"德"的要求。因此，我认为"顺自然无为"是"道"的、也是"德"的第一要义。

前面在讨论"道"的意义时，已说到"道"的特性是"自然无为"，而事物或人的"德"是得自于"道"的。因为"德"的性质是得之于"道"，其"德"的特性，也必然是"自然无为"。而从《道德经》的一个方面看，它是一部治世之书，所以历史上许多学者把它看成一部君人南面之术（即统治术）的书，而实际上在西汉初年文帝、景帝时就是以《道德经》的"自然无为"作为治世之指导方针，这就是所谓的文景之治。"自然无为"虽说是对所有人说的，但从《道德经》上看，则主要是对统治者说的。在先秦时代，往往把有德行有功业的统治者称为"圣人"，例如儒家把尧舜等称为"圣人"，墨家把大禹称为"圣人"（或"圣王"）。在《道德经》中的"圣人"就是指能行"无为"之治、顺应"自然"要求的统治者。《道德经》第二章说：

> 是以，圣人处无为之事，行不言之教，万物作焉而不为始，生而不有，为而不恃，功成而弗居。夫唯弗居，是以不去。

老子认为，古代的圣人是以"无为"来处理世事的，推行的是不命令人们做什么的教化，让万物按照自己的本性生长，而不加干涉，生养万物而不据为己有，培育万物而不自以为是，功业成就而不居功，正是由于不居功，所以他的功业不会被泯灭。老子理想的"圣人"是行无为而治的，是让万物顺应自然而生生化化的，他们这样做实是对万物有极大的功劳，可他们又不自恃有功，如果自恃有功，那就违背了"顺自然"的要求，而会把自然界和社会搞乱。所以老子说：圣人"以辅万物之自然而不敢为"（圣人的作用就只是辅助万物的自然发展，而不敢勉强万物做什么）。老子用很形象的说法来表达他的"顺自然"的思想。他说"治大国若烹小鲜"。治理大的国家就应该像烹调小鱼，你不要老去翻腾老百姓，没完没了地翻腾老百姓就像在锅里老翻腾小鱼一样，把小鱼翻腾得稀烂。老子引用古圣人的话："我无为而民自化，我好静而民自正，我无事而民自富，我无欲而民自朴。"统治者应该"无为"（不要干涉老百姓的生活）、"好静"（不要成天动用老百姓）、"无事"（不要没事找事地翻腾老百姓）、"无欲"（不要贪得无厌地搜刮老百姓），这样老百姓自然会自己教化自己，使自己的生活走上正轨、自己富足起来，自己知道朴素的可贵。我想，这大概是老子总结古代圣人治理国家的经验之谈。推行这种"无为之治"的思想，照老子看要能做到"圣人无常心，以百姓心为心"和"少私寡欲"才有可能。

"圣人无常心，以百姓心为心"（《老子》第四十九章），是说统治者没有自己的个人固定不变的意愿，而要以老百姓的意愿作为他的意愿。这说明，老子比较懂得社会得到安宁，必须顺民情，"顺民情"也就是顺老百姓的自然之性。如果这样，统治者虽然处在统治的地位，而老百姓既不会感到有负担，又不会感到对他们有什么妨碍，这样老百姓就会拥护他。"是以圣人，处上而民不重，处前而民不害，是以天下乐推而不厌。"（第六十六章）老百姓之所以遭受饥荒，往往是由于统治者收税太重；老百姓难以统治，往往是由于统治者干涉太多；老百姓之所以用生命冒险，往往是由于统治者对老百姓的搜刮太厉害。"民之饥，以其上食税之多，是以饥。民之难治，以其上之有为，是以难治。民之轻死，以其上求生之厚？是以轻死。"（第七十五章）老子的这种思想，不能说对今天人类社会没有意义。

老子第十九章说："见素抱朴，少私寡欲。"这也是对统治者说的，统治者应该保持朴素，减少自私和贪欲。"朴"这个字在《道德经》中很重要，有它特殊的意义。老子有时用"朴"来说明"道"，如第三十七章说："道"是"无名之朴"。"朴素"就是"朴素"，是无法说明的（无以命名的），所以用"无名之朴"说明"道"正表明"道"是"至小无内"，故能无所不在而所在皆无。第三十二章中说："道常无名，朴虽小，天下莫能臣也。""道"无法给它一个名称，看起来它就是本然的样子，好像很细微，但是天下没有什么东西可以支配它。故第二十八章说，圣人为人处世应该效法"道"。而圣人效法"道"，他由"道"所得到的"德"是充足的，这叫"复归于无极"也叫"复归于朴"。说"道"是"无名之朴"，因而也就表明"道"是"无极"，它超越时空，而又无所不在。"道"是万物的本体，通于万物之中，在方为方、在圆为圆，但它既不是"方"，也不是"圆"，而是可以做成方、做成圆。我们说"道"是"无形"、"无名"的最没有经过加工雕凿自然状态的东西，即最"自然"的东西。老子有时又用"朴"来说明"德"，既然"德"是得之于"道"，"道"是"无名之朴"，"德"自然也是表现为"朴"的，所以老子说："常德乃足，复归于朴。"这是说的圣人,圣人的"德"是恒常自足的,因为他能复归于自然无为的朴素状态。就用"朴"来说明"道"和"德",不仅表明老子对"道"和"德"的特性了解的一致性,而且说明"德"是"圣人"的一种品德。

在《老子》中对"欲"和"私"都是取批判态度。认为"罪莫大于可欲,祸莫大于不知足,咎莫大于欲得"(第四十六章,此据马王堆本)。罪过没有比诱人的贪欲更大的了,祸患没有过于不知道足满的了;罪恶没有过于贪得无厌的了。所以老子说,知道满足为止的人,永远是满足的。为此,他认为,那些对外在的欲望的追求是自己最大的伤害,如他说:"五色令人目盲,五音令人耳聋,五味令人口爽,驰骋田猎令人心发狂,难得之货令人行妨"(第十二章),缤纷的色彩使人眼花缭乱,纷杂的音调使人听觉失聪,丰美的宴席使人的口味败坏,纵情打猎使人心发狂,稀有的东西(货品)使人偷和抢。因"圣人"以"不欲"(没有自己单独的欲望)为他的欲望;"圣人"的"不欲"而静守其位,天下就会自然安定("不欲以静,天下将自定",第三十七章)。据此,老子认为,统治者要领导老百姓,必须把自己的利益放在老百姓的利益之后。因此,天下的老百姓对他爱戴而不厌弃。因为他不和老百姓争什么,所以天下没有人能争得赢他。因而,"圣人"虽然治天下,而能使天下的人的心思也像他一样都归于素朴。老子认为要做到这点很不容易,圣人必须把自己的那些极端的、奢侈的、过分的做法都去掉,这都是说要"少私"。

先秦是一个诸侯纷争的时代,当时的各学派都提出一套取天下的策略(原则),例如儒家提出要用行"仁政"来一统天下,墨家提出要用"兼相爱,交相利"取天下,法家提出要以"强兵""兼并"的办法取天下,那么道家要用什么办法取天下呢?老子说:"夫唯不争,故天下莫能与之争。"(第二十二章)"以其不争,故天下莫能与之争。"(第六十六章)为什么"不争"反而天下之人都不能和他争呢？照老子看，最高明的统治者像水一样，水善于滋润万物而不和万物相争，停留在普通人不愿意呆的地方，所以最接近于道。正因为他（圣人）的品德像水那样与万物无争，所以不会有什么过错。（"上善若水，水善利万物而不争，处众人之所恶，故几于道"，第八章）。我们知道，老子贵柔，以柔能克刚，对此他也是用水的性质来作证论，他说："天下莫柔弱于水，而攻坚强者莫之能胜，其无以易之。弱之胜强，柔之胜刚，天下莫不知，莫能行。"（第七十八章）我认为，老子的"不争"不是没有道理的，相反在一定条件下是一种深刻的辩证法思想，包含着某种真理的因素。我们试想，一个学者整日想的就是如何"争名夺利"，他能成为一个真正对人类社会有贡献的人吗？就一个国家说，你把掠夺他国财富、侵占他国领土作为国策，从长远看、从根本上看这难道不要受到全世界人民的反对吗？以谦虚的态度为人处世，别人就不好反对你，甚至会拥护你。霸权在世界上是行不通的，水性柔，但柔能克刚；"不争"似退，而实会使得别人无法和他争，所以《老子》最后的一章（第八十一章）中说："圣人之道，为而不争。"圣人所行之道，只是做他应该做的事而不争什么，不去争取那些不应属于自己的。

老子根据"道"的"自然无为"的要求为人类构筑了一个理想的社会，这就是在《老子》第八十章所描述的"小国寡民"的社会。他说：

> 小国寡民，使有什伯之器而不用，使民重死而不远徙，虽有舟舆，无所乘之。虽有甲兵，无所陈之。使人复结绳而用之。甘其食，美其服，安其居，乐其俗，邻国相望，鸡犬之声相闻，民至老死，不相往来。

老子的"小国寡民"的思想社会当然是乌托邦。可这一思想在先秦战乱纷纷之时，也正是一种对现实不满的消极反应。这种乌托邦式的空想，在中外历史上所在多有，如在西方有莫尔的《乌托邦》，康帕内拉的《太阳城》

等等，在中国有庄子提出的所谓"无何有之乡"，当然更为典型的是陶渊明的《桃花源记》，陶的这篇文章可以说就是以《老子》第八十一章所述为蓝图，而创造的一个空想的"大花园"。

对老子的"德"的了解，就是他的治世和做人的一种理想境界，他认为这种境界是符合"道"的要求的。其中当然包含着许多应为我们今天所抛弃的内容，但要看到他的许多思想对今日社会说，在处理国与国、人与人之间的关系上也许是一服清凉剂吧！如果我们看看今日人类社会的弊病，无论中外社会权力和金钱上的欲望都在不断地膨胀，在海、陆、空诸方面的争夺，以及对自然界的肆意地破坏，我们难道不可以从"自然无为"这个角度来反思一下吗？我们难道不应该提倡一点"少私寡欲"吗？

四、《道德经》中的"辩证法"思想

在世界各国的哲学发展中，几乎都存在着素朴的辩证法，古希腊哲学中有，印度哲学中有，中国哲学中也同样有。在先秦时期，几乎诸子各派都有辩证法思想，这当然和当时的社会处在一个大变动时代有关，但在当时我国各派哲学中，道家哲学、特别是老子哲学思想中的辩证法最为丰富。

1. 事物都是由相对应的双方组成的，并在相对立中确定其性质

《道德经》第二章中说："天下皆知美之为美，斯恶矣；皆知善之为善，斯不善矣。有无相生，难易相成，长短相形，高下相倾，音声相和，前后相随。""美"正因为有"丑"才知道"美"之为"美"；"善"正因为有"恶"才知道"善"之为"善"，所有的事物都是在相比较才确定其性质。"有"是在和"无"相比中才可以说它是"有"，"长"和比它短的东西相比较才可以说它长，因此，在现实中没有"短"就没有"长"，没有"前"就没有"后"，这就是说，老子认识到，要从事物的一极寻找相对应的另外一极。而老子从事物的一极找其相对应的一极，这些都是可以由经验中、常识中得到的，如果把事物在相对性中确立的思想提高到哲学的层次，那也许就是《道德经》第四十二章中说的："道生一，一生二，二生三，三生万物，万物负阴而抱阳，冲气以为和。"对这段话可以有不同的解释，前面我们在"道论"中是从宇宙生成论方面来解释这句话的。如果我换一个角度，或者说辩证的认识论角度来解释，我们对"一"、"二"、"三"的解释可以很不同。"一"、"二"、"三"不是说"One"、"Two"、"Three"，而是"First"、"Second"、"Third"，"道"产生了第一个，有了第一个就可以产生第二个，产生了第二个就可以产生第三个，而所谓的第三个实际是说可以产生出无数个（指万物），而所有这些都是"负阴而抱阳"，都是由阴阳组合而成的，在阴阳的振荡中可以产生新的阴阳之和。而所有这些（第一个、第二个、第三个，以至万物）都是由道产生的，但道本身不是第一个，也不是第二个，如此等等。因此，它不是阴，也不是阳，但它又可以做成阴，又可以做成阳。所以王弼解释"一阴一阳之谓道"说："夫为阴则不能为阳，为柔则不能为刚。唯不阴不阳，然后为阴阳之宗；不柔不刚，然后为刚柔之主，故无方无体，始得谓之道。"这因为"道"是"大全"，它与"一"、"二"、"三"等等是"体"与"用"的关系，即"本体"与"现象"的关系，而"本体"与"现象"是一对矛盾，是"全体"与"部分"的关系。如果我们从解释学的角度来看，这种解释也许是一种"误读"，但有时正是在"误读"中把哲学问题深化了，发展了。当然"误读"可以分有意义的"误读"和"无意义"的"误读"。我认为，也许太实的"误读"可能是"无意义"的"误读"，例如把"二生三"中的"三"解释为"粒子"、"波"和"场"，这种"误读"可能是没有意义的，因为所谓"粒子"、"波"和"场"的说法等是二十世纪后才有的。但是有一种"误读"，可能原作者自己在提出时，并未自觉意识到，但从方法学上看，应该或者隐含着某种有意义的解释。因此这种"误读"我们可以把它看成有意义的"误读"，或者非"误读"之"误读"。

《道德经》作为一部包含着丰富哲理的书，我们可以看到它处处表现着素朴的辩证法思想。例如第一章的第一句："道，可道，非常道"，"可道"和"常道"构成一对矛盾，"可道"是说，人们所说的"道"，"常道"是永恒常存的"道"。"可道"是人们所说的"道"，这就是说"道"是在人认识中的"道"，是对象化的"道"；但"常道"作为永恒长存的"道"，它是"大全"，它无所不包，故不可对象化。但正因为有"常道"才可以有"可道"，同样有"可道"才可以推知有不可道之"常道"。第十一章也说明老子辩证思维高明，老子先用车轴和车轮中心车轴穿过的圆木的关系，以器皿的外壳和其中间的空间的关系等为例说明："有之以为利，无之以为用。"某些事物其有形的方面之所以能被人们利用，正是因为有"无"（空的地方）才可以发挥作用。因此，"有"和"无"是一对矛盾，但正因为是一对矛盾才能发挥相辅的作用。我们知道，老子常说"无为与无不为"，"无为"与"无不为"当然是一对矛盾，这对矛盾如何统一呢？照老子看，你只有"无为"（有所不为），你才有可以选择有所作为的自由，例如，你自身不贪污腐化，你才有整治别人的贪污腐化的作为；你只有不为某种功利的目的作学术研究，你才能在学术研究的方方面面上取得重大成就。作为领导者说，你不做什么具体的事，才可以让你的属下充分发挥他们的聪明才智去完成他负责的那部分事。因此，我们可以说，老子认识到了矛盾的普遍性，这无论如何可以说是中国古代的智慧。

2. 事物的发展、变化是由量变到质变

大凡古代的朴素辩证法都是从日常生活经验中得出来的，老子也不例外。《老子》第六十四章中说："九层之台，起于垒土；千里之行，始于足下。"第六十三章中说："天下难事，必作于易；天下大事，必作于细。"

（做天下困难的事，先要从做小事开始；做天下伟大的事业，开始总是从具体的事做起）人们做事情，不可能一开始就做最困难的、最伟大的事，总是从小的事和具体的事开始。这是因为，任何伟大的事业不可能一蹴而就，总是要有一个量的积累过程，积累到一定程度事物就发生了质的变化，例如我们要到南京去，这是我们的目标，只有一步一步地走，到最后这个目标才能实现，在没有到南京之前，都是量的积累，到达了南京，目标实现了，这样才可以说这件事发生了质的变化。老子认识到量变可以引起质变，因此他用此提出治世之策略，他说："为之于未有，治之于未乱。"要在事物还没有发生问题之前，先把它处理好；要在事物还没有乱起来时，先把它理顺。为了把天下治理好，就必须使量变不至于发展到质变，而破坏社会的安宁。因此，老子提出应该用"高者抑之，下者举之，有余者损之，不足者补之"的办法，来使社会保持平衡。他把"损有余而补不足"称为"天之道"，就是说它是宇宙的法则；而把"损不足以奉有余"称作"人之道"，是"人为"的做法，而"人为"是违背"道"的"自然无为"的要求的。社会的基础是老百姓，统治者对老百姓如果不断地索取，这样就会由小乱变成大乱，危及整个社会，当然也动摇统治者的统治。《老子》第七十五章中说："民之饥，以其上食税之多，是以饥。民之难治，以其上之有为，是以难治。民之轻死，以其上求生之厚，是以轻死。"（老百姓所以遭到饥荒，是由于统治者吞取的租税太多，因而陷于饥荒。老百姓所以难治理，是由于统治者没完没了地折腾他们，因而难以治理。老百姓所以用生命冒险，是由于统治者无止境地追求财富以享乐，因而老百姓最后不得不用生命去冒险反抗剥削压迫）可见，统治者对老百姓剥削压迫的程度变大，在这种量的积累中最后老百姓会起来推翻现存的统治，而使社会发生质的变化。老子不仅认识到，事物存在着量变和质变的关系，而且他认为这是"道"的要求，如说："物壮则老，是谓不道，不道早已。"事物发展到顶点,就必然走向衰亡,这是因为发展得太壮大(量变到极致),事物就会走向反面(必然要衰亡,发生质的变化),这是因为事物发展得过于壮大不符合"道"的要求的缘故,不合乎"道"的要求,必然很快死亡。所以由量变到质变也是"道"的法则。

3. 对"转化"的深刻认识

据记载春秋时期有所谓"五霸",但是没有一霸可以永远是霸主,齐桓公、晋文公、楚庄公、宋襄公、秦穆公,一个个称霸一时,又由盛而衰。就自然现象说,寒来暑往,月有盈亏。这就是说,事物的矛盾双方是会发生转化的。老子生活在这个时代,对这些现象作出了理论上的概括,大家都很熟悉的"祸兮福之所倚,福兮祸之所伏"(第五十八章)就是老子的名言。祸福是会相互转化的。做任何事情,如果只看到它取得成绩的一面,那么其缺点和错误的方面就会发展起来,最终这事业就会失败。但是如果能从失败中认真总结经验教训,事业也就可能重新发展起来。在《老子》书中,对事物的分析充分体现了他运用辩证法的智慧。在《道德经》中许多章都讨论到这个问题。第九章中说:"功成身退,天之道也。"一个统治者在他成功的顶峰时应该退下来,这是天经地义的道理。我们可以设想,一个成功的统治者,往往会因为他的成功而傲慢,听不进不同意见,而把事情弄糟,能在最成功的时候主动退下来,这说明他对天经地义的道理有所认识。第二十章:"善之与恶,相去若何?""善"和"恶"之间可能只有一步之差。是好事还是坏事,这中间有个度的问题,本来可能是好事,但过了一定的度就变成坏事了。这种例子在生活中太多了,例如对孩子,爱护他是对的,但爱得过分,成了溺爱,那就是坏事了。《道德经》第三十章和第五十五章都说到,"物壮则老"。第四十二章说:"或损之而益,或益之而损","损"和"益"是可以相互转化的。有人常常提醒你的不足之处,反而对你有好处;相反,常常吹捧你,这实际上是害了你。又如，第三十六章："将欲取之，必固与之"，第五十八章："正复为奇，善复为妖"，第七十八章："弱之胜强，柔之胜刚"等等，都说明事物的矛盾双方可以相互转化。因而，老子有一段概括的话："反者道之动，弱者道之用。""道"的法则是向相反的方向转化的；"道"的作用是扶持柔弱。任何事物都是有盛有衰，盛极必衰，这就是说事物都会向它的反面转化，这是"道"的法则。新生的东西开始时都是比较柔弱的，而正因为它是新生的才有发展前途，这正是"道"所要扶持的，所以老子说："弱之胜强，柔之胜刚。"在生活中，不可能毫不付出，就能得到你所要求得到的，应该是首先有所付出，然后才会有收获，"将欲取之，必固与之"。毛主席曾说："《老子》是一部兵书。"这话很有道理，在《老子》这部书中，直接说到"用兵"的地方至少有十四处，第五十七章中说："以正治国，以奇用兵，以无事取天下。"治国要用正常的办法，而用兵则要求出奇制胜，对内对外能行"无为"之"道"（即顺应着自然，不强迫别人做什么）则天下都会拥护你。老子特别认为，"兵"是凶器不应随便动用，他说："夫唯兵者不祥之器，物或恶之，故有道者不处。"（第三十一章）打仗不是好事，谁都讨厌它，所以了解"道"的智者不会随便去做这样的事。那些无端挑起战争的人，是不可能使他的愿望得逞于天下的。（"夫乐杀人者，则不可以得志于天下矣。"）所有这些都说明，老子在运用辩证法、特别是矛盾相互转化的思想时有着很高的自觉性，这不能不说在我国当时的理论思维水平已达到很高的境地。

在讨论到事物（或矛盾）会向其相反的方面转化的问题上，老子提出了一种防止向相反的方面转化的理论，在第六十六章中说：

> 江海所以能为百谷王者，以其善下之，故能为百谷王。是以欲上民，必以言下之；欲先民，必以身后之。

大江大海之所以可以容纳一切小河的流水，是由于它处在底下的地方，所以能作为一切小河的领袖（收容者）。统治者要统治好老百姓，首先在对老百姓说话上，得表示谦虚；如果想领导好老百姓，必须把自己的利益放在老百姓的利益之后。老子这种试图不让事物向不利的方面转化的思想，在其他一些章中也有。例如第六十四章："为之于未有，治之于未乱。"我把这种思想叫做"处下"的思维方式，"处下"（处在一种特殊的低下地位）可以预防事物向不利的方面转化。这一情况，表面上看来是处于不利的地位，实际上正是处于十分有利的地位。

4. 老子对"否定"意思的认识

如果说把老子的思想方式与孔子的思想方式相比较，我们可能更好地了解老子辩证法作为一种方法论的特点。照老子看，虽然事物的两极（如"有"和"无"、"阴"和"阳"）是相对应的，并且是相互联系着的，可以互相转化的，但是两个相对应事物其一总是处在两极中的一极，因此老子注意的是要找寻此一极相对应的彼一极，例如要从美方面（一极）找丑方面（一极）等等。而孔子则不一样，虽然他也注意到事物有对立的两极（如"过"和"不及"），两极之间也有着联系，并可以互相转化，但他注意的则是找两极之间的"中极"，这就是孔子的"中庸之道"。如果说，老子重视的是在一极中找相对立的另一极，即是由正极找相对应的负极，包含着对"否定"意义的认识，那么孔子重视的在两极之间找中极，即"中庸之道"，则更多地包含着对"肯定"意义的认识。

老子说："道常无为而无不为"，如果说"无为"是对"为"的"否定"，那么"无不为"则是对"为"的"肯定"，它作为一种方法论的公式可以如下表述：通过否定达到肯定。老子认为，通过否定达到肯定是"道"的特性。"通过否定达到肯定"是老子的认识原则，我们对这个问题可以从两个方面进行分析：（1）我们知道，照老子的看法，"道"不是认识的对象。"道，可道，非常道"，可道之"道"不是无名无形的永恒不变的"常道",那就是说不可能在经验中得到对"常道"的认识,或者说我们不能用一般的方法认识"道"。因为,认识总是认识有名有形之物,而"道"无名无形,它不是什么。作为一般认识的对象,它必是什么(即有其规定性),而"道"不是什么(无规定性),所以就无法用经验的方法说它是什么,只能说"道"不是什么。因此,老子认为必须先把一般的认识经验去掉,以致在思想中把有名有形的经验性的东西统统去掉,才不会用经验性的认识说"道"是什么。达到这种地步,才符合"道"的"无为"的要求。而"无为"才可以"无不为",也就是说,"道"不能用经验的方法来把握,而得另辟途径,这个途径就是"通过否定达到肯定"的方法。从说"道"不是什么而了解"道",即否定"道"的经验性认识之后,从超乎经验的觉悟上才有可能把握"道",而"与道同体"。(2)在《道德经》中把宇宙本体称为"道",这由原则上说也是不合老子思想体系要求的,因为"道"作为世界的本体不能说它是什么,作为世界本体的"道"就是"道",它不能以名称之,而称它为"道"是没有办法的办法,只是勉强给它一个名称,"有物混成,先天地生。……吾不知其名,强字之曰道,强为之名曰大"。因此,在《道德经》中对"道"所作的说明,大都用一些不确定的或者是极其模糊的、甚至是否定的形容词来描述,以免人们把"道"看成什么具体的东西,例如用"玄之又玄"、"恍兮惚兮"等等。由此,作为一种以否定为特征的方法论的老子哲学,大体上可得到以下的看法:

《道德经》的论证方法可以称之为"否定"的方法,或者称之为"通过否定达到肯定"的方法,这种方法有时我们也把它叫做"负"的方法。这种"负"的方法不仅为老子所采用,例如庄子也用这种方法为他的哲学作论证,他认为人要达到"精神上自由"的境界,就必须否定"礼乐"、"仁义"等等,甚至还要否定对自己身心的执著。这种"否定"的方法也影响着魏晋时期思想的各个方面，魏晋玄学提出"得意忘言"的方法，认为语言只是一种工具，它不是事物的本身，或者说语言仅仅是表达意义（思想意义）的工具，只有不执著于作为工具的语言才可以透过语言、忘掉语言体会到"意"（事物的内在本质，或者说"存在"的"所以存在"的根据）。也就是说，只有透过现象才可以得到本质，如果以"现象"为"本质"，抓住"现象"不放，那就得不到"本质"。因此，在文学中有所谓求"言外之意"，音乐中有所谓求"弦外之音"，绘画中有所谓求"画外之景"，这种思维方法深深地影响着中国的文学艺术理论。在印度佛教中也有这种"负"的方法，而中国佛教禅宗更是以一种中国式"负"的思维方式来作论证。佛教当然要求解决如何成佛的问题，原来在印度佛教主要通过坐禅、念经等等达到超脱轮回，达到"涅槃"境界，而禅宗认为，肯定坐禅、念佛、拜佛等等是不能成佛的，这是因为把这些形式的东西看成"成佛"的办法抓住不放，这是根本不能成佛的。只有否定这些形式的方法，不去执著于这些形式，才可能觉悟而解脱，以成"佛道"。故禅宗大师慧能说："一念迷，即众生；一念觉，即佛。"禅宗这种思维方式与老子的"否定"的方法有着密切的联系。

由此可见，老子哲学的否定方法至少包含着三个对提高人们理论思维很有意义的内容：第一，他认识到，否定和肯定是一对矛盾，而且否定比肯定对认识事物更为重要，从否定方面来了解肯定方面比从肯定方面来了解肯定方面，会对事物有更深刻的认识。第二，否定中包含着肯定，用否定对待肯定，恰恰可以成就肯定，或者说可以完成更高一级的肯定。第三，由否定方面看到了矛盾相互转化的重要意义，并提出由否定方面阻止使事物向其相反的方向转化的可能性。老子把预先处于否定的方面作为阻止事物向相反的（不利的）方向转化的手段。虽然老子的"否定"思想（"负"的方法）并不是说非常完善，但是作为一种思维方式或者作为一种论证方式在哲学上无疑是有它重要意义的。

五、《道德经》所包含的思想对我们今天有什么意义

我们首先得说明两点：第一，任何哲学思想对人类社会说，它只能解决某些问题，而不可能解决人类社会的一切问题，而且古代的哲学思想只有在进行现代诠释的条件下，它才有可能解决当今人类社会某些问题，甚至还得有诸多方面的配合，经过现代诠释的古代思想才有可能落实于操作层面，它才可以发生实际的作用。第二，老子的哲学中虽然有对今日社会有正面价值的思想，但它同样包含着不适合今日需要的部分，甚至错误的思想内容，例如，否定知识的意义，愚民的政策，对矛盾转化的条件的缺乏了解，甚至有些不能自圆其说的地方，例如如何把他思想体系中的宇宙生成论与本体论统一起来；如何使他思想中道德境界和作为手段的各种策略相互协调；如何使知识和智慧都占有其应有的位置，以及如何消解其理想社会的乌托邦性质等等，都是老子并没有解决的问题。罗素在他的《西方哲学史》中说：

> 不能自圆其说的哲学决不会完全正确，但是自圆其说的哲学满可以全盘错误。最富有结果的各派哲学向来包含着显眼的自相矛盾，但是正为了这个缘故才部分正确。

我认为，罗素的这段话很有意义，正因为老子哲学存在着某些内在矛盾，这就要求我们揭示其矛盾，而把思想推向前进。如果把某种哲学看成放之四海而皆准的绝对真理，很可能这种哲学是完全错误的哲学，很可能无益于人们的思维水平的提高。

对老子哲学有无现实意义和有什么现实意义，我们可以从许多方面来讨论，在这里，我只就老子哲学中两个很可能对今日人类社会生活有意义

的方面提出一点看法。

我们知道，当今人类社会面临的最大问题是"和平与发展"问题，20世纪科学的进步虽然为人类社会带来了财富的巨大增长，但也给人类社会带来了巨大灾难。在这一个世纪中发生了两次世界大战，使自然环境受到严重破坏，如果再这样发展下去，人类将毁灭其自身。人们都希望21世纪能成为一个"和平共处"和"共同发展"的世纪，这样就必须较好地解决人与人之间的关系（扩而大之，就是要解决好国家与国家、民族与民族之间的关系）和人与自然的关系。我认为，老子的"无为"思想可以从一个方面在处理"人与人之间的关系"上作出有意义的贡献。前面我们已经说到，老子提倡作为"无为"的基本内容的"不争"和"寡欲"，应该说是很有意义的。不要去夺取那些不应该属于你的，不要为满足自己的私欲而损害他人。《老子》第五十七章引古代圣人的话："我无为而民自化，我好静而民自正，我无事而民自富，我无欲而民自朴。"如果我们给它以现代诠释，大概可以得出很有意义的启示。在一个国家中，对老百姓干涉越多，社会越难安宁；在国与国之间对别国干涉越多，世界必然越混乱。在一个国家中，统治者越要控制老百姓的言行，社会就越难走上正轨；大国强国经常动用武力或以武力相威胁，世界就处于动荡不安和无序之中。在一个国家中，统治者没完没了地折腾老百姓，老百姓的生活就更加困难和穷苦；大国强国以帮助弱小国家之名行其掠夺之实，弱小国家就愈加贫困。在一个国家中，统治者贪得无厌的欲望大，贪污腐化必大盛行，社会风气就会奢华腐败；发展国家以越来越大的欲望争夺财富和资源，世界成为一个无道德的世界。据此，我认为"无为"也许对一个国家内部的统治者和世界各国的领导者们说是一服清凉剂，使人类社会能走上"自化"、"自正"、"自富"、"自朴"的发展道路。

前面我们已经讲到老子提出"人法地，地法天，天法道，道法自然"

的理论，这就是说归根结底人应效法"道"的自然而然，或者说人应该"顺应自然"，以"顺应自然"为法则。特别是作为领导者（或统治者）说更应如此，所以老子说："（圣人）以辅万物之自然而不敢为。"（第六十四章）领导者只能辅助万物的自然发展而不敢做违背自然法则的事，但是人类（特别是那些领导者）常常违背"自然"，这样人类就会受到惩罚。另外一位先秦道家的思想家庄子讲了一个故事：

> 南海之帝为儵，北海之帝为忽，中央之帝为浑沌。儵与忽时相与遇于浑沌之地，浑沌待之甚善。儵与忽谋报浑沌之德，曰："人皆有七窍以视听食息，尝试凿之。"日凿一窍，七日而浑沌死。

这个故事看起来极端了一点，但其所表达的思想则非常深刻。人类是自然的一部分，决不能对自然作破坏性的无量无序开发，把自然界开发成一死寂的东西，人类如何生存？而当今的现实情况，正是由于人类对自然界的破坏性无量开发，造成了资源的浪费，臭氧层变薄，海洋毒化，环境污染，生态平衡的破坏，已经严重地威胁着人类自身生存条件，在这种情况下，道家的"顺应自然"的理论是应该受到重视的，我们应善待自然。

最后，我想再说一遍，任何伟大的古代思想家，他们的哲学思想只是其中某些部分对人类社会有积极意义，不可能解决人类社会的一切问题，而且他的思想必须进行现代诠释，以适应现代人类社会生活的要求。恩格斯在他《反杜林论》的附录中有一段说：

> **体系学**在黑格尔以后就不可能有了。世界表现为一个统一的体系，即一个有联系的整体，这是显而易见的，但是要认识这个体系，必须先认识**整个**自然界和历史，这种认识人们**永远不会**达到。因此，谁要建立体系，他就只好用**自己的臆造**来填补那无数的空白，也就是说，只好**不合理地**幻想，玄想。

我认为这段话非常重要，但是很少有学者引用，这很奇怪。任何哲学思想都是一定历史条件下的产物，它不可能是放之四海皆准的绝对真理，因此，我们对任何哲学思想都应作实事求是的分析。我还得作一点说明，对《老子》(《道德经》)的各种解释(包括各种注释。按：元道士杜道坚在《道德玄经原旨序》中说："《道德(经)》八十一章注者三千余家。")都是解释者的解释，都会打上时代的烙印。上面我对《道德经》的种种分析，也只是我的注诠释，它是否合理、是否有意义，这只能由读者和时间来检验了。

收入《智慧的感悟》，北京，华夏出版社，1998

附录五　要重视《道德经》注疏的研究

现存于《道藏》中《道德经》的注疏有五十余种[①]，这些注疏是我们研究道家、道教思想的重要资料，虽已有学者对某些注疏作过一些研究，但较为系统地研究《道德经》的各种注疏还是很少的。在这里我当然也不可能系统地对各种注疏作研究，只是想从一两个方面把创建中国解释学的问题提出来，引起研究者的注意。下面我举三个例子来说明研究《道德经》注疏的重要意义。

（1）《道藏》得字帙七至十有苏辙的《道德真经注》，前有晁曰之和熊克之"记"，均言王弼的《老子注》深得《老子》之旨，而苏辙之注或亦深受王弼注之影响。盖王弼注《老子》以"不废名教而任自然"为宗旨，而经隋唐至宋则儒道合之趋势或更为明显。苏辙注"道可道，非常道"谓："莫非道也，而可道者不可常，惟不可道而后可常耳。今夫仁义礼智，

[①] 在杜道坚《道德玄经原旨序》中说："《道德（经）》八十一章注者三千余家。"按：杜道坚元朝人，《原旨》前有徐立武、张与材写为"大德乙巳"的序，"大德乙巳"是1305年。如元朝时已有"三千余家"的《道德经》注疏，那么今天就不知有多少种了，可惜大多已散失。

此道之可道者也。然而仁不可以为义，而礼不可以为智，可道之不可常如此，惟不可道然后在仁为仁，在义为义，在礼为礼，在智为智，彼皆不常，而道常不变，不可道之能常如此。"又，赵学士秉文（南宋时人）《道德真经集解》对"道，可道，非常道"的注全引苏辙之注。查王弼论"道"尝谓，"为阴则不可为阳，为柔则不可以为刚"，"无方无体，非阴非阳，始可谓之道"①，则是多以"阴阳"、"刚柔"立说，而至宋或较之王弼更多讨论"仁义"与"道"的关系了。苏辙、赵秉文等均以仁义礼智为"道"之表现，"道"常不变，而依不同之情形或为"仁"，或为"义"，或为"礼"，或为"智"，因此仁义礼智是不可废去的。查苏、赵之注《道德经》第十八、十九两章，也并未把"道"与"仁义"对立起来。现得见郭店竹简中之《老子》本，其第十八章"大道废有仁义"作"大道废，焉有仁义"②；第十九章"绝仁弃义，民复孝慈"作"绝伪弃诈，民复孝慈"。可见原来老子并无否定"仁义"之义，这就是说《老子》中儒道对立的思想并不明显。如果我们对《老子》的注疏作一些系统的研究（特别是王弼以后的《老子注》），或者可以从中了解许多涉及儒道关系的材料。③ 因此，我们应可以通过历代《老子》的注疏来研究儒道两家关系发展的历史，来看我国对经典注释的问题。

（2）苏辙《道德真经注》对"此两者同出而异名同谓之玄"谓："以形而言有无则信两矣。安知无运而为有，有复而为无，未尝不一哉！其名

---

① 杨士勋《春秋穀梁传疏》中有："《系辞》云：'一阴一阳之谓道'，王弼注云：'一阴一阳者，或谓之阴，或谓之阳，不可定名也。夫为阴则不能为阳，为柔则不能为刚，唯不阴不阳，然后为阴阳之宗；不柔不刚，然后为刚柔之主。故无方无体，非阴非阳，始得谓之道，始得谓之神'。"

② 按："大道废，有仁义"，《郭店楚墓竹简》（北京，文物出版社，1998）作"大道废，焉有仁义"，而李零《郭店楚简校读记》（载《道家文化研究》第十七辑）认为"'安'，与简文'焉'字无别，这里读为'安'"。"安"可释为"哪里有"，此整句可释为"大道废，哪里还有仁义"。

③ 对历代《老子》（《道德经》）的注疏进行分析研究不仅可以了解历史上儒道两家关系，也可以了解道释之间的关系。

虽异其本则一，知本之一也，则玄矣。"董思靖《道德真经集解》对此句注谓："此总结上意，两者谓无名、有名，妙与徼，体用一源，故曰同也。"题为顾欢述之《道德真经注疏》谓："两者谓有欲、无欲也。"这实际都是以"有"、"无"来说"两者"。把"此两者"解为"有欲"、"无欲"等等，都是根据河上公注和王弼注而来的。查马王堆帛书本《老子》甲乙两本"此两者同出而异名，同谓之玄，玄之又玄，众妙之门"作"两者同出，异名同谓，玄之又玄，众妙之门"。这里的"两者"应是指"有"和"无"，盖其意谓："有"和"无"同出于"道"（玄），名称不同所指为一。然吴澄的《道德真经注》则谓："此两者谓道与德；同者，道即德，德即道也。"联系吴澄《道德真经注》第一章的其他注文也许可以找到一个解释。吴澄注"道可道，非常道；名可名，非常名"说："道，犹路也。可道，可践行也；常，久不变也。名，谓德也。可名，可指定也……。"吴澄说："名谓德"，而其他注家如王弼注谓，"道，不可道，不可名也"。其"不可道"、"不可名"均说"道"，而吴澄认为"不可道"是说"道"，"不可名"是说"德"。这样就把"道"与"德"分说，故其注"玄之又玄，众妙之门"谓："众妙谓德，门谓由此而出，德与道虽同谓玄，道则玄之又玄"云云。这也许是吴澄与其他家注不同之原因。从这里，我们可以看到，如果我们对历史上各种对经典的注释加以仔细的分析研究、特别是对某些重要概念和概念之间的关系加以仔细分析，定会对提出一些值得我们研究的重要课题，或对创建中国解释学有重要意义。

（3）赵秉文《道德真经集解》引有僧肇语五条。德国学者瓦格纳（Rudoig G. Wagner）曾在1998年罗浮山"第二届道家文化国际讨论会"上提出僧肇有《老子注》的问题。我们知道，僧肇之师鸠摩罗什或确有《老子注》，这在《唐书·艺文志》有著录，汤用彤先生的《读〈道藏〉札记》已指出，并说李霖的《道德真经取善集》和题为"吴郡徵士顾欢述"

的《道德真经注疏》均有罗什之注文。查在赵秉文《集解》中，也引有罗什注两条。现在我们要讨论的是僧肇是否确有《老子注》。杜光庭的《道德真经广圣义》的"序"列举注《道德经》者六十余家，其中有"沙门僧肇，晋时人，注四卷"①。又有元朝刘惟永的《道德真经集义大旨》和《道德真经外传》都据《广圣义》列举六十余家注者的名字，其中亦有"僧肇"。但我查了《隋书·经籍志》、《唐书·艺文志》以及丁国钧、文廷式、秦荣光的《补晋书·艺文志》，吴士鉴、黄元逢的《补晋书·经籍志》等均未见著录有僧肇之《老子注》者，因此僧肇是否注有《老子》就是个疑问了。

我把赵秉文《道德真经集解》中所引用的"肇曰"（或"肇云"）研究了一下，发现：（1）其中一条"肇曰：有所知，则有所不知；圣心无知，故无所不知。小知，大知之贼也"，出自《肇论·般若无知论》，其文为："夫有所知，则有所不知。以圣心无知，故无不知，不知之知，乃曰一切知。""小知，大知之贼"为原文所无，很可能是赵秉文据《般若无知论》中的一句"若有知性空而称净者，则不辨于惑知"所加，或者是赵的理解。（2）又一条"肇曰：有无相生，其犹高必有下，然则有无虽殊，俱未免于有也。此乃言象之所以形故，借出有无之表者以祛之。"此见于《涅槃无名论》，其文为："有无相生，其犹高下相倾，有高必有下，有下必有高矣。然则有无虽殊，俱未免于有也。此乃言象之所以形……非涅槃之宅，故借出以祛之。"（3）"肇曰：真者同真，伪者同伪，灵照冥谐，一彼实相，无得无失，无净无秽，明与无明等。"查僧肇《维摩诘所说经注·见阿閦佛品》中有："……是以则真者同真，伪者同伪，如来灵照冥谐，一彼实相，实相之相即如来相。"且《阿閦佛品》经文中有"一切无得无

---

① 在《道德真经广圣义》卷四和卷六列举注《道德经》者，则其中无"僧肇"的名字。

失",肇注:无"得故无失";有"非净非秽",肇注:"在净而净,谁谓之秽;在秽而秽,谁谓之净";有"明与无明等",肇注:"法身无相,体顺三脱,虽有三明,而不异无明也。"且《肇论·涅槃无名论》亦有"是以则真者同真,法伪者同伪","未尝有得,未尝无得"等语。(4)"赵曰:肇云:大患莫若于有身,故灭身以归无,此则二乘境界。谈道者以不惊宠辱,遗身灭智为极则,岂知圣人之旨哉!"这中"肇云"是赵秉文引用僧肇的话,不能据此以为是僧肇的《老子》注文。查《涅槃无名论》中有"子乃云:圣人患于有身,故灭身以归无;劳勤莫先于有智,故绝智以沦虚。无乃乖乎神极,伤于玄旨也"。此中前四句是僧肇引"有名"的话,后面两句是僧肇批评的话。又僧肇《维摩诘所说经注·方便品》中有僧肇的注曰"二乘恶厌生死,怖畏六尘"云云。这些大概是赵秉文引"肇云"的所据。(5)"肇曰:习学谓之闻,绝学谓之邻,过此二者谓之真过,然则绝学之外,向上犹有事在。"此当出自题为僧肇著的《宝藏论》中[①]:"夫学道者有三:其一谓之真,其二谓之邻,其三谓之闻。习学谓之闻,绝学谓之邻,过此二者谓之真。"从对以上赵秉文《道德真经集解》所包含的五条僧肇语的分析,我们大概不能说僧肇另外有一《老子注》。赵秉文或因僧肇的论说多有据《老子》说者,故可以其论著中语引作为注。这种例子也有,如何晏并无《老子注》,但有《道德论》,此当亦是解释《老子》思想的论说,有时也引作为《老子注》了。这或者可以说明,我国古代的所谓"注",并不一定都真正是随文的注,对某一经典的论说(如何晏之《道德经》,王弼之《老子旨略》等)后人亦可引以为注。据以上所说,我们是否可以认为,僧肇并没有对《老子》作过专门的注,而是后人摘引僧肇之论著中的语句以为注。赵秉文所引用的僧肇语多据《肇论》和

[①] 参见汤用彤:《汉魏两晋南北朝佛教史》,332页,北京,中华书局,1963。

《维摩诘所说经注》等。从这里我们是否还可以得出这样一个论断：在各种"目录"（如"经籍志"、"艺文志"）没有"著录"的"注疏"之类真实可靠性大概是很小的[①]，因此研究中国经典注疏问题应十分重视"目录学"的研究。

以上所讨论的三个问题都涉及对古代经典注释的问题，这当然都是我们要创建中国解释学所必须注意的。[②]

原载《弘道》，2000（9）

[①] 我们这里讨论的是对经典的注疏问题，所以提到研究"目录学"的重要性，至于考古发掘秦汉前的新材料，不属我们讨论的范围。

[②] 我写过《能否创建中国"解释学"？》（载《学人》，第十三辑，1998年3月）和《再论创建中国解释学问题》（载《中国社会科学》，2000（1）），可供参考。

附录六 自我和无我

在中国先秦哲学中,我们可以说庄子的思想最具有哲学意义。《庄子》一书讨论了许多哲学问题,但全书有一个中心问题,就是"人如何实现自我",换句话说就是关于"人"的"自由"的问题。"人如何实现自我",照庄子看,不应执著"有我"而应取"无我"的路径。《齐物论》开头记载着一段故事,大意是说:有一天南郭子綦凭几而坐,仰天缓缓地呼吸着,进入了一种忘我的境界。他的弟子颜成子游站在他面前,问道:"你是怎么一回事呀?形体可以像槁木一样吗?心灵可以像死灰一样吗?你今天凭几而坐的神情和过去凭几而坐的神情不一样呀!"子綦回答说:"子游呀!你问得好,今天我失去了我自己(今者吾丧我),你懂吗?你听说过人籁(music of man)而没有听说过地籁(music of earth);你听说过地籁而没有听说过天籁(cosmos music)吧!"子游问什么是"人籁"、"地籁"、"天籁",子綦一一作了回答。说到"天籁",子綦的意思是它成之自然,因此它是不受任何条件限制的,是自由的。

这段故事,子游所问,子綦所答,似乎有点答非所问。其实不然。我认为，庄子的意思是只有"吾丧我"才能和"天籁"一样"成之自然"，才可以是不受任何条件限制的，因而是自由的。庄子所追求的正是这样的"吾丧我"的自由精神境界。那么如何才能达到这种自由的精神境界呢？照庄子看，人之所以不能"自由"，是由于失去了"自我"，"自我"的丧失是由于人在精神上受到其身心内外的束缚。《庄子·逍遥游》给人们提出一套由"无我"实现"自我"，避免"自我"异化的理论。

在《逍遥游》中，庄子提出"无待"这一概念，并且认为只有"无待"才能达到精神上的真正自由。《逍遥游》的开头也记载了一段故事，大意是说：大鹏击水三千里高，展翼一飞九万里，列子乘风日行八百里，看起来是够自由的，但实际上并不自由。大鹏击水三千，举翼直上九万里，都需要广大的空间；列子日行八百里，又得靠风力，这都是"有待"（有所待），即要有一定的外在条件。因此，只有"无待"（无所待），即排除（或者超越）一切外在的条件，才有可能达到真正的自由。庄子对"无待"的解释是：如果人能靠自己的精神力量，顺应自然，把握各种变化，超越外在条件的限制，这样就可以是"无所待"的。能够做到"无所待"的只有"至人"、"神人"和"圣人"，因为"至人无己"，"神人无功"，"圣人无名"。所谓"无己"，就是说让"真正的自我"（真我）从功名利禄、是非善恶、直至自己的形骸的限制中解脱出来，而达到"与天地精神独往来"的境界。所谓"无功"，就是说要破除一切人为的限制，消除一切世俗的束缚。所谓"无名"，就是说要无所追求，超世越俗，去知与故，虚无恬淡。可见"无己"、"无功"、"无名"都说人要"逍遥游"就得"无所待"。

照庄子看，人要达到破除外在条件的束缚，相对地说还好办，但是要达到破除自我身心的束缚就难了。因此，人要达到精神上自由的境界，就不仅要破除外在条件的束缚，而且要破除对"自我"的执著，要忘掉"自我"，即用"无我"来实现"真我"。庄子认为，"无我"才可以完满地实现"自我"，而"有我"反而会丧失"真我"。在《庄子·大宗师》中记载着孔子与颜回的一段对话：颜回在说到他的精神境界时，先说他忘掉了"礼乐"，后又说他忘掉了"仁义"，孔子说颜回都还没有做到家。最后颜回说他"坐忘"了。孔子非常惊异地问，什么叫坐忘。颜回回答说，忘掉自己的身体，抛开自己的聪明，离弃形骸去掉智慧，和大道融通为一，这就叫"坐忘"。从这段对话中我们可以看出，庄子认为要摆脱外在的人为的束缚还比较容易，而要摆脱自我身心的束缚就难了。"坐忘"不仅要求超功利、超道德、超对待，而且要求超生死，超越自己的耳目心意的束缚，这样才可以和自然融为一体，而达到精神上的自由境界。

从庄子以上的思想可以看出，他认为人失去"自我"，或者是受外在条件（环境）的约束，或者是更受自己身体和心灵的约束，这样"自我"就异化了，而失去"真我"。那么庄子为什么会有这种看法呢？这正是由于他对宇宙人生产生的一种忧虑。这种忧虑来自他身心内外的一种压迫感。那么如何办呢？照庄子看，人要实现其"自我"，就要使其"真性"得到发挥，取得精神上的自由。有了精神上的自由就可以"原天地之美而达万物之理"（顺应天地自然之美而通达万物的道理），以应无穷，从而达到"至美至乐"的境界。"自由"是一种创造力，庄子所追求的"自由"是一种超越宇宙人生限制的创造力。但他的这种创造不是来自对现实人生的肯定，而是来自对现实人生的否定。这种对现实人生的否定，正是一种深刻地对宇宙人生的"忧虑"的表现。我们把庄子的"忧"和孔孟等儒家的"忧"相比较，就会发现，儒家的"忧"往往是要求在现实人生中积极地实现"自我"，是一种入世的"忧"，常被叫做"忧患意识"。而庄子的"忧"则是要求超越现实以实现"自我"，是一种超世的"忧"，是一种追求超越而产生的"忧虑"意识。

冯友兰在他的《新原人》中把人的境界分为四种：即自然境界，功利境界，道德境界和天地境界。我们可以说，人之忧的不同往往和他的境界的不同相关联。冯友兰说："自然境界的特征是：在此境界中底人，其行为是顺才或顺习的。"我看，此境界的人是处于一种顺其本能的状态，所追求的是"食"与"色"，"食色，性也"（《孟子·告子上》）。如果这种原始人得到"食色"的满足，他们可以"含哺而熙，鼓腹而游"，如果得不到"食色"的满足，则不乐而忧。自然境界的人，其行为是顺应本能的，是不自觉的，如《庄子·马蹄》中所说："其行填填，其视颠颠。"（他的行为笨拙，心智迟钝）冯友兰说："功利境界的特征：在此境界中底人，其行为是所谓'为利'，是为他自己的利。"例如：追求金钱、权力，计较个人的得失利害等等，这是大多数人所追求的，"天下熙熙皆为利来，天下攘攘皆为利往"，"求名于朝，求利于市"，为了追求个人的利益，他可以是"不愿天下人负我，宁可我负天下人"。这种人是有自觉的，他们的行为是有个人的某种目的的。这种人如果得不到他们所追求的个人利益就会"忧心忡忡"。这也是一种"忧"。上面所说的两种"忧"不是我们要讨论的，我们要讨论的是"道德境界"和"天地境界"中的人的"忧"。

冯友兰说："道德境界的特征是：在此种境界中底人，其行为是'行义'底，义与利是相反相成的。求自己的利底行为，是为利底行为；求社会的利底行为，是行义的行为。"在中国哲学中常有"义利之辩"的问题，孔子说："君子喻于义，小人喻于利。"（《论语·里仁》）孟子说："生，亦我所欲也，义，亦我所欲也。二者不可得兼，舍生而取义者也。"（《孟子·告子上》）董仲舒对此概括为："正其谊而不谋其利，明其道而不计其功。"谊者，合谊，合乎道义也；道者，合理，合乎原则也。可见儒家追求的是一种道义、原则和理想，而且他们要求把他们的理想实现于现实之中。孔子追求的是"天下有道"的社会，孟子追求的是"得仁政"的社会，所以他们的行为不是为"私利"，而是为"公义"。而且孔子认为他自己是可以为社会理想牺牲生命的人，他说："志士仁人，无求生以害仁，有杀身以成仁。"(《论语·卫灵公》)如果他们的社会理想没有实现的可能性，那么他们或者是隐退而不出，"道不行，乘桴浮于海"(《论语·公冶长》)，或者是"知其不可而为之"，尽伦尽职。孔孟都是理想主义者，他们所追求的理想是不可能实现的。所以他们有"忧"，这是对天下国家的"忧患意识"。"忧患"作为一种心理状态，早见于《诗经》，如："未见君子，忧心忡忡。"(《诗·召南·草虫》)"知我者，谓我心忧，不知我者，谓我何求。"(《诗·国风·黍离》)这里的"忧心"和"心忧"都是一种对天下国家的"忧患意识"。《孟子·告子下》："生于忧患而死于安乐。"《易·系辞下》："作《易》者，其有忧患乎！"其后中国具有儒家思想的知识分子往往都以天下国家为己任，而有"先天下忧而忧，后天下乐而乐"的"忧患意识"。这种具有忧患意识的人大都可以说是在道德境界中的人。处于道德境界的人能否从他们的"忧患"中解脱出来呢？

冯友兰说："天地境界的特征是：在此种境界中底人，其行为是'事天'底。在此境界中底人，了解于社会的全之外，还有宇宙之全，人必于知宇宙之全时，始能使其所得于人之所以为人者尽量发挥，始能尽性。"我认为"尽性"两字很重要。人如何才能"尽性"？不但要超越世俗的一切限制，而且要超越"自我"的一切限制。要超越世俗和"自我"，就是庄子所说的要达到"坐忘"才有可能。"坐忘"正是要"无我"而存"真我"。在《庄子》书中处处流露出他对失去"真我"的忧虑。照庄子看，人之所以失去其"真性"全在于不能"返璞归真"，去追求那些外在于人的东西而失去"自然之性"。《庄子·渔父》中说："真者，所以受于天也，自然不可易也。故圣人法天贵真，不拘于俗，愚者反此。"圣人能效法天然，珍重"真性"。人如果要保持其自然之真性，就必须超越是非、善恶、美丑、生死等等的对立。然而人往往不能超越这些对立而陷入忧虑之中。如《养生主》中说："吾生也有涯，而知也无涯，以有涯随无涯，殆已。已而为知者，殆而已矣。"在《齐物论》中，庄子认为由于立场的不同，因而对是非的看法也就不同，像儒墨两家争个高下是完全没有必要的。《德充符》中讨论到生死问题，老子批评孔子，说孔子不了解生死是一致的，应该解除孔子所受生死观念的束缚。庄子之所以有这样一些看法，正是由于他对宇宙人生所抱有的深刻的忧虑所致。他认为，像世俗人那样把是非、善恶、美丑、生死等等看成对立的，而这些问题在现实社会中无法解决，只能陷入忧虑之中。只有超越这些对立，自己解除这些世俗观念的束缚，超越"自我"，达到"无我"的境界，才可以获得精神上的自由，而可返璞归真。我们可以从《庄子》书中对"真人"的描述，来看庄子所追求的理想境界。《大宗师》中说："古之真人，不知说生，不知恶死，其出不䜣，其入不距；翛然而往，翛然而来而已矣。不忘其所始，不求其所终；受而喜之，忘而复之，是之谓不以心捐道，不以人助天，是之谓真人。"所谓"真人"就是能自觉地超越对待，顺应自然的人。因此"真人"和不自觉的原始的自然人在形式上相似而在境界上完全不同。真人"不以好恶内伤其身，常因自然而不益生"，这样"无我"而存真正的"自我"；"自我"才不至于异化，精神才能得到真正的自由，从而"忧虑"自除，"至乐"自生，而达到与天同德的天地境界。

　　本文写到最后，我不得不考虑一个问题，孔子对天下国家的"忧患"，庄子对宇宙人生的"忧虑"，它们和"忧郁"是否有关？我考虑再三，也许可以说："既有关又无关。"从一个方面看，"忧患"、"忧虑"和"忧郁"都是一种"忧"，因此有它们的同一性。既然都是一种"忧"，必然在心理上都会引起某种苦恼，有着某种压迫感。因此，从"忧"的内涵说"忧患"、"忧虑"、"忧郁"都同属于"忧"的这个类概念。但从另一方面看，

"忧患"、"忧虑"和"忧郁"又是不同类型的"忧",因此有它们的差异性。"忧患"(孔子的忧患)的对象是天下国家(社会),它是由对天下国家的社会责任感和历史使命感引起的,因此属于道德境界的"忧"。"忧虑"(庄子的忧虑)的对象是宇宙人生,它是由对宇宙人生的终极关怀而引起的,因此它属于天地境界的"忧"。"忧郁"表面上看它的对象是某种欲求,而实际上是由于执著"自我"(以自我为中心)而产生的一种不正常的心理状态,所以"忧郁"是一种"症",因此我认为"忧郁"的人大概是处于功利境界的人。

(注:本文为1995年7月在德国波恩大学召开的关于"忧郁和中国社会"(Melancholy and Society in China)讨论会的发言稿)

收入《道家文化研究》,第十辑,上海,上海古籍出版社,1996

增订本后记

《早期道教史》原名《魏晋南北朝时期的道教》。《魏晋南北朝时期的道教》是中国文化书院主编的"魏晋南北朝文化史丛书"中的一种。从1980年起,我开始研究这一时期的道教,《略论早期道教关于生死、神形问题的理论》(载《哲学研究》,1981(1))是我的第一篇关于道教史研究的论文,以后又在一些杂志上发表过这方面几篇论文。1983年,我在北京大学哲学系开设了《早期道教史专题研究》一课,这是我第一次开设的道教史课程。1985年又再讲过一次。自1985年起,我对讲稿进行了加工和补充,希望它能成为一本较有学术水平的专著。1986年1月至8月,我有机会到加拿大和美国进行研究,在那里我利用这段时间基本上完成了《魏晋南北朝时期的道教》一书的写作。回国后,又花了一年的时间进行补充和文字上的修改,并于1988年由陕西师范大学出版社和台湾东大图书公司同时出版,其后1991年又在台湾再版。2005年,我对该书补充了《为道教创立哲学理论的思想家成玄英》一章。2006年,该书由昆仑出版社以《早期道教史》为书名出版。此次修订的《早期道教史》,删去昆仑版中的第十二章《佛道之争（一）——关于老子化胡问题的争论》、第十三章《佛道之争（二）——关于生死、神形问题的争论》、第十四章《"承负说"与"轮回说"》和第十五章《"出世"与"入世"》，因为这四章与我的另一本书《佛教与中国文化》在内容上有所重复。另外，在"附录"中增收了几篇相关论文：《论早期道教的发展》（原载《世界宗教研究》，1982（4））、《论〈道德经〉建立哲学体系的方法》（原载《哲学研究》，1986（1））、《〈道德经〉导读》（收入《智慧的感悟》，北京，华夏出版社，1998）、《要重视〈道德经〉注疏的研究》（原载《弘道》，2000（9））、《自我和无我》（收入《道家文化研究》，第十辑，上海，上海古籍出版社，1996）。其中《论早期道教的发展》和本书第一章、第六章有所重复，但它可以说明在 1982 年我对早期道教已有了一完整的考虑，故收入以备参考。

本书在出版前曾由北京大学博士生杨浩同学对引文全部核订一过，十分感谢他的细心工作。

汤一介

2010 年 7 月 28 日

图书在版编目（CIP）数据

早期道教史 / 汤一介著. -- 增订本. -- 北京：中国人民大学出版社，2025.4. -- （中国自主知识体系研究文库）. -- ISBN 978-7-300-33846-0

Ⅰ. B959.2

中国国家版本馆CIP数据核字第2025SE2744号

中国自主知识体系研究文库
早期道教史（增订本）
汤一介　著
Zaoqi Daojiaoshi

出版发行	中国人民大学出版社		
社　　址	北京中关村大街31号	邮政编码	100080
电　　话	010-62511242（总编室）		010-62511770（质管部）
	010-82501766（邮购部）		010-62514148（门市部）
	010-62511173（发行公司）		010-62515275（盗版举报）
网　　址	http://www.crup.com.cn		
经　　销	新华书店		
印　　刷	涿州市星河印刷有限公司		
开　　本	720 mm×1000 mm　1/16	版　次	2025年4月第1版
印　　张	24.5 插页3	印　次	2025年4月第1次印刷
字　　数	307 000	定　价	159.00元

版权所有　　侵权必究　　印装差错　　负责调换